Gustav Mensching

Leben und Legende der Religionsstifter

Gustav Mensching

Leben und Legende der Religionsstifter

Herausgegeben von
Peter Parusel

Pattloch Verlag

Pattloch Verlag 1990

Umschlagentwurf: Peter Engel, München
Satz: 10/11 ½ P. Garamond von Fotosatz Völkl, Germering
Druck und buchbinderische Verarbeitung: May & Co., Darmstadt
Printed in Germany

ISBN 3 629 00582 9

Inhalt

Vorwort

Gustav Mensching, der am 06.05.1901 in Hannover geboren wurde, interessierte sich während seiner Schulzeit bereits für den Beruf des Pfarrers. Durch Theodor Lessing (08.02.1872–30.08.1933), den bekannten Philosophen und Kulturpessimisten, der am Goethe-Gymnasium in Hannover kriegsbedingt Deutschunterricht erteilte, wurde Mensching in die Philosophie eingeführt. Eine Philosophie freilich, die eine Randerscheinung des zeitgenössischen Philosophierens war, aber wegen ihrer Sprache und der hinter ihr stehenden Persönlichkeit einen nachhaltigen Eindruck bei Mensching hinterließ.

Nach seinem Abitur 1920 studierte Mensching zunächst in Göttingen zwei Semester evangelische Theologie und Philosophie. Doch der Funke, den Lessing in ihm entfacht hatte, fand hier keine Nahrung. Mensching war von dem trockenen Universitätsbetrieb enttäuscht und wechselte 1921 an die Marburger Universität.

In Marburg begegnete ihm der geistige Mentor, der sein Lebenswerk grundlegend mitbestimmen sollte. Rudolf Otto (1869–1937), der bedeutende evangelische Theologe, Religionsphilosoph und Religionswissenschaftler, zog ihn in seinen Bann. Ottos Hauptwerk, »Das Heilige«, das 1917 erschien und inzwischen viele Auflagen erlebte, faßt Religion als eine irrationale Größe auf, wie die Analyse des Heiligen belegt.

Neben Otto hörte Mensching bei Friedrich Heiler (1897–1967), der seit 1920 als junger Theologe und Religionswissenschaftler in Marburg bahnbrechend lehrte.

Die Religionswissenschaft war damals noch vorwiegend in der theologischen Fakultät angesiedelt, so daß Mensching weiterhin nominell Theologie und Philosophie studierte, inhaltlich aber ein größeres Gewicht auf die religionswissenschaftlichen Studien legte. Seine Sanskrit-Übungen machten das deutlich. Im Winter-Semester 1923/24 hörte er bei Johannes Witte (1877–1945), der Religions- und Missionswissenschaft in Berlin lehrte.

Zurückgekehrt nach Marburg, schloß Mensching 1924 seine Privatassistenz bei R. Otto mit dem theologischen Lizentiat ab, wobei er freilich ein religionsgeschichtliches Thema wählte. Ein rein religionswissenschaftlicher Abschluß war ihm nicht genehmigt worden.

Als er 1927 seine theologische Abschlußprüfung in Marburg ablegte, habilitierte er sich deshalb für Religionsgeschichte in Braunschweig. In demselben Jahr erhielt er eine Berufung für das Fach Religionsgeschichte an die Rigaer Universität. In Riga wurde er auch als Pfarrer wegen seiner Predigten, die sich eines großen Zulaufes erfreuten, sehr geschätzt. Von 1927–1935 wirkte er hier als Religionswissenschaftler und predigender Pfarrer.

Über eine Vertretung für Systematische Theologie 1935/36, die er in Kiel übernahm, gelangte er als Lehrbeauftragter für Religionswissenschaft 1936 nach Bonn, wo er bis zu seinem Tode 1978 wirken sollte. Er trat hier die Nachfolge des Religionshistorikers Carl Clemen (1865–1940) an, dessen persönlich gebundener Lehrstuhl erst ab 1942 für die Vergleichende Religionswissenschaft neu errichtet wurde.

Mensching hatte diesen Lehrstuhl von 1942–1969 inne und pflegte auch noch nach seiner Emeritierung regelmäßig religionswissenschaftliche Vorlesungen abzuhalten.

Was ist eigentlich die vergleichende Religionswissenschaft? Die Religionswissenschaft ist eine relativ junge Wissenschaft, deren Wurzeln in der Aufklärung liegen. Unter dem Einfluß der Romantik, die durch ein besonderes Interesse an der Geschichte, der Religion und der Sprache, nicht nur der eigenen, sondern auch fremder Völker, ausgezeichnet ist, findet die Religionswissenschaft ihre erste markante Ausprägung. Deshalb wird der Sprachforscher und Sanskritist Friedrich Max Müller (1823–1900), der die vergleichende Sprachwissenschaft und die vergleichende Mythologie in England einführte, für diese Epoche häufig als der Vater der vergleichenden Religionswissenschaft bezeichnet.

Da die Quellen für das Verstehen einer Religion zumeist religiöse Texte sind, ist es verständlich, daß zunächst die Sprache beherrscht werden muß, um den Zugang zu finden. Max Müller begann mit der Übersetzung der heiligen Bücher des Ostens, die von 1879–1910 in 50 Bänden in englischer Sprache vorgelegt wurden, und damit zum ersten Mal einer breiteren Öffentlichkeit die Möglichkeit boten, sich über die Religionen des Ostens zu informieren. 1870 erschien seine »Einleitung in die vergleichende Religionswissenschaft«.

Außerhalb Deutschlands war das Interesse an diesem neuen Forschungsbereich von Anbeginn an vorhanden. Noch im 19. Jahrhundert wurden religionswissenschaftliche Lehrstühle in der Schweiz, den USA, den Niederlanden, Frankreich und Schweden eingerichtet. In Deutschland wurde zwar auch auf diesem Gebiet geforscht, und die Ergebnisse publizierte man bereits seit 1898 in dem »Archiv für Religionswissenschaft«, doch mit der Errichtung eines Lehrstuhles zögerte man noch.

Warum? Es gab innerhalb der Theologie bereits eine Bewegung, genannt religionsgeschichtliche Schule, die die Methode der geschichtlichen

Forschung auf die Erforschung der Umwelt des frühen Christentums mit Erfolg anwandte. Ein Hauptvertreter der historischen Schule war Adolf von Harnack (1888–1930), der sich in seiner Rektoratsrede 1901 gegen die Einrichtung religionswissenschaftlicher Lehrstühle wandte, weil Religionsforschung ohne die jeweils dazugehörigen Sprachkenntnisse Dilettantismus sei. Um die Jahrhundertwende sieht er in Deutschland keine Möglichkeit dafür gegeben, aber »Vielleicht kommen wir so nach langer, langer Arbeit zu einer vergleichenden Religionswissenschaft«.

Doch auch ein Adolf von Harnack konnte die Entwicklung nicht aufhalten. Der erste deutsche Lehrstuhl wurde 1910 in Berlin errichtet und in Ermangelung eines einheimischen Forschers mit dem Dänen Edvard Lehmann besetzt. Leipzig folgte 1912 mit dem Schweden Nathan Söderblom. Beide verließen Deutschland 1914.

Marburg entwickelte sich, seitdem 1917 Rudolf Otto dorthin gekommen war und Friedrich Heiler 1920 nach Marburg geholt hatte, zu einem Zentrum der religionsgeschichtlichen Forschung. Später, 1926, da hatte Mensching seine Studien fast beendet, kam noch Heinrich Frick (1893–1952) hinzu.

Wie sah nun Menschings vergleichende Religionswissenschaft aus? Zunächst ist darauf hinzuweisen, daß sich anfangs, d. h. kurz nach dem Beginn der jungen Wissenschaft, die Bezeichnungen Religionswissenschaft und allgemeine Religionsgeschichte synonym gebraucht nebeneinander finden. Mensching unterscheidet nun wie folgt.

Die besondere Religionsgeschichte hat die Geschichte einer individuellen Religion zum Thema. Die allgemeine Religionsgeschichte behandelt die Geschichten aller individuellen Religionen und stellt sie nebeneinander.

Mensching hat selber nie auf dem Gebiet der besonderen Religionsgeschichte gearbeitet und dieses Feld den philosophisch geschulten Experten aus anderen Wissenschaftsbereichen überlassen. Die Ergebnisse der einzelnen Religionsgeschichten hat er jedoch einmal in einer allgemeinen Religionsgeschichte zusammengestellt. Dieser Überblick über die Mannigfaltigkeit der Religionen war für ihn als Systematiker der notwendige Ausgangspunkt für weiterreichende Forschungen.

Auf dieser empirischen Grundlage von besonderer und allgemeiner Religionsgeschichte baut sich die vergleichend-verstehende Religionswissenschaft auf. Zunächst ist es jedoch notwendig auf einige zentrale Grundbegriffe und Grundvoraussetzungen der Religionswissenschaft Gustav Menschings hinzuweisen.

In der Nachfolge Rudolf Ottos ist die Religion für Mensching ebenfalls eine irrationale Größe, d. h. aber auch eine eigenständige Größe, die nicht in der Form des Reduktionismus auf etwas anderes als Religion rückführbar ist. Sie ist auch deshalb irrational, weil sie als Leben, als Erlebnis des Heiligen aufgefaßt wird, das sich nicht völlig erfassen läßt. Menschings Religionsdefinition lautet: »Religion ist erlebnishafte Begegnung mit dem Heiligen und antwortendes Handeln des vom Heiligen bestimmten Menschen.« Da es sich um eine allgemein menschliche Bedingung handelt, ist somit auch die grundsätzliche Vergleichbarkeit der Religionen gegeben und ein Ansatz für die Toleranz im Umgang der Religionen miteinander geschaffen.

Der Vergleich, der in der Bezeichnung der Disziplin vorkommt und so seine zentrale Bedeutung schon unterstreicht, ist für den Erkenntnisgang der Wissenschaft unverzichtbar. Er soll wesentlich dazu beitragen, daß tatsächlich die Erscheinungsformen der verschiedenen Religionen, die einander im Wesen analog sind, d. h. in ihrer jeweiligen Bedeutung innerhalb ihrer Religion übereinstimmen, nebeneinander gestellt werden.

Dieser Sachverhalt macht deutlich, daß hier das Verstehen als zweite methodische Voraussetzung gefordert ist. Die Frage nach dem Gemeinten in allen religiösen Erscheinungsformen rückt in den Vordergrund. Es wird nach dem Leben gefragt, das sich hinter und in den Phänomenen verbirgt. Dazu muß die Eigenart der jeweiligen Religion berücksichtigt werden, die Mensching in dem Begriff der jeweiligen unverwechselbaren »Lebensmitte« einer Religion zu erfassen suchte. Die Religionswissenschaft des Verstehens wird dadurch für ihn zu einem Symbolverstehen, das die Realschichten der Phänomene durchdringen will und ihren Sinn, »... ihr geheimes Bezogensein auf ein sinngebendes Leben«, erfassen möchte. Auf diesem Wege versucht die Religionswissenschaft zu der Aufstellung einer Typologie der Religion zu gelangen, Strukturtypen der Religion zu erkennen und ihre Lebensgesetze zu ergründen.

Bei diesem Forschungsansatz ist nicht zu verkennen, daß von dem Wissenschaftler einige Voraussetzungen zu erwarten sind, die einer kurzen Darlegung bedürfen. Der Religionswissenschaftler muß sich seinem Forschungsobjekt ohne Normenkatalog zuwenden, denn die Religionswissenschaft ist keine normative Wissenschaft. Es wird aber von ihm »eine innere Beteiligung und die Fähigkeit der Einfühlung« erwartet. Dann kann er die historischen Daten in das eigene Leben einschalten und deren inneres Leben erfassen, »... und durch Vermittlung des Begriffes zu Gefühl und Bewußtsein ...« bringen. Hören wir dazu Mensching selber in seiner prägnanten Art der Formulierung: »Die vergleichende Religionswissenschaft hat die Aufgabe, die in der religionsgeschichtlichen Forschung zutage geförderten Phänomene zu verstehen als Möglichkeiten der Manifestation religiöser Inhalte, indem durch Vergleich und Unterscheidung versucht wird, zum organischen Lebenssinn der Phänomene vorzudringen und so jene zunächst völlig isolierten Einzeltatsachen, die die Geschichte darbietet, als Möglichkeiten der Verwirklichung einer religiösen Intuition oder Intention zu erkennen.«

Welche Teilbereiche der Religionswissenschaft hat Mensching bearbeitet? Er war vorwiegend auf dem Gebiet der systematischen Religionsforschung tätig, einmal umfassend klassifikatorisch, zum anderen in Einzeluntersuchungen bestimmter Motive. Zwei größere Werke widmete er der Religionssoziologie, so die Wechselwirkungen zwischen Gesellschaft und Religion beleuchtend. Neben Werken zur Geschichte der Disziplin hat er auch des öfteren Textsammlungen aus den verschiedenen Religionen mit Kommentaren versehen herausgegeben. Sein umfangreiches Werk bietet heute noch eine Fülle brauchbarer Informationen und ist damit auch über die Bedeutung, die es als eine historische Stufe innerhalb der RW hat, hinaus von Nutzen.

Es gehört zu den Aufgaben einer wissenschaftlichen Disziplin nicht nur das Wissensgebiet kontinuierlich zu erweitern, zu vertiefen und zu sichern, sondern auch beständig die eigenen Voraussetzungen in einer reflexiven Überprüfung zu thematisieren und sich dem Methodenproblem zu stellen. So gab es von Anfang an in der Religionswissenschaft Strömungen, die sich einem festgelegten Religionsbegriff, den ja auch Mensching mit seiner Religionsdefinition gab, widersetzten und davon ausgingen, erst in der Auseinandersetzung mit dem Phänomen zu einem Begriff der Religion gelangen zu können. Aber hier bleibt das Problem bestehen, daß ich von demjenigen, mit dem ich mich beschäftigen will, ein Vorverständnis haben muß, um es überhaupt als solches zu erkennen und von anderem zu unterscheiden. Die Auffassung von der Religion als Größe sui generis, oder eines spezifischen menschlichen Vermögens zur Wahrnehmung des Heiligen, wurden mitunter auch als »irrationalistisch-religionsphilosophisch« bezeichnet und als »krypto-theologischer« Ansatz gewertet.

Hierzu ist zu sagen, daß Mensching sich zeitlebens mit Erfolg bemüht hat, der Religionswissenschaft die Eigenständigkeit innerhalb der Universität zu verschaffen, die ihr zukommt. Das heißt auch die Ausgliederung des Faches aus den theologischen Fakultäten, sowie die Abgrenzung zur theologischen normativ bestimmten Methode. Aber Mensching hatte als Theologe begonnen und war damit notwendigerweise in der theologischen Terminologie verankert. Eine spezifisch religionswissenschaftliche Begriffsbildung zu schaffen ist die notwendige Aufgabe der gegenwärtigen Religionswissenschaft. Als Anfang der siebziger Jahre die Methodendiskussion innerhalb der Religionswissenschaft entbrannte, war es nicht verwunderlich, daß Mensching als über Siebzigjähriger, der sein Lebenswerk längst geschrieben hatte, abseits stand und sich dahingehend äußerte, daß er der Diskussion um methodologische Probleme völlig fernstehe.

Die intensive Beschäftigung der Religionswissenschaft mit ihren eigenen Methodenproblemen, so notwendig sie auch immer ist, hält nun schon Jahre an, ohne zu einem Konsens gekommen zu sein, bindet aber Kräfte und verhindert umfassende Darstellungen, wie sie von Friedrich Heiler, Gerardus van der Leeuw und Gustav Mensching vorgelegt wurden. Auch das ist ein Grund mehr auf diesen Teil der Ergebnisse dieser Forscher zurückzugreifen. Gerade Mensching ist bestrebt, durch einen klaren Stil und eine systematische Aufbereitung des jeweiligen Themas, für ein breiteres Publikum zu wirken.

Einleitung

Vier Erscheinungen sind in diesem Zusammenhang zu betrachten, die im Glauben der jeweiligen Religionsanhänger zumeist als untrennbare Einheit empfunden werden. Die verstehend-vergleichende Religionswissenschaft, so wie sie Mensching verstand, ist bemüht, die Phänomene wie Leben, Legende, Religion und Stifter bzw. Religionsstifter zu erfassen und zu verstehen. Diese Klärung erfolgt auf der Grundlage des reichen Materials, das aus der Religionsgeschichte gewonnen wird, damit der empirische Bezug gewahrt bleibt, an den sich die Begriffsbildung erst anschließt. Ein spekulativ-philosophisches Verfahren soll gerade nicht angewendet werden. Hinsichtlich der Quellen ist zwischen historischem und legendarischem Gehalt zu unterscheiden.

Gleichwohl bringt jeder Forscher ein methodisches Vorverständnis mit, und methodische Fragen sind philosophische Fragen. Zu Beginn des 20. Jahrhunderts ist der philosophische Zentralbegriff das Leben. Die Lebensphilosophie erreicht ihren Höhepunkt, und ihr Einfluß macht sich auch im Denken Menschings bemerkbar.

Was ist nun mit Leben gemeint? Es geht selbstverständlich um das menschliche Leben, aber nicht in seinem naturwissenschaftlich-biologischen Sinn, sondern um die Biographie eines bedeutsamen Menschen im Bereich der Religion. Da der Mensch an allen vier Schichten – Materie, Leben, Seele und Geist –, die den Aufbau des Kosmos ausmachen (Nic. Hartmann), Anteil hat, ist das biographische Leben eines Menschen sein gesamtes leibliche-seelisch-geistiges Werden. Diesen umfassenden Begriff des biographischen Lebens wendet Mensching allerdings nicht an. Der psychologische Begriff des Lebens bleibt ausgeklammert. Auch hier ist Mensching durch die Methodendiskussion der Wissenschaften der zwanziger Jahre bestimmt, die eine Überwindung und Widerlegung des Psychologismus anstrebte, d. h. der Auffassung, die Psychologie sei die Grundlage aller Philosophie, und auch die Religion sei auf psychische Elemente reduzierbar. Ebenso wird der metaphysische Aspekt des Lebens zu einem Teil ausgeklammert.

Im Vordergrund steht der geschichtlich-kulturelle Sinn des Lebens und seine Erfassung.

»Unter geschichtsbezogenen Aussageformen verstehen wir diejenigen religiösen Aussagen, die sich auf wirkliches oder vermeintliches Geschehen im endlichen Raume beziehen. Damit sind ausgeschlossen alle lehrhaften Aussagen der Religionen und ihrer Meister, alle Verkündigung, die auf die Welt der Gottheit sich bezieht, alle rationale Theologie, die die Inhalte aller primären Aussageformen zur Grundlage hat.« (G. Mensching)

Mit Leben ist also die Darstellung der irdischen Lebensgeschichte der Religionsstifter in ihrer zeitgeschichtlichen Einbindung gemeint. Sie wird aus den Textaussagen gewonnen, die als historischer Bericht aufzufassen sind. Als Unterscheidungskriterium der in Betracht kommenden Aussagen gilt das zeitgenössische Vorverständnis.

»Damit wird eine kritische Funktion als Aufgabe sichtbar: Nicht alles, was die religiöse Text-Tradition als Bericht weitergibt, kann als solcher anerkannt werden. Der kritische Maßstab ist mit der Anerkennung der im modernen Weltbild gegebenen Grenzen der Möglichkeit natürlichen, d. h. zeiträumlichen und damit geschichtlichen Geschehens gegeben.« (G. Mensching)

Selbst die unter diese Voraussetzung fallenden Berichte müssen nicht immer wirklichkeitsgetreu sein. Hier ist der Übergang zur Legende anzusetzen.

Was versteht man unter einer Legende? Ihrer Herkunft nach aus dem Lateinischen stammend, bedeutet sie, abgeleitet von der Pluralform von legendum, das zu Lesende. Gemeint sind die Berichte aus Märtyrerakten und Heiligenbeschreibungen frühchristlicher Zeit, die zu bestimmten kirchlichen Anlässen verlesen wurden. Die Legende bezieht sich immer auf den Bereich des Heiligen, mit dem ein Mensch oder eine religiöse Einrichtung in Verbindung steht. Die auf einen religiösen Menschen bezogene Legende wurde schließlich zu einem Gattungsbegriff und erlebte ihre Blütezeit im Mittelalter. Hier sei besonders auf die Legenda Aurea des Jacobus de Voragine im 13. Jahrhundert verwiesen.

Mensching bezieht die Legende immer auf eine historische Person und grenzt sie von der »Kultlegende« ab, die für ihn einen Mythos darstellt. Sein Hauptargument ist dabei die fehlende Historizität, die allen hellenistischen Mysterienreligionen zukommt, die ungeschichtliche Kultheroen verehren. Die Legende ist demnach um einen historischen Kern zentriert, den sie durch unhistorische Elemente erweitert. Und ihr historischer Kern berechtigt dazu, sie in dieser Darstellung heranzuziehen.

»Da unsere Textsammlung Leben und Legende der großen Religionsstifter darbieten soll, werden wir allenthalben so verfahren, daß wir zwar in den Einleitungen und Anmerkungen zu den Texten jeweils auf den von der Forschung erwiesenen legendarischen Charakter einzelner Berichte hinweisen, daß wir aber bei der Darbietung der Texte selbst den historisch zuverlässigen Bericht neben den zweifellos Legenden wiedergebenden Text stellen, und zwar in der Reihenfolge, die durch den Lebenslauf des betreffenden Religionsstifters bestimmt ist. Auf diese Weise hoffen wir zu erreichen, daß durch die Lektüre der Texte das geschlossene Bild der Gestalten der Religionsstifter entsteht, das in den religiösen Traditionen sich gebildet hat und das, wie gesagt, auch in seiner teilweisen Ungeschichtlichkeit noch von dem inneren Leben der großen Meister und von dem Eindruck zeugt, den ihr Leben und ihre Persönlichkeit auf die Jünger gemacht haben.« (G. Mensching)

Mensching geht also davon aus, daß die Ausstrahlung, die die Religionsstifter durch den Kontakt mit dem Heiligen erlangt haben, als Reflex noch in den ungeschichtlichen Äußerungen ihrer nächsten Anhänger faßbar wird.

Interessant ist, wie Adolf von Harnack die Bedeutung der Legende als Erkenntnisquelle für das Christentum einschätzt.

»Wie unvollkommen wäre unsere Kenntnis von Jesus Christus, wenn wir nur seine Worte hätten und nur seine äußere Geschichte kennten. Erst dadurch, daß wir die Legende von ihm besitzen – das Wort im weitsten Sinne –, d. h. den Eindruck, den er auf seine Jünger gemacht hat, leuchtet uns das ganze Bild seiner Herrlichkeit auf.« ... »Die Tatsachen bringen uns nie einer entschwundenen Person näher. Aus dem Eindruck, den sie auf die Gemüter hinterlassen, wird sie selbst erkannt und geliebt: so entzündet sich eine Fackel an der anderen.« (Adolf von Harnack, Reden und Aufsätze, Bd. I, S. 24 f.)

Diese Meinung gibt auch Menschings Überzeugung wieder. Seine Religionsdefinition (siehe Vorwort) wird hier deutlich. Wenn Religion im Erleben und Handeln des vom Heiligen bestimmten Menschen besteht, dann muß der Religionsstifter ein Mittler zwischen dem Heiligen und den Menschen sein, durch dessen Stiftung der Kontakt für den einzelnen Menschen möglich wird. Der Stifter stellt durch seine Person die Verbindung mit dem Heiligen her und geht damit in das Erleben und Handeln der ihn Umgebenden mit ein. Aus deren Erleben und Handeln entsteht dann auch die Legende.

Dieser ursprünglich typisch christliche Begriff wird aber auch, und hier tritt wieder das Problem einer Anwendung spezifisch christlicher-theologischer Begriffe innerhalb der religionswissenschaftlichen Forschung zutage, auf Erscheinungen der Allgemeinen Religionsgeschichte angewandt. So spricht man von Buddha-Legenden, deren Inhalt älter ist als die Bezeichnung Legende selbst.

Anders verhält es sich mit dem Begriff Religionsstifter. Er ist eine religionswissenschaftliche Prägung, genauer eine allgemeine Kategorie, die auf die gesamte Religionsgeschichte anwendbar sein soll. Der Idealtypus des Religionsstifters ist zwar an geschichtlichen Vorbildern, Typen religiöser Autorität, orientiert, und zwar in der Weise, daß er an allen Anteil hat, kommt aber in seiner reinen Form in der geschichtlichen Wirklichkeit meist nicht vor. Die Hauptbedeutung des Idealtypus Religionsstifter besteht dann in seiner Ordnungsfunktion, die er auf die Mannigfaltigkeit der historischen Erscheinungen ausübt. Wir haben es hier mit einer Einzelfrage nach dem Religionsstifter zu tun, die von der Religionswissenschaft querschnittmäßig durch die Religionen hindurch verfolgt wird. Der Idealtypus ermöglicht es, gleichartige Erscheinungen zu erfassen und zu ordnen. Diese können dann miteinander verglichen werden, aber immer unter der Berücksichtigung ihrer jeweiligen Religionsstruktur, aus der sie stammen. Auf dem kontrastreichen Hintergrund des Vergleiches werden die Unterschiede besonders sichtbar. Der Stifter kann jegliche Form religiöser Autorität verkörpern, doch ob er Prophet, Mystiker, Lehrer oder Meister ist, für die Zuordnung zur Kategorie Stifter ist allein die historische Dauerhaftigkeit seines religiösen Anliegens entscheidend, der Effekt seines Wirkens.

Mensching hat sich bei seiner Auswahl auf die Religionsstifter beschränkt, deren Stiftungen heute noch lebendig sind. Die ersten vier (Moses, Jesus, Mohammed, Zarathustra) gehören zu dem Strukturtypus der prophetischen Religion und Buddha und Laotse zu dem Strukturtypus der mystischen Religion. Konfuzius paßt weder in die eine noch in die andere Kategorie und ist mehr als Weltweiser anzusehen, dessen Werk zur Staatsreligion wurde.

Moses

Im 2. Jahrtausend v. Chr. begegnet uns die erste, historisch wenigstens in Umrissen faßbare Gestalt eines Religionsstifters: Moses. Man wird zunächst zwei Fragen zu stellen haben: einerseits die nach der Historizität des Moses und andererseits die Frage, ob es sich hier um einen echten Religionsstifter handelt. Die Frage nach der Historizität ist bekanntlich mehrfach z. B. von E. Meyer und G. Hölscher[1] negativ beantwortet worden. Die moderne alttestamentliche Forschung ist dagegen aus vielen Gründen zu der festen Überzeugung gekommen, daß Moses eine geschichtliche Persönlichkeit ist, deren Bild zwar viele legendarische und sagenhafte Züge aufweist, aber trotzdem oder gerade dadurch die imponierende Größe des geschichtlichen Urbildes ahnen läßt. Da unsere Textsammlung Leben und Legende der großen Religionsstifter darbieten soll, werden wir allenthalben so verfahren, daß wir zwar in den Einleitungen und Anmerkungen zu den Texten jeweils auf den von der Forschung erwiesenen legendarischen Charakter einzelner Berichte hinweisen, daß wir aber bei der Darbietung der Texte selbst den historisch zuverlässigen Bericht neben den zweifellos Legenden wiedergebenden Text stellen, und zwar in der Reihenfolge, die durch den Lebenslauf des betreffenden Religionsstifters bestimmt ist. Auf diese Weise hoffen wir zu erreichen, daß durch die Lektüre der Texte das geschlossene Bild der Gestalten der Religionsstifter entsteht, das in den religiösen Traditionen sich gebildet hat und das, wie gesagt, auch in seiner teilweisen Ungeschichtlichkeit noch von dem inneren Leben der großen Meister und von dem Eindruck zeugt, den ihr Leben und ihre Persönlichkeit auf die Jünger gemacht haben.

Die zweite oben gestellte Frage bezog sich auf die Berechtigung, Moses in den Kreis der Religionsstifter aufzunehmen.[2] Folgte man unkritisch dem Bericht des Alten Testamentes, dann könnte kein Zweifel sein, daß die Religion Israels längst vor Moses bestanden hat; denn nach den Aussagen des Alten Testamentes ist Jahve der Gott der Stammväter des israelitischen Volkes, der sich durch Moses offenbarte und ihn zu besonderer Mission berief. Diese Darstellung aber wird von der wissenschaftlichen Forschung nicht bestätigt; denn in ihren Augen lebte zwar der Glaube an den Gott Jahve bei einigen semitischen Nomadenstämmen, aber die Volksreligion Israels wurde insofern durch Moses gestiftet, als er eine größere Anzahl semitischer Stämme unter der Herrschaft Jahves vereinigte und zu einem Volke zusammenwachsen ließ. Es kann weiterhin kein

Zweifel sein, daß die Religion des Moses von Anfang an einen stark ethischen Charakter hatte. Da niemals ein Religionsstifter etwas in jeder Hinsicht völlig Neues schafft, sondern stets an alte Traditionen anknüpft, darf man Moses durchaus als Religionsstifter bezeichnen, da er ja den Jahve-Dienst einer Stämmegemeinschaft verkündete und zu ihrer Volksreligion machte. Aber man muß sich dabei dessen bewußt sein, daß mit dieser Bezeichnung die religionsgeschichtliche Eigentümlichkeit des Moses nicht erschöpfend gekennzeichnet ist. Am verwandtesten ist Moses fraglos dem Propheten Mohammed, der darin Moses ganz ähnlich ist, daß auch er einen auch vor ihm irgendwie bekannten Gott Allah verkündete, einen Willensgott, wie es Jahve auch war, und damit einen Gott fordernden Gesetzes. Das ist alles ähnlich, auch die stark politisch-kriegerische Wirksamkeit Mohammeds in seiner medinensischen Zeit hat in der Tätigkeit des Moses als Volksführer ihre Parallele. Die Eigenart des Moses gegenüber anderen Religionsstiftern und auch gegenüber Mohammed liegt darin, daß Moses in seiner prophetischen Berufung durch Jahve primär auf das Volk und seine besondere geschichtliche Situation gewiesen wird. Zwar ist zweifellos nicht das ganze spätere israelitische Volk in Ägypten gewesen, aber doch ein Teil, vermutlich der Stamm Joseph. Jedenfalls aber hat der prophetische Auftrag, wie Moses ihn erfaßte, von Anfang an eine entschiedenere Richtung auf das zu gründende und zu einende Volk und sein geschichtliches Schicksal als bei irgendeinem der Religionsstifter. So war Moses in erster Linie ein von Jahve berufener, charismatischer Volksführer, der das Leben und das Schicksal dieses Volkes dadurch zu leiten suchte, daß er das Volk in jeder seiner Lebensäußerungen in den Dienst des ihm fortan zugehörigen Volksgottes Jahve stellte, dessen Willen er in verbindlichen Gesetzen offenbarte.

Durch diese Funktion erscheint nun Moses in einer religionsgeschichtlich einmaligen Situation: er ist der Mittler zwischen Gott und Volk. Wir werden die inhaltlichen Momente dieser Situation im einzelnen an Hand der Texte kennen lernen. Um aber die religionsgeschichtliche Sonderstellung der mit Moses entstehenden Religion zu kennzeichnen, stellen wir einleitend fest, daß hier, einmalig in der Religionsgeschichte, eine echte Volksreligion durch eine historische Stifterpersönlichkeit begründet wird. Allenthalben sonst sind Volksreligionen nicht gestiftete, sondern gewachsene Religionen.[3] Wie wir schon sagten, lebt auch im Werk des Moses viel vormosaisches, typisch primitiv-religiöses Glaubensgut fort, das in Zeugnissen des Alten Testamentes sich bekundet. Hierher gehören zahlreiche dynamistische[4] und dämonistische[5] Züge. Auch lassen sich uralte vormosaische Kulte (Toten- und Ahnenkult[6], Tierkult[7], Steinkult[8], Baum-[9], Quell-[10] und Astralkult[11]) in ihren Nachwirkungen noch erkennen. Alles dies gehört gewachsener Urreligion an. Aber die Religion des durch das Werk des Moses entstehenden Volkes Israel ist eine gestiftete Volksreligion. Das Wesen einer gestifteten Religion, die wir sonst nur in universalen Religionsbildungen antreffen, besteht darin, daß der Geist des Stifters für die Lebensmitte der von ihm gestifteten Religion bestimmend ist und bleibt. Das ist auch in der israelitischen Volksreligion trotz all ihrer geschichtlichen Wandlungen der Fall; denn zwei Momente bleiben der israelitischen Religion von den Tagen des Moses an erhalten: die Beziehung auf die Volksgeschichte, in der Jahve vornehmlich sich offenbart, und der gesetzliche Charakter der Offenbarung und damit auch des ihr entsprechenden religiösen Lebens.

Wir nannten die israelitische Religion eine durch Moses gestiftete Volksreligion. Bei aller geschichtlichen Eigenart ihrer Lebensmitte ist mit der Kennzeichnung als Volksreligion eine typische Struktur gemeint, die die israelitische mosaische Religion mit anderen Volksreligionen teilt.[12] Es sind im wesentlichen drei Momente, die die hier gemeinte Struktur konstituieren: Volksreligion ist auf eine Vitalgemeinschaft (Familie, Sippe, Volk), von der sie getragen wird, bezogen und beschränkt. Das ist in aller Deutlichkeit in der israelitischen Religion der Fall; denn das Volk, seine Wohlfahrt und Dauer sind in der mosaischen Religion die bestimmenden Werte. Das zweite typisch volksreligiöse Moment besteht darin, daß in der Volksreligionsgemeinschaft das Heil positiven Kontaktes mit der Götterwelt gegeben ist und von den Gliedern der Volksgemeinschaft vorgefunden wird. Israel ist mit Jahve im Bunde, und dieses Bundesverhältnis garantiert das Heil. Endlich ist in der Volksreligion die Gottheit der Volksgemeinschaft zugeordnet und in ihrer Wirksamkeit auf sie beschränkt. Andere Völker haben andere, eigene Götter. Auch diese Auffassung ist in der altisraelitischen Volksreligion vorhanden. Ri 11,23 f. wird z. B. der Anspruch des Gottes der Amoriter, Kamos, auf ein bestimmtes Land ausdrücklich anerkannt. Jahve ist Volks- und (nach der Seßhaftwerdung des Volkes in Kanaan) Landesgott.

Nachdem wir so die religionsgeschichtliche Stellung des Moses und die Struktur der von ihm gestifteten Religion einleitend deutlich gemacht haben, wenden wir uns den Texten zu, um in ihr Verständnis einzuführen und die obigen Ausführungen zu vertiefen und zu ergänzen.

Hier ist nun zunächst darauf aufmerksam zu machen, daß die Bücher des Alten Testamentes, die in erster Linie als Quellen für Leben und Legende des Moses in Betracht kommen, die fünf Bücher Moses, obwohl sie seinen Namen tragen, nicht von Moses verfaßt sind. Die kritische Forschung hat festgestellt, daß die sogenannten fünf Bücher Moses aus mehreren, genau verfolgbaren Quellenschriften zusammengearbeitet sind, und zwar lange nach der Lebenszeit des Moses.[13] Es handelt sich um folgende Schriften: die älteste, etwa dem 9. und 8. Jahrhundert v. Chr. angehörige Schrift nennt man nach der in ihr verwandten Gottesbezeichnung Jahve die Schrift des Jahvisten, und nach der Gottesbezeichnung Elohim die Schrift des Elohisten, die beide dann wieder zusammengearbeitet wurden. Um die Mitte des 7. Jahrhunderts entstand das fünfte Buch Moses, das Deuteronomium und im 6.–5. Jahrhundert der sogenannte Priesterkodex. Gerade diese späte Quellenschrift bestimmt in besonderem Maße das traditionelle Bild der Gestalt und des Wirkens Moses. Die Tendenz des wohl Priesterkreisen angehörigen Verfassers ist darauf gerichtet, die gesetzliche und vor allem die kultische Ordnung ihrer Entstehung nach auf Moses zurückzuführen, um sie zu legitimieren und den Gehorsam ihnen gegenüber einzuschärfen. Es ist daher verständlich, wenn das auf diesen zeitlich weit auseinanderliegenden Quellen beruhende Lebensbild des Moses im einzelnen historischer Kritik begegnet.

Unsere Textsammlung zum Leben und zur Legende Moses beginnt mit der im 2. Buche Moses, dem Buche des Auszugs (Exodus), gegebenen Schilderung der bedrängten Lage, nicht, wie es im Text heißt, des ganzen Volkes Israel, das es noch nicht gab, sondern des auf ägyptischem Boden lebenden Stammes Joseph [1]. Wir befinden uns im 13. Jahrhundert v. Chr., und aller Wahrscheinlichkeit nach war Ramses II. der Pharao der Bedrückung der semitischen Nomaden, denn eine von diesen für den Pharao erbaute Stadt trägt den Namen des Ramses. In dieser Zeit wurde Moses als Sohn semitischer Eltern geboren [2]. Da der Pharao geboten hatte, alle neu geborenen semitischen Knaben zu töten, wurde der Knabe Moses in einem Schilfkästchen auf dem Nil ausgesetzt und von einer Pharao-Tochter gefunden und später am Hofe erzogen. Hier befinden wir uns bereits auf dem Boden der Sage. Der Kindermord des Pharao erinnert an den Kindermord, den Herodes anordnet, als er von der Geburt Jesu hört. In beiden Fällen handelt es sich um Kinder, die als Erwachsene von ungeheuerer Bedeutung wurden, und zwar als Männer, die in der einen oder anderen Weise von der Gottheit berufen und in ihren Dienst gestellt wurden. Es ist ein typisches Sagenmotiv, wenn häufig in den Geburtsgeschichten von einer lebengefährdenden Bedrohung dieser Kinder berichtet wird, einer Bedrohung, die dann im letzten Augenblick doch noch abgewandt wird, damit ausgeführt werden konnte, was von Gott beschlossen war. In der Mosesgeschichte begegnen wir noch einem zweiten typischen Sagenmotiv, der Aussetzung in dem Schilfkästchen. Auch hier schwebte das Kind wieder in großer Gefahr, aus der es dann durch die Pharao-Tochter gerettet wurde.[14] Eine ganz ähnliche Geschichte wird von dem späteren babylonischen König Sargon erzählt, der, ebenfalls von seiner Mutter in einem Kästchen aus Rohrgeflecht auf dem Euphrat ausgesetzt, von einem Gärtner gefunden und aufgezogen und später König und Geliebter der Göttin Ischtar wurde (H. Gressmann, Moses und seine Zeit. 1913. S.

8 Text). Man erkennt also deutlich das Motiv, aus dem hier auf religions- und weltgeschichtlich bedeutsame Persönlichkeiten Wandersagen übertragen werden: es geschieht, um zu zeigen, wie schon die Kindheit solcher großen Gestalten allen irdischen Gefahren zum Trotz irgendwie seltsam behütet wurde, damit sie die ihnen bestimmte Aufgabe erfüllen konnten.

Die Überlieferung berichtet, daß Moses wegen eines patriotischen Mordes nach Midian flüchtete [3], wo er Zipora, die Tochter des Priesters Jethro heiratet. Es ist nicht ausgeschlossen, daß aus der religiösen Welt des Hirtenvolkes der Midianiter Einflüsse auf die mosaische Religion ausgegangen sind. Jedenfalls ereignete sich die Berufung des Moses, als er die Schafe seines Schwiegervaters hütete. Der Berg Horeb oder (nach Jahvist und Priesterkodex) Sinai war das sakrale Zentrum der ihn umringenden Wüstenstämme. Dieser Berg ist die Stätte numinoser Gegenwart Jahves, hier konnte daher auch die entscheidende Begegnung des Moses mit dem Berg- und Wüstengotte Jahve stattfinden. Der Anstoß des Gotteserlebnisses ist das Phänomen des brennenden Dornbusches [4]. Man wäre geneigt, das berichtete Geschehen in den Bereich der Legende zu verweisen, wenn wir nicht heute in der Lage wären, das Phänomen eines brennenden und doch nicht verbrennenden Strauches zu kennen und zu erklären. Es gibt in jenen Gegenden ein Gewächs (Diptam), das in sich acetonartige Stoffe entwickelt, die unter besonderen klimatischen Umständen sich plötzlich entzünden können. Ist der Brennstoff verzehrt, erlischt die Flamme, ohne daß der Strauch selbst Zeichen der Verbrennung aufweist. (Vgl. M. Schwabe, Der brennende Busch. Zeitschrift Orion 1953 Nr. 17/18. S. 691 f.). Offenbar hat es sich bei dem brennenden Dornbusch am Berge Horeb um etwas derartiges gehandelt. Dem »Wunder« liegt ein an sich natürlicher Vorgang zu Grunde. Mit dieser naturwissenschaftlichen Erklärung soll nun aber durchaus nicht – wie es der Rationalismus tat – der religiöse Wundercharakter geleugnet werden. Vielmehr haben wir hier ein geradezu klassisches Beispiel dessen vor uns, was »Wunder« im ursprünglichen und religiösen Sinne sind. Menschen jener frühen Welt kannten keine Naturgesetze und daher auch nichts, das von ihnen aus als unmöglich anzusehen war. Sie kannten das Gewohnte im natürlichen Geschehen. Das Ungewohnte, Außergewöhnliche (darum aber von unserem Standpunkt aus gesehen nicht Unmögliche) erregte das numinose Staunen und wurde so leicht zum Anstoß religiöser Erlebnisse. Genau das geschah hier, als Moses, ein Mensch mit divinatorischer Begabung, dieses »merkwürdige Schauspiel« beobachtet. Auf dem heiligen Wüstenboden erlebt Moses die Begegnung mit dem Lokalgott Jahve, der ihn beruft, die Israeliten aus der ägyptischen Knechtschaft zu erlösen. Es ist eine echte prophetische Berufung, die von Moses hier berichtet wird, vor der, wie manche Propheten nach ihm, Moses zunächst zurückschreckt, um dann doch von seinem Gott wider seinen Willen in Dienst genommen zu werden. So kehrt Moses denn aus Midian nach Ägypten zurück, um mit dem Pharao, zusammen mit seinem Bruder Aaron, zu verhandeln [5]. Zunächst handelt es sich dabei nur um eine zeitweilige Entlassung, um Jahve ein Fest zu feiern, was für Nomaden nur in der Wüste geschehen konnte, denn nur sie ist heiliger Boden (2. Mos. 3,18; 8,23 f.). Die Folge dieser ersten Verhandlung ist neue schwere Bedrückung der Israeliten auf Pharaos Befehl. Und hier gerät Moses in die auch später häufig sich wiederholende Situation: das Volk klagt ihn wegen der Bedrückung an, und Moses wendet sich fürbittend an Jahve. Er wird Mittler zwischen dem Volk und seinem Gott [6]. Es kommt auf Jahves Befehl zu neuen Verhandlungen vor Pharao, bei denen ein Wettstreit zwischen Aaron und ägyptischen Zauberern [7] stattfindet, ohne daß Pharao Israel ziehen läßt.[15] Es folgen die verschiedenen Plagen, deren letzte [8], die Tötung aller Erstgeborenen, verbunden ist mit der erstmaligen Feier des Passahfestes, das fortan von Generation zu Generation zur Erinnerung an die Erlösung aus der ägyptischen Knechtschaft gefeiert werden soll und gefeiert worden ist.[16] Pharao aber ließ unter dem Eindruck des großen Sterbens die Israeliten ziehen. Jahve zog als Wolken- und Feuersäule dem Volke voran. Diese Erscheinungsformen Jahves deuten darauf hin, daß er ursprünglich ein Vulkangott war, auf vulkanischen Bergen wohnend und in Vulkanausbrüchen sich machtvoll offenbarend.

Inzwischen war Pharao anderen Sinnes geworden und zog mit Heeresmacht dem wandernden Volke nach, bis zum Roten Meer. Die Israeliten ziehen trockenen Fußes hindurch [9], während die Ägypter in den Wellen umkommen. Auch dieses geschichtliche Ereignis erlebt Israel als Wirkung seines Gottes und als wunderbare Bestätigung seiner Macht und seines Dieners Moses.

Immer wieder ereignet sich bei den nomadischen Wanderzügen Israels in der Wüste dieselbe Situation: das Volk hungert und murrt gegenüber seinen gottgesetzten Führern und damit auch gegenüber seinem Gott [10]. Wachteln und Manna stillen den Hunger in der Wüste. Wieder handelt es sich um natürliche Vorgänge, aber in ihnen wird Jahves sorgendes Wirken von den Propheten gewittert; denn das ist – auch bei den späteren großen Propheten – die wesentliche Funktion der Gottesmänner: sie deuten aus religiöser Divination die geschichtlichen und natürlichen Ereignisse.

Das wandernde Volk zieht nicht unangefochten durch die Wüste. Die Amalekiter rücken heran [11], und es kommt zur Schlacht, die unter Mitwirkung Jahves durch einen Sieg entschieden wird.

Einen Einblick in die Tätigkeit des Moses als eines zwischen Gott und Volk vermittelnden Volksführers bietet der Bericht vom Besuch Jethros bei Moses [12]. In der sakralen Volksgemeinschaft, zu der die von Moses zusammengeführten Stämme geworden sind, ist auch die Rechtspflege eine sakrale Funktion, die in der Hand des Volksführers liegt. Moses also hielt Gericht, aber seine Rechtssprüche gelten als Entscheidung Gottes. Hier wird sichtbar, daß in Israel eine Theokratie bestand; denn das ist eine der besonderen Leistungen des Moses, daß er das israelitsche Volk in allen seinen Lebensäußerungen unter den Herrschaftsanspruch seines Gottes stellte. Jethro rät hier dem Moses eine Teilung der juristischen Funktionen vorzunehmen: Moses selbst soll Gott gegenüber Sachwalter des Volkes sein und bleiben, für die täglichen weniger wichtigen Rechtssachen aber werden aus dem Volke Richter von Moses erwählt.

Das Volk nähert sich dem Berge Jahves, dem Sinai. Hier nun ereignet sich nach dem Bericht die entscheidende Offenbarung Jahves und der damit geschlossene Bund Jahves mit dem Volke Israel, das dadurch aus einem normalen weltlichen Volke zu einem Gottesvolke »erwählt« wird [13]. Diese Offenbarung ereignet sich unter dem äußeren Geschehen eines Vulkanausbruches. Damit wird im eigentlichen Sinne nach dem Glauben Israels die israelitische Religion und die israelitische Volksreligionsgemeinschaft gestiftet. Der Inhalt der Sinaioffenbarung ist die Verfassung des Bundes, das Gesetz. Es enthält nicht nur die zehn Gebote [14], sondern eine Vielzahl von kultischen und rechtlichen Ge- und Verboten. Nach rabbinischer Zählung finden sich im Alten Testament 248 Gebote und 365 Verbote. Nun muß allerdings hinzugefügt werden, daß ohne Zweifel die große Mehrheit der Gesetze, wenn nicht alle auf Moses zurückgeführten Gesetze, von Moses nicht geschaffen und verkündet sein können. Das ergibt sich schon daraus, daß die meisten Gebote nicht die Wüstenverhältnisse, also das Nomadenleben, voraussetzen, sondern den erst viel später erreichten Zustand der Seßhaftigkeit in Kanaan. Die Festgesetzgebung z. B. schließt sich den klimatischen und wirtschaftlichen Verhältnissen in Kanaan an. Die Verpflichtung des Volkes am Sinai [15] wird sich daher kaum auf einzelne Gesetze, wie es die spätere Geschichtsschreibung darstellte, bezogen haben, sondern auf den Dienst Jahves und den Gehorsam gegenüber den Organen der Volksreligionsgemeinschaft.[17] Hier zeigt sich nun mit großer Deutlichkeit, daß, was von Moses gestiftet wurde, eine echte Volksreligion war, die alle die Züge aufweist, die wir oben angedeutet haben.

Alle öffentlichen und politischen Angelegenheiten sind sakralen Charakters, namentlich die Kriege, die als Kriege Jahves (1. Sa 18,17) verstanden werden. In seinem Namen geschah der Aufruf zum Kriege, und wer ihm nicht folgt, verachtet die Sache Jahves (Ri 5,23). Die Volksversammlung ist ebenfalls Sache Jahves (Mich. 2,5). Sie wird durch Opfer begonnen. Die Rechtspflege ist, wie wir sahen, ebenfalls eine Angelegenheit Jahves, und das Volk ist die natürliche Pflegestätte und zugleich Grenze der Sittlichkeit.

In der Lebensgeschichte des Moses wird immer wieder der Gegensatz sichtbar zwischen diesem gottbegnadeten Einzelnen und der Volksmasse. Kaum ist Moses eine längere Zeit abwesend, wird das Volk in seinem Glauben unsicher und verlangt von Aaron, daß er ein sichtbares Gottesbild schaffe [16]. So entsteht das sogenannte »goldene Kalb«, in Wahrheit ein Stier, wie er in bäuerlichen Kulturen als Inbegriff der Fruchtbarkeit vielfach und wohl auch in Kanaan verehrt wurde. Der Bericht von der Schaffung des Stierbildes in der Wüste wird daher ungeschichtlich sein, aber die Neigung des Volkes, von der Höhe prophetischer Gotteserfahrung abzusinken und in Abgötterei zu verfallen, wird Moses, wie allen Propheten nach ihm, zu schaffen gemacht haben.

Moses lebte in ständigem Umgang mit Gott [17]. Der Bericht zeugt in naiver Weise von dem typisch prophetischen Ringen des Moses um Gewißheit über Jahves Pläne mit dem Volke und von dem Verlangen des Propheten, Jahve selbst zu schauen. Die numinose Scheu vor dem Heiligen spricht aus der Vorstellung, daß, wer Gott unmittelbar schaut, sterben muß.

Nach dem Bericht hatte Moses die Gesetzestafeln, die er vom Sinai herabgebracht hatte, im Zorn zerschmettert, als er den Abfall des Volkes sah. Jetzt werden neue Tafeln zurechtgehauen [18] und die Gesetze darauf geschrieben nach neuer Gottesoffenbarung auf dem heiligen Berge.

Auf Anordnung Jahves ist eine Lade geschaffen worden (2. Mos. 25,10 ff.), die in einem Zelte untergebracht wurde und den sakralen Mittelpunkt des Lagers bildete; denn sie wurde als Träger der göttlichen Gegenwart angesehen. Es war ein kriegerisches Nomadenheiligtum, das noch zu Davids Zeit (2. Sam. 7) nicht durch ein festes Haus ersetzt werden durfte, da die Lade eigentlich in die Wüste gehört und nicht in das seßhafte Leben. Der Aufbruch vom Sinai [19] geschieht daher auch in der Weise, daß die Lade dem wandernden Volke vorauszieht. Die Feinde flüchten, wenn die Lade und Jahve mit ihr naht.

Die kritische Geschichtsforschung sieht die Ereignisse des Wüstenzuges und der späteren Eroberung Kanaans nüchtern als Vorgänge an, die sich vielfach sonst in der Geschichte der Völker zugetragen haben: ein Nomadenvolk, das – wie auch Israel in der Wüste unter Moses Führung – nicht an Seßhaftwerdung denkt, erobert ein fremdes Land und übernimmt die Wirtschafts- und Lebensform der unterworfenen Einwohner. So ist es in Israel gewesen. Man erkennt an vielen Stellen, daß Moses nicht daran dachte, sein Volk auf eine andere Kulturstufe zu überführen. Das nomadische Lebensideal erschien dem alten Israel – und auch später vielfach in der prophetischen Kritik der seßhaften Lebensformen (vgl. Am. 6,4 ff.; Jes. 22,13; Jer. 7,21 ff.) – als gottgesetzt. Vom Standpunkt des religiösen Glaubens der seßhaft gewordenen Israeliten erscheinen die geschichtlichen Vorgänge der Wanderungen in der Wüste nicht als das, was sie waren, sondern von dem Gedanken aus, daß Kanaan und die Seßhaftigkeit das von Anfang an verfolgte, weil von Jahve den Stammesvätern schon verheißene Ziel seien, entweder (4. Mos. 13,14) als Strafzeit wegen des Ungehorsams des Volkes oder (bei den Propheten z. B. Am. 2,10; 5,25; Jer. 2,2.3) gerade als Beweis göttlicher Liebe gegen das gehorsame Volk. Beide Betrachtungsweisen haben ihr Recht: die historische und die glaubensmäßige.

Wenden wir uns wiederum dem Lebenslauf des Moses zu, wie er uns berichtet wird, so hören wir nach langen Wanderungen von der Aussendung von Kundschaftern nach Kanaan [20] und ihrem Bericht über das »gelobte Land«. Wieder murrt das Volk angesichts der Gefahren, die ihm in dem fremden Lande drohen [21], und Moses muß wiederum seine Mittlertätigkeit zwischen Jahve und dem ungehorsamen Volke ausüben. Hier werden die vierzig Jahre Wüstenwanderung als Strafe Jahves verheißen. Immer wieder ereignen sich Empörungen des Volkes wie die der Rotte Korah [22] und Abfälle zu fremden Göttern, wie zum Baal Peor der Moabiter [23]. Alle diese Widersetzlichkeiten werden von Jahve gestraft, und Moses ist dabei stets der Verkünder des Gotteswillens.

Dem Bericht zufolge zeigte Jahve dem Moses das Land Kanaan vom Berge Nebo aus. Er selbst aber sollte den Jordan nicht überschreiten, da seine Lebenszeit abgelaufen war [24]. Moses starb der Tradition nach im Alter von 120 Jahren. Er war eine einmalige Prophetengestalt, von der der spätere Chronist sagte: »Es stand aber in Israel kein Prophet mehr auf, wie Moses.«

[1] *Die Israeliten in Ägypten*

Da trat ein neuer König in Ägypten auf, der Joseph nicht mehr gekannt hatte. Der sprach zu seinen Untertanen: Das Volk der Israeliten wird ja zahlreicher und mächtiger als wir. Wohlan, wir wollen klug gegen es verfahren, sonst könnte es allzu zahlreich werden und sich, falls wir in einen Krieg verwickelt werden, auch noch zu unsern Feinden schlagen, uns bekämpfen und aus dem Lande wegziehen! Da bestellten sie über es Fronvögte, um es zu drücken mit ihren Fronarbeiten, und es baute dem Pharao Vorratsstädte, Pithom und Ramses. Je mehr sie es aber drückten, desto mehr nahm es zu und breitete sich aus, so daß sie vor den Israeliten Angst bekamen. Da zwangen die Ägypter die Israeliten zu harter Sklavenarbeit und verbitterten ihnen das Leben mit harter Arbeit in Lehm und Ziegeln und allerlei Feldarbeiten, lauter Arbeiten, die sie durch Zwang von ihnen ausführen ließen.

...

Hierauf befahl der Pharao allen seinen Untertanen: Alle Knäblein, die den Hebräern geboren werden, sollt ihr in den Nil werfen; alle Mädchen aber mögt ihr am Leben lassen.

[2] *Geburt und Errettung des Moses*

Ein Mann aus dem Stamme Levis aber heiratete die Tochter Levis. Da wurde die Frau schwanger und gebar einen Sohn. Als sie nun sah, daß er stattlich war, verheimlichte sie ihn drei Monate lang. Als sie ihn aber nicht länger verbergen konnte, holte sie für ihn ein Kästchen aus Papyrusschilf, verpichte es mit Asphalt und Pech und setzte es, nachdem sie das Kind hineingelegt hatte, ins Schilf am Ufer des Nils. Seine Schwester aber paßte nicht weit davon auf, um zu erfahren, was mit ihm geschehen würde. Da kam die Tochter des Pharao an den Nil, um zu baden. Während nun ihre Begleiterinnen am Ufer des Nils entlang gingen, erblickte sie zwischen dem Röhricht das Kästchen; da schickte sie ihre Sklavin hin und ließ es holen. Als sie es nun öffnete, war ein weinender Knabe darin. Sie aber fühlte Mitleid mit ihm, denn sie dachte: Es wird einer von den Knaben der Hebräer sein. Da fragte seine Schwester die Tochter des Pharao: Soll ich etwa hingehn und dir eine Amme hebräischer Abkunft herbeirufen, damit sie dir das Knäblein säuge? Die Tochter des Pharao erwiderte: Ja, geh! Da ging das Mädchen hin und rief die Mutter des Knäbleins herbei. Und die Tochter des Pharao sprach zu ihr: Wenn du dieses Knäblein mitnimmst und es für mich säugst, so will ich dir den Lohn dafür bezahlen! Da nahm das Weib das Knäblein und säugte es. Als aber der Knabe herangewachsen war, brachte sie ihn der Tochter des Pharao, und sie nahm ihn als Sohn an und gab ihm den Namen Moses; denn sie sagte: Aus dem Wasser habe ich ihn ja gezogen![18]

[3] *Flucht ins Land der Midianiter*

Zu jener Zeit aber begab sich einst Moses, als er herangewachsen war, zu seinen Volksgenossen hinaus und sah, wie sie Frondienste leisten mußten; da bemerkte er, wie ein Ägypter einen Hebräer, einen seiner Volksgenossen, schlug. Da wandte er sich nach allen Seiten um, und wie er sah, daß niemand zugegen war, erschlug er den Ägypter und verscharrte ihn im Sande. Am folgenden Tag ging er wieder hinaus, da traf er zwei Hebräer im Streit miteinander. Da fragte er den, der im Unrecht war: Warum schlägst du deinen Genossen? Der aber sprach: Wer hat dich zum Herrn und Richter über uns bestellt? Gedenkst du mich etwa auch totzuschlagen, wie du den Ägypter totgeschlagen hast? Da bekam Moses Angst, denn er sagte sich: So ist also die Sache doch ruchbar geworden! Aber auch der Pharao hörte von der Sache; da trachtete er darnach, Moses umbringen zu lassen. Moses jedoch ergriff die Flucht vor dem Pharao und begab sich nach dem Lande der Midianiter. Dort setzte er sich an den Brunnen. Der Priester der Midianiter aber hatte sieben Töchter; die kamen herbei und wollten Wasser schöpfen und die Tränkrinnen füllen, um die Schafe ihres Vaters zu tränken. Aber die Hirten kamen herzu und drängten sie auf die Seite. Da stand Moses auf, unterstützte sie und verschaffte ihren Schafen zu trinken. Als sie nun zu ihrem Vater Reguel kamen, fragte er sie: Warum kommt ihr denn heute so früh? Sie erwiderten: Ein Mann aus Ägypten hat uns vor den Hirten in Schutz genommen; dazu hat er uns sogar Wasser geschöpft und die Schafe getränkt. Da sagte er zu seinen Töchtern: Wo ist er denn? Warum habt ihr den Mann dort stehen lassen? Ladet ihn doch ein zur Mahlzeit! Moses aber entschloß sich, bei dem Manne zu bleiben, und der gab Moses seine Tochter Zipora zum Weibe. Die gebar einen Sohn, den nannte er Gersom; denn er sprach: Ein Fremdling bin ich geworden in einem fremden Lande.

[4] *Die Berufung*

Da ereignete es sich lange hernach, daß der König von Ägypten starb. Da seufzten die Israeliten unter der schweren Arbeit und schrieen laut auf, so daß ihr Ruf um Befreiung von der Arbeit zu Gott drang. Und Gott erhörte ihr Wehklagen, und Gott gedachte seines Bundes mit Abraham,

Isaak und Jakob. Und Gott schaute auf die Israeliten und offenbarte sich ihnen. Moses aber hütete bei Jethro, seinem Schwiegervater, dem Priester der Midianiter, die Schafe. Als er nun einst die Schafe bis jenseits der Steppe trieb, gelangte er zum Berge Gottes, dem Horeb. Da erschien ihm der Engel Jahves in einer Feuerflamme, die aus einem Dornbusch hervorschlug. Als er aber näher zusah, da brannte der Dornstrauch, ohne daß der Dornstrauch vom Feuer verzehrt wurde. Da dachte Moses: Ich will doch hingehn und dieses merkwürdige Schauspiel betrachten, warum der Dornstrauch nicht in Feuer aufgeht. Als nun Jahve sah, daß er hinging, um es anzusehen, da rief ihn Gott aus dem Dornbusch heraus an: Moses, Moses! Er antwortete: Ich höre! Hierauf sprach er: Tritt nicht näher herzu! Ziehe deine Sandalen aus; denn die Stätte, auf die du trittst, ist heiliger Boden. Dann sprach er: Ich bin der Gott deines Vaters, der Gott Abrahams, der Gott Isaaks und der Gott Jakobs. Da verhüllte Moses sein Antlitz; denn er fürchtete sich, auf Gott hinzublicken. Jahve aber sprach: Ich habe die Bedrückung meines Volkes, das in Ägypten ist, zur Genüge angesehen und ihr Rufen um Befreiung von seinen Fronvögten gehört; ja ich weiß, wie sehr es leidet. Daher komme ich nun herab, es aus der Gewalt der Ägypter zu erretten und es wegzuführen aus jenem Land in ein treffliches und weit ausgedehntes Land, in ein Land, das von Milch und Honig überfließt, in die Wohnsitze der Kanaaniter, Hethiter, Amoriter, Pheresiter, Heviter und Jebusiter. Und nun ist der Hilferuf der Israeliter zu mir gedrungen, und ich habe wohl gesehen, wie sehr die Ägypter sie quälen. So laß dich nun von mir zum Pharao senden und führe mein Volk, die Israeliten, aus Ägypten hinweg. Moses aber sprach zu Gott: Wer bin ich, daß ich zum Pharao gehen und daß ich die Israeliten aus Ägypten wegführen könnte? Da sprach er: Ich bin ja mit dir! Und dies soll für dich das Wahrzeichen sein, daß ich dich sende: wenn du das Volk aus Ägypten wegführst, werdet ihr Gott auf diesem Berge verehren. Und Moses sprach zu Gott: Wenn ich nun aber zu den Israeliten komme und ihnen sage: der Gott eurer Väter hat mich zu euch gesandt, und sie mich fragen: wie heißt er? was soll ich ihnen antworten? Da erwiderte Gott Moses: Der »Ich bin, der ich bin«[19]; dann sprach er: So sollst du den Israeliten sagen: Der »Ich bin« hat mich zu euch gesandt! Hierauf sprach Gott weiter zu Moses: So sollst du zu den Israeliten sagen: Jahve, der Gott eurer Väter, der Gott Abrahams, der Gott Isaaks und der Gott Jakobs[20] hat mich zu euch gesandt; dies ist mein Name auf ewige Zeiten und dies meine Benennung auf Geschlecht und Geschlecht. Geh hin, rufe die Vornehmsten der Israeliten zusammen und sage ihnen: Jahve, der Gott eurer Väter, ist mir erschienen, der Gott Abrahams, Isaaks und Jakobs, und hat zugesagt: Ich will Rücksicht nehmen auf euch und auf das, was euch widerfahren ist in Ägypten; und ich habe beschlossen: ich will euch aus der Bedrückung in Ägypten befreien und in das Land der Kanaaniter, Hethiter, Amoriter, Pheresiter, Heviter und Jebusiter führen, in ein Land, das von Milch und Honig überfließt. Und sie werden auf dich hören; dann sollst du mit den Vornehmsten der Israeliten zum Könige von Ägypten gehen, und ihr sollt zu ihm sprechen: Jahve, der Gott der Hebräer, ist uns begegnet; laß uns daher drei Tagereisen weit in die Steppe ziehen, um Jahve, unserem Gott, Opfer zu bringen. Aber ich weiß, daß der König von Ägypten euch nicht gestatten wird, wegzuziehen, wenn nicht durch Zwang. Dann will ich meine Hand ausrecken und die Ägypter mit allen meinen Wundertaten, die ich an ihnen verrichten werde, heimsuchen; hernach werden sie euch ziehen lassen. Auch werde ich diesem Volke bei den Ägyptern Ansehen verschaffen, damit, wenn ihr wegzieht, ihr nicht mit leeren Händen wegzieht. Sondern jedes Weib soll von seiner Nachbarin und Hausgenossin verlangen, daß sie ihm silberne und goldene Geräte und Kleider leihe; die sollt ihr euren Söhnen und Töchtern anlegen und sollt so die Ägypter um ihr Eigentum bringen.[21]

Moses aber entgegnete: Wenn sie mir nun aber nicht glauben und mir nicht folgen wollen, sondern sagen: Jahve ist dir nicht erschienen? Da sprach Jahve zu ihm: Was hast du da in der Hand? Er antwortete: Einen Stab.[22] Da befahl er: Wirf ihn hin auf den Boden! Als er ihn nun auf den Boden warf, verwandelte er sich in eine Schlange, und Moses ergriff vor ihr die Flucht. Da befahl Jahve Moses: Strecke deine Hand aus und ergreife sie beim Schwanze! Da streckte er seine Hand aus und faßte sie fest an; da verwandelte sie sich in seiner Hand in einen Stab. So müssen sie es glauben, daß dir Jahve, der Gott ihrer Väter, der Gott Abrahams, der Gott Isaaks und der Gott Jakobs erschienen ist. Hierauf befahl ihm Jahve nochmals: Stecke deine Hand in deine Busentasche! Da steckte er seine Hand in die Busentasche. Als er sie aber wieder herauszog, war sie unversehens aussätzig und schneeweiß geworden. Hierauf befahl er: Stecke deine Hand nochmals in die Busentasche. Da steckte er seine Hand in die Busentasche; als er sie aber wieder herauszog, war sie unversehens seinem Fleische wieder gleich geworden. Und wenn sie dir nicht glauben und auf das erste Wunderzeichen hin nicht folgen, so werden sie auf das zweite Wunderzeichen hin glauben. Wenn sie aber auch auf diese beiden Wunderzeichen nicht glauben und dir nicht folgen wollen, so sollst du etwas Wasser aus dem Nil schöpfen und es auf den Boden gießen; dann soll sich das Wasser, das du aus dem Nil schöpfest, auf dem Boden in Blut verwandeln. Da sprach Moses zu Jahve: Mit Verlaub, Herr! Ich bin kein Mann, der reden kann, und bin es weder vordem gewesen noch selbst, seit du mit deinem Knechte redest; sondern meine Sprache und meine Zunge sind schwerfällig. Jahve aber antwortete ihm: Wer hat denn dem Menschen den Mund erschaffen? oder wer macht einen stumm oder taub oder sehend oder blind? Bin nicht ich es, Jahve? Geh also nur! Ich werde dir helfen zu reden und dich unterweisen, was du sagen sollst. Er aber sprach: Bitte, Herr! sende doch lieber irgend einen andern! Da war Jahve zornig über Moses und sprach: Ist denn nicht Aaron, dein Bruder, der Levit, da? Von dem weiß ich, daß er gar wohl reden kann. Zudem wird er dir entgegen kommen und eine große Freude haben, wenn er dich erblickt. Dann magst du mit ihm sprechen und ihm die Reden überweisen; ich aber werde sowohl dir, als ihm, helfen zu reden und euch unterweisen, was ihr zu tun habt. So soll er dann für dich zum Volke reden und dein Mund sein; du aber sollst für ihn gleichsam Gott sein. Und den Stab da nimm in die Hand; damit sollst du die Wunderzeichen verrichten.

Hierauf kehrte Moses zu seinem Schwiegervater Jethro zurück und sprach zu ihm: Ich möchte aufbrechen und zu meinen Verwandten in Ägypten zurückkehren, um zu sehen, ob sie noch am Leben sind. Jethro antwortete Moses: Ziehe hin, möge es dir wohlergehen! Und Jahve sprach zu Moses in Midian: Auf! kehre nach Ägypten zurück; denn alle die, die dir nach dem Leben trachteten, sind gestorben. Da ließ Moses sein Weib und seine Söhne auf einen Esel sitzen und brach auf nach Ägypten; den Stab Gottes aber nahm Moses in die Hand. Hierauf sprach Jahve zu Moses: Wenn du nach Ägypten zurückkehrst, so habe acht: alle die Wundertaten, die ich in deine Macht lege, sollst du vor dem Pharao ausführen; ich aber werde seinen Sinn verhärten, so daß er das Volk nicht wird ziehen lassen. Du aber sollst zum Pharao sagen: So spricht Jahve: Mein erstgeborener Sohn ist Israel.

[5] *Moses und Aaron vor Pharao*

Hernach gingen Moses und Aaron und sprachen zum Pharao: So befiehlt Jahve, der Gott Israels: Laß mein Volk ziehen, damit sie mir in der Steppe ein Fest feiern! Der Pharao aber erwiderte: Wer ist Jahve, daß ich ihm gehorchen und Israel ziehen lassen sollte? Ich weiß nichts von Jahve und werde Israel auch nicht ziehen lassen! Sie sprachen: Der Gott der Hebräer ist uns begegnet; laß uns also drei Tagereisen weit in die Steppe ziehen, um Jahve, unserm Gott, Opfer zu bringen[23]; sonst sucht er uns heim mit Pest oder Schwert. Der König von Ägypten aber erwiderte ihnen: Warum, Moses und Aaron, wollt ihr das Volk von seiner Arbeit abziehn? Geht an eure Frondienste! Und der Pharao sprach: Es ist des Volkes wahrlich so schon genug im Land, und da wollt ihr noch, daß es aufhört, Frondienste zu verrichten? An eben demselben Tage gab der Pharao den Fronvögten, die über das Volk gesetzt waren, und seinen Aufsehern folgenden Befehl: Ihr sollt nicht mehr, wie bisher, dem Volk Häckerling liefern zur Verfertigung der Backsteine, sondern sie selbst sollen hingehen und sich Häckerling suchen. Aber die festgesetzte Zahl von Backsteinen, die sie bisher verfertigten, sollt ihr ihnen auferlegen und nichts davon ablassen. Denn sie gehen müßig; deshalb verlangen sie ungestüm: Wir wollen hingehen, um unserem Gott Opfer zu bringen! Die Arbeit muß den Leuten erschwert werden, so daß sie daran zu tun haben und nicht auf Vorspiegelungen achten! Da gingen die Frontvögte und Aufseher des Volkes hin und berichtetem dem Volke: So hat der Pharao angeordnet: Ich lasse euch keinen Häkkerling mehr liefern. Ihr selbst müßt hingehen, euch Häckerling zu verschaffen, wo ihr ihn kriegen könnt; aber an eurer Arbeit wird nichts abgezogen. Da gingen die Leute in ganz Ägypten herum, um Stroh zu Häckerling zu suchen. Die Fronvögte aber setzten ihnen hart zu und befahlen: Ihr müßt Tag für Tag die volle Arbeit liefern, wie zu der Zeit, wo Häckerling da war. Den Aufsehern der Israeliten aber, welche die Fronvögte des Pharao ihnen als Vorgesetzte gegeben hatten, ließ man Schläge geben und fragte sie: Warum habt ihr den Betrag an Backsteinen, der euch bisher auferlegt war, in den letzten Tagen nicht voll geliefert? Da gingen die Aufseher der Israeliten hin und beklagten sich beim Pharao, indem sie sprachen: O Herr! Warum lässest du uns so behandeln? Häckerling wird uns nicht mehr geliefert, und dennoch heißt es: schafft Ziegel! Nun werden wir gar noch geschlagen! Du versündigst dich an deinem Volk. Er aber erwiderte: Faul seid ihr, faul! Deswegen sagt ihr: Wir wollen hingehen, um Jahve Opfer zu bringen. Geht sofort an eure Arbeit; Häckerling wird euch nicht geliefert, aber den vollen Betrag an Backsteinen müßt ihr liefern! So fanden sich die Aufseher der Israeliten in der schlimmen Lage, sagen zu müssen: Ihr bekommt von eurem täglichen Betrag an Backsteinen nichts erlassen! Als sie nun den Pharao verließen, trafen sie auf Moses und Aaron, die dort standen, um ihnen zu begegnen, und sagten zu ihnen: Jahve strafe euch und helfe uns zum Recht, daß ihr uns beim Pharao und seinen Höflingen in schwere Ungnade gebracht, ja ihnen das Schwert in die Hand gedrückt habt, um uns das Leben zu nehmen! Da wandte sich Moses wieder an Jahve und sprach: O Herr! Warum lässest du diesem Volke solches Unheil widerfahren? Wozu hast du mich denn gesandt? Denn seitdem ich zum Pharao gegangen bin, um in deinem Namen zu reden, behandelt er dieses Volk nur noch härter, und du hast dein Volk keineswegs errettet! Jahve aber erwiderte Moses: Nun sollst du sehen, was ich dem Pharao antun werde: von starker Hand gezwungen, wird er sie aus seinem Lande treiben.

[6] *Neue Offenbarung Jahves in Ägypten*

Da redete Gott mit Moses und sprach zu ihm: Ich bin Jahve. Ich bin einst als Gott, der Allmächtige, Abraham, Isaak und Jakob erschienen; aber unter meinem Namen Jahve habe ich mich ihnen nicht offenbart. Und ich habe mit ihnen sogar auch ein Abkommen getroffen, daß ich ihnen das Land Kanaan, das Land, in dem sie als Fremdlinge weilten, zu eigen geben wolle. Nun aber habe ich das Wehklagen der Israeliten über die Knechtung, die ihnen von den Ägyptern widerfährt, erhört und gedachte an meine Zusage. Sage daher den Israeliten: Ich bin Jahve; ich will euch erlösen von dem Frondienste, den ihr den Ägyptern leistet, und euch herausreißen aus eurer Sklavenarbeit und euch befreien mit ausgestrecktem Arm und mit großartigen Machterweisen und will euch zu meinem Volk erwählen und will euer Gott sein, und ihr sollt erkennen, daß ich Jahve, euer Gott, bin, der euch erlöst von dem Frondienst in Ägypten, und ich will euch in das Land bringen, das ich geschworen habe, Abraham, Isaak und Jakob zu verleihen, und will es euch zum Besitz geben, ich, Jahve! Moses richtete dies den Israeliten aus; sie aber hörten nicht auf Moses, aus Kleinmut und weil sie so hart zu arbeiten hatten. Hierauf sprach Jahve zu Moses also: Geh hin und fordere den Pharao, den König von Ägypten, auf, er solle die Israeliten aus seinem Lande wegziehen lassen. Moses aber redete vor Jahve also: Haben die Israeliten nicht auf mich gehört, wie sollte denn der Pharao auf mich hören, zumal ich unbeholfen bin im Reden! Da redete Jahve mit Moses und Aaron und ordnete sie ab an die Israeliten und an den Pharao, den König von Ägypten, um die Israeliten aus Ägypten wegzuführen.

[7] *Wettstreit des Moses mit ägyptischen Zauberern*

Als nun Jahve mit Moses in Ägypten redete, da sprach Jahve zu Moses also: Ich bin Jahve! Richte dem Pharao, dem König von Ägypten, alles aus, was ich dir sagen werde. Moses aber sprach vor Jahve: Ich bin ja unbeholfen im Reden; wie wird der Pharao auf mich hören? Jahve aber erwiderte Moses: Ich will dich für den Pharao wie zu einem Gotte machen; dein Bruder Aaron aber soll dein Sprecher sein. Du sollst alles, was ich dir sage, weiter berichten; dein Bruder Aaron aber soll es dem Pharao vortragen, damit er die Israeliten aus seinem Lande wegziehen läßt. Ich aber will den Sinn des Pharao verhärten und will zahlreiche Zeichen und Wundertaten in Ägypten verrichten. Der Pharao jedoch wird euch kein Gehör geben; dann will ich Hand anlegen an die Ägypter und meine Heerscharen, mein Volk, die Israeliten, unter großartigen Machtbeweisen aus Ägypten hinwegführen. Dann sollen die Ägypter erkennen, daß ich Jahve bin, wenn ich die Ägypter meine Macht fühlen lasse und die Israeliten aus ihrer Mitte hinwegführe. Da taten Moses und Aaron, wie ihnen Jahve befohlen hatte: also taten sie. Moses aber war achtzig Jahre und Aaron dreiundachtzig Jahre alt, als sie mit dem Pharao verhandelten.

Hierauf sprach Jahve zu Moses und zu Aaron also: Wenn euch der Pharao auffordert: verrichtet ein Wunder! so sollst du Aaron gebieten: Auf, wirf deinen Stab vor den Pharao hin, so wird er sich in eine große Schlange verwandeln. Da begaben sich Moses und Aaron zum Pharao hinein und taten so, wie Jahve geboten hatte: Aaron warf seinen Stab vor dem Pharao und seinen Höflingen hin, da verwandelte er sich in eine große Schlange. Der Pharao aber ließ die Gelehrten und Zaubereikundigen rufen; da machten sie, die Zauberer von Ägypten, mittels ihrer Geheimkünste es ebenso: ein jeder warf seinen Stab hin, da verwandelten sich diese in große Schlangen; jedoch der Stab Aarons verschlang ihre Stäbe. Aber der Sinn des Pharao blieb verhärtet, und er willfahrte ihnen nicht, wie Jahve vorausgesagt hatte.

[8] *Die letzte Plage, Passah und Auszug*

Hierauf sprach Jahve zu Moses: Noch eine einzige Plage will ich über den Pharao und die Ägypter ergehen lassen; dann wird er euch von hier wegziehen lassen. Wenn er euch gänzlich entläßt, wird er euch sogar gewaltsam von hier wegtreiben. Schärfe den Leuten ein, ein jeder solle sich von seinem Nachbarn und eine jede von ihrer Nachbarin silberne und goldene Gegenstände ausbitten. Jahve aber verschaffte dem Volke bei den Ägyptern Ansehen; auch der Mann Moses galt sehr viel in Ägypten bei den Höflingen und Untertanen des Pharao.

Da sprach Moses: So spricht Jahve: Um Mitternacht werde ich durch ganz Ägypten wandeln, da soll dann sterben jeder erstgeborene Sohn in Ägypten, vom Erstgeborenen des Pharao an, der auf seinem Throne sitzt, bis zum Erstgeborenen der Sklavin, welche an der Handmühle sitzt, sowie aller erster Wurf des Viehs. Und es soll ein großes Jammergeschrei entstehen in ganz Ägypten, desgleichen noch nicht dagewesen ist und desgleichen es niemals mehr geben wird. Aber gegen keinen Israeliten soll auch nur ein Hund mucksen, weder gegen Mensch noch Vieh, damit ihr erkennt, daß Jahve zwischen den Ägyptern und Israeliten einen Unterschied macht. Dann sollen alle diese deine Höflinge zu mir kommen, sich vor mir niederwerfen und mich bitten: Zieh doch weg samt allen deinen Leuten, die dir anhängen! und hernach werde ich wegziehen. Hierauf verließ er den Pharao in großem Zorn.

...

Da sprach Jahve zu Moses und Aaron in Ägypten folgendermaßen:

... sprecht zu der ganzen Gemeinde Israel folgendermaßen: Am Zehnten dieses Monats soll sich ein jeder ein Lamm verschaffen, je ein Lamm für jede einzelne Familie.
...
Und ihr sollt es aufbewahren bis zum vierzehnten Tage dieses Monats, und die gesamte Gemeinde Israel soll es schlachten gegen Abend. Dann sollen sie etwas von dem Blute[25] nehmen und es an die beiden Türpfosten und die Oberschwelle derjenigen Häuser streichen, in denen sie es verzehren. Das Fleisch aber sollen sie in derselben Nacht essen und zwar gebraten; ungesäuerte Brote nebst bitteren Kräutern sollen sie dazu essen.
...
Und so sollt ihr es verzehren: mit Gürteln um den Leib, mit eueren Sandalen an den Füßen und mit dem Stabe in der Hand, und sollt es in heiliger Hast verzehren; ein Passah für Jahve ist es. Denn ich will in derselben Nacht Ägypten durchziehen und jede Erstgeburt in Ägypten, sowohl unter den Menschen als unter dem Vieh, töten; auch alle Götter Ägyptens werde ich meine Macht fühlen lassen – ich, Jahve! Und das Blut an den Häusern, in denen ihr seid, soll als Merkmal zu eueren Gunsten dienen; denn wenn ich das Blut erblicke, will ich schonend an euch vorübergehen und es soll euch kein Leid und Verderben treffen, wenn ich den Schlag gegen Ägypten führe. Und dieser Tag soll für euch ein Gedächtnistag sein, und ihr sollt an ihm Jahve ein Fest feiern von Geschlecht zu Geschlecht; als eine Einrichtung auf ewige Zeiten sollt ihr ihn feiern.
...
Und wenn euere Kinder euch dann fragen: Was habt ihr da für einen Brauch? so sollt ihr antworten: Es ist ein Passahopfer für Jahve, der schonend vorüberging an den Wohnungen der Israeliten in Ägypten, als er die Ägypter heimsuchte, unsere Familien aber unangetastet ließ. Da neigten sich die Leute und warfen sich zu Boden.

Und die Israeliten gingen hin und taten, wie Jahve Moses und Aaron geboten hatte; so taten sie.

Um Mitternacht aber tötete Jahve alle Erstgeburten in Ägypten, vom Erstgeborenen des Pharao an, der auf seinem Throne saß, bis zum Erstgeborenen des Gefangenen, der im Kerker lag, sowie alle Erstgeburten des Viehs. Da stand der Pharao samt seinen Höflingen und allen Ägyptern in jener Nacht auf, und es erhob sich ein großes Klagegeschrei in Ägypten: denn es gab kein Haus, in welchem nicht ein Toter war. Da ließ er Moses und Aaron zur Nachtzeit rufen und sprach: Auf! zieht ab, von meinem Volke weg, sowohl ihr selbst, als die Israeliten; geht hin und verehrt Jahve, wie ihr verlangt habt! Auch eure Schafe und Rinder nehmt mit, wie ihr es verlangt habt; zieht ab und bittet auch für mich um Segen. Die Ägypter aber drängten das Volk zu schleunigem Abzug aus dem Lande; denn sie sagten sich: wir sind sonst alle des Todes! Da nahmen die Leute ihren Brotteig mit, bevor er durchsäuert war, und trugen die Backschüsseln eingewickelt in ihre Obergewänder auf den Schultern. Die Israeliten aber hatten getan, was ihnen Moses geboten hatte, und sich von den Ägyptern silberne und goldene Geräte sowie Kleider erbeten. Und Jahve hatte den Leuten bei den Ägyptern Ansehen verschafft, so daß sie ihnen willfahrten; so plünderten sie die Ägypter. Da zogen die Israeliten von Ramses nach Suchoth, gegen sechshunderttausend Mann zu Fuß, die Männer abgesehen von den Kindern. Aber auch eine große Rotte zog mit ihnen, sowie Schafe und Rinder, ein gewaltiger Haufe Vieh.

...

Jahve aber zog vor ihnen her, Tags über in einer Wolkensäule, um ihnen den Weg zu zeigen, und des Nachts in einer Feuersäule, um ihnen Licht zu spenden, so daß sie bei Tag und bei Nacht weiter ziehen konnten. Tagsüber wich die Wolkensäule nicht und des Nachts stand die Feuersäule vor dem Volke.

[9] *Das Wunder am Roten Meer*

Hierauf wurde dem König von Ägypten berichtet, daß das Volk entwichen sei. Da wurden der Pharao und seine Höflinge gegen das Volk umgestimmt; denn sie sagten sich: Was haben wir getan, daß wir die Israeliten ziehen ließen, so daß sie uns keine Dienste mehr tun! Da ließ er seine Wagen anspannen und nahm sein Kriegsvolk mit sich. Und er nahm sechshundert Streitwagen mit auserlesener Mannschaft mit und alle Streitwagen der Ägypter und Wagenkämpfer auf jedem derselben.

...

Da setzten die Ägypter ihnen nach und erreichten sie, wie sie am Meer lagerten, alle Pferde, Kriegswagen, Reiter und Truppen des Pharao, bei Pihachiroth in der Nähe von Baal Zephon. Als nun der Pharao nahe herangekommen war, schauten die Israeliten auf und wurden gewahr, daß die Ägypter hinter ihnen dreinzogen. Da fürchteten sie sich sehr. Und die Israeliten riefen Jahve um Hilfe an. Zu Moses aber sprachen sie: Gab es etwa keine Friedhöfe in Ägypten, daß du uns herausgelockt hast, damit wir in der Wüste sterben? Was hast du uns angetan, daß du uns aus Ägypten wegführtest! Haben wir dir nicht gerade dies schon in Ägypten vorgehalten: Laß uns in Ruhe, wir wollen den Ägyptern Sklavendienste verrichten. Denn es wäre besser für uns, den Ägyptern Sklavendienste zu verrichten, als in der Wüste umzukommen! Moses jedoch sprach zu dem Volke: Habt keine Angst! Haltet Stand, so werdet ihr sehen, welche Hilfe euch Jahve heute wird zuteil werden lassen; denn was ihr heute mit den Ägyptern werdet geschehen sehen, werdet ihr nie und nimmermehr an ihnen sehen. Jahve wird für euch streiten; ihr aber sollt euch still verhalten!

Da sprach Jahve zu Moses: Warum rufst du mich zu Hilfe? Befiehl den Israeliten, weiterzuziehen. Du aber hebe deinen Stab empor und recke deine Hand aus über das Meer; so soll es sich zerteilen, und die Israeliten sollen mitten durch das Meer ziehen, als ob sie auf trockenem Lande wären. Dann will ich die Ägypter verblenden, so daß sie ihnen folgen, und will meine Macht erweisen am Pharao und an seinem ganzen Heer, an seinen Streitwagen und an seinen Reitern, damit die Ägypter erkennen, daß ich Jahve bin, wenn ich meine Macht erweise am Pharao und an seinem ganzen Heer, an seinen Streitwagen und Reitern.

...

Da reckte Moses seine Hand aus über das Meer. Da versetzte Jahve die ganze Nacht hindurch das Meer durch einen heftigen Ostwind in Bewegung und legte das Meer trocken; die Gewässer traten auseinander. Die Israeliten aber zogen mitten durch das Meer hindurch, wie auf trockenem Lande, während das Gewässer zu ihrer Rechten und Linken einen Damm bildete. Die Ägypter aber verfolgten sie und kamen hinter ihnen drein, alle Rosse, Streitwagen und Reiter des Pharao, zwischen die Wassermassen. In der letzten Nachtwache aber beugte sich Jahve in der Feuer- und Wolkensäule gegen den Heereszug der Ägypter hinab und brachte Verwirrung im Heereszuge der Ägypter hervor. Und er machte, daß die Räder ihrer Wagen absprangen, und daß sie nur mühsam vorwärts kamen. Da sagten die Ägypter: Laßt uns vor den Israeliten fliehen! Denn Jahve kämpft für sie gegen die Ägypter. Da sprach Jahve zu Moses: Recke deine Hand gegen das Meer aus; so sollen die Gewässer auf die Ägypter, ihre Streitwagen und ihre Reiter zurückfluten. Und Moses reckte seine Hand gegen das Meer aus; da flutete gegen Morgen das Meer wieder in sein Bett zurück, während die Ägypter ihm gerade entgegen flohen, und Jahve trieb die Ägypter mitten ins Meer hinein. Und die Gewässer flossen wieder zusammen und überfluteten die Streitwagen und die Reiter – das ganze Heer des Pharao –, die ihnen ins Meer gefolgt waren; kein einziger von ihnen blieb am Leben. Die Israeliten aber zogen durch das Meer hindurch wie auf trockenem Lande, während die Gewässer zu ihrer Rechten und Linken einen Damm bildeten. So errettete Jahve an jenem Tage Israel vor den Ägyptern, und die Israeliten sahen die Ägypter tot am Meeresufer liegen. Da erkannte Israel die große Wundertat, die Jahve an den Ägyptern verrichtet hatte. Da fürchtete das Volk Jahve und glaubte an Jahve und seinen Diener Moses.

...

Da nahm die Prophetin Mirjam, Aarons Schwester, die Pauke zur Hand, und alle Weiber zogen hinter ihr drein mit Pauken und im Reigen. Mirjam aber sang ihnen vor:

Singt Jahve ein Lied, denn hoch erhaben ist er;
Rosse und Reiter hat er ins Meer gestürzt!

[10] *Wachteln und Manna*

Sodann brachen sie von Elim auf, und es gelangte die ganze Gemeinde der Israeliten in die Wüste Sin, die zwischen Elim und dem Sinai liegt, am fünfzehnten Tage des zweiten Monats nach ihrem Auszug aus Ägypten. Da murrte die ganze Gemeinde der Israeliten gegen Moses und Aaron in der Wüste. Und die Israeliten sprachen zu ihnen: O wären wir doch lieber durch die Hand Jahves in Ägypten gestorben, wo wir bei unseren Fleischtöpfen saßen und uns am Brot satt essen konnten; statt dessen habt ihr uns in die Wüste geführt, um diese ganze Gemeinde dem Hungertode preiszugeben. Da sprach Jahve zu Moses: Wohlan! ich will euch Brot vom Himmel fallen lassen wie Regen; so sollen dann die Leute hingehen und jeden Tag ihren täglichen Bedarf einsammeln. Damit will ich sie prüfen, ob sie nach meinen Lehren wandeln wollen oder nicht. Wenn sie dann aber am sechsten Tage zubereiten, was sie heimbringen, so wird es doppelt so viel sein, als was sie sonst alltäglich einsammeln. Da sprachen Moses und Aaron zu allen Israeliten: Am Abend werdet ihr einsehen, daß Jahve euch aus Ägypten weggeführt hat. Morgen früh aber werdet ihr Jahves Majestät zu sehen bekommen; denn er hat euer Murren wider Jahve gehört. Was sind aber wir, daß ihr wider uns murrt? Da sprach Moses: Dadurch, daß euch Jahve abends Fleisch zu essen geben wird und reichliches Brot am Morgen; dadurch, daß Jahve euer Murren erhört, das ihr gegen ihn richtet – denn was sind wir? Euer Murren richtet sich nicht gegen uns, sondern gegen Jahve! Hierauf sprach Moses zu Aaron: Befiehl der ganzen Gemeinde der Israeliten: Tretet heran zu Jahve; denn er hat euer Murren vernommen. Als nun Aaron der ganzen Gemeinde der Israeliten dies befohlen hatte, schauten sie gegen die Wüste hin; da erschien plötzlich Jahves Herrlichkeit in der Wolke. Und Jahve sprach folgendermaßen zu Moses: Ich habe das Murren der Israeliten vernommen; sprich zu ihnen also: Heute abend werdet ihr Fleisch zu essen bekommen und morgen früh sollt ihr euch an Brot satt essen, und ihr sollt erkennen, daß ich Jahve, euer Gott, bin! Als es nun Abend wurde, zog ein Wachtelschwarm heran und fiel überall im Lager nieder. Am folgenden Morgen aber legte sich ein starker Tau rings um das Lager. Und als der Tauniederschlag verschwand, da lag auf dem Boden der Wüste etwas Feines, Körniges, so fein, wie kleine Reifkörner auf dem Boden. Als dies die Israeliten sahen, fragten sie einander: Was ist das?[26] denn sie wußten nicht, was es war. Und Moses sprach zu ihnen: Das ist das Brot, das euch Jahve als Nahrungsmittel schenkt.

[11] *Die Amalekiterschlacht*

Hierauf rückten die Amalekiter heran, um die Israeliten in Raphidim zu bekämpfen. Da befahl Moses Josua: Wähle uns Männer aus und zieh morgen aus, um den Amelekitern eine Schlacht zu liefern; ich aber werde auf dem Gipfel des Hügels stehen mit dem Stabe Gottes in der Hand. Und Josua tat, wie Moses ihm geboten hatte, und zog aus, den Amalekitern eine Schlacht zu liefern; Moses, Aaron und Hur aber stiegen auf den Gipfel des Hügels. Wenn nun Moses seine Arme erhob[27], so hatten die Israeliten die Oberhand; wenn er jedoch seine Arme sinken ließ, so hatten die Amalekiter die Oberhand. Als jedoch die Arme Moses ermüdeten, nahmen sie einen Stein und legten ihm den unter; da setzte er sich darauf. Aaron aber und Hur stützten seine Arme, der eine auf dieser, der andere auf jener Seite; da blieben seine Arme beständig ausgereckt bis zum Sonnenuntergang. Also brachten Josua den Amalekitern und ihrem Kriegsvolk eine blutige Niederlage bei.

[12] *Die Rechtspflege durch Moses*

Da kam Jethro, der Schwiegervater Moses, mit seinen Söhnen und seinem Weibe zu Moses in die Wüste, woselbst er lagerte am Berge Gottes. Und er ließ Moses sagen: Ich, dein Schwiegervater Jethro, komme zu dir, nebst deinem Weibe und ihren beiden Söhnen, die sie bei sich hat. Da machte sich Moses auf den Weg, seinem Schwiegervater entgegenzugehen, verneigte sich und küßte ihn; dann fragten sie einander nach ihrem Wohlbefinden und begaben sich zum Zelte. Moses aber erzählte seinem Schwiegervater alles, was Jahve dem Pharao und den Ägyptern zu Gunsten der Israeliten angetan hatte, von allen Mühsalen, die ihnen unterwegs zugestoßen waren, und wie Jahve sie errettet hatte. Und Jethro freute sich über alle die Wohltaten, die Jahve den Israeliten erwiesen hatte, daß er sie aus der Gewalt der Ägypter befreit hatte. Und Jethro sprach: Gepriesen sei Jahve, daß er euch aus der Gewalt des Pharao und der Ägypter befreit hat, daß er das Volk aus der Gewalt der Ägypter befreit hat. Nun erkenne ich, daß Jahve mächtiger ist als alle Götter! Hierauf ließ Jethro, der Schwiegervater Moses, Schlachtvieh zu einem Brandopfer und zu einer Opfermahlzeit zu Ehren Gottes herbeischaffen, und es kamen Aaron und alle Vornehmen der Israeliten herbei, um mit dem Schwiegervater Moses ein

Mahl vor Gott zu halten.[28] Des anderen Tages aber setzte sich Moses hin, um dem Volke Recht zu sprechen: da traten Leute vor Moses hin vom Morgen bis zum Abend. Als nun der Schwiegervater Moses sah, wie er für die Leute zu tun hatte, sagte er: Was machst du dir mit den Leuten zu tun? Warum sitzest du allein zu Gericht, während alle Leute dich überlaufen vom Morgen bis zum Abend? Moses erwiderte seinem Schwiegervater: Ja, die Leute kommen zu mir, um Gott zu befragen! Wenn sie eine Rechtssache haben, kommen sie zu mir, damit ich entscheide, wer von beiden Recht hat, und verkündige die Rechtssprüche und Entscheide Gottes. Da sprach der Schwiegervater Moses zu ihm: Daran tust du nicht gut. Du wirst dich sowie die Leute, die bei dir sind, aufreiben; denn dieses Geschäft ist zu schwer für dich, du kannst es nicht allein besorgen. Ich will dir jetzt einen guten Rat geben; folge mir, so wird Gott dir beistehen: bleibe du selbst für das Volk Sachwalter bei Gott und bringe du selbst die Rechtssachen vor Gott. Und belehre sie über die Rechtssatzungen und Entscheide und weise ihnen den Weg, den sie wandeln sollen, und was sie tun sollen. Wähle dir aber aus dem ganzen Volke tüchtige, gottesfürchtige, vertrauenswürdige und uneigennützige Männer und bestelle sie zu Vorgesetzten über je tausend, je hundert, je fünfzig und je zehn, damit sie den Leuten jederzeit Recht sprechen. Dann soll jede wichtige Sache vor dich gebracht werden, jede minder wichtige aber sollen sie selbst entscheiden; so wirst du dich entlasten und sie werden dich unterstützen. Wenn du dies so anordnest, und Gott es dir befiehlt, so wirst du es aushalten können, und alle diese Leute werden befriedigt zu ihrer Behausung zurückkehren. Da folgte Moses den Worten seines Schwiegervaters und führte alles aus, was er geraten hatte. Und Moses wählte aus der Gesamtheit der Israeliten tüchtige Männer aus und bestellte sie zu Häuptern über das Volk, zu Vorgesetzten über je tausend, je hundert, je fünfzig und je zehn. Und sie sprachen den Leuten jederzeit Recht; wichtige Sachen brachte man vor Moses, alle minder wichtigen Sachen aber entschieden sie selbst. Hierauf gab Moses seinem Schwiegervater das Geleite; der aber zog in seine Heimat.

[13] *Das Gotteserlebnis am Sinai*

Im dritten Monat nach dem Auszug der Israeliten aus Ägypten, an eben dem Tage kamen sie in die Wüste Sinai. Und sie brachen auf von Raphidim und gelangten in die Wüste Sinai; da lagerten sie sich in der Wüste. Und die Israeliten lagerten sich daselbst dem Berge gegenüber. Als nun Moses zu Gott hinaufgestiegen war, rief ihm Jahve vom Berge[29] herab zu und sprach: So sollst du sprechen zum Hause Jakobs und ankündigen den

Söhnen Israels: Ihr habt gesehen, was ich an den Ägyptern verrichtet, wie ich euch auf Adlersflügeln getragen und euch hierher zu mir gebracht habe. Wenn ihr nun auf mich hören und die von mir festgesetzten Ordnungen beobachten wollt, so sollt ihr unter allen Völkern mein besonderes Eigentum sein; denn mir gehört die ganze Erde. Und ihr sollt mir werden ein Königreich von Priestern und ein heiliges Volk! – das sind die Worte, die du den Israeliten ausrichten sollst. Da ging Moses hin, die Vornehmsten des Volkes zusammen zu rufen, und richtete ihnen alle jene Worte aus, die ihm Jahve aufgetragen hatte. Das ganze Volk aber sprach einstimmig: Alles, was Jahve befiehlt, wollen wir tun! Da überbrachte Moses die Rede des Volkes an Jahve. Hierauf sprach Jahve zu Moses: Ich werde alsbald zu dir kommen in dichtem Gewölk, damit das Volk es höre, wenn ich mit dir rede, sowie auf ewige Zeiten an dich glaube. Moses aber berichtete Jahve die Rede des Volks. Da sprach Jahve zu Moses: Geh zu dem Volk und befiehl, daß sie heute und morgen sich rein halten und ihre Kleider waschen. Und übermorgen sollen sie bereit sein; denn übermorgen wird Jahve vor den Augen des ganzen Volkes auf den Berg Sinai hinabfahren. Dem Volk aber sollst du ringsum eine Grenze ziehen, indem du gebietest: Hütet euch davor, den Berg hinanzusteigen oder seinem Fuße zu nahe zu kommen; wer irgend dem Berge zu nahe kommt, der soll getötet werden! Keines Hand darf ihn berühren; denn ein solcher soll gesteinigt werden, sowohl Mensch als Vieh, und das Leben lassen müssen. Wenn das Widderhorn geblasen wird, sollen sie den Berg hinansteigen. Da stieg Moses vom Berge zum Volk hinab und befahl dem Volke, sich rein zu halten und die Kleider zu waschen. Und er sprach zu dem Volke: Seid übermorgen bereit; keiner darf sich einem Weibe nahen! Am dritten Tag aber, als es Morgen wurde, brachen Donner und Blitze los, indem eine schwere Wolke über dem Berge gelagert war, und es erscholl starkes Geschmetter von Trompeten: da kam ein Schrecken über alles Volk, das im Lager war. Moses aber führte das Volk aus dem Lager heraus, Gott entgegen, und sie stellten sich am Fuße des Berges auf. Der Berg Sinai jedoch war ganz in Rauch eingehüllt, weil Jahve im Feuer auf ihn herabgefahren war, und Rauch stieg von ihm auf wie von einem Schmelzofen, und alles Volk erbebte heftig. Und das Schmettern der Trompeten wurde immer stärker: Moses redete und Gott antwortete ihm laut. Da fuhr Jahve auf den Berg Sinai, auf den Gipfel des Berges, hinab. Und Jahve berief Moses auf den Gipfel des Berges; da stieg Moses hinauf. Da sprach Jahve zu Moses: Steige hinab und schärfe dem Volke ein, daß sie sich ja nicht unterfangen sollen, zu Jahve vorzudringen, um ihn zu sehen; sonst würde eine große Zahl von ihnen umkommen.

[14] *Die zehn Gebote*

Nun redete Gott all diese Worte und sprach:
Ich bin Jahve, dein Gott, der dich[30] aus Ägypten, aus dem Lande, wo ihr Sklaven wart, weggeführt hat.[31]
Du sollst keinen andern Gott haben neben mir.[32]
Du sollst dir keinen Götzen verfertigen, noch irgend ein Abbild von etwas, was droben im Himmel oder unten auf der Erde oder im Wasser unter der Erde ist.[33] Du sollst dich vor solchen nicht niederwerfen, noch sie verehren; denn ich Jahve, dein Gott, bin ein eifersüchtiger Gott, der die Verschuldung der Väter ahndet an den Kindern[34], den Enkeln und Urenkeln derer, die mich hassen, aber Gnade erweist solchen, die mich lieben und meine Befehle beobachten, auf Tausende hinaus.
Du sollst den Namen Jahves, deines Gottes, nicht freventlich aussprechen; denn Jahve läßt den nicht ungestraft, der seinen Namen freventlich ausspricht.[35]
Denke daran, den Sabbattag heilig zu halten. Sechs Tage hindurch sollst du arbeiten und alle deine Geschäfte verrichten. Aber der siebente Tag ist ein Jahve, deinem Gotte, geweihter Sabbat; da sollst du gar kein Geschäft verrichten, weder du selbst, noch dein Sohn oder deine Tochter, dein Sklave, noch deine Sklavin, noch dein Hausvieh, noch der Fremde, der sich in deinen Ortschaften aufhält. Denn im Verlaufe von sechs Tagen hat Jahve den Himmel und die Erde, das Meer und alles, was in ihnen ist, gemacht; hierauf ruhte er am siebenten Tage. Daher hat Jahve den Sabbattag gesegnet und für heilig erklärt.[36]
Sei ehrerbietig gegen deinen Vater und deine Mutter, damit du lange lebest auf dem Boden, den dir Jahve, dein Gott, zu eigen geben wird.[37]
Du sollst nicht morden.[38] Du sollst nicht ehebrechen. Du sollst nicht stehlen. Du sollst gegen deinen Nächsten nicht als falscher Zeuge aussagen.
Du sollst nicht Verlangen tragen nach deines Nächsten Hause. Du sollst nicht Verlangen tragen nach deines Nächsten Weibe, noch nach seinem Sklaven, seiner Sklavin, seinem Ochsen, seinem Esel noch nach irgend etwas, was deinem Nächsten gehört.

Als aber das ganze Volk die Donnerschläge und die Blitze, das Trompetengeschmetter und den rauchenden Berg wahrnahm, da fürchtete sich das Volk und zitterte und blieb in der Ferne stehen. Und sie sprachen zu Moses: Sprich du mit uns; wir wollen es gern anhören! Gott selbst aber soll lieber nicht mit uns reden, sonst müssen wir sterben. Moses erwiderte dem Volke: Habt keine Angst; denn um euch zu prüfen, ist Gott gekommen, und damit Furcht vor ihm euch innewohne, daß ihr nicht sündigt.

Da blieb das Volk in der Ferne stehen, während Moses an das dunkle Gewölk herantrat, in welchem sich Gott befand.

[15] *Der Bundschluß zwischen Jahve und Israel*

Und zu Moses sprach er: Steige zu Jahve hinauf, du und Aaron, Nadab und Abihu, sowie siebzig von den Vornehmen der Israeliten, und bringt ihm, ferne stehend, eure Verehrung dar. Moses aber soll allein näher zu Jahve herantreten, während sie nicht herantreten dürfen, und das Volk soll nicht mit ihm hinaufsteigen. Da ging Moses hin und trug dem Volk alle Gebote und alle Rechtssatzungen[39] Jahves vor; da antwortete das ganze Volk einmütig: Alle die Gebote, die Jahve gegeben hat, wollen wir halten. Da schrieb Moses alle Gebote Jahves auf. Am anderen Morgen früh aber errichtete er einen Altar am Fuße des Berges, sowie zwölf Malsteine nach der Zahl der zwölf Stämme Israels. Dann gab er den jungen Männern unter den Israeliten den Auftrag, Jahve Brandopfer darzubringen und als Heilsopfer junge Stiere zu schlachten. Sodann nahm Moses die Hälfte des Blutes und goß es in die Opferbecken; die andere Hälfte des Blutes aber sprengte er auf den Altar. Dann nahm er das Buch mit dem Bundesgesetz und las es dem Volke vor. Sie aber sprachen: Alles, was Jahve befohlen hat, wollen wir halten und befolgen. Hierauf nahm Moses das Blut und besprengte damit das Volk, indem er sprach: Das ist das Blut des Bundes, den Jahve mit euch geschlossen hat auf Grund aller jener Gebote.[40] Da stiegen Moses und Aaron, Nadab und Abihu, sowie siebzig von den Vornehmen der Israeliten hinauf und sie erblickten den Gott Israels; zu seinen Füßen war ein Boden wie aus Saphirfliesen und glänzend hell wie der Himmel selbst. Wider die Auserwählten der Israeliten aber reckte er seine Hand nicht aus; sie schauten Gott und aßen und tranken. Da befahl Jahve Moses: Steige zu mir auf den Berg herauf und verweile daselbst; so will ich dir die Steintafeln mit dem Gesetz und den Geboten geben, die ich aufgeschrieben habe, um sie zu unterweisen. Und Moses machte sich mit seinem Diener Josua auf; Moses aber stieg auf den Berg Gottes. Jenen Vornehmen aber befahl er: Wartet hier auf uns, bis wir wieder zu euch kommen; Aaron und Hur sind ja bei euch. Wer eine Rechtssache hat, mag vor sie hintreten. Als nun Moses auf den Berg gestiegen war, hüllte die Wolke den Berg ein.

[16] *Das goldene Kalb*

Als aber das Volk sah, daß sich die Rückkunft Moses vom Berge verzögerte, scharte sich das Volk um Aaron und forderte ihn auf: Wohlan, schaffe uns einen Gott, der vor uns einherziehe; denn wir wissen nicht, was jenem Manne Moses, der uns aus Ägypten weggeführt hat, zugestoßen ist. Da sprach Aaron zu ihnen: Reißt die goldenen Ringe ab, die eure Weiber, Söhne und Töchter an den Ohren tragen, und bringt sie mir her. Da rissen sich alle Leute die goldenen Ringe ab, die sie an den Ohren trugen, und brachten sie Aaron.[41] Der nahm das Gold von ihnen in Empfang, bearbeitete es mit dem Meißel und machte daraus ein gegossenes Kalb.[42] Da riefen sie: Das ist dein Gott, o Israel, der dich aus Ägypten weggeführt hat! Als dies Aaron sah, errichtete er vor ihm einen Altar; und Aaron ließ ausrufen: Morgen wird Jahve ein Fest gefeiert! Des anderen Tages früh opferten sie Brandopfer und brachten Heilsopfer dar, und das Volk setzte sich hin, um zu essen und zu trinken; dann standen sie auf, um sich zu belustigen. Da befahl Jahve Moses: Auf! steige hinab, denn dein Volk, das du aus Ägypten weggeführt hast, handelt verderbt! Gar schnell sind sie vom Wege abgewichen, den ich ihnen vorgeschrieben habe; sie haben sich ein gegossenes Kalb gemacht und es angebetet, haben ihm Opfer dargebracht und gerufen: Das ist dein Gott, o Israel, der dich aus Ägypten weggeführt hat! Und Jahve sprach zu Moses: Ich sehe nun wohl, daß dieses Volk ein halsstarriges Volk ist. So laß mich nun, daß mein Zorn gegen sie entbrenne, und ich sie vernichte; dann will ich dich zum Stammvater eines großen Volkes machen. Moses aber suchte Jahve, seinen Gott, zu begütigen, indem er sprach: O Jahve! Warum bist du so sehr erzürnt über dein Volk, das du doch mit großer Kraft und starker Hand aus Ägypten weggeführt hast? Es sollen doch nicht etwa die Ägypter sagen: In schlimmer Absicht hat er sie weggeführt, um sie in den Bergen umzubringen und sie vom Erdboden zu vertilgen? Laß ab von deinem heftigen Zorn und laß dich das Unheil gereuen, das du deinem Volke zugedacht hast.

...

Da ließ sich Jahve das Unheil gereuen, das er seinem Volke angedroht hatte.

Moses aber machte sich auf den Rückweg und stieg vom Berge hinab, mit den beiden Gesetztafeln in der Hand – Tafeln, die auf beiden Seiten beschrieben waren; vorn und hinten waren sie beschrieben.

...

Als er nun in die Nähe des Lagers kam und das Kalb, sowie die Reihen der Tanzenden erblickte, da entbrannte der Zorn Moses, so daß er die Tafeln wegwarf und sie am Fuße des Berges zerschmetterte. Dann nahm er das Kalb, das sie gemacht hatten, verbrannte es und zermalmte es zu feinem Staube; den streute er auf Wasser und gab es den Israeliten zu trinken. Und zu Aaron sprach Moses: Was haben dir diese Leute getan, daß du eine so schwere Versündigung über sie gebracht hast? Aaron erwiderte: O Herr! zürne nicht; du weißt es ja selbst, daß das Volk zum Bösen geneigt ist. Sie baten mich: Mache uns einen Gott, der vor uns einherziehe; denn wir wissen nicht, was jenem Manne Moses, der uns aus Ägypten hierhergeführt hat, zugestoßen ist. Da gebot ich ihnen: Wer Gold trägt, der reiße es sich ab! Da gaben sie es mir, und ich warf es ins Feuer; da wurde dieses Kalb daraus! Als nun Moses sah, daß das Volk aus Rand und Band gekommen war – denn Aaron hatte ihm die Zügel schießen lassen, zur Schadenfreude seiner Feinde –, da trat Moses an das Tor des Lagers und rief: Her zu mir, wer Jahve angehört! Da sammelten sich um ihn alle Leviten. Er aber sprach zu ihnen: So spricht Jahve, der Gott Israels: Gürtet ein jeder sein Schwert um, geht im Lager hin und her, von einem Tore zum andern und schlagt tot, wer es sei, Brüder, Freunde und Verwandte! Die Leviten aber taten nach dem Befehle Moses, und so fielen an jenem Tage von dem Volke ungefähr dreitausend Mann. Da sprach Moses: Füllt euch heute die Hand für Jahve – denn ein jeder war wider seinen Sohn und seinen Bruder –, damit fortan Segen auf euch ruhe!

Des anderen Tags aber sprach Moses zu dem Volke: Ihr habt euch sehr schwer versündigt! Ich will daher zu Jahve hinaufsteigen; vielleicht kann ich euch Verzeihung auswirken für eure Sünde. Da ging Moses wieder zu Jahve und sprach: Ach! dieses Volk hat sich schwer versündigt und sich einen Gott aus Gold verfertigt. Und nun vergib ihnen doch ihre Sünde! Wo nicht, so streiche mich doch lieber aus dem Buche, das du führst! Jahve aber entgegnete Moses: Wer irgend sich gegen mich verfehlt, den streiche ich aus meinem Buche. Aber gehe jetzt nur hin und führe das Volk dorthin, wohin ich dir geboten habe; mein Engel[43] soll vor dir hergehen. Aber wenn die Zeit der Ahndung für mich da ist, will ich ihre Versündigung ahnden. Und Jahve verhängte Unheil über das Volk, weil sie das Kalb verehrt hatten, welches Aaron verfertigt hatte.

[17] *Moses im Umgang mit Gott*

Moses aber nahm jedesmal das Zelt und schlug es außerhalb des Lagers, etwas entfernt vom Lager, auf und nannte es Offenbarungszelt. Wer irgend Jahve befragen wollte, der begab sich zu dem Offenbarungszelte hinaus vor das Lager. So oft sich nun Moses zu dem Zelte hinaus begab, erhoben sich alle Leute und traten ein jeder unter die Türe seines Zeltes und blickten Moses nach, bis er zum Zelte gelangt war. So oft aber Moses zum Zelte kam, senkte sich die Wolkensäule herab und nahm ihren Platz an der Türe des Zeltes, und dann redete Jahve mit Moses. Und alle Leute sahen die Wolkensäule an der Tür des Zeltes stehen; dann erhoben sich alle Leute und warfen sich ein jeder unter der Türe seines Zeltes zu Boden. Jahve aber redete jedesmal persönlich mit Moses, wie jemand mit seinem Freunde redet; hierauf kehrte er ins Lager zurück, während sein Gehilfe

Josua, der Sohn Nuns, als Diener beständig im Innern des Zeltes verweilte.

Hierauf sprach Moses zu Jahve: Du befiehlst mir freilich: Führe dieses Volk hinweg! hast mir aber nicht kund getan, wen du mir als Begleiter mitsenden willst. Und du hast ja doch gesagt: Ich kenne dich mit Namen; auch hast du Gnade bei mir gefunden! Wenn ich nun also Gnade bei dir gefunden habe, so weihe mich ein in deine Pläne und laß mich dich erkennen, damit ich Gnade vor dir finde, und bedenke doch, daß diese Leute dein Volk sind! Da sprach er: Soll ich in Person mitgehen und dich bis zum Bestimmungsorte bringen? Er antwortete: Wenn du nicht in Person mitgehst, so führe uns lieber nicht von hier hinweg! Woran sonst soll erkannt werden, daß ich und dein Volk Gnade vor dir gefunden haben, außer indem du mit uns ziehst, und ich und dein Volk dadurch ausgezeichnet werden vor allen Völkern auf Erden? Da sprach Jahve zu Moses: Auch das, was du da erbeten hast, will ich tun; denn du hast Gnade vor mir gefunden und ich kenne dich mit Namen. Da bat er: Laß mich deine Herrlichkeit schauen! Er erwiderte: Ich will alle meine Söhne an dir vorüberziehen lassen und den Namen Jahve vor dir ausrufen und will gnädig sein, wem ich will, und mich erbarmen, wessen ich will. Hierauf sprach er: Du kannst mein Antlitz nicht schauen; denn kein Mensch bleibt am Leben, wenn er mich sieht! Sodann sprach Jahve: Es ist eine Stätte in meiner Nähe, da magst du hintreten auf den Felsen. Wenn dann meine Herrlichkeit vorüberzieht, so will ich dich in eine Höhlung des Felsens stellen und meine Hand über dich decken, bis ich vorüber bin. Wenn ich dann meine Hand entferne, so wirst du meine Rückseite sehen; aber mein Antlitz darf niemand schauen!

[18] *Erneute Verpflichtung des Volkes auf Jahves Gesetz*

Da befahl Jahve Moses: Haue dir zwei Steintafeln zurecht, wie die früheren waren; dann will ich auf die Tafeln die Gebote schreiben, die auf den früheren Tafeln standen, welche du zerbrochen hast. Und sei bereit, morgen in aller Frühe auf den Berg Sinai hinaufzusteigen; dann erwarte mich dort auf der Spitze des Berges. Es darf aber niemand mit dir hinaufsteigen. Ja, es darf sich niemand im Bereiche des ganzen Berges blicken lassen; selbst Schafe und Rinder dürfen nirgends in der Nähe dieses Berges weiden. Da hieb er zwei Steintafeln aus wie die früheren. Und Moses brach des anderen Tages früh auf und stieg auf den Berg Sinai, wie ihm Jahve befohlen hatte, und nahm zwei Steintafeln mit sich. Da fuhr Jahve in einer Wolke hernieder; er aber stellte sich dort neben ihn und rief den Namen Jahves an. Da zog Jahve an ihm vorüber, indem er rief: Jahve, Jahve ist ein barmherziger und gnädiger Gott, langsam zum Zorn und reich an Huld und Treue, der Huld bewahrt Tausenden, der Missetat, Übertretung und Sünde vergibt, aber nicht ganz ungestraft läßt, sondern Väterschuld ahndet an den Kindern und an den Enkeln, am dritten und vierten Gliede. Da neigte sich Moses eilends bis auf den Boden, warf sich nieder und sprach: O Herr, wenn ich irgend Gnade vor dir gefunden habe, so wolle doch mitten unter uns einherziehen! Das Volk ist ja halsstarrig; aber verzeihe uns unsere Missetaten und Sünden und mache uns zu deinem Eigentum! Er antwortete: Wohlan; ich verordne feierlich im Beisein deines ganzen Volkes: Ich will Wunder tun, wie sie nicht verrichtet worden sind auf der ganzen Erde und unter allen Völkern, und das ganze Volk, inmitten dessen du dich befindest, soll das Tun Jahves gewahren; denn staunenswert ist, was ich an dir tun werde! Beobachte, was ich dir heute gebiete. Ich will vor dir hertreiben die Amoriter, die Kanaaniter, die Hethiter, die Pheresiter, die Heviter und die Jebusiter. Hüte dich davor, mit den Bewohnern des Landes, in welches du kommen wirst, ein Abkommen zu treffen; sie könnten euch sonst, wenn sie mitten unter euch wohnen, zum Fallstricke werden. Vielmehr sollt ihr ihre Altäre zerstören, ihre Malsteine zertrümmern und ihre heiligen Bäume umhauen.[44] Aber du sollst dich vor keinem anderen Gotte niederwerfen. Denn Jahve heißt »eifersüchtig«; ein eifersüchtiger Gott ist er. Wenn du ein Abkommen mit den Bewohnern des Landes triffst, und sie mit ihren Göttern Abgötterei treiben und ihren Göttern Opfer bringen und dich dazu einladen, so lauft ihr Gefahr, von ihrer Opfergabe zu essen. Auch würdet ihr ihre Töchter für eure Söhne freien; wenn ihre Töchter ihren Göttern dienend Abgötterei treiben, so würden sie auch deine Söhne zu der gleichen Abgötterei verführen. Du sollst dir nicht ein gegossenes Gottesbild machen. Das Fest der ungesäuerten Brote sollst du halten; sieben Tage hindurch sollst du ungesäuerte Brote essen, wie ich dir befohlen habe, zur Zeit des Monats Abib; denn im Monat Abib bist du aus Ägypten weggezogen. Alle Erstgeburt gehört mir; ebenso all' dein Vieh, soweit es männlich ist, – der erste Wurf von Rindern und Schafen. Den ersten Wurf eines Esels aber sollst du mit einem Schaf auslösen und wenn du ihn nicht auslösen willst, so mußt du ihm das Genick brechen. Alle Erstgeburt unter deinen Söhnen sollst du auslösen; und vor mir soll man nicht mit leeren Händen erscheinen. Sechs Tage hindurch magst du arbeiten, aber am siebenten Tage sollst du ruhen. Und das Wochenfest sollst du halten, das Fest der Erstlinge der Weizenernte und das Fest des Einherbstes bei der Wende des Jahres. Dreimal im Jahre soll alles, was männlich unter euch ist, vor dem Herrn, Jahve, dem Gott Israels, erscheinen. Denn ich will dir zuliebe Völker ihres Besitzes berauben und deinem Gebiete eine weite Ausdehnung geben; aber niemand soll sich gelüsten lassen nach deinem Lande, während du hinziehst, um vor Jahve, deinem Gotte, zu erscheinen, dreimal im Jahre. Du sollst das Blut meiner Opfer nicht zu gesäuertem Brote schlachten, und das Opferfleisch des Passahfestes soll nicht bis zum andern Morgen aufbewahrt werden. Die Erstlinge von den ersten Früchten deines Bodens sollst du zum Hause Jahves, deines Gottes, bringen. Du sollst ein Böckchen nicht in der Milch seiner Mutter kochen.

Und Jahve befahl Moses: Schreibe dir diese Gebote auf; denn auf Grund dieser Gebote schließe ich mit dir und mit Israel einen Bund. Er verweilte aber dort bei Jahve vierzig Tage und vierzig Nächte, ohne Speise und Trank zu sich zu nehmen. Da schrieb er die Bundesgebote, die zehn Gebote, auf die Tafeln.

Als aber Moses vom Berge Sinai herabstieg mit den beiden Gesetztafeln in der Hand, – als er vom Berge herabstieg, wußte Moses nicht, daß die Haut seines Antlitzes glänzend geworden war infolge seiner Unterredung mit ihm. Als nun Aaron und alle Israeliten an Moses wahrnahmen, daß die Haut seines Antlitzes glänzte, fürchteten sie sich, ihm nahe zu kommen.

[19] *Aufbruch vom Sinai*

Im zweiten Jahre, im zweiten Monat, am zwanzigsten des Monats, erhob sich die Wolke von der Wohnung des Gesetzes. Da brachen die Israeliten nacheinander auf von der Steppe am Sinai, und die Wolke ließ sich nieder in der Steppe Paran.

...

Da zogen sie vom Berge Jahves drei Tagereisen weiter; die Lade mit dem Gesetze Jahves aber zog ihnen voraus drei Tagereisen weit, um einen Lagerplatz für sie zu erspähen. Und die Wolke Jahves schwebte am Tage über ihnen, wenn sie aus dem Lager aufbrachen. Wenn aber die Lade[45] sich in Bewegung setzte, sprach Moses:

> Mache dich auf, Jahve, damit deine Feinde zerstieben, und deine Widersacher vor dir fliehen!

Und wenn sie den Lagerplatz erreichte, sprach er:

> Kehre wieder, Jahve, zu den zehntausendmal Tausenden Israels!

[20] *Aussendung von Kundschaftern nach Kanaan*

Und Jahve redete mit Moses also: Entsende Männer, damit sie das Land Kanaan, das ich den Israeliten geben will, auskundschaften; je einem aus jedem Stamme sollt ihr entsenden, lauter solche, die Fürsten unter ihnen sind. Da entsandte sie Moses aus der Steppe Paran nach dem Befehle Jahves, lauter Männer, die Häupter der Israeliten waren.

...

Und Moses sandte sie, das Land Kanaan auszukundschaften. Und er sprach zu ihnen: Steigt hier hinauf ins Südland und ersteigt das Gebirge; seht zu, wie das Land beschaffen ist, und ob die Leute, die es bewohnen, stark oder schwach, gering an Zahl oder zahlreich sind;

...

auch wie der Boden beschaffen ist, ob fett oder mager, ob Bäume darauf stehen oder nicht. So zeigt euch nun tapfer und nehmt etliche Früchte des Landes mit! Es war aber gerade die Zeit der ersten Weintrauben.

...

Da stiegen sie hinauf ins Südland und kamen bis Hebron, woselbst sich Ahiman, Sesai und Thalmai, die Sprößlinge Enaks, befanden. Hebron aber war sieben Jahre vor Zoan in Ägypten gebaut. Als sie nun ins Tal Eskol gelangt waren, schnitten sie dort eine Rebe mit einer Weintraube ab und trugen sie zu zweien an einer Stange fort; auch einige Granatäpfel und einige Feigen.

...

Nach Verlauf von vierzig Tagen aber, nachdem sie das Land ausgekundschaftet hatten, kehrten sie um. Und sie zogen hin und gelangten zu Moses und Aaron und zu der ganzen Gemeinde der Israeliten in die Steppe Paran nach Kades. Und sie brachten ihnen und der ganzen Gemeinde Bescheid und zeigten ihnen die Früchte des Landes. Und sie erzählten ihnen und sprachen: Wir sind in das Land gelangt, in das du uns gesandt hast. Allerdings fließt es über von Milch und Honig, und dies hier sind die Früchte von ihm. Aber freilich die Leute, die das Land bewohnen, sind stark und die Städte fest und sehr groß; dazu haben wir dort auch die Sprößlinge Enaks erblickt. Die Amalekiter bewohnen das Südland, die Hethiter, Jebusiter und Amoriter bewohnen das Gebirge, die Kanaaniter wohnen am Meer und zur Seite des Jordan.

Kaleb aber beschwichtigte das Murren des Volks gegen Moses und rief: Wir wollen dennoch hinaufziehn und es erobern, denn wir können es recht gut bewältigen! Jedoch die Männer, die mit ihm hinaufgezogen waren, riefen: Wir sind nicht imstande, gegen diese Leute zu Felde zu ziehn, denn sie sind uns zu stark! Und sie berichteten den Israeliten schlimme Dinge über das Land, das sie ausgekundschaftet hatten, und sprachen: Das Land, das wir durchzogen haben, um es auszukundschaften, das frißt seine Bewohner; und alle die Leute, die wir darin sahen, waren von außerordentlicher Größe. Auch sahen wir dort die Riesen, die Enakiter, die zu den Riesen gehören, und wir kamen uns vor, wie Heuschrecken, und ebenso kamen wir ihnen vor.

[21] *Moses zwischen Jahve und dem Volk*

Da erhob die ganze Gemeinde ein lautes Geschrei, und es jammerte das Volk in jener Nacht, und sämtliche Israeliten murrten wider Moses und Aaron, und die ganze Gemeinde rief ihnen zu: Ach, wären wir doch in Ägypten gestorben oder wären wir doch hier in der Steppe gestorben! Warum will uns doch Jahve in dieses Land bringen, damit wir durch das Schwert fallen? Unsere Weiber und kleinen Kinder aber werden eine Beute der Feinde werden. Wäre es nicht das Beste für uns, wir kehrten nach Ägypten zurück? Und sie sprachen einer zum andern: Laßt uns einen Anführer wählen und nach Ägypten zurückkehren! Da fielen Moses und Aaron vor der ganzen versammelten Gemeinde der Israeliten auf ihr Angesicht. Josua aber, der Sohn Nuns, und Kaleb, der Sohn Jephunnes, die das Land mit ausgekundschaftet hatten, zerrissen ihre Kleider und sprachen zur ganzen Gemeinde der Israeliten also: Das Land, das wir durchzogen haben, um es auszukundschaften, ist ein überaus schönes Land. Wenn uns Jahve geneigt ist, so wird er uns in dieses Land bringen und es uns geben – ein Land, das von Milch und Honig überfließt! Nur dürft ihr euch nicht gegen Jahve empören und dürft euch nicht fürchten vor den Bewohnern des Landes, denn wir werden sie aufzehren. Ihr Schutz ist von ihnen gewichen, während mit uns Jahve ist; fürchtet sie nicht! Als nun die ganze Gemeinde nahe daran war, sie zu steinigen, da erschien die Herrlichkeit Jahves vor allen Israeliten am Offenbarungszelt. Und Jahve sprach zu Moses: Wie lange soll es währen, daß mich dieses Volk verhöhnt, und daß sie mir nicht Glauben schenken trotz aller der Zeichen, die ich unter ihnen gewirkt habe? Ich will sie durch die Pest töten und sie hinwegtilgen und will dich zum Stammvater eines Volkes machen, das größer und zahlreicher ist als sie! Da sprach Moses zu Jahve: Aber die Ägypter werden es hören; denn du hast dieses Volk durch deine Macht aus ihrer Mitte heraufgeführt. Und sie werden sprechen zu den Bewohnern dieses Landes. Sie haben gehört, daß du, Jahve, inmitten dieses Volkes bist, der sich Auge gegen Auge geoffenbart hat, du, Jahve, und deine Wolke steht über ihnen, und in einer Wolkensäule schreitest du bei Tage vor ihnen her und in einer Feuersäule des Nachts. Wenn du nun dieses Volk töten wirst, wie einen Mann, so werden die Völker, die die Kunde von dir vernommen haben, also sprechen: Weil Jahve nicht imstande war, dieses Volk in das Land zu bringen, das er ihnen zugeschworen hatte, darum schlachtete er sie ab in der Steppe. Möchte sich doch nun deine Macht, o Herr, groß erzeigen, wie du verheißen hast, als du sprachst: Jahve ist langsam zum Zorn und reich an Huld, er vergibt Missetat und Übertretung; aber er läßt nicht ganz ungestraft, sondern ahndet der Väter Schuld an den Kindern, am dritten und vierten Glied. Vergib doch die Missetat dieses Volkes kraft deiner großen Huld und wie du von Ägypten an bis heute diesem

Volke vergeben hast! Jahve antwortete: Ich vergebe, wie du erbeten hast. Aber wahrlich: so wahr ich lebe, und so gewiß die ganze Erde der Herrlichkeit Jahves voll werden soll, so gewiß sollen alle die Männer, die meine Herrlichkeit und all die Zeichen, die ich in Ägypten und in der Steppe gewirkt habe, mit Augen gesehen und mich dennoch nun zehnmal versucht haben und ungehorsam gegen mich gewesen sind, das Land nicht zu sehen bekommen, das ich ihren Vätern zugeschworen habe; ja von allen denen, die mich verhöhnt haben, soll es keiner zu sehen bekommen. Meinen Diener Kaleb aber, der sich von einem anderen Geist erfüllt zeigt und mir vollen Gehorsam bewiesen hat, den will ich in das Land bringen, in das er gegangen war, und seine Nachkommen werden es in Besitz nehmen. Die Amalekiter aber und die Kanaaniter wohnen in der Niederung. Morgen wendet euch und zieht in die Steppe in der Richtung nach dem Schilfmeere zu.

Und Jahve redete mit Moses und Aaron also: Wie lange soll es währen, daß diese böse Gemeinde wider mich murrt? Das Murren der Israeliten, das sie wider mich erhoben, habe ich gehört! Sage ihnen: So wahr ich lebe, ist der Spruch Jahves: Ganz so, wie ihr es laut vor mir ausgesprochen habt, will ich mit euch verfahren. In dieser Steppe sollen eure Leiber fallen, und zwar so viele eurer gemustert wurden – die ganze Zahl, von zwanzig Jahren an und darüber, die ihr wider mich gemurrt habt! Von euch soll keiner hineinkommen in das Land, das ich euch durch einen Eid zum Wohnsitz angewiesen hatte, außer Kaleb, der Sohn Jephunnes, und Josua, der Sohn Nuns. Eure kleinen Kinder aber, von denen ihr sagtet, sie würden eine Beute der Feinde werden, – die werde ich hineinbringen, damit sie das Land kennenlernen, das ihr verschmäht habt. Eure eigenen Leiber aber sollen in dieser Steppe fallen. Eure Söhne aber sollen vierzig Jahre lang in der Steppe ihre Herden weiden und so eure Auflehnung büßen, bis der letzte von euch in der Steppe gefallen ist. Entsprechend den vierzig Tagen, in denen ihr das Land ausgekundschaftet habt – jeden Tag zu einem Jahre gerechnet –, sollt ihr eure Verschuldungen büßen vierzig Jahre lang, daß ihr inne werdet, was es sei, wenn ich die Hand abziehe! Ich, Jahve, habe es gesagt: wahrlich, so will ich verfahren mit dieser ganzen bösen Gemeinde, die sich wider mich zusammengerottet hat; in dieser Steppe sollen sie aufgerieben werden, und da sollen sie sterben. Die Männer aber, die Moses ausgesandt hatte, das Land auszukundschaften, und die nach ihrer Rückkehr die ganze Gemeinde dazu gebracht hatten, wider ihn zu murren, indem sie schlimme Dinge über das Land berichteten, – diese Männer, die schlimme Dinge über das Land berichtet hatten, starben dort vor Jahve eines plötzlichen Todes. Nur Josua, der Sohn Nuns, und Kaleb, der Sohn Jephunnes, blieben von den Männern, die zur Auskundschaftung des Landes ausgezogen waren, am Leben.

Als nun Moses allen Israeliten diese Worte überbrachte, da wurde das

Volk sehr betrübt. Und am andern Morgen früh zogen sie hinauf auf die Höhe des Gebirgs und sprachen: Wir sind bereit, hinaufzuziehen in das Gebiet, von dem Jahve geredet hat; denn wir haben uns vergangen. Moses aber erwiderte: Warum wollt ihr doch den Befehl Jahves übertreten? Das wird nicht gelingen! Zieht nicht hinauf, denn Jahve ist nicht in eurer Mitte; ihr werdet sonst geschlagen werden und fliehen müssen vor euren Feinden. Denn die Amalekiter und Kanaaniter stehen euch dort gegenüber, und ihr werdet durch das Schwert fallen. Nachdem ihr euch einmal von Jahve abgewendet habt, wird Jahve nicht mit euch sein! Sie aber blieben hartnäckig dabei, auf die Höhe des Gebirgs zu ziehn; dagegen kamen die Lade mit dem Gesetze Jahves und Moses nicht aus dem Lager. Da kamen die Amalekiter und Kanaaniter, die auf jenem Gebirge wohnten, herab und schlugen sie und zersprengten sie bis Horma.

[22] *Die Empörung der Rotte Korah*

Es empörte sich aber Korah, der Sohn Jizhars, des Sohnes Kahaths, des Sohnes Levi, und Dathan und Abiram, die Söhne Eliabs, des Sohnes Pallus, des Sohnes Rubens. Die empörten sich gegen Moses samt zweihundertfünfzig Männern aus den Israeliten, die Vorsteher der Gemeinde, Ratsherren und hochangesehen waren. Und sie scharten sich wider Moses und Aaron zusammen und sprachen zu ihnen: Laßt's nun genug sein! Denn die ganze Gemeinde, alle miteinander, sind heilig, und Jahve ist unter ihnen; warum erhebt ihr euch da über die Gemeinde Jahves? Als Moses das hörte, fiel er auf sein Angesicht. Sodann antwortete er Korah und seiner ganzen Rotte also: Morgen wird Jahve kund tun, wer ihm angehört und wer heilig ist, daß er ihn zu sich nahen lasse; wer ihm genehm ist, den wird er sich nahen lassen! Tut folgendes: Nehmt euch Räucherpfannen, Korah und seine ganze Rotte, tut Feuer darein und legt morgen vor Jahve Räucherwerk darauf; und derjenige, zu dem sich Jahve bekennt, der soll als heilig gelten. Laßt's nun genug sein, ihr Söhne Levis!

...

Und Jahve redete mit Moses und Aaron also: Sondert euch ab von dieser Gemeinde, daß ich sie im Nu vertilge! Da fielen sie auf ihr Angesicht und sprachen: O Gott, du Herr des Lebensodems in einem jeglichen Leibe! Willst du, wenn ein Mann sündigt, wider die ganze Gemeinde wüten?

...

Und er redete mit der Gemeinde also: Zieht euch schleunig zurück von den Zelten dieser gottlosen Männer und berührt nichts von dem, was ihnen gehört, damit ihr nicht mit weggerafft werdet um aller ihrer Sünden willen.

...

Da sprach Moses: Daran sollt ihr erkennen, daß Jahve mich gesandt hat, um alle diese Taten zu verrichten, und daß ich sie nicht von mir aus verrichtet habe. Wenn diese sterben werden, wie alle Menschen sterben, und ihnen nur widerfährt, was allen Menschen zu widerfahren pflegt, so war es nicht Jahve, der mich gesandt hat. Wenn aber Jahve etwas Unerhörtes schafft, und die Erde ihren Mund auftut und sie mit allem, was ihnen gehört, verschlingt, so daß sie lebendig in die Unterwelt hinabfahren, – dann werdet ihr erkennen, daß diese Männer Jahve gelästert haben! Als er nun mit dieser seiner Rede zu Ende gekommen war, da spaltete sich der Boden unter ihnen, und die Erde tat ihren Mund auf und verschlang sie samt ihren Behausungen und allen den Leuten, die Korah gehörten, und der gesamten Habe.

[23] *Abfall zum Baal Peor*

Während nun Israel in Sittim verweilte, hob das Volk an, mit den Moabiterinnen zu buhlen. Diese luden das Volk zu den Opfermahlen ihrer Götter; da aß das Volk und warf sich vor ihren Göttern nieder. Und Israel hängte sich an den Baal Peor; da wurde Jahve zornig über Israel. Und Jahve sprach zu Moses: Versammle alle Häupter des Volks und setze die Schuldigen Jahve im Angesichte der Sonne aus, damit der heftige Zorn Jahves von Israel ablasse! Da gebot Moses den Befehlshabern des Volks: Ein jeglicher töte die seiner Leute, die sich an den Baal Peor gehängt haben!

[24] *Der Tod des Moses*

Und Moses ging hin und redete folgende Worte zu dem ganzen Israel und sprach zu ihnen: Ich bin nun hundertundzwanzig Jahre alt und kann daher nicht mehr aus- und einziehen; auch hat mir Jahve gesagt: Du sollst den Jordan nicht überschreiten! Jahve, dein Gott, zieht selbst vor dir hinüber und wird selbst diese Völker vor dir vertilgen, so daß du in ihren Besitz eintreten kannst. Josua wird dein Anführer sein, wie Jahve angeordnet hat. Jahve wird mit ihnen verfahren, wie er bei der Vernichtung der Amoriterkönige Sihon und Og und ihres Landes verfahren ist. Jahve wird sie euch preisgeben, und ihr werdet mit ihnen genau nach dem Befehle verfahren, den ich euch gegeben habe. Seid mutig und stark; fürchtet euch nicht und erschreckt nicht vor ihnen! Denn Jahve, dein Gott, zieht selbst mit dir; er wird dich nicht loslassen, noch dich im Stiche lassen. Hierauf berief Moses Josua und sprach zu ihm in Gegenwart von ganz Israel: Sei mutig und stark! Denn du wirst dieses Volk in das Land bringen, dessen Verleihung an sie Jahve ihren Vätern eidlich verheißen hat, und du wirst es auch unter sie verteilen. Jahve aber wird selbst vor dir herziehen; er wird mit dir sein, doch nicht loslassen, noch dich im Stiche lassen. Sei ohne Furcht und unverzagt!

...

Jahve aber sprach zu Moses: Der Zeitpunkt deines Todes ist nun herbeigekommen; rufe Josua und tretet in das Offenbarungszelt, damit ich ihm meine Befehle geben kann! Da gingen Moses und Josua hin und traten in das Offenbarungszelt; darauf erschien Jahve im Zelt in einer Wolkensäule, und die Wolkensäule stand an der Türe des Zeltes. Da sprach Jahve zu Moses: Du wirst dich nun bald zu deinen Vorfahren legen; dann wird sich dieses Volk erheben und in seiner Mitte mit den ausländischen Göttern Abgötterei treiben in dem Land, in das es einzieht, und wird mich verlassen und den Bund mit mir, den ich mit ihm geschlossen habe, brechen. Zu jener Zeit aber wird mein Zorn über sie entbrennen, und werde ich sie im Stiche lassen und mein Angesicht vor ihnen verbergen, und es wird der Vertilgung anheimfallen, und viele Übel und Drangsale werden es treffen. Zu jener Zeit wird es dann sprechen: Offenbar haben mich diese Übel deshalb betroffen, weil mein Gott nicht mehr in meiner Mitte ist. Ich aber werde zu jener Zeit mein Angesicht gänzlich verbergen wegen all' des Bösen, das es getan hat, indem es sich anderen Göttern zuwandte.

...

Und Moses stieg aus den Steppen Moabs auf den Berg Nebo, auf die Spitze des Pisga, der gegenüber von Jericho liegt; da zeigte ihm Jahve das ganze Land: Gilead bis Dan, ganz Naphtali und das Gebiet Ephraims und Manasses, sowie das ganze Gebiet Judas bis zum westlichen Meere, das Südland und die Jordans-Aue, die Ebene der Palmenstadt Jericho bis nach Zoar. Und Jahve sprach zu ihm: Das ist das Land, das ich Abraham, Isaak und Jakob eidlich verheißen habe, indem ich sprach: Deinen Nachkommen will ich es verleihen! Ich habe es dich mit eigenen Augen schauen lassen; aber hinüber sollst du nicht gelangen.

Und Moses, der Knecht Jahves, starb dort im Lande Moabs, wie Jahve gesagt hatte, und man begrub ihn im Tale im Lande Moab, gegenüber von Beth Peor, aber niemand kennt sein Grab bis auf den heutigen Tag. Und Moses war hundertundzwanzig Jahre alt, als er starb; seine Augen waren nicht erloschen und seine Frische nicht geschwunden.

Und die Israeliten beweinten Moses in den Steppen Moabs dreißig Tage lang; erst dann war die Zeit des Weinens und Trauerns um Moses voll. Josua aber, der Sohn Nuns, war mit dem Geiste der Weisheit erfüllt, weil

Moses seine Hände auf ihn gelegt hatte, und die Israeliten gehorchten ihm und handelten so dem Befehle gemäß, den Jahve Moses gegeben hatte.

Es stand aber in Israel kein Prophet mehr auf[46] wie Moses, mit dem Jahve von Angesicht zu Angesicht verkehrt hatte, in Anbetracht aller der Zeichen und Wunder, die er als Abgesandter Jahves in Ägypten am Pharao und allen seinen Untergebenen, sowie an seinem ganzen Lande getan hat, und in Anbetracht aller der gewaltigen Stärke und furchtbaren Macht, die Moses vor den Augen von ganz Israel betätigte.

Jesus

Jesus Christus ist für den christlichen Glauben und die auf diesem Glauben erbaute christliche Kirche nicht nur der Stifter des Christentums als einer der vielen Religionen der Religionsgeschichte bzw. einer der drei Stifter einer Weltreligion neben Buddha und Mohammed, sondern die entscheidende oder gar die einzige Offenbarung Gottes, an der das Heil der Welt hängt. Vielleicht die älteste bekenntnisartige Formulierung dieses Glaubens begegnet uns im Philipperbrief des Apostels Paulus (2,5–11), wo es heißt:

»Die Gesinnung sei bei euch wie bei Jesus Christus, der da war in Gottesgestalt, aber das Gottgleichsein nicht wie einen Raub ansah, sondern sich selbst entäußerte, indem er Knechtsgestalt annahm, im Menschenbilde auftrat, im Verhalten wie ein Mensch erfunden, sich selbst erniedrigte, gehorsam bis zum Tode, ja bis zum Kreuzestod. Darum hat ihn auch Gott so hoch erhöht, und ihm den Namen verliehen, der über allen Namen ist, auf daß sich in dem Namen Jesus beugen alle Kniee derer, die im Himmel, die auf der Erde, und die unter der Erde sind und alle Zungen bekennen, daß Jesus Christus Herr sei zum Preis Gottes des Vaters.«[1]

Die Texte, die in unserer Sammlung dargeboten werden, entstammen diesem Glauben, d. h. sie setzen ihn voraus. Wir beabsichtigen hier aber nicht, nur unkritisch das Glaubensgut christlicher Texttradition mitzuteilen, sondern wir wollen bemüht sein, vom Standpunkt empirischer Religionsforschung aus in Einleitung und Anmerkungen zu den Texten Leben und Legende Jesu, soweit es einer kritischen Geschichtsforschung möglich ist, zu unterscheiden.

Denn die geschichtliche Religionsforschung kann wesensmäßig Jesus nicht so sehen, wie es der Glaube tut.

Der christliche Glaube, wie er im Neuen Testament bezeugt ist, sieht Geburt, Leben, Wirken und Tod Jesu als Verwirklichung eines planvollen Heilswirkens Gottes an, das denn auch nicht mit Jesu Kreuzestod endete, sondern den nach Gottes Willen für die Sünden der Menschheit auf Golgota Gestorbenen durch Auferstehung und Himmelfahrt zu Gott erhöhte, um nach dem Glauben der wartenden Gemeinde den Christus zum Endgericht wiederkehren zu lassen.

Die geschichtliche und kritische Religionsforschung ist – wie alle Wissenschaft – um Voraussetzungslosigkeit im Sinne der Wertfreiheit bemüht. Sie wendet sich daher nur der Seite der christlichen Tradition zu, die ihrem verstehenden Forschen zugänglich ist, nämlich den historischen, d. h. den in Zeit und Raum unserer Welt sich ereignenden Geschehnissen, ohne eine religiöse Vorentscheidung hinsichtlich der Deutung dieser Ereignisse zu vollziehen. Der Offenbarungsanspruch, der der Forschung in den Texten begegnet, kann sie nicht dazu veranlassen, ihn zu akzeptieren – denn es gibt in anderen Religionen ebenfalls solche Offenbarungs- und Absolutheitsansprüche – wohl aber als Phänomen anzuerkennen.[2] Denn die Zeugnisse der Offenbarung sind als gegebenes Faktum und als Grundlage der Forschung hinzunehmen und auf ihren Gehalt und ihre Struktur hin zu untersuchen mit den Mitteln wissenschaftlicher Forschung.

»Offenbarung« als Wertkategorie kommt im Sprachgebrauch der Religionswissenschaft nicht vor. Das bedeutet nicht, daß sie die Sache selbst leugnete. Aber Religionswissenschaft muß, wenn sie Wissenschaft sein und bleiben will, sich streng in ihren Grenzen halten. Ein selbständiges Urteil darüber, ob ein ihr begegnender Offenbarungsanspruch zu Recht besteht im Unterschied von anderen, die es daneben gibt, steht der Religionswissenschaft nicht zu. Sie muß sich an das Wesensverständnis der Phänomene als an ihre Aufgabe halten. Nun pflegt die Theologie einer solchen auch von uns vertretenen Einstellung gegenüber zu entgegnen: wenn dem Offenbarungsanspruch des biblischen Wortes die Anerkennung versagt wird, dann ist damit auch ein adaequates Verständnis der Phänomene unmöglich gemacht. Diese Argumentation aber vermischt zwei verschiedene Stellungnahmen in unzulässiger Weise. Es ist ohne weiteres zuzugeben, daß die lebendige Glaubenserfahrung im Sinne christlicher Heilsgewißheit nicht auf dem Wege wissenschaftlicher Forschung gewonnen werden kann. Das ist aber auch nicht die Absicht der Religionsforschung. Wenn Jesus (Joh. 7,17) sagt: »Wer da wird des (nämlich: Gottes) Willen tun, der wird inne werden, ob ich von mir selber rede«, so ist damit als Weg zur Anerkennung seines Offenbarungsanspruches auf die persönliche Erfahrung hingewiesen. Ähnlich hat Buddha seine Jünger zur inneren Erfassung der Lehre auf die Praxis hingewiesen, auf den achtteiligen heiligen Pfad, an dessen Ende die erleuchtende Erkenntnis der Wahrheit steht. Diesen Sachverhalt kann indessen die Religionswissenschaft sehr wohl feststellen, auch ohne existenziell die in den Texten bezeugte (und von der Wissenschaft gar nicht bestrittene) Glaubenserfahrung gemacht zu haben.

Es ist ein theologisches Vorurteil zu meinen, die Religionsforschung könne die in den Glaubenszeugnissen bezeugte Haltung und Erfahrung nicht verstehen, wenn sie sie nicht selbst existenziell bei sich selbst voraussetze. Die Theologie pflegt weiterhin zu behaupten, daß wer den Standort christlicher Glaubenserfahrung gewonnen habe, notwendig jede Art relativierender Forschung auf dem Gebiete der Religion ablehne. Gerade die vergleichende Religionswissenschaft vermag diese theologische These verstehend zu interpretieren; denn was hier behauptet wird, ist nichts anderes als der naive und daher unkritische Ausdruck unmittelbarer persönlicher und exklusiver Bindung, der uns stets im Stadium spontaner Ersterfahrung begegnet. Der naive Absolutheitsanspruch ist legitimer Ausdruck persönlicher Erfahrung, solange sie noch nicht zu bewußter Selbstklärung und kritischer Auseinandersetzung gekommen ist. Kritische Selbstbesinnung aber wird erkennen, daß das religiöse Erlebnis absolut, sein Ausdruck aber relativ ist. Die Theologie sucht auch den Ausdruck zu verabsolutieren, und hier vermag ihr die Religionswissenschaft mit gutem Grunde nicht zu folgen.

Noch nach einer anderen Seite hin hat die religionswissenschaftliche Betrachtungsweise, wie wir sie hier auf die religiöse Texttradition vom Leben Jesu anwenden wollen, sich abzugrenzen gegenüber der theologischen, der damit in keiner Weise ihre Berechtigung abgesprochen wird. Wir sagten oben, die Religionsforschung habe es nur mit der Welt der Erscheinungen zu tun, die Theologie mit ihrer glaubensmäßigen Deutung. Damit ist aber zugleich gesagt, daß Religionswissenschaft und christliche Theologie insoweit eine gemeinsame Basis haben, als die geschichtliche Wirklichkeit sowohl das einzige Objekt der wissenschaftlichen Forschung als auch die Grundlage der theologischen Aussagen bildet. In der Ebene der Geschichte stoßen also Religionsforschung und Theologie zusammen, nicht im Bereich der Deutung und der reinen Glaubensaussage. Ein Zusammenstoß freilich tritt nur dann ein, wenn die geschichtliche Forschung hinsichtlich der Tatsachengrundlage zu anderen Ergebnissen kommt als die Theologie, sofern sie unkritisch die Tatsachenberichte der Texttradition hinnimmt und für richtig hält. Nur hier in der Ebene der dem kritischen Urteil rationaler Forschung zugänglichen historischen Wirklichkeit besteht die Möglichkeit des Konfliktes zwischen Religionswissenschaft und Theologie. Aber auch hier brauchte er nicht zu bestehen, denn die Theologie kann unmöglich daran interessiert sein, ihre Glaubensurteile auf eine Geschichtsbasis zu gründen, die einwandfrei von geschichtlicher Forschung als unrichtig d. h. als unhistorisch erkannt worden ist.[3]

Von dieser Grundeinstellung aus nehmen wir hier Stellung zu den Texten, die sich auf das Leben Jesu beziehen. Zuvor aber sind zwei weitere Vorfragen zu erörtern: einerseits die Frage nach den Quellen, aus denen unsere hier ausgewählten Texte stammen, und andererseits die Frage nach der zeitgeschichtlichen Situation, die Jesus vorfand. Für Leben und Legende Jesu sind wir fast ausschließlich auf christliche Zeugnisse angewiesen, neben wenigen außerbiblischen. An außerbiblischen Zeugnissen sind nur wenige vorhanden oder erhalten. Sie genügen, um die Historizität Jesu, an der auch zuweilen gezweifelt wurde, sicherzustellen, aber für das Lebensbild Jesu bieten sie nichts. Es handelt sich bei diesen außerchristlichen Zeugnissen eigentlich nur um die bekannte Stelle in den Annalen des Tacitus (um 110 n. Chr.), wo es heißt (XV,44), Nero habe, um die Beschuldigung, er selbst habe den Brand von Rom verursacht, von sich abzulenken, den Verdacht auf die Christen in Rom gelenkt, von denen Tacitus sagt: »Es waren die ohnehin wegen allerlei Schändlichkeiten verhaßten Leute, die beim gemeinen Volke Chrestianer hießen. Der Name hängt zusammen mit einem ›Christus‹, den der Prokurator Pontius Pilatus unter der Herrschaft des Tiberius hatte hinrichten lassen. Trotz solcher augenblicklichen Schwächung kam der verderbliche Aberglaube wieder auf, und nicht nur in Judäa, wo diese Plage entstanden war, sondern auch in Rom, wo alles, was schimpflich und schändlich ist, aus der ganzen Welt zusammenströmt und gern gepflegt wird.«

Die übrigen außerchristlichen Zeugnisse des römischen Historikers Suetonius und des jüdischen Historikers Josephus brauchen wir nicht zu erörtern, da sie noch weniger zum Geschichtsbilde Jesu beitragen und da das sehr positive, ja ausgesprochen christliche Urteil des Josephus in seinen »Antiquitates« (XX9,1) allgemein als christlicher Einschub oder mindestens als christliche Überarbeitung angesehen wird.

Wir sind also auf die christlichen Quellen angewiesen, in erster Linie auf die drei ersten Evangelien, die sogenannten Synoptiker. Wir werden in unserer Textsammlung auch Geschichten mitteilen, die sich in den apokryphen Evangelien finden. Hier aber handelt es sich ausschließlich um Legenden. Aus diesem Grunde hat bereits die frühe christliche Kirche diesen Evangelien die Aufnahme in die kanonische Schriftensammlung des Neuen Testamentes versagt.

Die drei nach Matthäus, Markus und Lukas genannten Evangelien enthalten im wesentlichen die gleiche Tradition, nämlich Geschichten aus Jesu Leben, Gleichnisreden, Sprüche und Spruchgruppen und als einzigen zusammenhängend überlieferten Erzählungskomplex die Passions- und Ostergeschichte. Die Evangelienkritik[4] hat durch Vergleich festgestellt, daß die drei ersten Evangelien, die nach Stil und Anlage sich von dem um 100 n. Chr. verfaßten Johannesevangelium unterscheiden, insofern eine Einheit bilden, als offenbar Markus die Quelle für Matthäus und Lukas gebildet hat. Die beiden letzteren Evangelisten haben aber außer Markus nach ziemlich allgemein angenommener Theorie noch eine zweite Quelle, die sogenannte Reden-Quelle (Q) benutzt.

Die Evangelisten waren also Sammler umlaufenden Traditionsgutes, das sie ordneten und rahmten. Für die Bewertung der Evangelien als Geschichtsquellen ist nun ihr Charakter von entscheidender Bedeutung. Die

Evangelisten waren keine Biographen. Ihr Interesse war nicht darauf gerichtet, Geschichte zu schreiben. Die Verfasser der Evangelien waren gläubige Christen, für die daher Ostern der Schlüssel zum Verständnis des Lebens und Wirkens und vor allem auch des gewaltsamen Todes Jesu war. Von dieser Glaubenshaltung aus sind die Evangelien verfaßt. Sie sind daher in erster Linie Glaubenszeugnisse. Es ist deshalb verständlich, daß in ihnen Geschichte und glaubensmäßige Deutung, Leben und Legende sich zu einer unlösbaren Einheit verbinden. Das Bemühen der stark rationalistischen liberalen Theologie, den historischen Jesus zu erkennen und darzustellen, scheiterte an dem Charakter der Quellen. Die Geschichte der Leben-Jesu-Forschung zeigt das in eindeutiger Weise.[5] Wir können also quellenmäßig nur das Bild von Persönlichkeit und Leben Jesu zeichnen, das der Glaube aus historischen Elementen geschaffen hat. Das bedeutet aber keinen völligen Verzicht auf Erkenntnis dessen, was Jesus war und wollte. Denn die Mittel der Literaturkritik und die Kenntnis paralleler religionsgeschichtlicher und religionssoziologischer Phänomene ermöglichen in vielen Beziehungen, den Einfluß der gläubigen Gemeinde auf die Gestaltung der Tradition zu erkennen, so daß die Ungeschichtlichkeit mancher Einzelzüge der Tradition mit Sicherheit erkennbar ist. Darüber hinaus wird zwar nicht ein geschlossenes Bild des Lebensablaufes Jesu sichtbar, zumal die evangelischen Berichte sich nur auf höchstens drei Jahre öffentlicher Wirksamkeit Jesu beziehen, aber der Umriß einer Gestalt von religions- und weltgeschichtlicher Größe wird dennoch erkennbar.

Um sich ein Bild zu machen von der religiösen Situation, die Jesus vorfand, muß man sich klar machen, daß die israelitischen Volksreligionsgemeinschaft eine organisierte Kirche war, deren Kultus zu Jesu Zeiten ganz in den Händen einer Hierarchie lag. An der Spitze der Priesterschaft stand der Hohepriester, der am großen Versöhnungstage, an dem Volk und Gott miteinander versöhnt wurden, das Allerheiligste des Tempels betreten durfte. Nach der Kanonisierung des Gesetzes trat dieses Priestertum immer mehr in den Vordergrund und das Studium des Gesetzes wurde in wachsendem Maße als Mittel angesehen, echte und vertiefte Frömmigkeit zu erreichen. Deshalb verdrängten die »Schriftgelehrten« allmählich die Priester in ihrer religiösen Bedeutung. Sie waren keine Propheten, die aus unmittelbarer Inspiration den Gotteswillen verkündeten, sondern die Interpreten des in den heiligen Schriften vorliegenden Gotteswortes. Daß auf diese Weise eine vielfach spitzfindige, auf alle nur irgend erdenkbaren Situationen bezogene Kasuistik entstand, ist leicht verständlich.

Die Pharisäer (von Peruschim = die Abgesonderten) bildeten eine Gruppe besonders Frommer, die es mit der Realisierung der gesetzlichen Forderungen überaus ernst nahmen. Darüber hinaus hatten sie allerlei nicht in der schriftlichen Tradition enthaltenen Anschauungen, die sie auf mündliche Tradition zurückführten (z. B. Auferstehung der Toten, Engel- und Dämonenglaube und eine stark rational gefärbte Messiaserwartung).

Erbitterte Gegner der Pharisäer waren außer den Priestern die Sadduzäer. Sie waren die konservativen Vertreter einer nur auf das Gesetz und nicht auf mündliche Tradition und etwaige Erweiterung der im Gesetz Moses gegebenen Vorschriften gegründeten Frömmigkeit. Sie waren daher die Stützen des Priestertums, das ja allenthalben an der Erhaltung der fixierten Tradition interessiert ist.

Diesen Führungsgruppen, die ihre Vertretung in der höchsten jüdisch-kirchlichen Behörde, dem Synedrium, hatten, stand das gewöhnliche Volk gegenüber. Nach der Meinung der Pharisäer handelte es sich hier um die Unmündigen, Unreinen, geistig Armen, mit denen zu verkehren man daher vermied.

Bei aller Unterschiedlichkeit dieser kirchlichen Gruppen ist nicht zu verkennen, daß allen eine Struktur der Frömmigkeit gemeinsam ist: die Orientierung allen Tuns am Gesetz als dem manifestierten und auf alle Lebenssituationen in Einzelbestimmungen bezogenen Gotteswillen. Gehorsames Tun des gesetzlich Gebotenen macht daher die Lebensmitte dieser israelitisch-jüdischen Religion aus. Der Jesu Leben durchziehende Konflikt mit diesen Gruppen, unter denen er keinen Unterschied macht, der schließlich zur Katastrophe führt, ist in seiner Tiefe und Notwendigkeit verständlich nur aus dem prinzipiellen Gegensatz der religiösen Grundhaltung Jesu zu jener Frömmigkeit der Mittel und der Mittelbarkeit. Die Religions- und Kirchenstruktur zu Jesu Zeit ist die eine zeitgeschichtliche Komponente, die Leben und Schicksal Jesu bestimmte. Die andere liegt in den religiösen Bewegungen seiner Zeit.

Jesu Jahrhundert ist erfüllt von zahlreichen Aufständen der sogenannten Zeloten. Es handelt sich dabei um politische Aktivisten, die sich immer wieder gegen die römische Fremdherrschaft erhoben, getrieben von messianischer Erwartung. Diese Aufstandsbewegungen wurden von den Römern stets gewaltsam unterdrückt und ihre Anführer hingerichtet. Mit dieser Bewegung hat Jesus nichts zu tun gehabt. Wohl aber wurde Jesus hernach als Thronprätendent angeklagt und hingerichtet. Nur indem Jesus den Römern gegenüber in die Reihe jener die römische Herrschaft bedrohenden Aufrührer gestellt wurde, konnten die Juden hoffen, von dem Prokurator Pontius Pilatus ein Todesurteil, das sie erstrebten, aber selbst nicht verhängen konnten, zu erwirken.

Mit einer anderen Bewegung jener Zeit wird Jesus dagegen von den evangelischen Berichten selbst in Beziehung gebracht. Das war die Taufbewegung, die mit dem Auftreten des Johannes verbunden war und in die

Jahre 27–29 fiel. Wir werden von dieser Bewegung an Hand der Texte hören, sowie daß Jesus sich ihr angeschlossen hat und sich von Johannes taufen ließ. Sowohl die Taufbewegung als auch die später, nämlich nach der Gefangennahme des Täufers durch Herodes Antipas, von Jesus selbst ins Leben gerufene Bewegung waren messianische Bewegungen. Ihre beiderseitige Lebensmitte war durchaus nicht identisch, was Jesus selbst in dem bekannten Wort (Matth 11,11) so ausdrückt, daß Johannes zwar mehr gewesen sei als ein Prophet, im Reiche Gottes, also in dem neuen Aeon, aber kleiner als das Kleinste sein werde. Man könnte den Unterschied, der hier sichtbar wird, kurz so formulieren: Johannes fordert als Weg der Buße die sakramentale Taufe[6], Jesus dagegen schenkt in Wort und Tat bereits Kräfte des anbrechenden Gottesreiches.

Während das älteste Evangelium nach Markus und das jüngste nach Johannes ihren Bericht mit der Wirksamkeit Johannes des Täufers beginnen, bieten Matthäus und Lukas Erzählungen von der Geburt Jesu. Eine Persönlichkeit, von der die Evangelisten im Glauben wissen, daß ihr künftiges Leben und Streben von universaler Heilsbedeutung sein wird, kann nicht auf dem natürlichen Wege in diese Welt eingetreten sein. Das bevorstehende Geburtsereignis, durch den heiligen Geist bewirkt, wird [25] von einem Engel der jungfräulichen Mutter mitgeteilt. Die Geburt selbst aber, die wegen der auf Jesus bezogenen Weissagung (Micha 5,1) in Betlehem stattfinden mußte, geschah, wie es die Weihnachtsgeschichte erzählt [26], als irdisches Ereignis in der Ärmlichkeit und Unscheinbarkeit eines Viehstalles, jedoch von himmlischen Heerscharen den herdenhütenden Hirten auf den nächtlichen Fluren Betlehems deutend nach der Legende verkündet.

Ähnlich wie der Buddha-Knabe vom Seher Asita begrüßt und gepriesen wurde, so wurde das Jesuskind im Tempel, wohin nach jüdischer Sitte seine Eltern es brachten, von einem frommen, vom heiligen Geist auf dieses Ereignis vorbereiteten Manne namens Simeon als Heil der Welt begrüßt [27].

Aber auch die Welt außerhalb Israels nahm nach der Legende von diesem Geschehen Kenntnis. Magier aus dem Orient kamen, durch geheimnisvolle Sternzeichen aufmerksam gemacht, nach Jerusalem, um in der Landeshauptstadt nach dem neugeborenen König zu fragen [28]. Sie finden das Kind unter Wegweisung des Sternes im Stalle von Betlehem, huldigen ihm und ziehen auf göttliche Weisung hin, ohne dem König Herodes von ihrer Entdeckung Kunde zu geben, wieder in die Heimat. Herodes aber veranstaltet, um den Thronanwärter, für den er Jesus hält, zu vernichten, den betlehemischen Kindermord, dem aber Jesus dadurch entgeht, daß seine Eltern mit ihm nach Ägypten fliehen. Wir stoßen hier wieder auf Legendenmotive der Bedrohung und Rettung des göttlich Erwählten.

Nur eine Geschichte erzählen die kanonischen Evangelien aus der Kindheit Jesu. Es ist die Geschichte vom zwölfjährigen Jesus im Tempel [33], in der Jesus bereits das Bekenntnis zu seinem himmlischen Vater in den Mund gelegt wird.

Es war nur natürlich, daß man sich in späterer Zeit mit der Kindheit Jesu beschäftigte und mehr von ihr zu erfahren wünschte als die kanonischen Evangelien berichteten. So entstanden die apokryphen Evangelien, in denen die reine Legende dominiert. Hier greift man nun auch auf Geburt und frühe Jugend der Mutter Jesu [29] zurück und berichtet, daß sie von ihren Eltern dem Herrn geweiht wurde und im Tempel von Engelhand ihre Nahrung empfing. Das Protevangelium, dem diese Geschichte entnommen ist, berichtet weiter von der wunderhaften Erwählung des Joseph [30], um die Jungfrau Maria in sein Haus und in seinen Schutz zu nehmen. Als dem Protevangelium des Jakobus zufolge Joseph nach sechs Monaten zurückkommt von auswärtiger Bauarbeit, findet er Maria schwanger [31]. Um den auf Joseph und Maria lastenden Verdacht, sich miteinander vergangen zu haben, zu entkräften, findet ein Gottesgericht statt, das beider Unschuld beweist.

Aus Jesu Kindheit werden in der sogenannten Kindheitserzählung des Thomas allerlei Taten Jesu berichtet, die alle darauf hinauslaufen, den heranwachsenden Jesus als mit wunderhaften Kräften und Fähigkeiten begabt zu zeigen. Wir wählen einige dieser Geschichten aus [32], deren religiöser Wert indessen gering ist, zumal Jesus in diesen Legenden nicht selten in wenig erfreulicher Weise dargestellt wird.

Wir kehren zu den Texten aus den kanonischen Evangelien zurück und verfolgen an ihrer Hand weiterhin das Leben Jesu. Oben war die Rede von der Täuferbewegung Johannes des Täufers. Die Evangelien berichten [34] von seiner Erscheinung und von seiner Bußpredigt, in der er das bevorstehende Zorngericht Gottes drohend ankündigt und zur Taufe in Form eines Tauchbades im Jordan auffordert. Johannes sah im Vollzug dieser sakramentalen Handlung ein »Zeichen« »in jener antiken Bedeutung des Wortes, die eine geheimnisvolle Verbindung des jetzt gesehenen Symbolakts und des künftigen Ereignisses verbürgt, auf das der Symbolakt weist«. (M. Dibelius, Jesus. 1947. S. 48.) Auch Jesus läßt sich von Johannes taufen und erfährt dabei Geisterfüllung und Gottes Bekenntnis zu ihm.

Ehe Jesus öffentlich auftritt, wird, gewiß in legendarischer Form, von seiner Versuchung durch den Teufel berichtet [35]. Es sind die drei Möglichkeiten, Massen zu gewinnen, durch Brot, Wunder und Besitz, die vor Jesu Seele treten und abgewiesen werden.[7]

Die Gefangennahme Johannes des Täufers sah Jesus offenbar als Zeichen an, nun selbst öffentlich mit seiner Botschaft vom anbrechenden

Gottesreich hervorzutreten [36]. Die Berufung der ersten Jünger, Fischer am See Genezareth, erfolgte im Zusammenhang eines wunderbaren Fischfangs, zu dem Jesus Petrus, Jakobus und Johannes veranlaßt. Jesu Wirksamkeit bestand in drei Funktionen: er lehrte in den Synagogen, er verkündete die Botschaft vom Reich Gottes und heilte Kranke.

Bei Matthäus und Lukas wird von einer großen Rede Jesu berichtet [37], die sich als eine Sammlung von Sprüchen darstellt und als zusammenhängende Predigt wohl nicht gehalten wurde. In dieser üblicherweise als Bergpredigt bezeichneten Spruchsammlung wird an vielen Einzelbeispielen das »Christsein in der Welt« (M. Dibelius) dargestellt.

Eine besondere Bedeutung haben die »Wunder« im Leben und Wirken Jesu [38]. Zu ihrem rechten Verständnis muß man, was die Texte angeht, bedenken, daß die Berichte selbst von verschiedener Art sind: neben den schlichten Erzählungen heilenden Wirkens Jesu stehen novellistisch ausgestaltete Berichte, in denen Jesus wie ein antiker Wundertäter erscheint. Diese sind daran erkennbar, daß ausführlich von der Krankheit berichtet wird und von den Manipulationen Jesu, die zur Heilung führen, sowie von den Beweisen des Erfolges. Was nun den Wundercharakter jener ersten Gattung von Heilungen betrifft, so deuten schon die beiden im Neuen Testament gebrauchten griechischen Worte für diese Taten (dynameis = Krafttaten, semeia = Zeichen) darauf hin, daß nicht eine Durchbrechung des naturgesetzlichen Kausalzusammenhanges, von dessen Vorhandensein im Naturgeschehen damals niemand wußte, von den Augenzeugen bewundert wurde, sondern die Wirksamkeit göttlicher Kräfte, der man in Jesu außergewöhnlichem Wirken begegnete. Jesus selbst aber – und dadurch unterscheidet er sich von den zahlreichen Wundertätern seiner Zeit – deutete die geheimnisvollen Kräfte, die er in sich wirken fühlte, als »Zeichen« des nahenden Gottesreiches, aus dem diese Heilkräfte kamen. So bilden die Krafttaten Jesu nicht eine von Jesu Verkündigung losgelöste und selbständige Wirksamkeit. Sie sind vielmehr selbst eine Seite seiner Sendung, die darin bestand, Menschen in Wort und heilender Tat Kräfte der Heiligen fühlen zu lassen. M. Dibelius drückt das treffend so aus: »Was Jesus tut, ist dies, daß er die Menschen diesen Gott, seinen Willen, sein Gericht und seine Gnade spüren läßt bei jeder Begegnung. Die Kräfte des Reiches sind schon gegenwärtig, aber nicht als Macht, die die Welt verwandelt, sondern als Kraft, die von dem einen ausstrahlt, dem einzigen, der sie kennt und vermittelt. Was er in der Form der Heilung oder des Zuspruches, der Kritik und der Verheißung die Menschen sehen läßt, das ist nicht das Reich, sondern es sind Zeichen dieses Reiches.« (a.a.O. S. 78.)

Jesu Verkündigung in Wort und Tat richtet sich in erster Linie an die Mühseligen und Unmündigen [39] als an diejenigen, die eher als Weise und Gerechte offen sind für Gott und bereit sind zu bedingungsloser Nachfolge, die er daher von seinen Jüngern fordert [40].

Die Feindschaft, die Jesus sich durch seine Wirksamkeit in wachsendem Maße zuzog, entsprang in erster Linie seiner souveränen Haltung den gesetzlichen Vorschriften gegenüber. Pharisäer und Schriftgelehrte sind daher seine unversöhnlichen Gegner. Sie kritisieren seinen freien Umgang mit Leuten, die in den Augen der Hüter des Gesetzes notorische Sünder sind, sie beanstanden, daß von Jesus und seinen Jüngern die Sabbat-Gebote übertreten werden. Auch Jesu heilende Taten, die nach dem Verständnis der Zeit als Austreibung der die Krankheit verursachenden Dämonen angesehen wurden, deuten die Schriftgelehrten als Folge eines Bundes Jesu mit dem Teufel [40], was nicht verwunderlich ist, denn das wunderhafte, d. h. ungewöhnliche Ereignis ist stets doppeldeutig. Nur der Glaube sieht »Wunder«, weil nur er in jenen Ereignissen – wie normal immer sie entstanden sein mögen – dem Wirken Gottes begegnet.

In einer großen Auseinandersetzung (Matth 23) mit den Schriftgelehrten und Pharisäern wird in großartiger Deutlichkeit die prinzipiell andere Grundhaltung Jesu gegenüber der seiner Gegner sichtbar [40]. Den Vertretern und Hütern einer organisierten Gesetzesreligion geht es notwendigerweise um eine Fülle äußerlich vollziehbarer Handlungen, die als Verpflichtung den Menschen auferlegt und von den Religionsbeamten kontrolliert werden. Jesus aber will durch die Verkündigung des nahenden Gottesreiches in Wort und Tat Menschen zu einem neuen Sein vor Gott führen.

Gegen Ende seiner Wirksamkeit und seines Lebens wird von Jesu Einzug in Jerusalem [41] berichtet. Mit dieser Handlung wollte er die kirchlichen Behörden zu einer klaren Stellungnahme zwingen. Auch die Reinigung des Tempelvorhofes von allem, was echtem Gottesdienst zuwider ist, muß man als eine programmatische Handlung ansehen.

Wir wissen nicht, wie lange Jesu öffentliche Tätigkeit währte, ob ein Jahr oder drei, und auch in welcher zeitlichen und räumlichen Folge die einzelnen Ereignisse seines Lebens sich abgespielt haben, ist unbekannt; denn alle diese Erzählungen wurden, ehe die Evangelisten sie – vielfach in jeweils eigener Weise – ordneten und chronologisch verbanden, isoliert überliefert. Nur die Leidens- und Ostergeschichten bildeten schon in der den Evangelisten zugekommenen Überlieferung eine zusammenhängende Einheit. Der hier wiedergegebene Text [42] erzählt die Leidensgeschichte von der Salbung in Betania, dem Verrat des Judas und dem Abendmahle an bis zur Verurteilung und Hinrichtung Jesu auf Golgota.

Für den Historiker endet die Lebensgeschichte Jesu mit seinem Kreuzestode. Was der Glaube darüber hinaus berichtet, fällt nicht in den Bereich einer mit wissenschaftlichen Mitteln zu erfassenden Geschichtswirklichkeit. Der Osterglaube selbst ist dagegen eine geschichtliche Tatsache, an der die Geschichtsforschung nicht vorübergeht. Sie stellt nun fest, daß der Osterglaube, also die Überzeugung von Jesu Leben jenseits seines Todes, den Ostergeschichten vorausging und ihre Grundlage und Voraussetzung bildete. Das bedeutet aber, daß die Ostergeschichten [43] nicht dem ältesten Traditionsbestand angehören, da sie in jedem Evangelium anders lauten. Woher die Urgemeinde jene Gewißheit des Lebens Jesu gewonnen hat, läßt sich nur vermuten. Da die Jünger von Jesu gewaltsamen Tod offenbar überrascht wurden, wie ihre Flucht (Mk 14,50) und die Hoffnungslosigkeit der Emmaus-Jünger (Lk 24,19 ff.) beweisen, muß etwas danach geschehen sein, was ihren Glauben begründete. Dabei ist, verschiedenen Berichten zufolge, an Visionen einzelner Jünger zu denken. Paulus nennt (1. Kor. 15,4–8) die in der ältesten Osterüberlieferung genannten Osterzeugen Petrus und die zwölf Jünger und fügt eine Reihe weiterer Erscheinungen (fünfhundert Brüder, Jakobus, alle Apostel und das eigene Damaskus-Erlebnis) hinzu. Da Paulus sein eigenes Erlebnis in einer Reihe mit dem der anderen Jünger nennt, muß gefolgert werden, daß er selbst an keine leibliche Auferstehung aus dem Grabe gedacht hat. Das Bemühen des Historikers kann nur, wie oben ausgeführt wurde, auf die geschichtliche Wirklichkeit und auf ihre möglichst klare Erfassung gerichtet sein. Und hier ist das Letzte, zu dem geschichtliche Forschung kommen kann, die Feststellung jenes Osterglaubens der ersten Jünger, dessen Priorität auch die Texte bezeugen. Alles Weitere, wie leibliche Auferstehung und Himmelfahrt [44], sind Weiterentwicklungen reiner Glaubensvorstellungen, die schließlich die Botschaft des Christus und sein Leben in der Verkündigung von Jesus Christus [45] deutend zusammenfassen.

[25] *Die Engelsbotschaft von der bevorstehenden Geburt Jesu*

Im sechsten Monat aber wurde der Engel Gabriel von Gott gesandt in eine galiläische Stadt mit Namen Nazaret, zu einer Jungfrau, die einem Manne mit Namen Joseph verlobt war, aus dem Hause David, und die Jungfrau hieß Mariam. Und der Engel trat zu ihr ein und sprach: sei gegrüßt, du Begnadigte, der Herr sei mit dir. Sie aber ward bestürzt über dem Worte und sann darüber nach, was das für ein Gruß sei. Und der Engel sagte zu ihr: fürchte dich nicht, Mariam, denn du hast Gnade gefunden bei Gott. Und siehe, du wirst empfangen im Schoß, und wirst einen Sohn gebären, und wirst ihm den Namen Jesus geben. Der wird groß sein und ein Sohn des Höchsten genannt werden, und Gott der Herr wird ihm geben den Thron seines Vaters David, und er wird König sein über das Haus Jakob in Ewigkeit, und seines Königreichs wird kein Ende sein. Mariam aber sagte zu dem Engel: wie soll das geschehen, da ich keinen Mann kenne? Und der Engel antwortete und sprach zu ihr: heiliger Geist wird über dich kommen und Kraft des Höchsten wird dich beschatten; darum wird auch, was da entsteht, heilig genannt werden, Sohn Gottes.[8] Und siehe, Elisabet, deine Verwandte hat gleichfalls einen Sohn empfangen, in ihrem Alter, und ist jetzt im sechsten Monat, sie, die unfruchtbar hieß. Denn bei Gott ist kein Ding unmöglich. Mariam aber sprach: siehe, ich bin des Herrn Magd; es geschehe mir nach deinem Wort; und der Engel wich von ihr.

[26] *Jesu Geburt*

Es geschah aber, in jenen Tagen ging ein Gebot aus vom Kaiser Augustus, das ganze Reich aufzunehmen.[9] Diese Aufnahme geschah als erste zur Zeit, da Kyrenius Statthalter von Syrien war. Und es zog alles aus, sich aufnehmen zu lassen, jeder in seinen Heimatort. Es ging aber auch Joseph hinauf von Galiläa aus der Stadt Nazaret[10] nach Judäa in die Stadt Davids, die Betlehem heißt, weil er aus dem Hause und Geschlechte Davids[11] war, sich aufnehmen zu lassen mit Mariam seiner Verlobten, welche schwanger war. Es geschah aber, da sie dort waren, daß die Tage voll wurden für sie zum Gebären, und sie gebar ihren erstgeborenen Sohn, und wickelte ihn in Windeln und legte ihn in eine Krippe, da sie in der Herberge keinen Platz fanden.

Und es waren Hirten in demselben Ort auf dem Felde und hielten ihre Nachtwachen bei ihrer Herde. Und ein Engel des Herrn trat zu ihnen, und des Herrn Herrlichkeit umleuchtete sie und sie fürchteten sich groß. Und der Engel sagte zu ihnen: fürchtet euch nicht; siehe, ich verkünde euch große Freude, welche dem ganzen Volk widerfahren wird. Denn euch ist heute ein Heiland geboren, der ist Christus der Herr, in der Stadt Davids. Und dies ist das Zeichen für euch: ihr werdet ein Kind finden, eingewickelt in Windeln und in einer Krippe liegend. Und plötzlich war bei dem Engel eine himmlische Heerschar, die lobten Gott und sprachen: Preis sei in der Höhe Gott, und auf Erden Friede unter den Menschen des Wohlgefallens. Und es geschah, nachdem die Engel von ihnen weg in den Himmel gegangen, da sprachen die Hirten zueinander: So wollen wir hingehen nach Betlehem, und nach dieser Begebenheit sehen, die uns der Herr kund getan hat. Und sie kamen eilends hin, und fanden die Mariam und den Joseph, und das Kind in der Krippe liegend. Nachdem sie es aber gesehen, berichteten sie ihnen über das Wort, welches zu ihnen über dieses Kind gesprochen worden. Und alle, die es hörten, wunderten sich dessen, was ihnen von den Hirten gesagt wurde. Mariam aber bewahrte alle diese Dinge nachdenkend in ihrem Herzen.

[27] *Simeons Lobgesang*

Und als die Tage ihrer Reinigung voll waren nach dem Gesetze Moses, brachten sie ihn nach Jerusalem, ihn dem Herrn darzustellen – so wie es im Gesetze des Herrn geschrieben steht: daß alles Männliche, was die Mutter bricht, soll dem Herrn heilig heißen – und Opfer zu bringen nach der Vorschrift im Gesetz des Herrn, ein Paar Turteltauben oder zwei junge Tauben. Und siehe, in Jerusalem war ein Mann mit Namen Simeon, und dieser Mann war gerecht und fromm und wartete auf die Tröstung Israels, und heiliger Geist war auf ihm; und es war ihm geweissagt von dem heiligen Geiste, daß er den Tod nicht sehen solle, ehe er den Christus[12] des Herrn gesehen. Und er kam im Geiste in den Tempel; und da die Eltern den Knaben Jesus hereinbrachten, um mit ihm zu tun nach der Gewohnheit des Gesetzes, nahm auch er es in seine Arme und segnete Gott und sprach:

Nun entlässest du deinen Knecht, o Herr,
nach deinem Wort in Frieden,
da meine Augen dein Heil gesehen haben,
das du bereitet hast angesichts aller Völker,
Licht zur Offenbarung für die Heiden,
und Herrlichkeit deines Volkes Israel.

Und sein Vater und seine Mutter waren verwundert über das, was von ihm gesagt ward.

[28] Die Weisen aus dem Morgenland

Als aber Jesus geboren war in Betlehem in Judäa, in den Tagen des Königs Herodes, siehe, da erschienen Magier vom Morgenland[13] in Jerusalem und sagten: wo ist der neugeborene König der Juden? wir haben nämlich seinen Stern gesehen im Osten, und sind gekommen, ihm zu huldigen. Da es aber der König Herodes hörte, ward er bestürzt, und ganz Jerusalem mit ihm; und er versammelte die sämtlichen Hohenpriester und Schriftgelehrten des Volkes und forschte von ihnen, wo der Christus geboren werde. Sie aber sagten ihm: in Betlehem in Judäa; denn so steht geschrieben durch den Propheten:

Und du, Betlehem, Land Judas, bist mit nichten zu klein für die Fürsten Judas: denn aus dir wird ein Herrscher hervorgehen, der mein Volk Israel weiden wird.[14]

Hierauf berief Herodes die Magier heimlich, und erkundete von ihnen die Zeit der Erscheinung des Sternes, und sandte sie nach Betlehem mit dem Auftrag: ziehet hin und stellet genaue Nachforschungen wegen des Kindes an; habt ihr es gefunden, so meldet es mir, damit ich auch hingehe und ihm huldige. Sie aber, nachdem sie den König gehört, zogen dahin; und siehe, der Stern, den sie im Osten gesehen hatten, zog vor ihnen her, bis er an die Wohnung des Kindes kam, da stand er stille. Da sie aber den Stern sahen, freuten sie sich gar sehr. Und sie traten in das Haus, und sahen das Kind mit seiner Mutter Maria, fielen nieder und huldigten ihm, öffneten ihre Schätze und brachten ihm Geschenke dar, Gold, Weihrauch und Myrrhe. Und da sie im Traum beschieden wurden, nicht zu Herodes zurückzugehen, kehrten sie auf einem andern Wege zurück in ihr Land. Als sie aber abgezogen waren, siehe, da erscheint ein Engel des Herrn dem Joseph im Traum und spricht: stehe auf, nimm das Kind und seine Mutter, und fliehe nach Ägypten, und weile dort, bis ich dir sage; denn Herodes schickt sich an, das Kind zu suchen, um es zu verderben. Er aber stand auf, und nahm das Kind und seine Mutter bei Nacht, und zog sich zurück nach Ägypten, und blieb daselbst bis zum Tode des Herodes, auf daß erfüllt würde, was der Herr gesagt durch das Prophetenwort:

Aus Ägypten habe ich meinen Sohn gerufen.

Hierauf, da Herodes sah, daß ihn die Magier zum besten gehabt, ward er sehr zornig, sandte aus und ließ alle Kinder in Betlehem und dessen ganzem Gebiet von zwei Jahren und darunter töten, der Zeit gemäß, welche er von den Magiern erkundet hatte.

...

Als aber Herodes gestorben war, siehe, da erscheint ein Engel des Herrn im Traum dem Joseph in Ägypten und spricht: stehe auf, nimm das Kind und seine Mutter, und ziehe in das Land Israel; denn sie sind gestorben, die dem Kind nach dem Leben trachteten. Er aber stand auf, nahm das Kind und seine Mutter, und zog in das Land Israel. Da er aber hörte, daß Archelaus in Judäa an Stelle seines Vaters Herodes König sei, fürchtete er sich, dorthin zu gehen; auf eine göttliche Weisung im Traume aber zog er sich in die Landschaft Galiläa zurück, und daselbst ließ er sich nieder in einer Stadt mit Namen Nazaret, auf daß erfüllt würde, das durch die Propheten gesagt ist:

Er wird ein Nazoräer heißen.

[29] *Geburt und frühe Jugend der Mutter Jesu*

Es erfüllten sich aber ihre Monate; im neunten Monate aber gebar Anna. Und sie sprach zur Hebamme: Was habe ich geboren? Und sie sprach: ein Mädchen. Und es sprach Anna: Erhoben ist meine Seele an diesem Tage. Und sie legte es nieder. Und als die Tage erfüllt waren, da wusch sich Anna und gab dem Kinde die Brust und nannte seinen Namen Maria ...

Aber das Kind ward Monat um Monat älter; als aber das Kind zweijährig war, sprach Joachim zu Anna seinem Weibe: Wir wollen es in den Tempel des Herrn hinaufbringen, damit wir das Versprechen erfüllen, das wir gegeben haben, damit nicht etwa der Allmächtige zu uns sende und unsere Gabe unwillkommen werde. Und es sprach Anna: Wir wollen das dritte Jahr abwarten, damit nicht das Kind nach Vater oder Mutter verlangt. Und es sprach Joachim: So wollen wir warten. Und das Kind ward dreijährig, und es sprach Joachim: Rufet die Töchter der Hebräer, die unbefleckt sind, und sie sollen jede eine Fackel nehmen, und diese sollen angezündet sein, damit sich das Kind nicht rückwärts wende und ihr Herz sich nicht aus dem Tempel weglocken lasse. Und sie taten so, bis sie in den Tempel des Herrn hinaufkamen. Und der Priester nahm sie in Empfang, küßte und segnete sie und sprach: Erhoben hat der Herr deinen Namen bei allen Geschlechtern: Durch dich wird am Ende der Tage der Herr den Kindern Israel seine Erlösung offenbaren. Und er ließ sie auf der dritten Stufe des Altars sitzen, und es goß der Herr Anmut über sie aus, und sie tanzte auf ihren Füßen einher, und das ganze Haus Israel gewann sie lieb. Und es gingen ihre Eltern herab, wunderten sich und lobten Gott den Allmächtigen, daß das Kind sich nicht zu ihnen gewandt hatte. Aber Maria war im Tempel des Herrn, ernährt wie eine Taube und bekam (ihre) Nahrung aus Engelhand.

[30] *Die Verlobung Marias*

Da sie aber zwölf Jahre alt war, fand eine Beratung der Priester statt, die da sprachen: Siehe, Maria ist in dem Tempel des Herrn zwölfjährig geworden: was sollen wir nun mit ihr machen, damit sie nicht das Heiligtum des Herrn unseres Gottes beflecke? Und sie sprachen zu dem Hohenpriester: Du stehst an dem Altar des Herrn; gehe hinein in das Heiligtum und bete ihretwegen, und was immer dir der Herr offenbaren wird, das laß uns tun! Und der Hohepriester nahm das Amulett mit den zwölf Glöckchen und ging in das Allerheiligste und betete ihretwegen. Und siehe, ein Engel des Herrn trat herzu und sprach zu ihm: (Zacharias, Zacharias,) geh heraus und versammle die Witwer des Volks, und sie sollen je einen Stab (mit-)bringen, und wem der Herr ein Zeichen gibt, dessen Weib soll sie sein! Es gingen aber die Herolde aus durch die ganze Umgegend von Judäa, und es erscholl die Posaune des Herrn, und alsbald liefen alle (herzu). Joseph aber warf sein Beil weg und eilte, mit ihnen zusammenzutreffen, und nachdem sie versammelt waren, nahmen sie die Stäbe und gingen zum Hohenpriester. Er nahm aber die Stäbe von allen und ging in den Tempel und betete. Nachdem er aber das Gebet vollendet hatte, nahm er die Stäbe, ging hinaus und übergab sie ihnen und keinerlei Zeichen erschien an ihnen. Den letzten Stab aber bekam Joseph, und siehe eine Taube kam aus dem Stabe hervor und flog auf das Haupt Josephs. Und es sprach der Priester zu Joseph: Du bist durchs Los (dazu) bestimmt, die Jungfrau des Herrn in deine Hut zu nehmen. Und Joseph redete dawider und sprach: Ich habe Söhne und bin ein alter Mann; sie aber ist (noch) jung; ich fürchte, ich werde lächerlich für die Kinder Israel. Und es sprach der Priester zu Joseph: Fürchte den Herrn deinen Gott und gedenke daran, was Gott dem Dathan und Abiram und Korah getan hat, wie die Erde sich spaltete und sie verschlungen wurden wegen ihres Widerspruchs. Und nun fürchte Gott, Joseph, damit so etwas nicht an deinem Hause geschehe! Und Joseph fürchtete sich und nahm sie in seine Hut. Und er sprach zu Maria: Siehe, ich empfing dich aus dem Tempel des Herrn, und nun lasse ich dich in meinem Hause und gehe hin, meine Bauten auszuführen, und werde dann wieder zu dir kommen: Der Herr wird dich (die Zeit) hindurch bewahren.

[31] *Übernatürliche Empfängnis und Gottesgericht*

Als aber ihr sechster Monat da war, siehe, da kam Joseph von seinen Bauten, und als er in sein Haus eingetreten war, fand er sie schwanger. Und er schlug sein Angesicht und warf sich nieder auf den Sack und weinte bitterlich und sprach: Mit welchem Angesicht soll ich aufblicken zu dem Herrn, meinem Gott? und was soll ich im Gebete vorbringen wegen dieses Mädchens? Denn ich habe sie als Jungfrau aus dem Tempel des Herrn meines Gottes empfangen und nicht behütet. Wer ist's, der mich hintergangen hat? Wer hat diese Schlechtigkeit in meinem Hause verübt und die Jungfrau befleckt? Hat sich etwa an mir die Geschichte Adams wiederholt? Denn wie in der Stunde seines Rühmens die Schlange kam und Eva allein fand und betrog, so ist es auch mir widerfahren. Und Joseph erhob sich von dem Sack und rief Maria und sprach zu ihr: Du Schoßkind Gottes, warum hast du das getan und hast des Herrn deines Gottes vergessen? Warum hast du deine Seele erniedrigt, die du im Allerheiligsten auferzogen wurdest und Nahrung empfingst von Engelshand? Sie aber weinte bitterlich und sprach: Rein bin ich und von einem Manne weiß ich nicht. Und es sprach Joseph zu ihr: Woher ist denn nun das in deinem Leibe? Sie aber sprach: So wahr der Herr mein Gott lebt, so weiß ich nicht, woher mir das (gekommen) ist.

Und Joseph fürchtete sich sehr und ließ von ihr ab und überlegte, was er mit ihr tun sollte. Und es sprach Joseph bei sich: Wenn ich ihre Sünde verberge, dann werde ich erfunden als einer, der wider das Gesetz des Herrn streitet, und (wieder), wenn ich sie vor den Kindern Israel bloßstelle, so fürchte ich, es möchte vielleicht das, was in ihr ist, von den Engeln herstammen, und dann werde ich erfunden sein als einer, der unschuldig Blut zum Todesgericht überliefert. Was soll ich nun mit ihr tun? Ich will sie heimlich von mir entlassen. Und (damit) überraschte ihn die Nacht. Und siehe, ein Engel des Herrn erscheint ihm im Traum und spricht: Fürchte nichts wegen dieser Maid, denn das, was in ihr ist, das ist vom Heiligen Geist, und sie wird einen Sohn gebären, des Namen sollst du Jesus heißen, denn er wird sein Volk retten von seinen Sünden. Und Joseph stand auf vom Schlaf und pries den Gott Israels, der ihm solche Gnade erwiesen hatte und nahm sie unter seine Obhut.

Es kam aber Hannas der Schriftgelehrte zu ihm und sprach zu ihm: Warum bist du nicht in unsrer Versammlung erschienen? Und es sprach zu ihm Joseph: Weil ich von der Reise müde war und den ersten Tag ausruhen wollte. Und Hannas wandte sich um und sah, daß Maria schwanger war. Und er lief eilends zu dem Priester und sprach zu ihm: Joseph, für den du Zeuge bist, hat schwer gefrevelt. Und es sprach der Priester: Wieso? Und er sprach: Die Jungfrau, die er aus dem Tempel des Herrn empfangen hat, hat er befleckt und das Beilager erstohlen und hat's nicht den Kindern Israel kundgetan. Und der Priester antwortete und sprach: Joseph hätte das getan? Und es sprach Hannas der Schriftgelehrte: Entsende Diener und du wirst die Jungfrau schwanger befinden. Und die Diener gingen hin und fanden es, wie er gesagt hatte, und führten sie zugleich mit Joseph vor Gericht. Und es sprach der Priester: Maria, warum hast du das getan? und warum hast du deine Seele erniedrigt und hast des Herrn deines Gottes vergessen, die du erzogen warst im Allerheiligsten und Nahrung empfingst von Engelshand und die Lobgesänge hörtest und tanztest vor ihm? warum hast du das getan? Sie aber weinte bitterlich und sprach: So wahr der Herr mein Gott lebt, ich bin rein vor ihm und weiß von keinem Manne. Und es sprach der Priester zu Joseph: Warum hast du das getan? Und es sprach Joseph: So wahr der Herr mein Gott lebt, ich bin unschuldig an ihr. Und es sprach der Priester: Rede kein falsches Zeugnis, sondern sprich die Wahrheit; du hast das Beilager mit ihr erstohlen und hast es den Kindern Israel nicht offenbart und hast dein Haupt nicht gebeugt unter die gewaltige Hand, daß dein Same gesegnet sein würde. Und Joseph schwieg stille.

Und es sprach der Priester: Stelle die Jungfrau wieder her, die du aus dem Tempel des Herrn empfangen hast! Und Joseph hub heftig an zu weinen. Und es sprach der Priester: Ich will euch das Prüfungswasser[15] des Herrn zu trinken geben, und er wird eure Sünden vor euren (eignen) Augen offenbaren. Und der Priester nahm (das Wasser) und ließ Joseph trinken und sandte ihn auf das Gebirge, und er kam unversehrt (zurück). Er ließ auch Maria trinken und sandte sie aufs Gebirge, und sie kam unversehrt (zurück). Und alles Volk verwunderte sich, daß keine Sünde an ihnen erschienen war. Und es sprach der Priester: Wenn Gott der Herr eure Sünden nicht offenbart hat, so richte auch ich euch nicht, und entließ sie. Und es nahm Joseph die Maria und ging in sein Haus voll Freuden und Rühmens gegen den Gott Israels.

[32] *Legenden aus Jesu Kindheit*

Ich habe es für nötig erachtet, ich Thomas der Israelit, allen Brüdern aus den Heiden kundzutun die Kindheitstaten unseres Herrn Jesu Christi, die er in unserm Lande, wo er geboren ist, ausführte.[16]

Als das Knäblein Jesus fünfjährig geworden war, spielte es, (als es einst geregnet hatte), an der Furt eines Wasserlaufs und sammelte das vorüberlaufende Wasser in Gruben und machte es alsbald rein (und tauglich), und mit dem bloßen Worte gebot er ihm.

Und er nahm aus dem Schlamm feuchten Lehm und bildete daraus zwölf Sperlinge. Und es war Sabbat, als er das tat. Es waren aber auch viele andere Kinder da und spielten mit ihm. Ein Jude aber sah, was Jesus tat (daß er am Sabbat spielte), ging alsbald hin und zeigte seinem Vater Joseph an: Siehe, dein Knäblein ist an dem Bach, hat Lehm genommen, zwölf Vögel gebildet und den Sabbat entweiht. Und als Joseph an den Ort gekommen war und (es) gesehen hatte, schrie er ihn an: Warum tust du das am Sabbat, was man nicht tun darf? Jesus aber klatschte in die Hände, rief den Sperlingen zu und sprach zu ihnen: Fliegt fort (und denkt an mich, solange ihr lebt!) Und die Vögel flogen schreiend auf und davon. Da das die Juden sahen, erschraken sie, gingen hin und verkündigten es ihren Obersten, was sie Jesus hatten tun sehen.

...

Ein andermal ging er durch das Dorf, und ein Knabe lief und stieß an seine Schulter. Darob ward Jesus erbittert und sprach zu ihm: Du sollst deinen Weg nicht bis zu Ende gehen. Und sogleich fiel er hin und starb. Einige aber, die das sahen, was da geschah, sprachen: Woher stammt jenes Kind? Denn jedes Wort von ihm ist fertige Tatsache! Und es kamen die Eltern des gestorbenen (Knaben) zu Joseph und beschwerten sich: Wenn du so einen Knaben hast, kannst du nicht mit uns im Dorfe wohnen; oder lehre ihn, daß er segne und nicht fluche, denn er tötet unsere Kinder. Und Joseph rief den Knaben zu sich beiseite und redete ihm also ins Gewissen: Warum tust du dergleichen, daß die Leute darunter zu leiden haben und uns hassen und uns nachstellen? Es sprach aber Jesus: Ich weiß, daß diese Worte nicht deine sind; doch will ich schweigen um deinetwillen; jene aber werden ihre Strafe tragen. Und alsbald erblindeten die, die ihn angeklagt hatten. Und die es sahen, fürchteten sich sehr und wußten nicht, was sie denken sollten, und sagten von ihm: Alles was er redet, es sei gut oder böse, war eine Tat und ward zum Wunder. Da aber Joseph sah, daß Jesus solches getan hatte, stand er auf, faßte ihn beim Ohr und zupfte ihn gehörig. Das Kind aber ward unwillig und sprach zu ihm: Es mag dir genug sein, zu suchen und nicht zu finden, und recht wenig weise hast du gehandelt.

Weißt du nicht, daß ich in deiner Macht bin? Also betrübe mich nicht (denn in deiner Macht bin ich).

...

Und nach einigen Tagen spielte Jesus auf einem Dache auf dem Söller, und einer von den Knaben, die mit ihm spielten, fiel von dem Dache herab und starb, und als das die andern Knaben sahen, flohen sie, und Jesus blieb allein stehn. Und es kamen die Eltern des Gestorbenen und klagten ihn an: Und sie fuhren ihn heftig an. Jesus sprang von dem Dache herab und stand bei der Leiche des Knaben und rief mit lauter Stimme: Zenon! – so nämlich war sein Name – steh auf und sage mir, habe ich dich herabgeworfen? Und er stand sofort auf und sprach: Nein, Herr, (du hast nicht herabgeworfen, sondern auferweckt). Und da sie das sahen, erschraken sie. Die Eltern des Kindes aber priesen Gott über das geschehene Wunder und verehrten Jesus.

Nach wenigen Tagen hackte ein junger Mann Holz im Winkel; da entfiel ihm die Axt und spaltete ihm seinen ganzen Fuß, (und da er sich verblutete, so kam er zum Sterben). Da nun Getümmel und Auflauf entstand, so lief auch das Jesusknäblein dorthin. Und mit Gewalt drang er durch die Menge und ergriff den getroffenen Fuß des jungen Mannes, und sofort wurde er geheilt. Er aber sprach zu dem Jüngling: Steh auf, spalte dein Holz und gedenke mein! Als das Volk sah, was da geschehen war, verehrten sie das Knäblein.

[33] *Der zwölfjährige Jesus im Tempel*

Und seine Eltern zogen jährlich nach Jerusalem am Passafeste. Und als er zwölf Jahre alt war, da sie nach der Sitte des Festes hinaufstiegen, und die Tage vollbracht hatten, blieb der Knabe Jesus, wie sie heimkehrten, in Jerusalem zurück und seine Eltern wußten es nicht. Da sie aber meinten, er sei bei der Reisegesellschaft, kamen sie eine Tagereise weit und suchten ihn bei den Verwandten und Bekannten; und da sie ihn nicht fanden, kehrten sie um nach Jerusalem, ihn zu suchen. Und es geschah, nach drei Tagen fanden sie ihn im Tempel sitzend mitten unter den Lehrern, wie er ihnen zuhörte und sie ausfragte. Es waren aber alle außer sich, die ihm zuhörten, über seinen Verstand und seine Antworten. Und da sie ihn sahen, wurden sie betroffen, und seine Mutter sprach zu ihm: Kind, wie konntest du uns das tun? Siehe, dein Vater und ich suchen dich mit Schmerzen. Und er sagte zu ihnen: Was habt ihr mich gesucht? wußtet ihr nicht, daß ich im Eigentum meines Vaters sein muß? Und sie verstanden das Wort nicht, das er zu ihnen sprach.[17] Und er ging mit ihnen hinab, und kam nach Nazaret, und war ihnen untertan. Und seine Mutter bewahrte alle Dinge in ihrem Herzen. Und Jesus nahm zu an Weisheit und Gnade bei Gott und Menschen.

[34] *Johannes der Täufer predigt Buße und tauft Jesus*

Im fünfzehnten Jahr aber der Regierung des Kaisers Tiberius, als Pontius Pilatus Statthalter in Judäa und in Galiläa Herodes Tetrarch war, sein Bruder Philippus aber Tetrarch über Juträa und das Trachonitische Land, und Lysanias Tetrarch über Abilene, unter dem Hohenpriester Annas und Kaiphas, kam Gottes Wort an Johannes, den Sohn des Zacharias, in der Wüste, und er kam und verkündete in der ganzen Umgegend des Jordan die Taufe der Buße zur Sündenvergebung.

Es trug aber derselbe, nämlich Johannes, ein Gewand von Kamelhaar und einen ledernen Gürtel um seine Lende; seine Nahrung aber bestand in Heuschrecken und wildem Honig.[18] Hierauf zog zu ihm hinaus Jerusalem und ganz Judäa und die ganze Umgegend des Jordan, und ließen sich im Jordanfluß von ihm taufen, indem sie ihre Sünden bekannten. Da er aber viele von den Pharisäern und Sadduzäern zur Taufe kommen sah, sprach er zu ihnen: Ihr Otterbrut, wer hat euch gewiesen, dem kommenden Zorngericht zu entgehen? Nun denn, so bringet richtige Frucht der Buße und traget euch nicht mit der Einbildung zu sagen: wir haben Abraham zum Vater; denn ich sage euch, Gott kann aus diesen Steinen dem Abraham Kinder erwecken.

Und die Massen fragten ihn: was sollen wir denn tun? Er aber antwortete ihnen: wer zwei Röcke hat, teile mit dem, der keinen hat, und ebenso der, der Speisen hat. Es kamen auch Zöllner sich taufen zu lassen und sagten zu ihm: Meister, was sollen wir tun? Er aber sagte zu ihnen: Nehmet nicht mehr, als wozu ihr angewiesen seid. Es fragten ihn aber auch Kriegsleute: und wir, was sollen wir tun? Und er sagte zu ihnen: beunruhigt niemanden, erpresset von niemand, und lasset euch genügen an eurem Solde.

Da aber das Volk in Erwartung war und alle sich ihre Gedanken machten in ihren Herzen über Johannes, ob er wohl selbst der Christus sei, hob Johannes an und sagte zu allen: ich taufe euch mit Wasser; es kommt aber, der stärker ist als ich, für den ich nicht gut genug bin, ihm die Schuhriemen zu lösen, der wird euch mit heiligem Geist und Feuer taufen. Er hat eine Wurfschaufel in der Hand, seine Tenne zu säubern und den Weizen in seine Scheuer zu bringen. Die Spreu aber wird er verbrennen mit unverlöschlichem Feuer.

Unter vielen anderen Ermahnungen noch verkündete er dem Volke die frohe Botschaft.

Und es geschah, in jenen Tagen kam Jesus von Nazaret in Galiläa und ließ sich von Johannes im Jordan taufen. Und alsbald, da er aufstieg vom Wasser, sah er die Himmel sich spalten und den Geist wie eine Taube auf ihn herabfahren, und eine Stimme aus den Himmeln sprach: du bist mein geliebter Sohn[19], an dir habe ich Wohlgefallen gefunden.

[35] *Die Versuchung*

Hierauf wurde Jesus vom Geiste in die Wüste geführt, um vom Teufel versucht zu werden. Und als er vierzig Tage und vierzig Nächte gefastet hatte, hungerte ihn zuletzt. Und der Versucher trat herzu und sagte zu ihm: wenn du Gottes Sohn bist, so sprich, daß diese Steine Brot werden. Er aber antwortete also: es steht geschrieben: nicht vom Brot allein soll der Mensch leben, sondern von jedem Wort, welches durch Gottes Mund ausgeht.

Hierauf nimmt ihn der Teufel mit sich in die heilige Stadt und stellt ihn auf die Zinne des Tempels und sagt zu ihm: wenn du Gottes Sohn bist, so stürze dich hinab; denn es steht geschrieben; er wird seinen Engeln Befehl geben deinetwegen und sie werden dich auf den Händen tragen, daß du deinen Fuß nicht an einen Stein stoßest. Sagte Jesus zu ihm: wiederum steht geschrieben: du sollst den Herrn deinen Gott nicht versuchen.

Wiederum nimmt ihn der Teufel mit auf einen sehr hohen Berg und zeigt ihm alle Reiche der Welt und ihre Herrlichkeit und sagt zu ihm: dies alles will ich dir geben, wenn du niederfällst und mir huldigst. Hierauf sagt Jesus zu ihm: entweiche, Satan; denn es steht geschrieben: du sollst dem Herrn, deinem Gott huldigen und ihn allein anbeten. Hierauf läßt ihn der Teufel, und siehe, Engel kamen herzu und dienten ihm.

Als er aber hörte, daß Johannes verhaftet sei, zog er sich zurück nach Galiläa.

[36] *Beginn der öffentlichen Wirksamkeit Jesu*

Nach der Verhaftung des Johannes kam Jesus nach Galiläa und verkündete das Evangelium Gottes: die Zeit ist erfüllt und das Reich Gottes herbeigekommen[20]; tut Buße[21] und glaubet an das Evangelium.

Und er kam hinab in die Galiläische Stadt Kafarnaum, und lehrte daselbst am Sabbat; und sie waren betroffen über seine Lehre, denn sein Wort war ein Wort mit Vollmacht.[22]

Es geschah aber, da ihm das Volk anlag und dem Worte Gottes zuhörte, stand er an dem See Genezareth, und sah zwei Fahrzeuge am Ufer liegen; die Fischer aber waren ausgestiegen und reinigten die Netze. Er stieg aber in eines der Schiffe, welches dem Simon gehörte, und bat ihn ein wenig vom Lande weg hinauszufahren, setzte sich und lehrte vom Schiff aus die Massen. Wie er aber aufgehört zu sprechen, sagte er zu Simon: Fahret hinaus ins tiefe Wasser, und lasset eure Netze aus zum Fange. Und Simon antwortete: Meister, die ganze Nacht haben wir gearbeitet und nichts gefangen; auf dein Wort aber will ich die Netze auslassen. Und sie taten es und fingen eine große Menge Fische; es zerrissen aber ihre Netze, und sie winkten ihren Genossen im anderen Schiffe, herbeizukommen und mit anzugreifen. Und sie kamen und füllten beide Schiffe, so daß sie tiefgingen. Da es aber Simon Petrus sah, fiel er vor Jesus zu Füßen und sprach: gehe hinaus von mir, ich bin ein sündiger Mann, Herr.[23] Denn Staunen erfaßte ihn und alle seine Genossen über den Fischfang, den sie gemacht, ebenso auch den Jakobus und Johannes, die Söhne des Zebedäus, Kameraden des Simon. Und Jesus sprach zu Simon: Fürchte dich nicht; von jetzt an sollst du Menschenfischer sein. Und sie brachten die Schiffe ans Land, und verließen alles und folgten ihm.

Und er zog umher in ganz Galiläa und lehrte[24] in ihren Synagogen, und verkündete das Evangelium vom Reich Gottes und heilte alle Krankheit und alle Gebrechen unter dem Volk, und es ging sein Ruf aus über ganz Syria; und sie brachten zu ihm alle die ein Leiden hatten, mit mancherlei Krankheiten und schmerzhaften Übeln Behaftete, Dämonische, Mondsüchtige und Gelähmte, und er heilte sie. Und es folgten ihm große Massen von Galiläa und der Dekapolis und Jerusalem und Judäa und dem Land jenseits des Jordan.

[37] *Die Bergpredigt*

Als er aber die Massen sah, stieg er auf den Berg, und da er sich gesetzt, traten seine Jünger zu ihm. Und er tat seinen Mund auf und lehrte sie also:

Selig die Armen im Geist, denn ihrer ist das Reich der Himmel. Selig die Trauernden, denn sie werden getröstet werden. Selig die Sanftmütigen, denn sie werden das Land erben. Selig, die hungern und dürsten nach der Gerechtigkeit, denn sie werden gesättigt werden. Selig die Barmherzigen, denn sie werden Barmherzigkeit erfahren. Selig, die rein im Herzen sind, denn sie werden Gott schauen. Selig die Friedfertigen, denn sie werden Gottes Söhne heißen. Selig die um Gerechtigkeit Verfolgten, denn ihrer ist das Reich der Himmel. Selig seid ihr, wenn sie euch schmähen und verfolgen, und euch alles Schlechte andichten um meinetwillen. Freuet euch und frohlocket, denn euer Lohn ist groß in den Himmeln; denn so haben sie die Propheten vor euch verfolgt.[25]

Dagegen trachtet nach seinem Reich, so wird euch dieses zugelegt werden.[26] Fürchte dich nicht, du kleine Herde; denn eurem Vater hat es gefallen, euch das Reich zu geben.

Ihr seid das Salz der Erde; wenn aber das Salz taub wird, womit soll man es salzen? Es taugt zu nichts, als weggeworfen und von den Menschen zertreten zu werden. Ihr seid das Licht der Welt. Eine Stadt, die auf einem Berge liegt, läßt sich nicht verstecken. Man zündet auch nicht ein Licht an und setzt es unter ein Hohlmaß, sondern auf den Leuchter, so leuchtet es allen im Hause. So soll euer Licht leuchten vor den Menschen, auf daß sie eure guten Werke sehen, und euren Vater in den Himmeln preisen.

Denn wo euer Schatz ist, da ist auch euer Herz.

Denket nicht, daß ich gekommen, das Gesetz oder die Propheten aufzulösen; nicht aufzulösen, bin ich gekommen, sondern zu erfüllen ... Denn ich sage euch, wenn es mit eurer Gerechtigkeit nicht mehr ist, als bei den

Schriftgelehrten und Pharisäern, so werdet ihr mitnichten in das Reich der Himmel kommen. Ihr habt gehört: es ist den Alten gesagt: du sollst nicht töten; wer aber tötet, soll dem Gerichte verfallen sein. Ich aber sage euch: jeder, der seinem Bruder zürnt, soll dem Synedrium, und wer ihn einen Gottlosen heißt, soll für die Feuerhölle verfallen sein. Wenn du deine Gabe zum Altar bringst, und es fällt dir dort ein, daß dein Bruder etwas gegen dich hat, so laß deine Gabe dort vor dem Altar, und gehe zuerst hin und versöhne dich mit deinem Bruder, und hierauf komme und bringe deine Gabe dar ...

Ihr habt gehört: es ist gesagt: du sollst nicht ehebrechen. Ich aber sage euch: jeder der nach einem Weibe sieht in Lüsternheit, hat schon die Ehe mit ihr gebrochen in seinem Herzen. Wenn dich aber dein rechtes Auge ärgert, so reiß es heraus und wirf es von dir. Denn es ist dir besser, daß eines deiner Glieder verloren gehe, als daß dein ganzer Leib in die Hölle geworfen werde. Und wenn dich deine rechte Hand ärgert, so haue sie ab und wirf sie von dir; denn es ist besser, daß eines deiner Glieder verloren gehe, als daß dein ganzer Leib in die Hölle komme ...

Wiederum habt ihr gehört: es ist den Alten gesagt: du sollst nicht falsch schwören, du sollst aber dem Herrn deine Schwüre abtragen. Ich aber sage euch: ihr sollt überhaupt nicht schwören, weder beim Himmel, denn er ist Gottes Thron; noch bei der Erde, denn sie ist seiner Füße Schemel; noch bei Jerusalem, denn es ist des großen Königs Stadt. Noch sollst du bei deinem Kopf schwören, denn du vermagst nicht ein einziges Haar weiß oder schwarz zu machen. Es sei aber euer Wort: ja, ja; nein, nein; was darüber ist, ist vom Bösen.

Ihr habt gehört: es ist gesagt: Auge um Auge und Zahn um Zahn. Ich aber sage euch: nicht dem Bösen widerstehen; sondern wer dich schlägt auf die rechte Wange, dem biete auch die andere. Und wer mit dir rechten und dir den Rock nehmen will, dem laß auch den Mantel. Wer dich zu laufen nötigt eine Meile, mit dem gehe zwei. Gib dem, der dich bittet, und von dem, der von dir borgen will, wende dich nicht ab. Ihr habt gehört: es ist gesagt: du sollst lieben deinen Nächsten und hassen deinen Feind. Ich aber sage euch: liebet eure Feinde und betet für eure Verfolger, auf daß ihr werdet Söhne eures Vaters in den Himmeln. Denn er lässet seine Sonne aufgehen über Böse und Gute, und regnen über Gerechte und Ungerechte. Denn wenn ihr liebet, die euch lieben, was habt ihr für einen Lohn? Tun nicht auch die Zöllner dasselbe? Und wenn ihr nun eure Brüder begrüßet, was tut ihr besonderes? Tun nicht auch die Heiden dasselbe? So sollt ihr denn vollkommen sein, wie euer himmlischer Vater vollkommen ist.

Hütet euch, eure Gerechtigkeit zu üben vor den Menschen, um von ihnen gesehen zu werden. Wo anders, so habt ihr keinen Lohn bei eurem

Vater in den Himmeln. Wenn du also Almosen gibst, so laß nicht vor dir her trompeten, wie die Heuchler tun, in den Synagogen und auf den Gassen, damit sie von den Menschen gepriesen werden; wahrlich, ich sage euch, sie haben ihren Lohn dahin. Wenn aber du Almosen gibst, so möge deine linke Hand nicht wissen, was deine rechte tut. Auf daß dein Almosen im Verborgenen bleibe, so wird dein Vater, der im Verborgenen sieht, dir vergelten.

Und wenn ihr betet, so soll es bei euch nicht sein wie bei den Heuchlern; die verrichten gern ihr Gebet in den Synagogen und an den Straßenecken stehend, um sich den Menschen zu zeigen. Wahrlich, ich sage euch, sie haben ihren Lohn dahin. Du aber, wenn du betest, so gehe in deine Kammer und schließ deine Türe und bete zu deinem Vater, der im Verborgenen ist, so wird dein Vater, der im Verborgenen sieht, dir vergelten. Wenn ihr aber betet, so sollt ihr nicht plappern wie die Heiden; denn sie meinen, sie werden erhört mit ihrer Wortmacherei. So stellet euch ihnen nicht gleich; denn euer Vater weiß, was ihr bedürfet, ehe ihr's von ihm fordert. So sollt ihr denn also beten:

> Unser Vater, der du bist in den Himmeln! Geheiligt werde dein Name. Es komme dein Reich. Es geschehe dein Wille wie im Himmel so auch auf Erden. Unser nötiges Brot gib uns heute. Und vergib uns unsere Schulden, wie auch wir vergeben haben unsern Schuldnern. Und führe uns nicht in Versuchung, sondern erlöse uns vom Bösen.

Denn wenn ihr den Menschen ihre Fehler vergebet, so wird euch euer himmlischer Vater auch vergeben. Wenn ihr aber den Menschen nicht vergebet, so wird euer Vater eure Fehler auch nicht vergeben.

Wenn ihr aber fastet, so sollt ihr nicht trübselig drein sehen wie die Heuchler; denn sie entstellen ihr Angesicht, um sich den Menschen vorzustellen mit ihrem Fasten. Wahrlich, ich sage euch: sie haben ihren Lohn dahin. Du aber, wenn du fastest, salbe dein Haupt und wasche dein Angesicht, um dich nicht den Menschen vorzustellen mit deinem Fasten, sondern deinem Vater, der im Verborgenen ist; so wird dein Vater, der im Verborgenen sieht, dir vergelten.

Sammelt euch nicht Schätze auf Erden, wo Motte und Rost zerstören und wo Diebe nachgraben und stehlen. Sammelt euch aber Schätze im Himmel, wo weder Motte noch Rost zerstören und wo keine Diebe nachgraben und stehlen.

...

Niemand kann zwei Herren dienen; entweder wird er den einen hassen und den andern lieben; oder er wird jenem anhängen und den andern verachten. Ihr könnt nicht Gott dienen und dem Mammon.[27] Darum sage ich euch: sorget[28] nicht für euer Leben, was ihr esset, noch für euren Leib, was ihr anziehet. Ist nicht das Leben mehr als die Nahrung? und der Leib mehr als das Kleid? Sehet die Vögel des Himmels an: sie säen nicht, sie ernten nicht, sie sammeln nicht in die Scheunen, euer himmlischer Vater ernährt sie. Seid ihr nicht viel besser als sie?... Und was sorgt ihr für die Kleidung? achtet auf die Lilien des Feldes, wie sie wachsen; sie arbeiten nicht, sie spinnen nicht. Ich sage euch aber: auch Salomo in aller seiner Herrlichkeit war nicht angetan wie eine von ihnen. Wenn aber Gott das Gras des Feldes, das heute steht und morgen in den Ofen geworfen wird, also bekleidet, wie nicht viel mehr euch, ihr Kleingläubigen? So sollt ihr denn nicht sorgen und sagen: was sollen wir essen, was sollen wir trinken, was sollen wir anziehen? Um alles das kümmern sich die Heiden. Euer himmlischer Vater weiß ja, daß ihr dies alles bedürfet. Trachtet aber zuerst nach seinem Reich und Recht, so wird euch dies alles zugelegt werden. Sorget nun nicht auf den morgenden Tag; der morgende Tag wird für sich selbst sorgen. Jeder Tag hat genug an seiner Plage.

Richtet nicht, damit ihr nicht gerichtet werdet. Denn mit dem Gericht, mit dem ihr richtet, werdet ihr gerichtet werden, und mit dem Maß, mit dem ihr messet, wird euch gemessen werden. Was siehst du aber den Splitter im Auge deines Bruders, den Balken aber in deinem Auge bemerkst du nicht? Oder wie willst du zu deinem Bruder sagen: laß mich den Splitter aus deinem Auge nehmen, und siehe, du hast den Balken in deinem Auge? Heuchler, nimm zuerst den Balken aus deinem Auge, und alsdann magst du sehen, den Splitter aus deines Bruders Auge zu nehmen.

...

Alles nun, was ihr wollt, daß euch die Leute tun, so tut auch ihr ihnen; denn dies ist das Gesetz und die Propheten.

...

Bittet, so wird euch gegeben werden; suchet, so werdet ihr finden; klopfet an, so wird euch aufgetan werden. Denn wer da bittet, der empfängt; und wer da suchet, der findet; und wer da anklopft, dem wird aufgetan werden. Oder wo ist ein Mensch unter euch, der seinem Sohn, wenn er ihn um Brot bittet, einen Stein gäbe? oder wenn er um einen Fisch bittet, ihm eine Schlange gäbe? Wenn nun ihr, die ihr böse seid, verstehet euren Kindern gute Gaben zu geben, wie viel mehr wird euer Vater in den Himmeln Gutes geben denen, die ihn bitten?

...

Gehet ein durch die enge Pforte; denn weit ist die Pforte und breit der Weg, der zum Verderben führt, und viele sind, die da hineingehen; aber eng ist die Pforte und schmal der Weg, der zum Leben führt, und wenige sind, die ihn finden.

Nehmet euch in acht vor den Lügenpropheten, die da kommen zu euch in Schafskleidern, inwendig aber sind (sie) räuberische Wölfe. An ihren Früchten sollt ihr sie erkennen. Sammelt man etwa Trauben von Dornbüschen oder Feigen von Disteln? So bringt immer der gute Baum gute Früchte, der faule Baum aber bringt böse Früchte ... Jeder Baum, der nicht gute Frucht bringt, wird abgehauen und ins Feuer geworfen ...

Wer nun überall diese meine Worte hört und darnach tut, wird sein wie ein kluger Mann, der sein Haus auf den Felsen gebaut. Da goß der Regen, es kamen die Ströme, es wehten die Winde und stießen auf das Haus und das Haus fiel nicht; denn es war auf den Felsen gegründet. Und wer überall diese meine Worte hört und tut nicht darnach, wird sein wie ein törichter Mann, der sein Haus auf den Sand gebaut. Und es goß der Regen, es kamen die Ströme, es wehten die Winde und schlugen an das Haus, und es fiel; und sein Fall war groß. Und es geschah, als Jesus diese Reden beendete, da waren die Massen betroffen über seine Lehre; denn er lehrte sie wie einer, der Vollmacht hat, und nicht wie ihre Schriftgelehrten.

[38] *Krafttaten Jesu*

Als er aber vom Berge herabstieg, folgten ihm große Massen, und siehe, ein Aussätziger kam hinzu, warf sich vor ihm nieder, und sprach: Herr, so du willst, kannst du mich reinigen. Und er streckte die Hand aus, und rührte ihn an mit den Worten: ich will es, werde rein. Und alsbald ward sein Aussatz gereinigt, und Jesus sagte zu ihm: siehe zu, daß du es niemand sagst; sondern gehe hin, zeige dich dem Priester und opfere die Gabe, welche Moses verordnet hat, zum Zeugnis für sie.

Als er aber nach Kafarnaum kam, trat zu ihm ein Hauptmann, und bat ihn mit den Worten: Herr, mein Knecht liegt zu Hause gelähmt darnieder und hat große Qual. Da sagte er zu ihm: ich will kommen und ihn heilen. Der Hauptmann aber antwortete: Herr, ich bin nicht gut genug, daß du unter mein Dach tretest; aber sprich nur ein Wort, so wird mein Knecht geheilt werden. Bin ich doch ein Mensch in untergeordneter Stellung, aber unter mir habe ich Soldaten, und ich sage zu diesem: gehe hin, so geht er, zu einem andern: komme, so kommt er, und zu meinem Diener: tue das, so tut er's. Als aber Jesus dies hörte, wunderte er sich und sagte zu denen, die ihm folgten: wahrlich, ich sage euch, bei niemand in Israel habe ich solchen Glauben gefunden. Ich sage euch aber, es werden viele kommen von Morgen und Abend und werden zu Tische sitzen mit Abraham, Isaak und Jakob im Reich der Himmel. Die Söhne des Reiches aber werden hinausgeworfen werden in die Finsternis draußen, da wird sein Heulen und Zähneknirschen. Und Jesus sagte zum Hauptmann: gehe hin; wie du geglaubet, so geschehe dir.

Und Jesus ging weg von dort und zog sich zurück in die Gegend von Tyrus und Sidon. Und siehe, ein kananäisches Weib, die aus jenem Gebiete kam, rief: erbarme dich meiner, Herr, du Sohn Davids. Meine Tochter wird von einem Dämon gequält. Er aber antwortete ihr kein Wort. Und da seine Jünger hinzukamen, baten sie ihn: fertige sie ab, sie schreit ja hinter uns her. Er aber antwortete: ich bin nur gesandt zu den verlorenen Schafen vom Hause Israel. Sie aber kam, warf sich vor ihm nieder, und sagte: Herr, hilf mir. Er aber antwortete: es geht nicht an, das Brot der Kinder zu nehmen und es den Hündlein hinzuwerfen. Sie aber sagte: doch, Herr; essen doch auch die Hündlein von den Brosamen, die von dem Tische ihrer Herren fallen. Hierauf antwortete ihr Jesus: o Weib, dein Glaube ist groß.[29] Es geschehe dir, wie du willst. Und ihre Tochter ward geheilt von dieser Stunde.

Und er bestieg ein Schiff, setzte über und kam in seine Stadt. Und siehe, da brachten sie ihm einen Gelähmten, auf einem Bette ausgestreckt. Und da Jesus ihren Glauben sah, sagte er zu dem Gelähmten: Sei getrost, Kind, deine Sünden sind vergeben. Und siehe, einige von den Schriftgelehrten sprachen bei sich: dieser lästert. Und da Jesus ihre Gedanken sah, sagte er: wozu sinnet ihr Böses in euren Herzen? Was ist denn leichter? zu sagen: deine Sünden sind vergeben? oder zu sagen: stehe auf und wandle? Damit ihr wisset, daß der Sohn des Menschen Vollmacht hat, auf Erden Sünden zu vergeben – hier wendete er sich zu dem Gelähmten –, stehe auf, nimm dein Bett und gehe heim. Und er stand auf und ging heim. Da aber die Massen dies sahen, erschraken sie und priesen Gott, der solche Vollmacht den Menschen gegeben.[30]

Und es berichteten dem Johannes seine Jünger über das alles. Und Johannes berief zwei von seinen Jüngern, und schickte sie zu dem Herrn mit der Botschaft: bist du es, der da kommen soll, oder sollen wir eines andern warten? Als aber die Männer bei ihm eintrafen, sagten sie: Johannes der Täufer hat uns zu dir gesandt und läßt sagen, bist du es, der da kommen soll, oder sollen wir auf einen andern warten? In dieser Stunde hatte er viele von Krankheiten und Plagen und bösen Geistern geheilt, und vielen Blinden das Gesicht geschenkt. Und er antwortete ihnen: gehet hin und berichtet dem Johannes, was ihr gesehen und gehört: Blinde sehen wieder, Lahme gehen, Aussätzige werden rein und Taube hören, Tote werden erweckt, Armen wird die frohe Botschaft gebracht; und selig ist, wer nicht an mir Anstoß nimmt.[31]

Und als sie zu den Jüngern kamen, sahen sie eine große Menge um dieselben und Schriftgelehrte, in Verhandlung mit ihnen. Und die ganze Menge, alsbald da sie ihn sahen, erschraken sie, und liefen herzu und begrüßten ihn, und er befragte sie: was verhandelt ihr mit ihnen? Und es antwortete ihm einer aus der Menge: Meister, ich habe meinen Sohn zu dir gebracht, der einen Geist der Sprachlosigkeit hat. Und wenn er ihn packt, so verzerrt er ihn, und er schäumt und knirscht mit den Zähnen und wird starr; und ich habe zu deinen Jüngern gesagt, sie sollen ihn austreiben, und sie vermochten es nicht. Er aber antwortete ihnen: o ungläubiges Geschlecht, wie lange werde ich bei euch sein? wie lange werde ich es mit euch aushalten? bringt ihn zu mir. Und sie brachten ihn zu ihm. Und wie er ihn sah, so zog ihn der Geist alsbald krampfhaft zusammen, und er fiel zu Boden und wälzte sich schäumend herum. Und er befragte seinen Vater: wie lange es sei, daß dies an ihn gekommen? Er aber sagte: von Kindheit an; und er hat ihn oft sogar ins Feuer geworfen und ins Wasser, um ihn umzubringen; aber wenn du etwas vermagst, so habe Mitleiden mit uns und hilf uns. Jesus aber sagte zu ihm: was das betrifft: wenn du es vermagst – alles ist möglich dem, der glaubt. Alsbald rief der Vater des Knaben: ich glaube; hilf meinem Unglauben. Als aber Jesus sah, daß die Menge herbeiströmte, bedrohte er den unreinen Geist und sagte zu ihm: du stummer und tauber Geist, ich befehle dir, fahre aus von ihm und ziehe nicht mehr ein in ihn. Und er fuhr aus unter Geschrei und großer Verzerrung; und er wurde wie tot, so daß die meisten sagten: er ist gestorben. Jesus aber faßte ihn bei der Hand und richtete ihn auf, und er stand auf.

[39] *Jesu Botschaft ist für die Unmündigen*

In jener Zeit nahm Jesus das Wort und sprach: Ich danke dir, Vater, Herr des Himmels und der Erde, daß du dieses verborgen hast vor Weisen und Verständigen, und hast es Unmündigen geoffenbart; ja, Vater, denn so ist es wohlgefällig vor dir gewesen. Alles ward mir übergeben von meinem Vater, und niemand erkennt den Sohn außer der Vater, noch erkennt den Vater jemand, außer der Sohn und wem es der Sohn will offenbaren. Kommet her zu mir alle, die ihr mühselig und beladen seid, so will ich euch erquicken. Nehmet mein Joch auf euch und lernet von mir, denn ich bin sanftmütig und demütig von Herzen; so werdet ihr Erquickung finden für eure Seele. Denn mein Joch ist sanft und meine Last ist leicht.

[40] *Jünger und Gegner*

Und da sie des Weges dahinzogen: sagte einer zu ihm: ich will dir folgen, wo du hingehst. Und Jesus sagte zu ihm: die Füchse haben Gruben und die Vögel des Himmels Nester, der Sohn des Menschen aber hat nicht, da er sein Haupt hinlege. Zu einem andern aber sagte er: folge mir. Der aber sprach: erlaube mir erst hinzugehen und meinen Vater zu begraben. Er aber sagte zu ihm: Laß die Toten ihre Toten begraben, du aber gehe hin und verkündige das Reich Gottes. Noch ein anderer aber sagte: ich will dir nachfolgen, Herr; erst aber laß mich Abschied sagen den Leuten in meinem Hause. Jesus aber sagte zu ihm: niemand, der die Hand an den Pflug gelegt und rückwärts sieht, ist tauglich für das Reich Gottes.

Und als Jesus von dort weiter zog, sah er einen Menschen an der Zollstätte sitzen, mit Namen Matthäus, und sagte zu ihm: folge mir, und er stand auf und folgte ihm. Und es geschah, als er zu Tische saß zu Hause, siehe, da kamen viele Zöllner und Sünder und saßen bei Jesus und seinen Jüngern. Und da es die Pharisäer sahen, sagten sie zu seinen Jüngern: warum ißt euer Meister mit den Zöllnern und Sündern? Er aber, da er es hörte, sagte er: nicht die Starken bedürfen des Arztes, sondern die Kranken. Gehet aber hin und lernet, was es heißt: Barmherzigkeit will ich und nicht Opfer. Denn nicht Gerechte zu rufen bin ich gekommen, sondern Sünder. Hierauf kommen zu ihm die Jünger Johannes und sagen: warum fasten wir und die Pharisäer, deine Jünger aber fasten nicht? Und Jesus sagte zu ihnen: können denn die Hochzeitsleute trauern, so lange der Bräutigam bei ihnen ist? Es werden aber Tage kommen, da der Bräutigam von ihnen genommen wird, und dann werden sie fasten.

Und es geschah, daß er am Sabbat durch die Kornfelder dahinzog, und seine Jünger fingen an unter Ährenraufen des Weges zu ziehen. Und die Pharisäer sagten zu ihm: siehe, wie sie am Sabbat tun, was man nicht tun darf. Und er sagte zu ihnen: habt ihr noch nie gelesen, was David tat, als er Mangel litt und ihn und seine Genossen hungerte? Er ging in das Haus Gottes unter dem Hohenpriester Abiathar und aß die Schaubrote, die niemand essen darf außer die Priester, und gab auch seinen Genossen davon. Und er sagte zu ihnen: der Sabbat ist um des Menschen willen da, und nicht der Mensch um des Sabbats willen. Mithin ist der Sohn des Menschen Herr auch über den Sabbat.

Und er kam wieder in eine Synagoge, und es war daselbst ein Mensch mit einer geschwundenen Hand. Und sie lauerten auf ihn, ob er ihn am Sabbat heile, um ihn dann zu verklagen. Und er sagte zu dem Menschen mit der geschwundenen Hand: auf, trete vor; und er sagte zu ihnen: ist es erlaubt am Sabbat Gutes zu tun oder Böses zu tun, ein Leben zu retten oder zu töten? Sie aber schwiegen. Und er sah sie an ringsherum im Zorn, betrübt über die Verstockung ihres Herzens, und sagte zu dem Menschen: strecke deine Hand aus, und er streckte sie aus, und seine Hand ward hergestellt. Und die Pharisäer gingen alsbald hinaus und faßten mit den Herodianern einen Beschluß wider ihn, ihn umzubringen.

...

Und er kommt nach Haus. Und wiederum sammelt sich eine Menge, so daß sie nicht einmal Brot essen konnten. Und da es die Seinigen hörten, gingen sie aus, ihn zu greifen; denn, sagten sie, er ist von Sinnen.

Und die Schriftgelehrten, welche von Jerusalem herabgekommen waren, sagten, er habe den Beelzebub, und er treibe die Dämonen aus mit dem obersten der Dämonen.

Hierauf redete Jesus zu den Massen und zu seinen Jüngern also: Auf den Stuhl Moses haben sich die Schriftgelehrten und die Pharisäer gesetzt. Alles nun, was sie euch sagen, das tut und haltet, aber nach ihren Werken tut nicht; denn sie sagen es und tun es nicht. Sie binden aber schwere Lasten und legen sie den Menschen auf die Schulter, sie selbst aber mögen sie nicht mit dem Finger rühren. Alle ihre Werke aber tun sie zur Schau vor den Leuten; denn sie machen ihre Gebetszettel breit und die Kleiderquasten lang. Sie sind aber auf den ersten Platz bei den Gastmählern aus, und auf die Vordersitze in den Synagogen, und die Begrüßungen an den öffentlichen Plätzen, und darauf, sich von den Leuten Rabbi nennen zu lassen. Ihr aber sollt euch nicht Rabbi nennen lassen; denn einer ist euer Meister, ihr aber seid alle Brüder. Und niemand auf der Erde sollt ihr euren Vater nennen, denn einer ist euer Vater, der himmlische. Auch Führer sollt ihr euch nicht nennen lassen; denn einer ist euer Führer, Christus. Der größte aber unter euch soll euer Diener sein. Wer aber sich selbst erhöht, der wird erniedrigt werden, und wer sich selbst erniedrigt, der wird erhöht werden.

Wehe aber euch, ihr Schriftgelehrte und Pharisäer, ihr Heuchler, daß ihr das Reich der Himmel zuschließt vor den Menschen; denn ihr kommt nicht hinein, und laßt auch andere nicht hineinkommen, die hineingehen wollten.

Wehe euch, ihr Schriftgelehrte und Pharisäer, ihr Heuchler, daß ihr Meer und Festland durchstreifet, um einen einzigen Proselyten zu machen; und wird er es, so macht ihr aus ihm einen Sohn der Hölle zweimal so arg als ihr.

Wehe euch, ihr blinden Führer, die ihr sagt: Wer beim Tempel schwört, das gilt nichts; wer aber beim Golde des Tempels schwört, der ist verpflichtet. Ihr Toren und Blinden, was ist denn mehr, das Gold oder der Tempel, der das Gold geheiligt hat? Ferner: wer beim Altar schwört, das gilt nichts; wer aber bei der Gabe, die darauf ist, schwört, der ist verpflichtet. Ihr Blinde, was ist denn mehr, die Gabe oder der Altar, der die Gabe heiligt? Wer denn beim Altar schwört, der schwört bei ihm und bei allem, was darauf ist; und wer beim Tempel schwört, der schwört bei ihm und bei dem, der ihn bewohnt. Und wer beim Himmel schwört, der schwört beim Throne Gottes und bei dem, der darauf sitzt.

Wehe euch, ihr Schriftgelehrte und Pharisäer, ihr Heuchler, ihr verzehntet Münze, Dill und Kümmel, und lasset dahinten das Schwere vom Gesetz, das Recht, die Barmherzigkeit und die Treue. Dieses galt es zu tun und jenes nicht lassen. Ihr blinde Führer, die ihr die Mücke seihet, das Kamel aber verschluckt.

Wehe euch, ihr Schriftgelehrte und Pharisäer, ihr Heuchler, daß ihr Becher und Schüssel auswendig reinigt, inwendig aber sind sie voll von Raub und Unmäßigkeit. Du blinder Pharisäer, reinige zuerst was drinnen ist im Becher, damit auch das auswendige rein sei.

Wehe euch, ihr Schriftgelehrte und Pharisäer, ihr Heuchler, daß ihr ähnlich seid getünchten Gräbern, die da von außen anmutig aussehen, inwendig aber sind sie voll von Totenbeinen und lauter Unreinigkeit.

[41] *Jesus in Jerusalem*

Und wie sie herankommen gegen Jerusalem und gegen Betania beim Ölberg, schickt er zwei von seinen Jüngern ab, und sagt zu ihnen: gehet hin in das Dorf euch gegenüber, und sobald ihr hineinkommt, werdet ihr ein Füllen angebunden finden, auf dem noch nie ein Mensch gesessen ist: das bindet los und bringt es her. Und wenn jemand zu euch sagt: was tut ihr da? so sagt: der Herr bedarf seiner, er schickt es gleich wieder hierher zurück. Und sie gingen hin und fanden das Füllen gebunden bei der Türe außen gegen die Gasse, und nahmen es los. Und etliche von den Umstehenden sagten zu ihnen: was macht ihr da, daß ihr das Füllen losbindet? Sie aber sagten zu ihnen, wie Jesus sie angewiesen; und sie ließen sie machen. Und sie brachten das Füllen zu Jesus, und legten ihre Oberkleider darauf, und er setzte sich darauf. Und viele breiteten ihre Kleider auf den Weg, andere aber grüne Büschel, die sie aus den Feldern abhieben. Und die vorausgingen sowohl als die nachfolgten, riefen alle: Hosianna, gesegnet sei der da kommt im Namen des Herrn. Gesegnet sei das Reich unseres Vaters David, das da kommt; Hosianna in der Höhe.

Und einige von den Pharisäern aus der Menge sagten zu ihm: Meister, wehre deinen Jüngern. Und er antwortete: ich sage euch, wenn diese schweigen, werden die Steine rufen.

Und wie er hinzukam, da er die Stadt sah, weinte er über sie und sagte: wenn doch auch du erkannt hättest an diesem deinem Tage, was zu deinem Frieden ist; nun aber ward es vor deinen Augen verborgen. Denn es werden Tage über dich kommen, da werden deine Feinde einen Graben um dich herum auswerfen, und dich umzingeln und dich bedrängen von allen Seiten. Und sie werden dich dem Boden gleich machen und deine Kinder in dir, und werden keinen Stein auf dem andern lassen in dir, dafür daß du die Zeit, die dir versehen war, nicht erkannt hast.

Und als er in Jerusalem einzog, kam die ganze Stadt in Bewegung, und es hieß: wer ist das? Die Massen aber sagten: das ist der Prophet Jesus, der von Nazaret in Galiläa.

Und Jesus trat in den Tempel und trieb alle, die im Tempel verkauften und kauften, hinaus, und warf die Tische der Wechsler um, sowie die Bänke der Taubenverkäufer, und sagte zu ihnen: es steht geschrieben: mein Haus soll ein Bethaus heißen, ihr aber macht es zu einer Räuberhöhle.

Und sie kamen wieder nach Jerusalem, und als er im Tempel herumging, traten zu ihm die Hohenpriester und die Schriftgelehrten und die Ältesten und sagten zu ihm: in welcher Vollmacht tust du das? oder wer hat dir diese Vollmacht gegeben, das zu tun? Jesus aber sagte zu ihnen: ich will euch etwas fragen; antwortet mir, so will ich euch sagen, in welcher Vollmacht ich dies tue. War die Taufe des Johannes vom Himmel oder von Menschen? antwortet mir. Und sie überlegten bei sich selbst; sagen wir: vom Himmel, so sagt er: warum habt ihr ihm nicht geglaubt? Aber sollen wir sagen: von Menschen? da fürchteten sie das Volk, denn alles hielt von Johannes, daß er wirklich ein Prophet sei. Und sie antworteten Jesus: wir wissen es nicht. Und Jesus sagte zu ihnen: so sage ich euch auch nicht, in welcher Vollmacht ich dies tue.

[42] *Die Leidensgeschichte*

Es war aber noch zwei Tage bis zum Passah und Ungesäuerten, und die Hohenpriester und die Schriftgelehrten sannen, wie sie ihn mit List fassen und töten könnten. Denn sie sagten: nicht am Feste, auf daß es keine Unruhen gibt im Volk. Und da er in Betania war, im Hause Simons des Aussätzigen, kam eine Frau, wie er zu Tische saß, mit einer Alabasterflasche echter kostbarer Nardensalbe, schlug die Flasche auf und goß es ihm über das Haupt. Es waren aber etliche da, die unter sich zankten: wozu das, diese Salbe zu vergeuden? hätte man doch diese Salbe verkaufen können um mehr als dreihundert Denare und es den Armen geben; und sie fuhren sie an. Jesus aber sagte: lasset sie; was beschwert ihr sie? Sie hat ein gutes Werk an mir getan. Denn die Armen habt ihr allezeit bei euch und könnet ihnen allezeit Gutes tun, wann ihr wollt; mich aber habt ihr nicht allezeit. Sie hat getan, was sie vermochte; sie hat meinen Leib zu voraus gesalbt zum Begräbnis. Wahrlich aber, ich sage euch, wo in aller Welt das Evangelium verkündigt wird, wird auch von ihrer Tat geredet werden zu ihrem Gedächtnis.

Hierauf ging einer von den Zwölfen, der mit dem Namen Judas der Iskariote, hin zu den Hohenpriestern und sagte: Was wollt ihr mir geben, daß ich ihn euch ausliefere? Sie aber wogen ihm dreißig Silberstücke auf. Und von da an suchte er eine gute Gelegenheit ihn auszuliefern.

Es kam aber der Tag des Ungesäuerten, an welchem man das Passah opfern mußte, und er sandte Petrus und Johannes ab und sagte: gehet hin und richtet uns das Passahmahl zu essen. Sie aber sagten zu ihm: wo willst du, daß wir es richten sollen? Er aber sagte zu ihnen: siehe, beim Eintritt in die Stadt wird euch ein Mensch begegnen, der einen Wasserkrug trägt, dem folget in das Haus, in das er eintritt, und saget dem Hausherrn im Hause: der Meister läßt dir sagen: wo ist die Herberge, wo ich das Passah mit meinen Jüngern essen möge? so wird er euch ein großes teppichbelegtes Oberzimmer zeigen: daselbst richtet es. Sie gingen aber hin, und fanden es, wie er ihnen gesagt hatte, und richteten das Passah.

Und bei einer Mahlzeit, als der Teufel schon dem Judas, Simons Sohn, dem Iskarioten, in das Herz gegeben hatte, ihn zu verraten, in dem Bewußtsein, daß der Vater ihm alles in die Hände gegeben, und daß er von Gott ausgegangen sei und zu Gott hingehe, erhob Jesus sich vom Mahle, legte die Kleider ab, nahm eine Schürze und gürtete sich damit. Dann goß er Wasser in den Waschkrug und fing an, den Jüngern die Füße zu netzen und mit der Schürze zu trocknen, mit der er sich gegürtet hatte. So kam er zu Simon Petrus, der sagte zu ihm: Herr, du netzest mir die Füße? Antwortete Jesus und sprach zu ihm: was ich tue, verstehst du jetzt nicht; du wirst es aber hernach erkennen. Sagte zu ihm Petrus: du sollst mir nimmermehr die Füße netzen in Ewigkeit. Antwortete Jesus ihm: wenn ich dich nicht netze, hast du keinen Teil an mir. Sagte zu ihm Simon Petrus: Herr, nicht bloß meine Füße, sondern auch die Hände und das Haupt. Jesus sagte zu ihm: der abgewaschen ist, hat nicht nötig sich weiter netzen zu lassen, sondern er ist ganz rein: ihr seid auch rein, doch nicht alle. Denn er kannte seinen Verräter; darum sagte er: ihr seid nicht alle rein. Als er ihnen die Füße genetzt und seine Kleider wieder genommen und sich niedergesetzt hatte, sprach er zu ihnen: Versteht ihr, was ich euch getan habe? Ihr nennt mich Meister und Herr, und ihr habt recht, denn ich bin es. Wenn nun ich, der Herr und Meister, euch die Füße genetzt habe, so seid auch ihr schuldig, einander die Füße zu netzen. Denn ich habe euch ein Vorbild gegeben, daß auch ihr tuet, wie ich euch getan habe.

Denn wer ist mehr? Der da zu Tische sitzet, oder der aufwartet? nicht: der zu Tische sitzt? ich aber bin in eurer Mitte wie der, der aufwartet. Doch ihr seid es, die bei mir in meinen Anfechtungen ausgeharrt haben. Und ich vermache euch, wie mir mein Vater vermacht hat, das Reich, daß ihr essen und trinken möget an meinem Tisch in meinem Reiche, und sitzen auf Stühlen und richten die zwölf Stämme Israels.

Und da sie am Essen saßen, sprach Jesus: wahrlich, ich sage euch: einer von euch, der mit mir ißt, wird mich verraten. Sie fingen an sich zu betrüben und zu ihm zu sagen, einer nach dem andern: doch nicht ich? er aber sagte zu ihnen, einer von den Zwölf, der mit mir in die Schüssel taucht. Ja, der Sohn des Menschen geht wohl dahin, wie von ihm geschrieben steht; wehe aber jenem Menschen, durch welchen der Sohn des Menschen verraten wird: diesem Menschen wäre besser, wenn er nicht geboren wäre.

Als sie aber aßen, nahm Jesus Brot, segnete und brach und gab es den Jüngern und sprach: Nehmet, esset; das ist mein Leib. Und er nahm einen Becher, dankte und gab es ihnen mit den Worten: trinket alle daraus, denn das ist mein Bundesblut, das für viele vergossen wird zur Sündenvergebung. Ich sage euch aber, nimmermehr werde ich von jetzt an von diesem Gewächs des Weinstocks trinken, bis auf den Tag, da ich es neu trinken werde mit euch im Reiche meines Vaters.[32]

Und nach dem Lobgesange zogen sie hinaus zum Ölberge. Hierauf sagte Jesus zu ihnen: ihr werdet alle in dieser Nacht Anstoß an mir nehmen, denn es steht geschrieben: ich werde den Hirten schlagen und die Schafe der Herde werden sich zerstreuen. Nach meiner Auferweckung aber werde ich euch nach Galiläa vorangehen. Petrus aber antwortete ihm: wenn sich alle an dir stoßen, so werde ich mich niemals stoßen. Sagte Jesus zu ihm: wahrlich, ich sage dir: in dieser Nacht, ehe ein Hahn kräht, wirst du mich dreimal verleugnen. Sagte Petrus zu ihm: und wenn ich mit dir sterben muß, werde ich dich nimmermehr verleugnen. Ebenso sagten auch die Jünger insgesamt.

Hierauf geht Jesus mit ihnen in ein Grundstück namens Gethsemane, und sagt zu den Jüngern: setzt euch hier, derweil ich fortgehe und dort bete. Und er nahm den Petrus und die zwei Söhne Zebedäus mit, und fing an zu trauern und zu zagen. Hierauf sagt er zu ihnen: Meine Seele ist tief betrübt bis zum Tod; bleibet hier und wachet mit mir. Und er ging eine kleine Strecke vor, warf sich auf sein Angesicht, betete und sprach: Mein Vater, wenn es möglich ist, so möge dieser Becher an mir vorübergehen. Doch nicht wie ich will, sondern wie du. Und er kommt zu den Jüngern und findet sie schlafend, und sagt zu Petrus: So vermochtet ihr nicht, eine Stunde mit mir zu wachen? Wachet und betet, damit ihr nicht in Versuchung fallet; der Geist ist willig, aber das Fleisch ist schwach. Wiederum zum zweitenmale entfernte er sich und betete: Mein Vater, kann er nicht vorübergehen, ohne daß ich ihn trinke, so geschehe dein Wille. Und er kam und fand sie wiederum schlafend, die Augen fielen ihnen zu. Und er verließ sie, ging wieder hin und betete zum drittenmale, wieder mit demselben Wort. Hierauf kommt er zu den Jüngern und sagt zu ihnen: Ihr schlafet fort und ruhet? Siehe, die Stunde ist da, und der Sohn des Menschen wird in Sünder-Hände ausgeliefert. Auf, lasset uns gehen; siehe, der mich ausliefert, ist da.

Und da er noch sprach, siehe, da kam Judas, einer von den Zwölf, und mit ihm eine große Menge mit Schwertern und Stöcken, von den Hohenpriestern und Ältesten des Volks her. Der Verräter aber gab ihnen ein Zeichen also: den ich küsse, der ist es, den greifet: und alsbald trat er zu Jesus und sagte: sei gegrüßt, Rabbi, und küßte ihn. Jesus aber sagte zu ihm: Freund, wozu bist du da? Hierauf kamen sie herbei und legten Hand an Jesus und griffen ihn. Und siehe, einer von den Begleitern Jesus streckte seine Hand aus, zog sein Schwert, schlug nach dem Knecht des Hohenpriesters und hieb ihm das Ohr ab. Hierauf sagte Jesus zu ihm: stecke dein Schwert in die Scheide; denn wer zum Schwert greift, soll durch das Schwert umkommen. Oder meinst du, ich könne nicht meinen Vater angehen, daß er mir sogleich mehr denn zwölf Legionen Engel schickte? Wie sollten sich aber dann die Schriften erfüllen, daß es so kommen muß?

Und Jesus redete sie an: wie gegen einen Räuber seid ihr ausgezogen mit Schwertern und Stöcken, mich gefangen zu nehmen. Täglich war ich bei euch im Tempel lehrend, und ihr habt mich nicht gegriffen; aber die Schriften sollten erfüllt werden. Und sie verließen ihn und flohen alle davon; und ein Jüngling war in seinem Gefolge, der ein feines Leinengewand auf dem bloßen Leib trug, und sie griffen ihn; er aber ließ das Leinengewand fahren und floh nackt.

Die Cohorte nun und der Oberst und die Diener der Juden nahmen Jesus fest und banden ihn, und führten ihn zuerst zu Annas; der war nämlich der Schwiegervater des Kaiphas, welcher dieses Jahr Hoherpriester war ... Es folgten aber Jesus Simon Petrus und ein anderer Jünger. Dieser Jünger aber war mit dem Hohenpriester bekannt, und ging mit Jesus hinein in den Hof des Hohenpriesters. Petrus aber stand an der Tür außen. Da ging der andere Jünger, der mit dem Hohenpriester bekannt war, hinaus, und sprach mit der Türsteherin, und führte den Petrus hinein.

Und Petrus folgte ihm von weitem bis hinein in den Hof des Hohenpriesters, und setzte sich zu den Dienern und wärmte sich am Feuer.

Der Hohepriester nun fragte Jesus über seine Jünger und über seine Lehre. Antwortete ihm Jesus: ich habe öffentlich zu der Welt geredet;

ich habe allezeit gelehrt in Synagoge und Tempel, wo alle Juden zusammenkommen, und habe nichts im Verborgenen geredet. Was fragst du mich? Frage, die es gehört, was ich zu ihnen geredet habe. Siehe, diese wissen, was ich zu ihnen gesagt. Da er aber dieses gesagt, gab ein dabeistehender Diener Jesus einen Backenstreich und sagte: so antwortest du dem Hohenpriester? Antwortete ihm Jesus: habe ich übel geredet, so zeuge davon, was übel ist. Habe ich aber recht geredet, warum schlägst du mich? Da schickte ihn Annas gebunden zu dem Hohenpriester Kaiphas.

Die Hohenpriester aber und das ganze Synedrium suchten Zeugnis gegen Jesus, um ihn zu töten, und fanden keines: Denn viele legten falsches Zeugnis gegen ihn ab; und die Zeugnisse waren nicht gleich. Und etliche standen auf und legten falsches Zeugnis gegen ihn ab, also: wir haben ihn sagen gehört: ich will diesen mit Händen gemachten Tempel abbrechen, und in drei Tagen einen andern aufbauen, der nicht mit Händen gemacht ist. Und auch so war ihr Zeugnis noch nicht gleich. Und der Hohepriester trat vor und befragte Jesus: antwortest du gar nichts auf das, was diese gegen dich zeugen? Er aber schwieg, und antwortete nichts. Wiederum befragte ihn der Hohepriester und sagte zu ihm: bist du der Christus, der Sohn des Hochgelobten? Jesus aber sagte: ich bin es, und ihr werdet den Sohn des Menschen sitzen sehen zur Rechten der Macht und kommen mit den Wolken des Himmels. Der Hohepriester aber zerriß seine Kleider und sagte: was brauchen wir noch Zeugen! Ihr habt die Lästerung gehört; wie scheint es euch? Sie aber verurteilten ihn alle zum Tode. Und etliche fingen an ihn anzuspeien und sein Gesicht zuzudecken und ihn mit Fäusten zu schlagen und zu ihm zu sagen: weissage; und die Diener griffen ihn mit Stockschlägen an. Und da Petrus unten im Hof war, kommt eine von den Mägden des Hohenpriesters, und da sie Petrus sich wärmen sah, blickte sie ihn an und sagte: du warst auch mit dem Nazarener, dem Jesus. Er aber leugnete: ich weiß nicht und begreife nicht, was du meinst. Und er ging hinaus in die Vorhalle, und der Hahn krähte. Und die Magd sah ihn, und fing abermals an zu den Umstehenden zu sagen: das ist einer von ihnen. Er aber leugnete abermals. Und bald darauf sagten noch einmal die Umstehenden zu Petrus: du bist wahrhaftig einer von ihnen: bist du doch auch ein Galiläer.

Bald darauf aber traten die Umstehenden herzu und sagten zu Petrus: du bist wahrhaftig auch einer von ihnen; verrät dich doch schon deine Sprache. Hierauf hob er an, sich zu verfluchen und zu verschwören: ich kenne den Menschen nicht; und alsbald krähte ein Hahn. Und Petrus gedachte des Wortes, das Jesus gesprochen: ehe ein Hahn kräht, wirst du mich dreimal verleugnen, und ging hinaus und weinte bitterlich.

Es war aber frühe am Tag, und sie selbst gingen nicht hinein in das Prätorium, um sich nicht zu beflecken, sondern das Passah essen zu können. Da ging Pilatus heraus zu ihnen und sagte: welche Anklage bringt ihr wider diesen Menschen? Sie antworteten und sagten zu ihm: wenn dieser nicht ein Übeltäter wäre, so hätten wir ihn dir nicht ausgeliefert. Da sagte Pilatus zu ihnen: nehmet ihr ihn und richtet ihn nach eurem Gesetze ... So ging denn Pilatus wieder hinein in das Prätorium, rief Jesus und sagte zu ihm: du bist der König der Juden? Antwortete Jesus: sagst du das von dir selbst, oder haben dir es andere von mir gesagt? Antwortete Pilatus: bin ich denn ein Jude? Dein Volk und die Hohenpriester haben dich mir ausgeliefert: was hast du getan? Antwortete Jesus: mein Königreich ist nicht von dieser Welt; wenn mein Königreich von dieser Welt wäre, so hätten meine Diener gekämpft, daß ich den Juden nicht wäre ausgeliefert worden. Nun aber ist mein Königreich nicht von daher. Da sagte Pilatus zu ihm: Also bist du ein König? Antwortete Jesus: du sagst es, daß ich ein König bin. Ich bin dazu geboren und dazu in die Welt gekommen, daß ich für die Wahrheit zeuge; jeder, der aus der Wahrheit ist, hört auf meine Stimme. Sagt Pilatus zu ihm: was ist Wahrheit? Und da er dies gesagt, ging er wieder hinaus zu den Juden, und sagte zu ihnen: ich finde keine Schuld an ihm.

Auf das Fest aber pflegte er ihnen einen Gefangenen freizugeben, welchen sie sich ausbaten. Es lag aber der mit Namen Barabbas in Fesseln mit den Aufrührern, die beim Aufruhr Mord verübt hatten. Und das Volk zog hinauf und fing an zu fordern, wie er ihnen sonst tat. Pilatus aber antwortete ihnen: wollt ihr, daß ich euch den König der Juden freigebe? Denn er erkannte, daß ihn die Hohenpriester aus Neid überliefert hatten. Die Hohenpriester aber wiegelten die Menge auf, daß er ihnen lieber den Barabbas freigeben solle. Pilatus aber antwortete ihnen wieder: was wollt ihr denn, daß ich mit dem tue, den ihr den König der Juden nennt? Sie aber schrien wieder: kreuzige ihn. Pilatus aber sagte zu ihnen: was hat er denn Böses getan? Sie aber schrien nur lauter: kreuzige ihn.

Da aber Pilatus sah, daß er nichts ausrichte, sondern der Lärm nur größer werde, nahm er Wasser und wusch sich die Hände vor der Menge und sagte: ich bin unschuldig an diesem Blut, sehet ihr zu. Und das ganze Volk antwortete: sein Blut komme über uns und unsere Kinder. Hierauf gab er ihnen den Barabbas los, den Jesus aber ließ er geißeln, und lieferte ihn aus zur Kreuzigung.

Hierauf nahmen die Soldaten des Statthalters Jesus, brachten ihn in das Prätorium und versammelten um ihn die ganze Cohorte, und zogen ihn aus, und legten ihm einen roten Mantel an, und flochten einen Kranz aus

Dornen und setzten ihm denselben auf den Kopf, und gaben ihm ein Rohr in die rechte Hand, und beugten die Knie vor ihm, und verspotteten ihn, indem sie ihn anredeten: sei gegrüßt, König der Juden. Und sie spien ihn an, und nahmen das Rohr, und schlugen ihn auf den Kopf. Und nachdem sie ihren Spott mit ihm getrieben, zogen sie ihm den Mantel aus und seine Kleider an, und führten ihn ab zur Kreuzigung.

Und sie führten ihn hinaus, ihn zu kreuzigen, und nötigten einen Vorübergehenden, Simon von Kyrene, der vom Felde kam, den Vater des Alexander und Rufus, sein Kreuz zu tragen, und bringen ihn an den Platz Golgota, was übersetzt heißt: Schädelstätte ... Und sie kreuzigten ihn, und verteilten seine Kleider, indem sie das Los darüber warfen, was einer bekommen solle ... Und es war die Inschrift seiner Schuld angeschrieben: der König der Juden.

Pilatus aber schrieb auch eine Inschrift und heftete sie an das Kreuz, darauf stand: Jesus der Nazaräer, der König der Juden. Diese Inschrift nun lasen viele von den Juden, weil der Platz nahe bei der Stadt war, wo Jesus gekreuzigt wurde, und es war geschrieben auf Hebräisch, Römisch und Griechisch. Da sagten die Hohenpriester der Juden zu Pilatus: schreibe nicht: der König der Juden, sondern: daß er gesagt hat: ich bin der Juden König. Antwortete Pilatus: was ich geschrieben habe, habe ich geschrieben.

Die Soldaten nun, als sie Jesus gekreuzigt hatten, nahmen sie seine Kleider, und machten vier Teile, für jeden Soldaten einen Teil, dazu den Rock, der Rock aber war ungenäht, von oben ganz durch gewoben. Da sagten sie zueinander: wir wollen ihn nicht zerreißen, sondern darüber losen, wem er gehören soll. Damit die Schrift erfüllet würde: Sie haben meine Kleider unter sich verteilt, und über mein Gewand haben sie das Los geworfen.

Jesus aber sagte: Vater, vergib ihnen, denn sie wissen nicht, was sie tun. Sie verteilten aber seine Kleider, und warfen das Los darüber. Und das Volk stand dabei, und schaute zu. Die Oberen aber höhnten und sagten: anderen hat er geholfen, so helfe er sich selber, wenn er der Christus Gottes ist, der auserwählte. Es verspotteten ihn aber auch die Soldaten, indem sie herzutraten, ihm Essig reichten, und sagten: wenn du der König der Juden bist, so hilf dir selber. Über ihm aber war eine Inschrift: dieser ist der König der Juden. Einer aber von den Verbrechern, die da hingen, lästerte ihn: bist du nicht der Christus? Hilf doch dir selbst und uns. Der andere aber erwiderte und schalt ihn: fürchtest du nicht einmal Gott, der du doch in gleicher Strafe bist? Und zwar sind wir es im Recht, denn wir empfangen den Lohn unserer Taten; dieser aber hat nichts Unrechtes getan. Und er sagte: Jesus, gedenke mein, wenn du mit deinem Reiche kommst. Und er sagte zu ihm: wahrlich, ich sage dir, heute wirst du mit mir im Paradiese sein. Und schon war es ungefähr um die sechste Stunde, da brach eine Finsternis ein über das ganze Land bis zur neunten Stunde, die Sonne verlor ihren Schein; der Vorhang des Tempels aber zerriß in der Mitte. Und Jesus rief laut und sprach: Vater, in deine Hände befehle ich meinen Geist. Nachdem er aber dies gesagt, verschied er. Da aber der Hauptmann sah, was geschehen, so pries er Gott und sprach: in der Tat, dieser Mensch war ein Gerechter. Und die ganze Menge, die zu diesem Schauspiel gekommen war, wie sie sahen, was geschehen, schlugen sie an die Brust und kehrten um.

[43] *Ostergeschichten*

Da es aber Abend wurde, kam ein reicher Mann von Arimathäa, mit Namen Joseph, der auch ein Jünger Jesus geworden war. Der ging zu Pilatus und bat um den Leichnam Jesus. Hierauf befahl Pilatus, ihn abzugeben. Und Joseph nahm den Leichnam und wickelte ihn in reine Leinwand, und legte ihn in sein neues Grab, das er hatte im Felsen brechen lassen, und nachdem er einen großen Stein an den Eingang des Grabes gewälzt, ging er davon.

Und wie der Sabbat vorüber war, da kauften Maria von Magdala und die Maria, des Jakobus Tochter, und Salome Gewürze, um hinzugehen und ihn einzusalben. Und in der Morgenfrühe am ersten Wochentag kamen sie an das Grab, wie die Sonne aufging. Und sie sprachen bei sich selbst: wer wird uns den Stein von der Türe des Grabes abwälzen? Und da sie aufblickten, schauten sie, daß der Stein übergewälzt war; er war nämlich sehr groß. Und da sie in das Grab eintraten, sahen sie einen Jüngling auf der rechten Seite sitzen, mit einem weißen Talar bekleidet, und sie schraken zusammen. Er aber sagte zu ihnen: erschreckt nicht. Ihr sucht Jesus den Nazarener, den gekreuzigten; er ward auferweckt, er ist nicht hier; siehe da die Stelle, wo sie ihn hingelegt haben. Aber gehet hin, sagt seinen Jüngern und dem Petrus: er geht euch nach Galiläa voraus; dort werdet ihr ihn sehen, wie er euch gesagt hat. Und sie gingen heraus und flohen vor dem Grabe; denn Zittern und Entsetzen hatte sie erfaßt, und sie sagten zu niemand etwas, denn sie fürchteten sich.

Und siehe, zwei von ihnen wanderten am nämlichen Tage in ein Dorf, sechzig Stadien von Jerusalem, mit Namen Emmaus. Und sie unterhielten sich miteinander von allen diesen Begebenheiten. Und es geschah, da sie sich unterhielten und miteinander überlegten, da kam Jesus herzu und ging mit ihnen; ihre Augen wurden aber gehalten, daß sie ihn nicht erkannten. Er sagte aber zu ihnen: was sind das für Reden, die ihr da auf eurem Gange wechselt? Und sie standen gesenkten Blicks. Es antwortete aber einer mit Namen Kleopas, und sagte zu ihm: bist du der einzige, der in Jerusalem weilt und nichts erfahren hat von dem, was sich daselbst zugetragen in diesen Tagen? Und er sagte zu ihnen: was? Sie aber sagten zu ihm: das mit Jesus dem Nazarener, der ein Prophet war, gewaltig in Tat und Wort vor Gott und dem ganzen Volk, und wie ihn unsere Hohenpriester und Oberen ausgeliefert haben zur Todesstrafe und man ihn gekreuzigt hat. Wir aber lebten der Hoffnung, daß er es sei, der Israel erlösen sollte[33]; und nun ist es mit allem dem der dritte Tag seit dies geschah ... Und er sprach zu ihnen: o ihr Unverständigen, deren Herz so schwer glaubt an alles, was die Propheten geredet haben. Mußte nicht der Christus also leiden und in seine Herrlichkeit eingehen? Und er hob an von Moses und von allen Propheten, und erklärte ihnen durch alle Schriften, was ihn angeht. Und sie näherten sich dem Dorfe, wohin sie gingen, und er ließ sich an, als wolle er weiter gehen. Und sie nötigten ihn: bleibe bei uns, denn es will Abend werden und schon neigt sich der Tag. Und er ging hinein, bei ihnen zu bleiben. Und es geschah, da er mit ihnen zu Tische saß, nahm er das Brot, segnete, brach und gab es ihnen; ihnen aber wurden die Augen geöffnet, und sie erkannten ihn; und er ward unsichtbar vor ihnen. Und sie sprachen zueinander: brannte uns nicht das Herz, wie er zu uns redete unterwegs, wie er uns die Schriften aufschloß? Und sie standen auf zur selben Stunde und kehrten zurück nach Jerusalem, und fanden die Elf und ihre Genossen versammelt, die sagten: der Herr ward in der Tat auferweckt und ist dem Simon erschienen, Und sie erzählten, was auf dem Weg geschehen, und wie er von ihnen am Brotbrechen erkannt wurde.

Da es nun Abend war an jenem ersten Wochentag, und die Türen verschlossen waren an dem Orte, wo die Jünger waren, aus Furcht vor den Juden, kam Jesus und trat mitten unter sie, und sagte zu ihnen: Friede sei euch. Und wie er das gesagt, zeigte er ihnen die Hände und die Seite. Da freuten sich die Jünger, als sie den Herrn sahen. Da sagte er abermals zu ihnen: Friede sei euch; so wie mich der Vater abgesandt hat, so sende auch ich euch. Und da er das gesagt hat, blies er sie an und sagte zu ihnen: empfanget den heiligen Geist. Wenn ihr jemand die Sünden vergebt, dem sind sie vergeben; wenn ihr jemand die Sünden behaltet, dem sind sie behalten.

Thomas aber, einer von den Zwölf, genannt Zwilling, war nicht dabei, als Jesus kam. Da sagten ihm die andern Jünger: wir haben den Herrn gesehen. Er aber sagte zu ihnen: wenn ich nicht an seinen Händen die Nägelmale sehe, und meinen Finger in das Nägelmal lege, und meine Hand in seine Seite, so glaube ich nimmermehr. Und acht Tage nachher waren seine Jünger wieder drinnen und Thomas bei ihnen. Kommt Jesus bei verschlossenen Türen, und trat mitten hinein und sprach: Friede sei euch. Darauf sagt er zu Thomas: lege deinen Finger hierher, und siehe meine Hände, und nimm deine Hand und lege sie in meine Seite, und werde nicht ungläubig, sondern gläubig. Antwortete Thomas und sagte zu ihm: mein Herr und mein Gott! Sagt zu ihm Jesus: weil du mich gesehen hast, bist du gläubig geworden. Selig, die nicht sahen, und glaubten.

Die elf Jünger aber zogen nach Galiläa auf den Berg, wohin sie Jesus gewiesen. Und da sie ihn sahen, da warfen sie sich nieder, doch etliche zweifelten. Und Jesus trat hinzu und sprach zu ihnen: mir ist gegeben alle Gewalt im Himmel und auf Erden. Gehet hin und werbet alle Völker, durch die Taufe auf den Namen des Vaters und des Sohnes und des heiligen Geistes, und lehret sie halten alles, was ich euch befohlen habe. Und siehe, ich bin bei euch alle Tage, bis an das Ende der Welt.

[44] *Himmelfahrt*

In meiner ersten Erzählung, o Theophilus, habe ich davon gehandelt, was Jesus alles tat und lehrte, von Anfang an bis zu dem Tage, da er erhoben ward, nachdem er den Aposteln Aufträge gegeben durch den heiligen Geist, welche er auserwählt hatte, welchen er sich auch lebendig erwies nach seinem Leiden durch viele Beweise, indem er sich sehen ließ vierzig Tage lang, und über das Reich Gottes Aufschluß gab. Da er nun so mit ihnen zusammen war, befahl er ihnen, sich nicht von Jerusalem zu entfernen, sondern abzuwarten »die Verheißung des Vaters, die ihr von mir gehört habt; denn Johannes taufte mit Wasser, ihr aber sollt in heiligem Geiste getauft werden, in wenigen Tagen von jetzt ab«. Dann fragten ihn die Versammelten:

Herr, richtest du in dieser Zeit das Reich wieder auf für Israel? Er sprach zu ihnen: es ist nicht eure Sache, Zeiten und Fristen zu kennen, die der Vater bestimmt hat in seiner Vollmacht; aber ihr werdet Kraft empfangen, wenn der heilige Geist auf euch kommt, und werdet meine Zeugen sein in Jerusalem, und in ganz Judäa und Samaria, und bis ans Ende der Erde. Und als er dies gesagt, ward er unter ihrem Zuschauen in die Höhe gehoben, und eine Wolke nahm ihn auf von ihren Augen weg. Und wie sie ihre Augen auf den Himmel hefteten, während er dahin ging, siehe da standen bei ihnen zwei Männer in weißen Kleidern, dieselben sprachen: Galiläische Männer, was steht ihr und blickt gen Himmel? Dieser Jesus, der von euch weg zum Himmel erhoben ward, der wird ebenso kommen in derselben Weise, wie ihr ihn gesehen habt in den Himmel dahin gehen. Hierauf kehrten sie zurück nach Jerusalem vom Berge, den man Ölberg heißt und der nahe bei Jerusalem liegt, einen Sabbatweg weit.

[45] *Die Botschaft von Christus*

Die Gesinnung sei bei euch wie bei Jesus Christus, der da war in Gottesgestalt, aber das Gottgleichsein nicht wie einen Raub ansah, sondern sich selbst entäußerte, indem er Knechtsgestalt annahm, in Menschenbild auftrat, im Verhalten wie ein Mensch befunden, sich selbst erniedrigte, gehorsam bis zum Tode, ja bis zum Kreuzestod. Darum hat ihn auch Gott so hoch erhöht, und ihm den Namen verliehen, der über allen Namen ist, auf daß sich in dem Namen Jesus beugen alle Knie, derer die im Himmel, die auf der Erde, und die unter der Erde sind, und alle Zungen bekennen, daß Jesus Christus Herr sei zum Preis Gottes des Vaters.

Mohammed

Zwei der drei großen Weltreligionen sind prophetische Religionen[1] der Struktur ihrer Frömmigkeit und dem Typus ihrer Stifter nach. Prophetische Religionsstifter waren Jesus und Mohammed. Natürlich gehört auch Moses in diesen Kreis, aber er stiftete, wie wir sahen, keine Universalreligion, wie Jesus und Mohammed, sondern eine reine Volksreligion. Die Gleichstellung von Jesus und Mohammed soll nun aber keineswegs ihre Gleichartigkeit aussagen. Die beiden Persönlichkeiten wurden nur deshalb nebeneinander gestellt, weil der Strukturtypus ihres religiösen Erlebens verwandt ist. Damit ist nicht gesagt, daß beide Meister innerhalb ihrer Religion die gleiche Bedeutung haben und seitens ihrer Gemeinden eine gleichartige Wertschätzung erfahren. Das ist ganz ausdrücklich nicht der Fall, sofern man sich an den ursprünglichen Islam hält und nicht die spätere dogmatische Entwicklung in Betracht zieht, von der Tor Andrae in seinem Werk »Die Person Muhammeds in Lehre und Glauben seiner Gemeinde» (1918) ein überaus eindrucksvolles Bild zeichnete. Für den orthodoxen Islam ist Mohammed der Gesandte Allahs, der seine Bedeutung nur durch seinen Auftrag hat, nicht aber durch seine eigene Person und deren Wesen, wie es im Christentum bei Jesus der Fall ist.

Mohammed trat in der polydämonistischen Religionswelt[2] seines Stammes mit einer Verkündigung auf, deren wesentlicher Inhalt die Forderung des Glaubens an den einen Gott (Allāh) und an das bevorstehende Endgericht bildete.[3] Das Ausgangserlebnis der von Mohammed verkündeten Gottesidee ist die erschütternde Erfahrung absoluter Willensmacht der Gottheit. Allah ist allmächtige, von nichts abhängige, aber alles bestimmende und deshalb vom Menschen aus durchaus irrationale Willensmacht, der gegenüber nur Gehorsam und Ergebung (islām) als menschliche Haltung geboten sind. Der Gehorsam hat sich auf den im geoffenbarten Gesetz manifestierten Willen zu richten und die Ergebung ist die Bejahung des Willens Allahs, auch soweit er sich in undurchschaubaren eigenen Schicksalen jeglicher Art betätigt. So heißt es z. B. Sure 6,125: »Wen Gott will leiten, dem erweitert er die Brust zum Islam; und wen er irre gehen lassen will, dem macht er eng die Brust und dumpf.«

Die Lebensmitte des Islam ist nicht durch die Person des Propheten bestimmt, sondern durch das heilige Buch, den Koran, dessen Praeexistenz im Himmel geglaubt, und dessen erste Offenbarung in der »Nacht der Macht« gefeiert wird. Es ist charakteristisch, daß, während die frühe christliche Theologie über die »Naturen« Christi, die göttliche und die menschliche, stritt, ganz analog islamische Theologen über die Naturen des Koran divergente Meinungen äußerten. Der Koran also ist primär die zentrale Größe im Islam, wie es Jesus im Christentum ist. Im Koran und in den später ergänzend neben ihn tretenden Traditionen ist das Entscheidende zweifellos das Gesetz, die Pflichtenlehre, die das Leben der Gläubigen bis in alle Einzelheiten auch des profanen Tuns hinein bestimmt. Eben dadurch gewann der Islam seine ungeheure Gestaltungskraft im Leben der vom Islam eroberten Völker. Wesentliche Inhalte des sittlichen und religiösen Gesetzes werden hernach auf Grund des Textes sichtbar werden.

Mohammed wußte sich zunächst als arabischer Prophet, der zum arabischen Volk gesandt war, um ihm zu offenbaren, was nach der anfänglichen und irrigen Meinung des Propheten mit den Offenbarungen anderer schriftbesitzender Völker übereinstimmte. Daraus erklärt es sich, daß Mohammed erst allmählich zum Bewußtsein der Universalität seiner Sendung und Religion gekommen ist. Daß die Botschaft als solche universal war, wußte er von Anfang an, seine eigene Mission aber sah er aus dem angegebenen Grunde als begrenzt an. Darin Jesus ähnlich, der sich bekanntlich auch als zu den »verlorenen Schafen vom Hause Israel« (Matth 15,24) gesandt betrachtete.

Erst allmählich entwickelt sich bei Mohammed das Bewußtsein der Universalität seiner Sendung, die dann ja – zwar nicht mehr durch ihn selbst, sondern durch seine Nachfolger – durch Ausbreitung des Islam über viele z. T. auch rassefremde Völker realisiert wurde. Etwa 270 Millionen Menschen bekennen sich heute zum Islam, vornehmlich in Westasien, Nordafrika und im islamischen Teil Vorderindiens, in Pakistan.

Um die eigentümliche geschichtliche Situation Mohammeds zu verstehen, muß man sich klar machen, daß die arabische Halbinsel zu Mohammeds Zeit wegen des Wassermangels relativ dünn von Nomaden bevölkert war. Mekka war der wirtschaftliche Mittelpunkt, an dem die sonst in steten Kämpfen miteinander begriffenen Stämme zu bestimmten Zeiten zusammenkamen, um Märkte abzuhalten. Das entscheidende Band der Stämme war, wie in allen echten Stammesreligionen, eben das Bewußtsein der numinosen Stammeseinheit, das in strengem Abschluß gegen Stammesfremde und in der Pflicht zur Blutrache sowie in der Bewahrung der Kulttraditionen sich bekundete. Längst vor Mohammed war die Kaaba in Mekka ein zentrales Heiligtum, ein viereckiger Steinbau, in dessen östlicher Ecke der schwarze Meteorstein eingemauert ist, der schon Jahrhunderte vor Mohammed Gegenstand der Verehrung war. Wie denn überhaupt im semitischen Bereich die Steinverehrung weit verbreitet war.[4] Ohne eine nähere Darstellung des vorislamischen polytheistischen Stammesglaubens hier zu geben (Vgl. dazu T. Andrae, Mohammed, sein Leben und sein Glaube. 1932 S. 11 ff.), sei nur auf die drei mekkanischen Göttinnen hingewiesen: Manat, Allat und Al-Uzza. Unter ihnen ist Allat (= die Göttin) eine Mutter- und Himmelsgöttin, wie sie unter mancherlei Namen im semitischen Gebiet verehrt wurde. Wir erwähnen diese Göttinnen, weil an ihrer von Mohammed zunächst versuchten Anerkennung sichtbar wird, daß Mohammed anfangs die alten Göttinnen als fürbittende Engelwesen vorgestellt hat. Sure 53,19 ff. wird ursprünglich eine andere Fassung gehabt haben, so daß ein anfängliches Entgegenkommen des Propheten gegenüber dem Stammesglauben zu sehen ist. Auf dem Boden dieser Stammesreligion trat im 7. Jahrhundert n. Chr. ein prophetischer Religionsstifter auf, dessen Werk nicht nur eine der drei großen Weltreligionen ist, sondern auch das islamische Staatsgebilde mit einer eigenen Kultur, die neben der abendländischen, indischen und chinesischen als vierte große Weltkultur steht. Die wesentlichen Züge, historische und legendarische, des Lebens Mohammeds, wollen wir nun auf Grund der hier gesammelten Texte einleitend erörtern.

Die Person des Propheten Mohammed ist schon früh durch eine volkstümliche Unterhaltungsliteratur mit einer Fülle von Legenden geschmückt worden. Und zwar geschah das durch professionelle Märchenerzähler, die in bedenkenloser Weise eine Mohammed-Biographie schufen, die im Islam selbst unter ernstgesinnten Leuten Mißbilligung hervorrief. Dennoch drangen diese Erzählungen allmählich in die allgemeine Vorstellung ein und hatten die Wirkung, im Laufe der Zeit den Glauben des alten und ursprünglichen Islam weithin umzuwandeln; denn diese Legenden entstammten größtenteils außerislamischen Religionsbezirken und entsprachen daher kaum den von Mohammed selbst verkündeten religiösen Grundanschauungen. Es sind daher im wesentlichen typische Legendenmotive, die uns in der Biographie Mohammeds begegnen. Wie bei anderen Religionsstiftern, beginnt die Legende bereits bei der Empfängnis des Propheten durch seine Mutter Āmina. Schon bei der Zeugung des Propheten geschahen allerlei Wunderzeichen [46], die das kosmische Ereignis ankündigen. Wie Maria die Geburt Jesu durch einen Engel verheißen wird, so hatte auch Āmina eine Erscheinung, die ihr die Geburt des Propheten ihres Volkes in Aussicht stellte [47]. Die Geburt selbst geschah nach einem legendarischen Bericht der Mutter Mohammeds [48] in wunderhafter Weise. Das Kind wird von Engeln über die ganze Erde geführt, damit diese ihn als Herrn erkennt. Auch bei der Geburt geschehen allerlei Zeichen [49]: Engel verkünden sie, Gabriel kommt mit der Freudenbotschaft, Vögel aus dem Garten Eden lassen in Āminas Wohnung Perlen aus ihren Schnäbeln fallen, und Āmina selbst sieht nach der Geburt Mohammeds ein Licht, von dem die Schlösser Basras erglänzen. Der Prophet selbst erzählt nach dem Bericht [50] von den Anzeichen seines Prophetentums, zu denen außer den Weissagungen und den die Geburt begleitenden Erscheinungen auch die wunderbare Reinigung des Innern des Propheten gehört.

Das Geburtsjahr Mohammeds ist nicht sicher bekannt. Im allgemeinen pflegt man das Jahr 569 anzunehmen. Der Heimatstamm des Propheten war der der Kureischiten. Als Mohammed sechs Jahre alt war, verlor er seine Mutter. Sein Vater war schon früher gestorben. Da man später nicht ertrug, daß Mohammeds Eltern als Heiden gestorben waren, erzählte man eine Legende, nach der Mohammed seine Eltern für kurze Zeit vom Tode erweckt habe, um ihnen seine Lehre zu verkündigen.

Nach dem Tode der Mutter kam der Knabe für kurze Zeit ins Haus seines Großvaters Abd-al-Muttalib. Als auch dieser nach zwei Jahren starb, wurde er von seinem Onkel Abu Talib aufgenommen und erzogen. Mit zwölf Jahren wurde Mohammed auf eine Karawanenreise von seinem Onkel mitgenommen. Auch auf dieser Reise kündigt sich, wie bei der Geburt, die künftige Bedeutung – nach der Legende – durch ein wunderhaftes Ereignis an. Man hatte bei einem syrischen Einsiedler Halt gemacht. Dieser wandte Mohammed seine besondere Aufmerksamkeit zu, da er beobachtet hatte, daß ihn auf der Reise ständig eine Wolke beschattete. Der Einsiedler riet dem Onkel, zumal er an dem Knaben auch Zeichen künftigen Prophetentums erkannt hatte, das Kind wohl zu hüten.

Mit fünfundzwanzig Jahren kam Hadiga, eine reiche Kaufmannswitwe, in Mohammeds Leben. Er trat zunächst in ihren Dienst und führte selbst eine Karawane nach Syrien. Nach seiner Rückkehr bot Hadiga ihm ihre Hand an [51].

Als Mohammed vierzig Jahre alt geworden war, bahnten sich die für sein Leben umwälzenden Ereignisse an. Er begann, die Einsamkeit zu lieben[5] und sich auf dem Berge Hirā Andachtsübungen zu widmen [52]. Hier ereignete sich seine Berufung und die Offenbarung seiner ersten Sure des Korans, die im heutigen Koran als 96. verzeichnet ist. »Stehe auf und warne« – so lautete die Berufung. Sie entspricht genau der Berufsauffassung des Propheten als Warner hinsichtlich des bevorstehenden Gerichts. Die Völker sind – nach Mohammeds Ansicht – von Allah abgefallen und das Gericht steht bevor. So wurde, wie zu anderen Völkern andere Boten, wie z. B. Jesus zu dem israelitischen Volke, Mohammed zu seinem arabischen Volke gesandt, um seinen Volksgenossen Allahs Willen mitzuteilen, der ihm wiederum von Gott selbst offenbart werden würde.

Dreizehn Jahre vergingen nach der Berufung bis zu seiner 622 erfolgenden Auswanderung nach Mekka. In diesen Jahren trat der Prophet allmählich mit seiner Botschaft in Mekka hervor [54]. Der Text zeigt, daß zunächst kein offener Gegensatz der Stammesgenossen zu ihm vorhanden ist. Mohammed tritt mit der unerschütterlichen Gewißheit, auf dem gottgewiesenen Weg zu sein [53], vor seine Zuhörer. Ehe wir den äußeren Lebenslauf Mohammeds weiter verfolgen, erinnern wir uns noch einmal an die fortlaufend erfolgte Offenbarung des heiligen Buches. Während im Christentum als heilige Nacht die Geburtsnacht Jesu und im Buddhismus die Nacht der Erleuchtung, in der Buddha die Lehre erkannte, gefeiert wird, ist es im Islam die »Nacht der Macht«, in der das heilbringende Ereignis der Koranoffenbarung geschah, das im Fastenmonat Ramadan feierlich begangen wird [55]. Der Islam ist die Buchreligion[6] kat exochén, in der der heilige Koran als die zentrale Offenbarung Allahs im Mittelpunkte steht [56].

Obwohl Mohammed selbst alle Wunder ablehnte und die Koranoffenbarung als einziges Wunder gelten ließ, hat die Legende dennoch das Leben des Propheten mit unzähligen Wundertaten geschmückt. Da ist z. B. von Speisewundern [57] die Rede, die an ähnliche Wundertaten Jesu erinnern. Aber auch Heilungswunder, Wasserwunder, die Spaltung des Mondes etc. werden berichtet, auf deren dokumentarischen Beleg wir in unserer Sammlung verzichten.[7] Eine besondere Bedeutung hat die Erzählung von Mohammeds Himmelfahrt von Jerusalem aus [58]. In den verschiedenen Himmeln begegnet der Prophet verschiedenen religiösen Persönlichkeiten der Vorzeit wie Jesus, Johannes, Moses usw. Der Bericht erzählt, daß Mohammed erreicht, daß die ursprünglich den Gläubigen aufgetragenen fünfzig Pflichtgebote (salāt) am Tage auf fünf herabgesetzt werden.[8] Aus dem Himmel kehrt der Prophet wieder auf die Erde zurück.

Allmählich regt sich der Widerstand gegen Mohammed in Mekka [59]. Seine Stammesgenossen halten ihn für einen irre Gehenden, der aus eigenem Begehren oder gar auf Inspiration des Teufels hin umstürzende Neuerungen verkündet [60]. Solchen Angriffen gegenüber weist der Prophet unbeirrt auf die ihm gewordene Offenbarung hin. Gelegentlich wird er nach der Quelle solch sicheren Selbstverständnisses gefragt [61]. Mohammed weist als Antwort auf eine Vision hin, die ihm offenbarte, daß er allein ein ganzes Volk aufwöge. Aber Mohammed wäre kein echter Prophet gewesen, wenn ihm nicht zu Anfang Zweifel an seiner Berufung und an dem göttlichen Ursprung seiner Offenbarungen gekommen wären. Die Texte [62] erzählen, wie erschrocken und unsicher er nach der ersten Offenbarung zu Hadiga gekommen sei im Ungewissen darüber, ob diese Offenbarung wirklich von Allah stamme.

Aus dem Koran erfahren wir – und das ist ein wesentlicher Grund der entstehenden Feindschaft gegen ihn –, daß Mohammed in erster Linie gegen den alten polytheistischen Götterglauben seiner Landsleute sich wandte. Wir stellen eine Reihe von Koranstellen zusammen [63], die Mohammeds Angriff erkennen lassen. In seinen Diskussionen mit den ungläubigen Hörern spielt auch die Person des Propheten eine Rolle. Offenbar hat man ihm vorgeworfen, daß er sich über seine Mitmenschen erhöbe. Demgegenüber weist der Prophet darauf hin, daß er nichts sei als ein Mensch [64], dem Allah seine Offenbarung mitgeteilt habe, und sie besage, daß es nur einen Gott gebe. Der Koran sei daher nicht Menschenwerk, das er nach dem Wunsche seiner Hörer ändern könne.

Wie in Jesu Leben und auch gelegentlich im Leben Buddhas verlangt das Volk auch Mohammed gegenüber nach beglaubigenden Wundertaten [65]. Mohammed aber weist das Ansinnen ab, weil er, wie an anderer Stelle berichtet wird, den Koran für das einzige und völlig ausreichende Wunder hält.[9] In diesem Text und auch in dem folgenden [66] werden die Argumente sichtbar, die die Mekkaner gegen Mohammed ins Feld führen: er lästert den überkommenen Glauben, der das Einheitsband des Stammes ist. Deshalb wirft man ihm vor, er stifte Zwietracht in der Stammesgemeinschaft. Auch hält man seine Verkündigung für eigene Dichtung, der jede höhere Beglaubigung fehle. Besonders die Verkündigung der Auferstehung [67] stößt bei den Mekkanern auf leidenschaftliche Skepsis.

Man wird als weiteres Motiv des Unglaubens berücksichtigen müssen, daß Mohammed nicht zu den »Großen« seines Stammes gehört. Von diesen »Großen« heißt es in Sure 38,4: »Macht er die Götter zu einem einzigen Gott? Wahrlich, das ist eine wunderliche Sache. Und die Großen unter ihnen sind weggegangen, indem sie sagten: Geht und haltet fest an euren Göttern.« Die führenden Persönlichkeiten also raten zum Festhalten an der alten Götterwelt. Die Großen aber, die einflußreichen Bürger, haben noch einen besonderen Grund, weshalb sie der Lehre des Propheten nicht zustimmen: ihr Standesdünkel erträgt es nicht, daß ein Mann aus einfachen Verhältnissen ihnen eine göttliche Offenbarung überbringt. Der Koran bezeugt diese Einstellung (Sure 54,24 f.): »Sollten wir einem Manne folgen, einem einzelnen Manne?... Sollte gerade ihm die Ermahnung unter uns geworden sein? Nein, er ist ein frecher Lügner.« Und an anderer Stelle (Sure 25,61) heißt es geradezu: »Warum ist dieser Koran nicht geoffenbart worden einem vornehmen Manne unter den Einwohnern der beiden Städte?« Die Vornehmen sind es also in erster Linie, die ihre Landsleute von der Lehre Mohammeds zurückhalten. Nach Aussage des Korans werden daher die von den Großen Zurückgehaltenen beim Jüngsten Gericht zu jenen sagen: »Wäret ihr nicht gewesen, ganz gewiß wären wir Rechtgläubige ... Ihr waret es, die uns hießen, Gott zu verleugnen und andere Götter ihm zur Seite zu setzen« (Sure 34,30 f.).

Das Problem des Unglaubens gegenüber der Heilsverkündigung hat alle großen Religionsstifter bewegt. Jeder hat seiner religiösen Auffassung gemäß eine eigene Erklärung dafür, daß so viele der Botschaft ihr Herz verschließen.[10] Mohammed betrachtet ausschließlich Allah für den Urheber auch des Unvermögens zu glauben [68].

Die Botschaft des Propheten findet in Mekka, von wenigen Ausnahmen abgesehen[11], keinen Anklang. Der oben seinen inneren Motiven nach geschilderte Konflikt spitzt sich zu und macht Mohammeds Stellung in Mekka unhaltbar. Araber aus dem von Juden beherrschten Medina schließen mit dem Propheten einen Vertrag, ihn wie einen Stammesangehörigen zu schützen. Damit zerriß Mohammed das Blutsband, das ihn mit seinem Stamme verband und begab sich 622 nach Medina. Dieses für Mohammed und den Islam gleich bedeutsame Ereignis wurde das Anfangsdatum der islamischen Zeitrechnung.

Mit dem Aufenthalt in Medina beginnt eine neue und völlig anders geartete Epoche in Mohammeds Leben. Während die mekkanische Zeit Mohammed als religiös bewegten Propheten zeigt, wird er in Medina zum politischen Organisator, Heerführer und Staatsmann. Nachdem er in Medina die Verhältnisse in politischer und religiöser Beziehung geordnet hatte, trat die Frage an ihn heran, wovon die Auswanderer leben sollten. Er verfiel auf das Mittel der Räuberei, die er durch den Gedanken der Bestrafung der Mekkaner für ihren Unglauben rechtfertigte.

Man überfiel Karawanen, die Medina berührten, und plünderte sie aus. Wir wollen hier die einzelnen Kriegszüge gegen die Kureischiten nicht weiter erörtern. Nur eines Ereignisses, das für die weitere Entwicklung bedeutsam wurde, sei kurz gedacht, der Schlacht bei Bedr im Jahre 2 der islamischen Zeitrechnung. Die Kureischiten rückten mit einem Heer gegen Mohammed aus. Bei Bedr stießen die Heere aufeinander. Der Sieg wurde von den Mohammedanern mit leidenschaftlichem Fanatismus erfochten. Die Folge dieses an sich nicht sehr bedeutsamen Ereignisses war wichtiger als der Sieg. In Sure 8,17 erinnert Mohammed die Seinen an den Sieg bei Bedr, und dann heißt es: »Nicht ihr erschlugt sie, sondern Gott erschlug sie, nicht du schleudertest, sondern Gott schleuderte.« So entstand bei Mohammed der Gedanke, daß Allah diese Form kriegerischer Ausbreitung der islamischen Herrschaft wolle.[12] Damit war die Idee des heiligen Krieges [69] entstanden.

Mohammeds Macht in Medina wuchs: Als Herrscher war er von großer Rachsucht, die er besonders gegen die ihm feindlichen Juden betätigte. In Mekka rüstete man zum Gegenschlag. Im Jahre 3 zog ein Heer von dreitausend Mann gegen den Propheten, dessen Heer zwar geschlagen wurde, sich aber geordnet nach Medina zurückziehen konnte, ohne von den Siegern verfolgt zu werden. Ein neuer Feldzug der Kureischiten endete erfolglos.

Im Jahre 628 beschloß der Prophet, eine Wallfahrt nach Mekka anzutreten. Die Kureischiten zogen ihm entgegen, um zu sehen, was Mohammed plane. Seine ursprüngliche Absicht war, mit Gewalt das Heiligtum zu erobern, womit er die heilige Zeit, in der man sich befand, entweiht hätte.

Diesen Plan ließ er sich aber ausreden, und es kam zu Verhandlungen mit den Kureischiten und zu einem wegen der für Mohammed und seine Anhänger demütigenden Bedingungen enttäuschenden Waffenstillstand. Da vorher der Bruch mit seinen Stammesangehörigen andere Stämme davon zurückhielt, auf die Seite des Propheten zu treten, beseitigte dieser Waffenstillstand dieses Hindernis, und mehrere arabische Stämme schlossen sich ihm an.

Dieses auf zehn Jahre geschlossene Abkommen hielt Mohammed indessen nicht ein. Unter einem Vorwand brach er 630 gegen Mekka auf. Die Mekkaner ließen, beeindruckt von der gewachsenen Macht Mohammeds, es nicht zum Kampfe kommen und leiteten Verhandlungen ein. So kam es, daß Mohammed ohne Widerstand in Mekka einziehen konnte. Er ging in das Heiligtum, zerstörte die altarabischen Götterbilder und übernahm die Kaaba in seine Religion. Hinfort war und ist Mekka der Ort, zu dem hin jeder Mohammedaner sich bei den Gebeten zu wenden hat.[13]

Mohammed unternahm kurz vor seinem Tode eine Wallfahrt nach Mekka nach dem von ihm selbst aufgestellten Ritual. Bald danach erkrankte er und starb am 8. Juni 632.[14]

Man hat über Mohammeds Persönlichkeit sehr abweichende Ansichten geäußert. Manche hielten ihn für einen Betrüger.[15] Andere sprachen ihm jede Originalität ab wegen der vielen zweifellosen Entlehnungen aus anderen Religionen, besonders aus Judentum und Christentum. Diese Auffassungen können wir heute nicht mehr teilen. Nach unserer heutigen Kenntnis des Wesens der Inspiration kann an der subjektiven Aufrichtigkeit des Propheten nicht gezweifelt werden. Auch liegt seine Genialität weniger in den einzelnen Lehren, die er, wie gesagt, vielfach anderen Religionen entlehnte, sondern in der Einheit der religiösen Gesamtkonzeption, in der Originalität des religiösen Lebens. Anders liegen die Dinge hinsichtlich seines Charakters. Die islamische Dogmatik hat den Propheten als sündenfrei hingestellt. Mohammed selbst hat das nie behauptet. Tatsächlich zeigte der Prophet eine besondere Neigung zu List und Verstellung, auch stieß das christliche Abendland seine maßlose Sinnlichkeit ab. Aber man wird bedenken müssen, daß vom Standpunkt jener Zeit und Welt aus Mohammeds Verhalten kaum Anstoß erregte, gibt doch die Tradition unbedenklich einen Ausspruch des Propheten wieder, nach dem er Frauen, Wohlsprüche und Gebet für die Dinge erklärt habe, die er am liebsten auf der Welt gehabt habe.

Man wird dem Propheten nicht Unrecht tun, wenn man dem Urteil Tor Andraes zustimmt, der sagt »daß seine moralische Persönlichkeit nicht ganz auf der gleichen Stufe mit seiner übrigen Begabung, auch nicht auf der gleichen Stufe mit seiner religiösen Begabung steht«.

[46] *Zeichen bei Mohammeds Empfängnis*

Zu den Zeichen bei der Zeugung des Propheten gehört, daß in jener Nacht alle die Haustiere Querejs redeten und sprachen: Gezeugt ist Muhammed und, beim Herrn der Kaaba, er ist der »imām« der Welt und die Leuchte ihrer Bewohner. Die Throne der Könige in der ganzen Welt waren am Morgen umgestürzt. Die wilden Tiere im Osten eilten zu denen im Westen und brachten ihnen die Freudenbotschaft. So beglückwünschten sich auch die Bewohner der Meere. In jedem Monat der Schwangerschaft rief eine Stimme im Himmel und auf Erden: Heil, denn es naht die Zeit, daß Abū-l-Quāsim geboren werde, glückselig gesegnet.

[47] *Verheißung der Geburt Mohammeds an Āmina*

Eines Tages, als ich halb wachend, halb schlafend war, hatte ich eine Erscheinung, welche zu mir sagte: Weißt du, daß du schwanger bist? und es war mir, als wenn ich antwortete: Nein, es ist mir nicht bewußt. Die Erscheinung versetzte darauf: Du trägst den Herrn und Propheten deines Volkes unter deinem Herzen. Dieses war an einem Montag. Erst dann wußte ich gewiß, daß ich mich in der Hoffnung befinde. Ich sah dann nichts mehr, bis ich meiner Niederkunft nahe war. Dann erschien mir dieselbe Gestalt und sagte: Sprich, ich empfehle die Frucht meines Leibes dem Einzigen, dem Ewigen, zum Schutz gegen Neider. Ich sprach diese Worte nach und wiederholte sie bisweilen und erzählte meinen Freundinnen, was mir begegnet war, und sie rieten mir, ein Stück Eisen an die Arme und um den Hals zu binden. Ich tat es auch; nach einigen Tagen aber fand ich, daß sie abgebrochen waren. Ich band sie auch nicht wieder an.

[48] *Āminas Bericht über die Geburt Mohammeds*

Als sechs Monate von meiner Schwangerschaft vorüber waren, erschien mir einer im Traume und sagte: Āmina, du bist mit dem Besten der Welt schwanger. Und wenn du ihn geboren hast, so nenne ihn Muhammed, verheimliche aber die Sache. So ergriff mich denn, was der Gebärenden Los ist. Und niemand wußte davon, denn ich war ganz allein im Hause – 'Abd-al-Muttalib verrichtete den Umlauf. Ich hörte ein starkes Geräusch und viel Lärm, der mich erschreckte. Dann sah ich etwas wie einen weißen Flügel; der strich mir übers Herz, und alle Furcht und alle Schmerzen, die ich gefühlt hatte, verschwanden. Ich wandte mich um und siehe: ein weißes Getränk, ich glaubte, daß es Milch sei, stand da, und weil ich Durst empfand, nahm ich es und trank es aus. Und es ging ein hohes Licht von mir aus. Da sah ich Frauen, hochgewachsen wie Palmen, als wären sie von den Töchtern 'Abd-al-Manāf's, die mir zur Seite standen. Wie ich mich nun darüber verwunderte und sprach: Hilf, wie können jene von mir wissen? und während es mir immer schwerer wurde und ich den Lärm immer stärker vernahm, siehe, da wurde ein weißes seidenes Tuch zwischen Himmel und Erde ausgespannt, und ich hörte eine Stimme sagen: Laß ihn den Blicken der Menschen entschwinden. Ich sah Männer in der Luft stehen, die silberne Wasserkrüge in den Händen hielten. Der Schweiß, der von mir troff, war wie Perlen, und mehr duftend als starker Moschus. Und ich rief: O, daß 'Abd-al-Muttalib zu mir käme, wehe, daß 'Abd-al-Muttalib von mir fern ist! Dann sah ich eine Schar von Vögeln, die sich auf mich herabließen und meinen Schoß bedeckten; ihre Schnäbel waren aus Smaragd und ihre Flügel aus Hyacinth. Und Gott nahm die Schleier von meinem Blicke weg, und ich sah die Erde im Osten und im Westen. Drei Fahnen sah ich errichtet: eine im Osten, eine im Westen und eine auf dem Dache Kaabas. Es ergriffen mich die Geburtswehen, und es wurde mir schwer. Es war mir, als ob ich von vielen Frauen unterstützt würde; es kam mir aber vor, als ob nur ihre Hände mit mir im Hause wären, denn ich sah niemand. So gebar ich Mohammed, und ich wandte mich um, ihn zu betrachten, und siehe, da lag er anbetend, seine Hände gen Himmel hebend, wie einer, der demütig fleht. Dann sah ich eine Wolke, die vom Himmel her ihn bedeckte, so daß er mir unsichtbar wurde. Und ich hörte jemand, der da rief: Führt ihn um die Erde herum im Osten und im Westen, und führt ihn zu den Meeren, daß sie ihn erkennen mit seinem Namen und seiner Gestalt und seinen Eigenschaften, und damit sie wissen, daß er in den Meeren al-Māhī heißen wird, denn allen sirk (Schmutz) wird er wegwischen. Dann schwand die Wolke schnell, und siehe, da lag er in ein weißes wollenes Kleid gewickelt, und unter ihm lag eine grüne Decke aus Seide. Er hielt drei Schlüssel aus weißen Perlen in der Hand, und jemand rief: Sehet, Mohammed hält die Schlüssel des Sieges, des Schlachtens und des Prophetentums in seiner Hand.

[49] *Zeichen bei Mohammeds Geburt*

Als geboren wurde Mohammed, verkündeten es die Engel laut und leise. Gabriel kam mit der Freudenbotschaft, und der Thron erbebte. Die Hūris[17] traten aus ihren Schlössern, und Düfte verbreiteten sich. Zu Ridwān wurde gesagt: Ziere das höchste Paradies, nimm den Vorhang weg vom Palaste. Sende nach 'Āmina's Wohnung von den Vögeln Edens eine Schar, damit sie aus ihren Schnäbeln eine Perle fallen lassen. Und als sie

Mohammed geboren, sah 'Āmina ein Licht, von ihm erglänzten die Schlösser Basras. Die Engel standen um sie herum und breiteten ihre Flügel aus. Die Engelreihen, die lobsingenden, senkten sich herab und erfüllten Tal und Hügel.

[50] *Reinigung des Innern des Propheten*

Jemand sagte zum Propheten: Gib uns Nachricht von dir selbst. Und er antwortete: »Abraham hat mich gerufen und der Sohn der Maria hat mich vorausgesagt, und als meine Mutter mich zur Welt brachte, ging ein Licht von mir aus, bei welchem sie die Paläste von Syrien sehen konnte. Ich wurde unter den Banû Sa'd Ibn Bakr gesäugt und während ich mit meinem (Pflege-)Bruder hinter den Zelten war und Vieh weidete, kamen zwei Männer in weißem Kleide mit einem goldenen Becken, welches mit Schnee gefüllt war. Einer von ihnen ergriff mich und schnitt mir den Leib auf, nahm das Herz heraus und spaltete es und nahm einen schwarzen Klumpen heraus. Sie warfen ihn weg, wuschen mein Inneres und mein Herz mit jenem Schnee; dann sagte einer zum andern: Wiege ihn gegen hundert von seinem Volke. Sie wogen mich und ich war schwerer. Dann sagte er: wiege ihn gegen tausend. Sie wogen mich und ich war schwerer. Da sprach er: laß ihn gehen, wenn du ihn gegen sein ganzes Volk wiegst, so wird er es aufwiegen.«

[51] *Weissagung künftigen Prophetentums*

Da Chadygá gehört hatte, daß Mohammed so wahrheitsliebend, treu und tugendhaft sei, schickte sie zu ihm und ließ ihm anbieten, mit ihren Waren als Handelsagent nach Schâm zu gehen und versprach, ihn besser zu bezahlen, als sie einen andern Kaufmann bezahlen würde. Er unternahm die Reise und wurde von Maysara begleitet. In Schâm setzte sich der Prophet in den Schatten eines Baumes nahe bei der Klause eines Râhib. Der Râhib kam zu Maysara und fragte, wer der Mann unter dem Baume sei? Maysara antwortete: Ein Korayschit von den Bewohnern des Haram (heiligen Gebietes). Der Râhib sprach: Nie hat sich jemand unter diesen Baum gesetzt als ein Prophet. Der Gottgesandte verkaufte die Waren und machte Einkäufe; dann trat er wieder mit der Karawane in der Gesellschaft des Maysara die Rückreise an. Wie sie glauben (oder fabeln), bemerkte Maysara, daß um Mittag, wenn die Hitze sehr groß war, zwei Engel den Propheten beschatteten, welcher auf seinem Kamel einherritt. Als sie in Makka bei Chadygá angekommen waren, verkaufte sie die Waren, die er mitgebracht hatte, und machte zweimal so viel Profit als gewöhnlich. Maysara erzählte ihr die Worte des Râhib und daß er bemerkt habe, daß zwei Engel den Mohammed beschatteten, und sie bot ihm ihre Hand an.

[52] *Mohammeds Berufung und erste Offenbarung*

Das Erste, womit die Offenbarung des Propheten begonnen, waren Träume, so lichtvoll wie der Anbruch des Morgens. Dieses dauerte einige Zeit, dann wurde ihm Liebe für die Einsamkeit eingeflößt. Er liebte Einsamkeit über alles. Er pflegte eine Anzahl Tage einsam auf dem Berge Hirâ zuzubringen und Tahannoth zu treiben, ehe er zu seiner Familie zurückkehrte. Dann kam er zu Chadygá und holte sich für dieselbe Anzahl von Tagen Lebensmittel. Dies dauerte, bis die Wahrheit zu ihm kam während seines Aufenthaltes in der Höhle auf dem Berge Hirâ ...

In dem Jahre, als Mohammed zum Propheten berufen wurde, begab er sich im Monat Ramadan mit seiner Familie auf den Berg Hirâ, um sich einsamen Andachtsübungen zu widmen. »Da kam in einer Nacht«, so erzählt der Prophet, »Gabriel zu mir, als ich schlief, mit einem Tuch und sagte: Lies! Ich antwortete: Ich kann nicht lesen. Da drückte er mich damit, daß ich glaubte, ich müßte sterben. Darauf ließ er mich los und sagte: Lies (Iqra)!« Der Prophet weigerte sich, und noch zweimal wiederholte der Engel seine harte Behandlung. Da fragte Mohammed endlich: »Was soll ich lesen?« Der Engel sprach: »Lies im Namen deines Herrn, er, der erschuf, schuf den Menschen aus Blutgerinnsel. Lies, denn dein Herr ist der gnädigste, er, der die Menschen mit dem Griffel unterwies, er lehrte ihn, was er nicht wußte« (Sura 96,1–4). »Ich erwachte«, erzählt Mohammed, »aus meinem Schlaf und es war, als sei eine Schrift in meinem Herzen geschrieben. Ich ging aus der Höhle, und als ich mich mitten auf dem Berge befand, hörte ich eine Stimme, die sagte: O Mohammed, du bist Allahs Apostel, und ich bin Gabriel! Ich erhob meine Augen und sah Gabriel in der Gestalt eines Mannes mit gekreuzten Beinen am Horizonte des Himmels. Ich blieb stehen und betrachtete ihn und ging weder vorwärts noch rückwärts. Und als ich mein Angesicht von ihm wandte, sah ich ihn immer noch am Horizonte, wohin ich mich auch wandte.«

Die erste Offenbarung, die der Prophet erhielt[18], begann mit guten Traumgesichten im Schlafe; jeder Traum, den er sah, pflegte zu ihm (so deutlich) wie der Anbruch des Morgens zu kommen. Dann empfand er die Liebe zur Einsamkeit und pflegte sich in die Höhle des (Berges) Hirā zurückzuziehen, sich in ihr eine (bestimmte) Anzahl von Nächten religiösen Übungen zu widmen, bevor er zu seiner Familie zurückkehrte, und sich dafür zu verproviantieren, dann zu Hadīga zurückzukehren und sich für ein weiteres Mal zu verproviantieren, bis die Wahrheit zu ihm kam, während er in der Höhle des Hirā war. Da kam der Engel zu ihm und sagte: »Rezitiere!« aber er antwortete: »Ich kann nicht rezitieren.« Er berichtete: »Da ergriff er mich und preßte mich, bis ich es nicht mehr aushalten konnte. Dann ließ er mich los und sagte: Rezitiere! aber ich antwortete: Ich kann nicht rezitieren. Da ergriff er mich und preßte mich zum zweitenmal, bis ich es nicht mehr aushalten konnte. Dann ließ er mich los und sagte: Rezitiere! aber ich antwortete: Ich kann nicht rezitieren. Da ergriff er mich und preßte mich zum drittenmal. Dann ließ er mich los und sagte: Rezitiere im Namen deines Herrn, der erschaffen hat, der den Menschen aus einem Blutklümpchen erschaffen hat. Rezitiere, denn dein Herr ist der Allgütige.« Da kehrte der Prophet damit zurück, während sein Herz zitterte, trat bei Hadīga, der Tochter des Huwailid, ein und sagte: »Wickelt mich ein, wickelt mich ein!« und man wickelte ihn ein, bis ihn die Furcht verlassen hatte. Da erzählte er der Hadīga und teilte ihr das Erlebnis mit: »Ich fürchtete für mein Leben.« Da erwiderte Hadīga: »Nein, bei Allah, nie wird Allah dich in Schande kommen lassen; du pflegst die Verwandtschaftsbande[19], unterhältst die Abhängigen, spendest den Armen, nimmst die Gäste auf und hilfst bei den Unglücksfällen, die das Recht treffen.« Hadīga nahm ihn mit und brachte ihn zu Waraqa ibn Naufal ibn Asad ibn 'Abdal'uzza, einem Vetter der Hadīga; das war ein Mann, der in der Heidenzeit Christ geworden war, hebräisch schreiben konnte und (sogar) etwas vom Evangelium hebräisch zu schreiben verstand; er war hochbetagt und blind. Zu dem sagte Hadīga: »Mein Vetter, höre deinen Neffen an«, und Waraqa sagte zu ihm: »Mein Neffe, was möchtest du?« Da erzählte ihm der Prophet, was er erlebt hatte. Da antwortete ihm Waraqa: »Das ist der Nāmūs, den Allah zu Moses hat herabsteigen lassen; o wäre ich doch dann ein junger Mann, o wäre ich doch am Leben, wenn dein Volk dich vertreibt!« Da fragte der Prophet: »Werden sie mich etwa vertreiben?« Er erwiderte: »Ja, niemand hat jemals dasselbe wie du gebracht, ohne daß er Feindschaft erfuhr. Wenn ich deinen Tag erlebe, werde ich dir kräftig helfen.« Danach dauerte es nicht lange, bis Waraqa starb, und die Offenbarung erlitt eine Unterbrechung ... »Während ich einherging, hörte ich eine Stimme vom Himmel; da blickte ich auf, und da saß der Engel, der auf dem Hirā zu mir gekommen war, auf einem Throne zwischen Himmel und Erde. Da fürchtete ich mich vor ihm, kehrte zurück und sagte: ›Wickelt mich ein, wickelt mich ein!‹ Da offenbarte Allah (die Qor'anverse): ›Du Eingewickelter, steh auf und warne‹ usw. bis ›Und den Schmutz gib auf‹.« Dann kamen die Offenbarungen häufig.

[53] *Mohammed verkündet nur, was ihm offenbart ist*

»Beim Stern, wenn er untergeht! Euer Landsmann geht nicht in die Irre und er betrügt sich nicht, auch redet er nicht aus eigenem Antrieb. Dies ist nichts anderes als eine Offenbarung, die offenbart ist. Einer, der gewaltig an Kraft ist, hat ihn unterwiesen, einer, der einsichtsvoll ist. Er stand still in der Höhe des Himmels. Dann näherte er sich und schwebte herab und kam auf zwei Bogenlängen entfernt heran oder noch näher, und offenbarte seinem Diener seine Offenbarungen.«[20]

[54]* *Das frühe Wirken des Propheten*

Allahs Apostel rief heimlich und öffentlich Menschen zum Islam, und die, so es wollten unter den jungen Männern und den Geringen des Volkes sagten Ja zur Berufung Allahs, und groß wurde die Zahl derer, die an den Propheten glaubten. Die Ungläubigen aus Kureisch mißbilligten nicht, was er sagte. Wenn er an ihnen vorbeiging, wo sie versammelt saßen, wiesen sie auf ihn und sagten: »Der junge Mann aus dem Geschlecht Abd-El-Muttalibs redet eine Botschaft vom Himmel!« Hiermit fuhren sie fort, bis Allah begann[21], ihre Götter, denen sie neben ihm dienten, anzugreifen und zu verkünden, daß ihre Väter, die im Unglauben gestorben waren, verloren gegangen seien. Da begannen sie den Propheten zu hassen und ihm Feindschaft zu zeigen.

[55] *Das Ereignis der Offenbarung des Koran*
Die Nacht der Macht

Der Monat Ramadān ist der, in welchem der Qur-ân herabgesandt ward als eine Weisung für die Menschheit mit deutlichen Beweisen der Leitung und Unterscheidung. Wer von euch daher in diesem Monat (daheim) anwesend ist, der möge den ganzen (Ramadān) hindurch fasten. Wer aber krank oder auf Reisen ist, der (faste) ebenso viele andere Tage. Allah wünscht es euch leicht, nicht schwer zu machen[22], und daß ihr die Zahl (der Tage) erfüllen und Allah preisen möchtet dafür, daß Er euch geleitet hat, und daß ihr dankbar[23] sein möchtet.

Im Namen Allahs, des Gnädigen, des Barmherzigen.

Wahrlich, Wir sandten ihn (den Qur-ân) hernieder in der Nacht Al-Qadr[24].

Und was lehrt dich wissen, was die Nacht Al-Qadr ist?

Die Nacht Al-Qadr ist besser als tausend Monde.
In ihr steigen die Engel herab und der Geist nach dem Gebot ihres Herrn – mit jeder Sache.
Friede währt bis zum Anbruch der Morgenröte.

[56] *Die himmlische Schrift*

Bei dem deutlichen Buch,
Wir haben es zu einem Qur-ân in fehlerloser Sprache gemacht, auf daß ihr verstehen möchtet.
Wahrlich, er ist bei Uns, in der Mutter der Schrift, erhaben, voll der Weisheit.

Ich schwöre beim Herabschießen der Sterne –
Und fürwahr, das ist ein großer Schwur, wenn ihr es nur wüßtet –,
Daß dies wahrlich ein erhabener Qur-ân ist,
In Gestalt eines wohlverwahrten Buches,
Das keiner berühren soll, außer den Gereinigten –
Eine Offenbarung vom Herrn der Welten.
Und ihr wolltet gegenüber dieser (göttlichen) Verkündigung scheinheilig sein?

Und die, denen wir die Schrift gegeben, freuen sich über das, was dir offenbart ward. Und unter den Stämmen sind einige, die einen Teil davon leugnen. Sprich: »Mir ward nur geboten, Allah zu dienen, und nicht, ihm Götter an die Seite zu stellen.[25] Zu Ihm rufe ich, und zu Ihm ist meine Heimkehr.«

So haben wir ihn niedergesandt als einen arabischen Qur-ân[26], und wir haben darin gewisse Warnungen klar gemacht, auf daß sie Gott fürchten mögen oder daß sie eine Ermahnung sei.

[57] *Wunderlegende*

Eine Frau von den 'ansār hatte ein wenig Speise zubereitet und sagte ihrem Manne: »Geh und rufe den Gesandten Gottes, tu es aber geheim!« Er ging also und sagte: »Gesandter Gottes, meine Frau hat eine Speise zubereitet, und es wäre mir lieb, daß du zu uns kämest.« Der Gesandte Gottes sagte zu den Leuten: »Nehmet die Einladung des 'Abū So und So an!« Ich kehrte zurück, erzählte der Mann, und meine Füße wollten mir beinahe nicht gehorchen, wenn ich an die Speise dachte, die wir zu Hause hatten, und an die vielen Leute, die mit dem Gesandten Gottes kamen. Ich sagte zu meiner Frau: »Dies wird uns zur Schande! Der Gesandte Gottes kommt und eine Menge Menschen mit ihm.« – »Habe ich dir nicht gesagt, daß du es ihm geheim mitteilen solltest!« rief sie. »Das habe ich auch getan«, sagte der Mann. »Nun«, versetzte die Frau, »der Gesandte Gottes weiß am besten, was er zu tun beabsichtigt.« Nun kamen die Leute an und erfüllten Hof und Haus. Man brachte das Handvoll Essen, der Gesandte Gottes breitete es aus in dem Gefäß und sagte darüber, was Gott wollte, daß er sage. Darauf rief er: »Kommt und eßt, und wenn jemand satt ist, gebe er seinem Genossen Platz!« So setzte sich der eine zum Essen, und der andere stand wartend, bis keiner im Hause übrig war. Dann sagte er: »Rufet die Leute im Vorhofe!« und als diese satt waren: »Rufet die Leute im Hofe!« Und diese taten es wie die vorigen. Dann sagte der Gesandte: »Eßt nun selber und gebet euren Nachbarn zu essen![27]«

[58] *Mohammeds Himmelfahrt*

Dann brachte man mir einen goldenen, mit Glauben gefüllten Napf heran, wusch mein Herz (darin), füllte es (damit) und setzte es (mir) wieder ein. Dann brachte man mir ein weißes Reittier, kleiner als das Maultier und größer als der Esel – das ist der Burāq –, das seine Schritte soweit setzte, wie es sehen konnte. Auf das wurde ich gesetzt, und Gabriel brachte mich fort, bis er zum untersten Himmel gelangte. Da begehrte er Einlaß und man fragte: »Wer ist da?« Er antwortete: »Gabriel.« Man fragte: »Wer ist bei dir?« und er antwortete: »Mohammed.« Man fragte: »Hat man ihn (zur Himmelfahrt) entboten?« und er antwortete: »Ja.« Da sagte man: »Er sei willkommen, und wohl seiner Ankunft!« Da machte er auf, und als ich eintrat, war Adam darin, und (Gabriel) sagte: »Das ist dein Vater Adam, grüße ihn.« Da grüßte ich ihn, und er erwiderte den Gruß und sagte darauf: »Willkommen sei der rechtschaffene Sohn und der rechtschaffene Prophet.« Darauf stieg (Gabriel) empor, bis er zum zweiten Himmel gelangte. Da begehrte er Einlaß und man fragte: »Wer ist da?« und er antwortete: »Gabriel.« Man fragte: »Wer ist bei dir?« und er antwortete: »Mohammed.« Man fragte: »Hat man ihn (zur Himmelfahrt) entboten?« und er antwortete: »Ja.« Da sagte man: »Er sei willkommen, und wohl seiner Ankunft!« Da machte er auf, und als ich eintrat, waren Johannes und Jesus, die beiden Vettern, da, und (Gabriel) sagte: »Das sind Johannes und Jesus, grüße sie.« Da grüßte ich sie, und sie erwiderten den Gruß und sagten darauf: »Willkommen sei der rechtschaffene Bruder und der rechtschaffene Prophet.« Darauf stieg (Gabriel) mit mir bis zum dritten Himmel empor. Da begehrte er Einlaß und man fragte: »Wer ist da?« und er antwortete: »Gabriel.« Man fragte: »Wer ist bei dir?« und er antwortete: »Mohammed.« Man fragte: »Hat man ihn (zur Himmelfahrt) entboten?« und er antwortete: »Ja.« Da sagte man: »Er sei willkommen, und wohl seiner Ankunft!« Da machte man auf, und als ich eintrat, war Joseph da, und (Gabriel) sagte: »Das ist Joseph, grüße ihn.« Da grüßte ich ihn, und er erwiderte den Gruß und sagte darauf: »Willkommen sei der rechtschaffene Bruder und der rechtschaffene Prophet!« Darauf stieg (Gabriel) mit mir empor, bis er zum vierten Himmel gelangte. Da begehrte er Einlaß, und man fragte: »Wer ist da?« und er antwortete: »Gabriel.« Man fragte: »Wer ist bei dir?« und er antwortete: »Mohammed.« Man fragte: »Hat man ihn (zur Himmelfahrt) entboten?« und er antwortete: »Ja.« Da sagte man: »Er sei willkommen, und wohl seiner Ankunft!« Da machte man auf, und als ich zu Idrīs eintrat, sagte (Gabriel): »Das ist Idrīs, grüße ihn.« Da grüßte ich ihn, und er erwiderte den Gruß und sagte darauf: »Willkommen sei der rechtschaffene Bruder und der Prophet!« Darauf stieg (Gabriel) mit mir empor, bis er zum fünften Himmel gelangte. Da begehrte er Einlaß, und man fragte: »Wer ist da?« und er antwortete: »Gabriel.« »Wer ist bei dir?« und er antwortete: »Mohammed.« Man fragte: »Hat man ihn (zur Himmelfahrt) entboten?« und er antwortete: »Ja.« Da sagte man: »Er sei willkommen, und wohl seiner Ankunft.« Und als ich eintrat, war Aaron da, und (Gabriel) sagte: »Das ist Aaron, grüße ihn.« Da grüßte ich ihn, und er erwiderte den Gruß und sagte darauf: »Willkommen sei der rechtschaffene Bruder und der rechtschaffene Prophet!« Darauf stieg (Gabriel) mit mir empor, bis er zum sechsten Himmel gelangte. Da begehrte er Einlaß, und man fragte: »Wer ist da?« und er antwortete: »Gabriel.« Man fragte: »Wer ist bei dir?« und er antwortete: »Mohammed.« Man fragte: »Hat man ihn (zur Himmelfahrt) entboten?« und er antwortete: »Ja!« Da sagte er: »Er sei willkommen, und wohl seiner Ankunft.« Und als ich eintrat, war Moses da, und (Gabriel) sagte: »Das ist Moses, grüße ihn.« Da grüßte ich ihn, und er erwiderte den Gruß und sagte darauf: »Willkommen sei der rechtschaffene Bruder und der rechtschaffene Prophet!« Und als ich an ihm vorbeiging, weinte er; da sagte man ihm: »Warum weinst du?« Er antwortete: »Ich weine, weil von der Gemeinde eines Jünglings, der nach mir gesandt worden ist, mehr in das Paradies eingehen werden als von meiner Gemeinde.« Darauf stieg (Gabriel) mit mir bis zum siebenten Himmel empor. Da begehrte Gabriel Einlaß, und man fragte: »Wer ist da?« und er antwortete: »Gabriel.« Man fragte: »Wer ist bei dir?« und er antwortete: »Mohammed.« Man fragte: »Hat man ihn (zur Himmelfahrt) entboten?« und er antwortete: »Ja.« Da sagte er: »Er sei willkommen, und wohl seiner Ankunft!« Und als ich eintrat, war Abraham da, und (Gabriel) sagte: »Das ist dein Vater, grüße ihn.« – (Der Prophet) sagte: – Da grüßte ich ihn, und er erwiderte den Gruß und sagte: »Willkommen sei der rechtschaffene Sohn und der rechtschaffene Prophet!« Darauf wurde ich zu dem Sidrabaum am Ende erhoben; da waren seine Früchte wie die Tonkrüge von Hagar und seine Blätter wie Elefantenohren, und (Gabriel) sagte: »Das ist der Sidrabaum am Ende.«

Da waren noch vier Ströme, zwei verborgene und zwei sichtbare, und ich fragte: »Was sind diese beiden, o Gabriel?« Er antwortete: »Die beiden verborgenen sind zwei Ströme im Paradiese, und die beiden sichtbaren sind der Nil und der Euphrat.« Darauf wurde mir das wohlgebaute Haus vorgeführt, darauf wurde mir ein Gefäß mit Wein, ein Gefäß mit Milch und ein Gefäß mit Honig gebracht; da nahm ich die Milch und (Gabriel) sagte mir: »Das ist die religiöse Anlage, die du und deine Gemeinde haben sollst.« Darauf wurden mir die Salāts zur Pflicht gemacht, und zwar täglich fünfzig. Dann kehrte ich zurück und kam an Moses vorbei; der fragte: »Was ist dir aufgetragen worden?« – (Der Prophet) antwortete: – »Mir sind täglich fünfzig Salāts aufgetragen worden.« Er erwiderte: »Deine Gemeinde ist zu täglich fünfzig nicht imstande; ich habe, bei Allah, die Menschen vor dir kennengelernt und mich sehr viel mit den Israeliten abgegeben; kehre zu deinem Herrn um und bitte ihn um eine Erleichterung für deine Gemeinde.« Da kehrte ich um und mir wurden zehn Salāts abgenommen. Dann kehrte ich zu Moses zurück und er sagte dasselbe. Da kehrte ich um und mir wurden zehn Salāts abgenommen. Dann kehrte ich zu Moses zurück und er sagte dasselbe. Da kehrte ich um und mir wurden zehn Salāts abgenommen. Dann kehrte ich zu Moses zurück und er sagte dasselbe. Da kehrte ich um und mir wurden täglich zehn Salāts aufgetragen. Dann kehrte ich zurück und er sagte dasselbe. Da kehrte ich um und mir wurden täglich fünf Salāts aufgetragen. Dann kehrte ich zu Moses zurück und er fragte: »Was ist dir aufgetragen worden?« Ich antwortete: »Mir sind täglich fünf Salāts aufgetragen worden.« Er erwiderte: »Deine Gemeinde ist zu täglich fünf Salāts nicht imstande; ich habe die Menschen vor dir kennengelernt und mich sehr viel mit den Israeliten abgegeben; kehre zu deinem Herrn zurück und bitte ihn um eine Erleichterung für deine Gemeinde.« – (Der Prophet) sagte: – »Ich habe meinen Herrn gebeten, bis ich mich schämte, aber (nun) bin ich zufrieden und nehme es an.« – (Der Prophet) sagte: – Und als ich vorbeiging, rief jemand: »Ich habe mein Gebot durchgeführt und (es doch) meinen Dienern leicht gemacht.«[28]

[59] *Gegner in Mekka*

Ich war einmal Zeuge, wie sich die vornehmsten der Götzendiener bei der Ka'ba versammelten. Sie sprachen von Allahs Apostel und sagten: Nie haben wir von jemand erdulden müssen, was wir von diesem Manne erduldet haben. Er schmäht unsere Väter, tadelt unsere Religion, zersplittert unser Volk und lästert unsere Götter, und so schwere Dinge haben wir durch ihn zu ertragen – oder was sie noch sagten. Unterdessen kam der Apostel Allahs gegangen. Er berührte die Ecke der Ka'ba und ging an den Versammelten vorbei, um das Heiligtum zu umschreiten. Sie riefen ihm Schmähworte zu, als er vorbeiging, und man sah seinem Gesichte an, daß er verstand, was sie sagten. Dreimal wiederholte sich dies. Das dritte Mal blieb er stehen und sagte: Männer der Kureisch! Dies werde ich euch sicher mit Zinsen heimzahlen! Seine Worte ergriffen die Männer so, daß es keinen unter ihnen gab, der nicht so still saß, als trüge er einen Vogel auf dem Kopfe. Endlich sagte derjenige von ihnen, der vorher am schlimmsten gewesen war, um ihn zu beruhigen: Geh, Abu-I-Kasim, du bist kein Narr. Während der Nacht bereuten die Feinde ihre Nachsicht. Am Tage darauf, als sie wieder mit Mohammed bei der Ka'ba zusammentrafen, stürzten sie vereint ihm entgegen und umringten ihn und sagten: Bist du es, der so spricht, der unsere Götter und unsere Religion schmähte? Er antwortete: Ja, ich bin es, der so spricht. Da sah ich, daß ihn ein Mann beim Mantel ergriff. Jetzt stand Abu Bekr auf und sagte unter Tränen: Wehe euch, wollt ihr einen Mann töten, weil er sagt: Allah ist mein Herr? Da gingen sie ihres Weges. Dies war das Schwerste, was er von ihrer Seite zu erdulden hatte.

[60] *Mohammeds Verständnis seiner Offenbarungen*

Im Namen Allahs, des Gnädigen, des Barmherzigen.
Bei der schaftlosen Pflanze, wenn sie sinkt,
Euer Gefährte (Mohammed) ist weder verirrt, noch ist er im Unrecht.
Noch spricht er aus (eignem) Begehr.
Es ist eine Offenbarung nur, die offenbart wird.
Der mit mächtigen Kräften Begabte hat ihn belehrt,
Der Herr der Stärke. So ist er vollkommen geworden;
...
Und er offenbarte Seinem Diener, was er offenbarte.
Das Herz (des Propheten) hielt Wahrheit dem, was er sah.

Und er sah Ihn fürwahr am hellen Horizont.
Und er ist nicht geizig in Sachen des Verborgenen.

Noch ist dies das Wort Satans, des Verstoßenen.
Wohin also wollt ihr gehen?
Dies ist ja nur eine Ermahnung für alle Welten,
Für die unter euch, die recht wandeln wollen,
Dieweil ihr nicht anders wollt, als wie Allah will, der Herr der Welten.

[61] *Der Prophet wiegt ein Volk auf*

Ich fragte den Propheten: Wie wußtest du anfangs, daß du ein Prophet seist? Und er antwortete: »Ich war in dem ausgetrockneten Bach von Makka, und da waren zwei (Engel?), einer auf der Erde und der andere zwischen Himmel und Erde. Und einer rief dem andern zu: Ist es dieser? Er antwortete: Ja, er ist's. Dann wiege ihn gegen einen anderen Mann, versetzte der erste. Ich wurde gewogen und war schwerer. So wiege ihn gegen zehn, sagte er. Sie wogen mich und ich war schwerer. Dann sagte er: Wiege ihn gegen hundert. Sie wogen mich und ich wog sie alle auf. Dann wogen sie mich gegen Tausend und endlich gegen ein ganzes Volk, und ich wog sie auf.«

[62] *Zweifel des Propheten über den Ursprung seiner Offenbarungen*

Er kam zu mir, als ich schlief und brachte in einem Tuch von Brokat ein Buch und sagte: Lies! Ich antwortete: Ich lese nicht. Er drückte mich damit, bis ich glaubte, es sei aus mit mir. Endlich ließ er mich los und sprach wieder: Lies! Ich antwortete: Ich lese nicht. Er drückte mich noch einmal, bis ich glaubte, es sei aus mit mir. Er ließ mich los und sagte: Lies! Ich antwortete: Was soll ich lesen? Ich gab diese Antwort, bloß um zu entkommen, damit er mich (auf wiederholte Weigerung) nicht behandle wie vorher. Er sprach: Lies! Im Namen deines Herrn, welcher erschaffen hat etc. Ich las. Er war nun fertig und verließ mich. Ich erwachte aus dem Schlaf und es war mir, wie wenn ein Buch (Vertrag) in mein Herz geschrieben worden wäre. Ich haßte nichts mehr in der ganzen Schöpfung als Dichter und von Ginn Besessene. Ich konnte ihren Anblick nicht ertragen. Ich sagte daher zu Chadyga: Der, von dem man es nicht hätte glauben sollen, ist entweder ein Poet oder von einem Ginn beherrscht. Er meinte sich selbst. Sage es ja den Korayschiten nicht. Ich gehe auf die Spitze eines Berges und stürze mich hinab. Ich bringe mich ums Leben, um Ruhe zu finden. Um diese Vorhaben auszuführen ging ich bis auf die Mitte des Berges, dort aber hörte ich eine Stimme vom Himmel, welche rief: O Mahammad, du bist der Gesandte Gottes und ich bin Gabriel in menschlicher Gestalt. Seine Füße waren am Horizont und er rief: O Mahammad, du bist der Gesandte Gottes und ich bin Gabriel. Ich blieb stehen und sah ihn an. Dies hielt mich von meinem Vorhaben ab. Ich ging weder vorwärts noch rückwärts. Dann sah ich mich am ganzen Horizonte um, und wo ich immer hinblickte, sah ich ihn in derselben Gestalt. Ich blieb still stehen, ohne vorwärts oder rückwärts zu gehen, bis Chadyga Leute schickte, mich zu suchen. Sie gingen bis Makka und kamen zurück nach Hirâ und ich stand die ganze Zeit dort. Endlich verschwand der Engel und ich kehrte zu meiner Familie zurück. Ich setzte mich der Chadyga auf den Schoß und schmiegte mich an sie. Sie fragte: O Abû-l-Kâsim, wo bist du gewesen? Ich habe Leute ausgeschickt, dich zu suchen, und sie sind in Makka gewesen, haben dich aber nicht gefunden. Ich sagte zu ihr: der, von dem man es nicht hätte glauben sollen, ist ein Poet oder von Ginn besessen. Sie sprach: Gott ist mein Schutz, o Abû-l-Kâsim. Gott wird dir nie so etwas widerfahren lassen; denn du sprichst die Wahrheit, beobachtest Treue, hast gute Sitten und hältst es mit deinen Verwandten. Was bringt dich auf diesen Gedanken, hast du vielleicht etwas gesehen? Ich antwortete: Ja. Ich erzähle ihr, was ich gesehen hatte. Sie sprach, freue dich, mein geliebter Mann, und sei guten Mutes. Er, in dessen Hand das Leben der Chadyga steht, ist mein Zeuge, daß du der Prophet dieses Volkes sein wirst. Dann stand sie auf, kleidete sich an und ging zu ihrem Vetter Waraka. Dieser Waraka hatte sich zum Christentum bekehrt und hatte die Bibel gelesen und die Juden und Christen angehört. Sie erzählte ihm, was ihr Mann gesehen und gehört hatte, und Waraka rief aus: Koddûs! (heilig! heilig!) wenn das, was du mir sagst, wahr ist, so kommt zu ihm der größte Nâmûs, der zu Moses gekommen ist, und er wird der Prophet dieses Volkes sein. Verkündige ihm dies und sage ihm, er möge standhaft sein. Chadyga kehrte (nach Hirâ) zum Propheten zurück und wiederholte, was Waraka gesagt hatte. Dies beschwichtigte zum Teil seine Aufregung. Als die Zeit, die er zu Hirâ zu verweilen pflegte, vorüber war, kehrte er nach Makka zurück und, seiner Gewohnheit gemäß, ging er um die Ka'ba, da begegnete er dem Waraka. Auf seine Frage erzählte er ihm, was er gehört und gesehen hatte, und Waraka sagte: Ich schwöre bei ihm, in dessen Hand das Leben des Waraka ist, dich hat Gott zum Propheten dieser Nation auserkoren und der größte Nâmûs ist zu dir gekommen, der Nâmûs, der einst zu Moses gekommen ist. Sie werden dich einen Lügner heißen, sie werden dich verfolgen, sie werden dich vertreiben und sie werden mit dir kämpfen. O daß ich bis auf jenen Tag leben möchte, ich würde dir beistehen. Darauf küßte er ihn auf die Stirne. Der Prophet ging nach Haus und die Versicherung des Waraka war ein großer Trost und verminderte seine Beklommenheit.[29]

[63] *Der Angriff des Propheten auf die Abgötterei*

Sprich: »Gäbe es neben Ihm noch andere Götter, wie sie behaupten, dann hätten sie gewißlich einen Weg zum Herrn des Throns gesucht.«

Heilig ist Er und hoch erhaben über all das, was sie behaupten.

Die sieben Himmel und die Erde und wer darin ist, sie preisen Seine Herrlichkeit; und es gibt kein Ding, das Ihn nicht lobpreist; ihr aber versteht ihre Lobpreisung nicht. Wahrlich, Er ist langmütig, allverzeihend.

Haben sie sich Götter von der Erde angenommen, die die Toten auferwecken?

Gäbe es in ihnen (Himmel und Erde) Götter außer Allah, dann wären wahrlich beide zerrüttet. Gepriesen sei Allah, der Herr des Thrones, hoch erhaben über das, was sie aussagen.

...

Haben sie sich Götter angenommen außer Ihm? Sprich: »Bringt euren Beweis herbei. Hier sind die Schriften derer mit mir und die Schriften derer vor mir.« Doch die meisten von ihnen kennen die Wahrheit nicht, und so wenden sie sich ab.

Und Wir schickten keinen Gesandten vor dir, dem Wir nicht offenbart: »Es gibt keinen Gott außer Mir; darum dienet Mir (allein).«

Und sie sprachen: »Der Gnadenreiche hat Sich einen Sohn zugesellt.« Heilig ist Er! Nein, aber sie sind (nur) geehrte Diener.[30]

Sie sprechen nicht, ehe Er es befiehlt, und sie handeln nur nach Seinem Befehl.

Er weiß, was vor ihnen und was hinter ihnen ist, und sie legen nicht Fürbitte ein, außer für den, der Ihm genehm ist, und sie zittern in Furcht vor Ihm.

Und wer von ihnen sagen wollte: »Ich bin ein Gott neben Ihm«, dem würden Wir es mit der Hölle vergelten. So vergelten wir den Frevlern.

Und wenn Allah genannt wird als der Einige, dann krampfen sich die Herzen derer, die nicht ans Jenseits glauben, in Widerwillen zusammen; werden aber die genannt, die an Seiner Statt (verehrt werden), siehe, dann beginnen sie zu frohlocken.

Dies ist ein Teil von der Weisheit, die dir dein Herz offenbart hat. Und setze nicht neben Allah einen anderen Gott, auf daß du nicht in die Hölle geworfen werdest, verdammt und verstoßen.

Sprich: »Rufet Allah an oder rufet Rahmān an – bei welchem (Namen) immer ihr (Ihn) rufet, Sein sind die schönsten Namen.« Und sprich dein Gebet nicht (zu) leise, sondern suche einen Weg dazwischen.

Sprich: »Aller Preis gebührt Allah, Der sich keinen Sohn zugesellt hat und niemanden neben Sich hat in der Herrschaft noch sonst einen Gehilfen aus Schwäche.«[31] Und preise Seine Herrlichkeit mit aller Verherrlichung.

Und sie sprechen: »Der Gnadenvolle hat Sich einen Sohn beigesellt.«

Wahrhaftig, ihr habt da etwas Ungeheuerliches getan!

Die Himmel möchten wohl darob zerreißen und die Erde auseinanderbersten und die Berge in Trümmer zusammenstürzen.

Weil sie dem Gnadenvollen einen Sohn zugeschrieben haben,

Während der Gnadenreiche doch viel zu erhaben ist, um sich einen Sohn beizugesellen.

Da ist keiner in den Himmeln noch auf der Erde, der dem Gnadenreichen anders nahen dürfte denn als Diener.

Er, Des das Königreich der Himmel und der Erde ist, der Sich keinen Sohn zugesellt hat und der keinen Mitregenten hat in der Herrschaft und Der jegliches Ding erschaffen und ihm sein rechtes Maß gegeben hat.

Und doch haben sie sich Götter genommen neben Ihm, die nichts erschaffen, sondern selbst erschaffen sind, und die für sich selber keine Macht haben über Schaden oder Nutzen, noch haben sie Macht über Leben und Tod und Erweckung.

Jene, die ungläubig sind, sprechen: »Dies ist ja nichts als eine Lüge, die er erdichtet hat, und andere Leute haben ihm dabei geholfen.« Zweifellos sind sie der Ungerechtigkeit und Unwahrheit schuldig.

Und sie wundern sich, daß ein Warner zu ihnen gekommen ist aus ihrer Mitte; und die Ungläubigen sprechen: »Das ist ein Zauberer, ein Lügner.

Macht er die Götter zu einem einzigen Gott?[32] Dies ist fürwahr ein wunderbarlich Ding.«

Und die Führer unter ihnen erklärten laut: »Geht und haltet fest an euren Göttern! Das ist eine abgekartete Sache.

Wir haben nie etwas hiervon gehört, (auch) nicht in der letzten Glaubenslehre. Dies ist nichts als eine Erdichtung.

Ist die Ermahnung (gerade) zu ihm unter uns (allen) gesandt worden?« Nein, sie sind im Zweifel über meine Ermahnung. Nein, sie haben Meine Strafe noch nicht gekostet.

Und sie machen die Engel, die des Gnadenreichen Diener sind, zu weiblichen Wesen. Waren sie etwa Zeugen ihrer Erschaffung? Ihr Zeugnis wird aufgezeichnet, und sie werden zur Rechenschaft gezogen werden.

Und sie sprechen: »Hätte der Gnadenreiche es gewollt, wir würden sie nicht verehrt haben.«[33] Sie haben keinerlei Kenntnis hiervon. Sie haben nichts als Vermutungen.

Haben Wir ihnen ein Buch gegeben vor diesem, an dem sie festhalten?

Nein, sie sprechen: »Wir fanden unsere Väter eine Glaubenslehre befolgend, und wir lassen uns durch ihre Fußstapfen leiten.«

[64] *Mohammed nur ein Mensch, der Allahs Offenbarungen empfing*

Bringer froher Botschaft und Warner. Doch die meisten von ihnen kehren sich ab, so daß sie nicht hören.

...

Sprich:[34] »Ich bin nur ein Mensch, wie ihr. Mir ward offenbart, daß Euer Gott ein Einiger Gott ist; so seiet aufrichtig gegen Ihn und bittet Ihn um Verzeihung.« Und wehe den Götzendienern,

Die nicht die Zakāt entrichten und die das Jenseits leugnen.

Sprich: »Ich sage nicht zu euch: ›Bei mir sind Allahs Schätze‹, auch sage ich nicht zu euch: ›Ich bin ein Engel‹; ich folge nur dem, was mir offenbart ward. Sprich: »Können wohl ein Blinder und ein Sehender einander gleichen?« Wollt ihr denn nicht nachdenken?

Und warne hiermit jene, die da fürchten, sie möchten zu ihrem Herrn versammelt werden, daß sie keinen Freund noch Fürsprech haben werden außer Ihm; auf daß sie doch gottesfürchtig werden.

Wahrlich, Er, Der (die Vorschriften) des Qur-âns bindend für dich gemacht hat, Er wird dich zurückbringen zur Stätte der Wiederkehr. Sprich: »Mein Herr weiß am besten, wer es ist, der die Leitung gebracht hat, und wer im offenbaren Irrtum ist.«

Und du hattest selbst keine Hoffnung, daß dir das Buch offenbart würde; allein es ist eine Barmherzigkeit von deinem Herrn; so sei nie ein Beistand derer, die ungläubig sind.

Und lasse sie dich nicht abwendig machen von den Zeichen Allahs, nachdem sie zu dir niedergesandt worden; und rufe (die Menschen) zu deinem Herrn, und sei nicht von denen, die Götter anbeten.

Und rufe neben Allah nicht einen andern Gott an. Es gibt keinen Gott außer Ihm. Alle Dinge sind vergänglich, bis auf Sein Angesicht. Sein ist die Herrschaft, und zu Ihm werdet ihr zurückgebracht werden.

Und wenn Unsere deutlichen Zeichen ihnen vorgetragen werden, dann sprechen jene, die nicht hoffen, Uns zu begegnen: »Bring einen andern Qur-ân als diesen oder ändre ihn.« Sprich: »Es steht mir nicht zu, ihn aus eignem Antrieb zu ändern. Ich folge nur dem, was mir offenbart ward. Fürwahr, ich befürchte, falls ich meinem Herrn ungehorsam bin, die Strafe eines schrecklichen Tags.«

Sprich: »Hätte Allah es gewollt, so hätte ich ihn auch nicht vorgetragen, noch hätte Er ihn euch kund gemacht. Ich habe doch fürwahr ein Menschenalter unter euch gelebt vor diesem. Wollt ihr denn nicht begreifen?«

[65] *Das Volk verlangt Wunder*

Die Korayschiten sprachen mit dem Propheten und sagten: Du erzählst uns, daß Moses einen Stab hatte, mit dem er auf den Felsen schlug, und es sprudelten zwölf Quellen hervor, daß Jesus die Toten erweckt und daß für die Thamûdäer eine Kamelin hervorgebracht wurde. Wirke ein solches Wunder und wir wollen dir glauben. Er sprach: Was für ein Wunder wünscht ihr? Sie antworteten: Verwandle den Hügel von Cafâ in Gold. Er sagte: Sehr gut, ich will es tun. Darauf rief er den Gabriel. Dieser aber sprach: Wenn du willst, so soll der Cafâ zu Gold werden. Aber warum soll ein Zeichen gewirkt werden? Sie glauben doch nicht daran[35], und dann folgt (augenblicklich) die Strafe (die Vertilgung aller Einwohner). Es ist besser, du wartest ab, bis sich diejenigen, welche sich bekehren wollen, bekehrt haben. Mohammed erwiderte: Ich will abwarten.

Sendet Jemand zu Mohammed, daß er zu uns komme, wir wollen mit ihm disputieren, damit wir einmal mit ihm ins Klare kommen. Er eilte bereitwillig zu ihnen, von dem lang gehegten Wunsche beseelt, daß sie endlich die Wahrheit einsehen würden. Sie sprachen zu ihm: Wir haben von keinem Araber gehört, daß er solches unter seinem Stamme eingeführt hat wie du. Du tadelst unsere Väter, lästerst unsern Glauben, erklärst uns für Toren, verhöhnst unsere Götter und stiftest Zwietracht unter uns. Es gibt kein Übel, das du nicht versucht hast. Wenn der Zweck deiner Neuerungen der ist, Reichtümer zu erwerben, wollen wir sie dir geben und du sollst der reichste Mann unter uns sein. Wenn du durch deine Neuerungen nach Rang strebst, so wollen wir dich zu unserm Sayyid machen. Wenn du Herrschaft bezweckst, wollen wir dich als König ausrufen. Wenn dich aber ein Ginn (Dämon) plagt, so wollen wir Geldausgaben nicht scheuen und Mittel zu finden streben, welche dir Heilung verschaffen, und wenn nichts hilft, so wollen wir dein Gebrechen entschuldigen. Der Prophet antwortete: Ich bezwecke nichts von dem, was ihr nennet, weder Reichtum, noch Rang, noch Herrschaft, sondern Allah hat mich zu euch als Boten gesandt, er hat mir ein Buch geoffenbart und befohlen, daß ich euch ermuntern und warnen soll. Ich habe euch die Botschaft meines Herrn überbracht und meinen Rat gegeben. Wenn ihr meine Lehre annehmet, so ist es zu eurer Seligkeit in dieser und in der nächsten Welt; wenn ihr sie aber von euch stoßet, so erwarte ich geduldig den Befehl Gottes. Er wird zwischen mir und euch richten. Sie erwiderten: Wenn du unsere Anerbieten nicht annimmst, so machen wir einen andern Vorschlag: Du siehst, unser Tal ist eng, wir sind arm und leiden großen Wassermangel: wir führen ein hartes Leben. Bitte deinen Herrn, der dich gesandt hat, daß er diesen Bergen, welche uns beengen, wegzugehen befehle, daß er unser Land weit mache und von Flüssen durchströmt werden lasse, wie Irâk und Syrien. Bitte ihn, daß er unsere Väter, besonders aber den Kocayy, wieder erwecke, und wir wollen uns bei ihnen Rat holen über deine Lehre. Wenn du das tust, so glauben wir an dich. Der Prophet antwortete: Das was ihr verlangt, ist nicht meine Mission. Ich habe euch bereits die Botschaft, mit der ich beauftragt bin, ausgerichtet. Wenn ihr sie annehmet, so ist es zu eurem Heil in dieser Welt und in der nächsten. Sie fuhren fort: Wohlan denn, wenn du das nicht tun willst, so bitte deinen Herrn, daß er einen Engel sende, welcher Zeugnis für dich ablege, daß er dir Gärten und Schätze gebe und ein Schloß von Gold und Silber, damit du nicht mehr auf die Märkte zu ziehen brauchst, um deinen Unterhalt zu erwerben. Mohammed antwortete: Ich werde niemals meinen Herrn um Solches bitten, noch ist dieses meine Mission. Ich bin als Prediger und Warner zu euch gesandt worden. Sie fielen ihm in das Wort: Wenn du ein Warner bist, so lasse den Himmel auf uns herabstürzen, wie du glaubst, daß dein Herr tun wird, wenn es ihm gefällt. Er antwortete: Das steht bei Gott, wenn es ihm gefällt, so wird er es tun. Einer von ihnen sagte: Wir glauben nicht an dich, bis du Allah und die Engel zu uns herabbringst.

[66] *Kritik der Mekkaner und Mohammeds Antwort*

Und sie sprechen: »Was für ein Gesandter ist dies, der Speise ißt und in den Gassen umherwandelt? Warum ist nicht ein Engel zu ihm herabgesandt worden, daß er als Warner bei ihm wäre?

Oder es hätte ihm ein Schatz herabgeworfen werden sollen, oder er müßte einen Garten empfangen haben, davon zu essen.« Und die Frevler sprechen: »Ihr folgt nur einem behexten Menschen.«

Sie sprachen: »O du, zu dem die Mahnung herabgesandt ward, du bist fürwahr ein Verrückter.

Warum bringst du nicht Engel zu uns, wenn du der Wahrhaftigen einer bist?«

Wir senden keine Engel hernieder, außer mit triftigem Grunde, und dann wird ihnen kein Aufschub gewährt.

Wahrlich, Wir, Wir Selbst haben diese Mahnung herabgesandt, und sicherlich werden Wir ihr Hüter sein.

Wir entsandten schon vor dir (Gesandte) zu früheren Stämmen.

Und nie kam ein Gesandter zu ihnen, über den sie nicht höhnten.

Fürwahr das ist die Art, wie Wir mit den Frevlern verfahren;

Denn da zu ihnen gesprochen ward: »Es gibt keinen Gott außer Allah«, da wandten sie sich verächtlich ab.

Und sprachen: »Sollen wir unsere Götter aufgeben um eines besessenen Dichters willen?«

Nein, er hat die Wahrheit gebracht und hat die Wahrheit aller Gesandten bestätigt.

Ihr werdet sicherlich die peinvolle Strafe kosten.

Nein, Ich schwöre bei allem, was ihr seht,

Und bei allem, was ihr nicht seht,

Daß dies fürwahr die Botschaft eines ehrenhaften Gesandten ist.

Es ist nicht das Werk eines Dichters; wenig ist's, was ihr glaubt.

Noch ist es die Rede eines Wahrsagers; wenig ist's, was ihr bedenket.

(Es ist) eine Offenbarung vom Herrn der Welten.

Ermahne drum. Bei der Gnade deines Herrn, du bist weder ein Wahrsager, noch ein Besessener.

Sprechen sie etwa: »(Er ist) ein Dichter; wir wollen das Unheil abwarten, das die Zeit über ihn bringen wird«?

Sprich: »Warte nur! Ich bin mit euch unter denen, die warten.«

Ist es ihr Verstand, der ihnen solches anbefiehlt, oder sind sie ein widerspenstiges Volk?

Sprechen sie: »Er hat es erdichtet«? Nein, aber sie wollen nicht glauben.

Laß sie denn eine Rede gleich dieser vorbringen, wenn sie die Wahrheit sprechen!

Und wahrhaftig, Wir haben den Menschen in diesem Qur-ân Gleichnisse aller Art auf mannigfache Weise vorgelegt, allein die meisten Menschen weisen alles zurück, nur nicht den Unglauben.

Und sie sprechen: »Wir werden dir nimmermehr glauben, bis du uns einen Quell aus der Erde hervorbrechen läßt;

Oder (bis) du einen Garten von Dattelpalmen und Trauben hast und lässest mitten darin Ströme hervorsprudeln im Überfluß;

Oder (bis) du den Himmel über uns in Stücke einstürzen läßt, wie du es angedroht hast, oder Allah und die Engel vor unser Angesicht bringst;

Oder (bis) du ein Haus von Gold besitzest oder aufsteigst zum Himmel; und wir werden nicht an deinen Aufstieg glauben, bis du uns ein Buch hinabsendest, das wir lesen können.« Sprich: »Preis meinem Herrn! Bin ich denn mehr als ein Mensch, ein Gesandter?«

Und nichts hat die Menschen abgehalten, zu glauben, da die Leitung zu ihnen kam, als sie sprachen: »Hat Allah einen Sterblichen als Gesandten geschickt?«[36]

Sprich: »Wären auf Erden Engel gewesen, friedlich und in Ruhe wandelnde, Wir hätten ihnen gewiß einen Engel vom Himmel als Gesandten geschickt.«

Sprich: »Allah genügt als Zeuge zwischen mir und euch; wahrlich, Er weiß und sieht alles an seinen Dienern.«

Und wen Allah leitet, der ist der Rechtgeleitete; die aber, die Er irregehen läßt[37], für die wirst du keine Helfer finden außer Ihm. Und Wir werden sie versammeln am Tage der Auferstehung, auf ihren Angesichtern, blind, stumm und taub. Ihr Aufenthalt wird die Hölle sein; so oft sie erlischt, wollen Wir die Flammen für sie wieder anfachen. Das ist ihr Lohn, weil sie Unsere Zeichen verwarfen und sprachen: »Wie! wenn wir Gebeine und Staub sind, sollen wir wirklich als eine neue Schöpfung auferweckt werden?«

Haben sie nicht gesehen, daß Allah, Der die Himmel und die Erde erschuf, imstande ist, ihresgleichen zu schaffen? Und Er hat eine Frist für sie bestimmt, über die kein Zweifel ist. Allein die Frevler verwerfen alles, nur nicht den Unglauben.

Und sie sprechen: »Warum bringt er uns nicht ein Zeichen von seinem Herrn?« Ist ihnen denn nicht der klarste Beweis gekommen durch das, was in den früheren Schriften steht?

Und hätten Wir sie vor seinem Kommen durch eine Strafe vernichtet, dann hätten sie gewiß gesprochen: »Unser Herr, warum schicktest Du uns nicht einen Gesandten, daß wir Deine Gebote hätten befolgen mögen, ehe wir gedemütigt und beschämt würden?«

Sprich: »Ein jeder wartet; so wartet auch ihr, und ihr werdet erfahren, wer die Befolger des rechten Pfades sind und die sich leiten lassen.«

[67] *Die Verkündigung der Auferstehung begegnet Unglauben*

Und sie verharrten in großer Ruchlosigkeit.

Und sie pflegten zu sprechen: »Wie! Wenn wir tot sind und zu Staub und Gebeinen geworden, sollen wir dann wirklich auferweckt werden?

Und unsere Vorväter auch?«

Sprich: »Ja, die Früheren und die Späteren,

Sie werden (alle) versammelt werden zur gesetzten Frist eines bestimmten Tages.

Dann, o die ihr abgeirrt seid und (die Wahrheit) verwerfet,

Wahrlich, essen sollt ihr vom Baume Saqqūm,

Und damit die Bäuche füllen,

Und darauf von siedendem Wasser trinken,

Trinkend wie die Kamele trinken, die an unstillbarem Durst leiden.«

Das wird ihre Bewirtung sein am Tage des Gerichts.

Er stellt Gleichnisse vor uns und vergißt seine eigene Erschaffung. Er spricht: »Wer kann die Gebeine beleben, wenn sie vermodert sind?«

Sprich: »Er, Der sie das erstemal erschuf, Er wird sie beleben; denn Er kennt jegliche Schöpfung.«

Und sie sprechen: »Wenn wir Gebeine und Staub geworden sind, sollen wir dann wirklich zu einer neuen Schöpfung auferweckt werden?«

Sprich: »Ob ihr Steine seid oder Eisen

Oder sonst geschaffener Stoff von der Art, die in eurem Sinn am schwersten wiegt (so sollt ihr doch auferweckt werden).« Dann werden sie sprechen: »Wer soll uns ins Leben zurückrufen?« Sprich: »Er, Der euch das erste Mal erschuf.« Dann werden sie ihre Köpfe wider dich schütteln und sprechen: »Wann geschieht es?« Sprich: »Vielleicht gar bald.«

Und sie sprechen: »Das ist nichts als offenkundige Zauberei.

Wie! Wenn wir tot sind und Staub geworden und Gebeine, sollten wir dann wiedererweckt werden?

Und unsere Vorväter (ebenfalls)?«

Sprich: »Jawohl; und ihr werdet (dann) gedemütigt werden.«

Und sie sprechen: »Es gibt nichts als dies unser Leben hienieden; wir sterben und wir leben und nichts als die Zeit vernichtet uns.« Jedoch sie haben kein Wissen davon; sie haben nichts als Vermutungen.

Und wenn ihnen Unsere deutlichen Zeichen vorgetragen werden, so ist ihr Einwand nur der, daß sie sprechen: »Bringt unsere Väter (zurück), wenn ihr wahrhaftig seid.«

Sprich: »Allah gibt euch Leben und läßt euch drauf sterben; dann wird Er euch versammeln zum Tage der Auferstehung, an dem kein Zweifel ist. Allein die meisten Menschen wissen es nicht.

Die Häupter seines Volks, die ungläubig waren und das Eintreffen im Jenseits leugneten und denen Wir die guten Dinge des irdischen Lebens beschert hatten, sprachen: »Das ist nur ein Mensch wie ihr. Er ißt von dem, was ihr esset und trinkt von dem, was ihr trinket.

Und wenn ihr einem Menschen euresgleichen gehorcht, dann werdet ihr gewiß Verlierende sein.

Verheißt er euch, daß ihr, wenn ihr tot seid und Staub und Gebeine geworden, wieder erstehen werdet?

Weit, weit (von der Wahrheit) ist das, was euch da verheißen wird!

Es gibt kein anderes Leben als unser Leben hienieden; wir sterben und wir leben, doch wir werden nicht wieder erweckt werden.

Er ist nur ein Mensch, der eine Lüge wider Allah erdichtet hat; und wir wollen ihm nicht glauben.«

[68] *Glaube und Unglaube von Allah bestimmt*

Wahrlich, diejenigen, wider die das Wort deines Herrn ergangen ist, sie werden nicht glauben.

Auch wenn ihnen jegliches Zeichen käme, bis sie die schmerzliche Strafe sehen.

Warum war da kein Volk, außer dem Volke Jonas, das so glauben mochte, daß ihnen ihr Glaube gefruchtet hätte? Als sie glaubten, da nahmen Wir die Strafe der Schande von ihnen hinweg in diesem Leben und gaben ihnen Versorgung auf eine Weile.

Und hätte dein Herr Seinen Willen erzwungen, wahrlich, alle, die auf der Erde sind, würden geglaubt haben insgesamt. Willst du also die Menschen dazu zwingen, daß sie Gläubige werden?

Keine Seele kann gläubig werden, außer mit Allahs Erlaubnis. Er sendet (Seinen) Zorn über jene, die ihre Vernunft nicht gebrauchen mögen.

Und hätten Wir gewollt, Wir hätten jeder Seele ihre Leitung geben können; jedoch das Wort von Mir muß wahr werden: »Füllen will Ich die Hölle mit Dschinn und Menschen allzumal.«

Und Wir haben einzig und allein Engel zu Hütern des Feuers gemacht. Und Wir setzten ihre Anzahl nicht fest, außer zur Prüfung derer, die ungläubig sind, auf daß die, denen das Buch gegeben ward, Gewißheit erreichen und die, die gläubig sind, an Glauben zunehmen, und die, denen die Schrift gegeben ward, und die Gläubigen nicht zweifeln, und die, in deren Herz Krankheit ist, und die Ungläubigen sprechen: »Was meint Allah mit diesem Gleichnis?« Also läßt Allah den irregehen, wen Er will, und leitet recht, wen Er will. Keiner kennt die Heerscharen deines Herrn als Er allein.[38] Dies ist nur eine Ermahnung für die Menschen.

So möge, wer da will, einen Weg zu seinem Herrn nehmen.

Und ihr wollt, weil Allah will. Wahrlich, Allah ist allwissend, allweise.

Er läßt, wen Er will, in seine Barmherzigkeit eingehen, und für die Frevler hat Er qualvolle Strafe bereitet.

[69] *Heiliger Krieg*

Und kämpfet für Allahs Sache gegen jene, die euch bekämpfen, doch überschreitet das Maß nicht. Wahrlich, Allah liebt nicht die Maßlosen.

Und tötet sie, wo immer ihr auf sie stoßt, und vertreibt sie von dort, von wo sie euch vertrieben; denn Verfolgung ist ärger als Totschlag. Bekämpft sie aber nicht (in und) nahe der Heiligen Moschee, es sei denn, daß sie euch darin angreifen. Doch wenn sie euch angreifen, dann kämpft wider sie: das ist die Vergeltung für die Ungläubigen.

Wenn sie jedoch ablassen, dann wahrlich, ist Allah der Allvergebende, der Barmherzige.

Und bekämpfet sie, bis die Verfolgung aufgehört hat und der Glaube an Allah frei ist. Wenn sie jedoch ablassen, dann (wisset), daß keine Feindschaft erlaubt ist, außer wider die Ungerechten.

Da dein Herr den Engeln offenbarte: »Ich bin mit euch; so festiget denn die Gläubigen. In die Herzen der Ungläubigen werfe Ich Schrecken. Treffet (sie) oberhalb des Nackens, schlagt ihnen die Fingerspitzen ab!«

Dies weil sie Allah Trotz boten und Seinem Gesandten. Wer aber Allah und Seinem Gesandten Trotz bietet – wahrlich, Allah ist streng im Vergelten.

Das (ist eure Strafe), kostet sie denn; und (wisset) daß für die Ungläubigen die Feuerpein bestimmt ist.

O die ihr glaubt, wenn ihr auf das Heer der Ungläubigen stoßt, die mit Macht vorrücken, so kehrt ihnen nicht den Rücken.

Und wer ihnen an solch einem Tag den Rücken kehrt, es sei denn, er schwenke ab zur Schlacht oder zum Anschluß an einen (anderen) Trupp, der lädt fürwahr Allahs Zorn auf sich, und die Hölle soll seine Herberge sein. Das ist eine üble Bestimmung.

Nicht ihr habt sie erschlagen, sondern Allah erschlug sie. Und du warfest nicht, als du warfest, sondern Allah schleuderte, auf daß (Er die Ungläubigen zu Fall bringe) und Höchstselbst den Gläubigen eine große Gnade bezeige. Wahrlich, Allah ist allhörend, allwissend.[39]

Zarathustra

Als vierter prophetischer Religionsstifter ist der iranische Prophet Zarathustra (gr. Zoroaster) zu nennen. Seine geschichtliche Gestalt verschwimmt für uns im Nebel der Jahrtausende. Das hängt einerseits mit dem Charakter der Quellen zusammen, von dem gleich zu sprechen sein wird, und andererseits damit, daß für die iranische Religion der Prophet Zarathustra selbst ohne wesentliche Bedeutung gewesen ist. Sein Werk war für seine Anhänger wichtiger als er selbst. Außerdem versank nach Zarathustra die von ihm gestiftete Religion, der Mazdaismus[1], wieder in die Strukturform, die Zarathustra bekämpft hatte, in Polytheismus und priesterliche Kultmagie. Die Tragik der iranischen Religion ist es, daß ihr nur *ein* Prophet als Stifter beschert wurde, und daß diesem keine weiteren Propheten nachfolgten, die – wie es in prophetischen Religionen sonst vielfach geschah – die prophetische Lebendigkeit und formfreie Unmittelbarkeit immer aufs neue wiederherstellten in ständigem Protest gegen die Neigung zur rituellen Verfestigung und mechanischen Veräußerlichung. Dieser Neigung ist die spätere Religion Zarathustras weitgehend erlegen. Diese Entwicklung war aber naturgemäß einem Interesse an der Person Zarathustras nicht förderlich.

Was nun die Quellen anbetrifft, so kommt vor allem das Avesta[2] in Betracht, die heilige Schriftensammlung des Mazdaismus, die in ihrer heutigen Gestalt einen Bruchteil des ursprünglichen aber verlorengegangenen Avesta bildet. In dieser Schriftensammlung geben allein die Gaths einen unmittelbaren Eindruck von der Persönlichkeit des Propheten und seinem religiösen Anliegen. Diese Versgesänge bilden den ältesten Teil des heutigen Avesta und werden allgemein auf Zarathustra selbst zurückgeführt. Rein legendarischen Charakter tragen, soweit Person und Leben Zarathustras in Betracht kommen, die zur Sasanidenzeit entstandenen mittelpersischen Texte, die die sogenannte Pahlawi-Literatur bilden.[3] In Abhängigkeit von diesen Schriften entstand im 13. Jahrhundert das Zarathust-Nama, eine legendarische Zarathustra-Biographie, die man mit dem buddhistischen Lalitavistara vergleichen könnte.

Als sekundäre Quellen kommen noch die Nachrichten der griechischen Schriftsteller wie Herodot, Strabo, Plutarch und später römischer Schriftsteller wie Ammianus Marcellinus und Procopius in Betracht, soweit sie sich mit persischer Religion befaßt haben.[4] Aber für Leben und Persönlichkeit des Propheten haben diese Texte keine Bedeutung.

Ehe wir uns mit Leben und Legende Zarathustras befassen, sei noch ein kurzes Wort über die Religion Zarathustras vorausgeschickt.[5] Zarathustra trat, wie Mose und Mohammed, inmitten von Nomadenstämmen auf, deren Seßhaftwerdung eines seiner Anliegen war. Die religiöse Verkündigung hat ihre unverwechselbare Eigenart darin, daß sie einen doppelten Dualismus bezeugt zwischen geistiger und körperlicher Welt einerseits und zwischen guter und böser Welt andererseits. Dieser zweite wichtigste Dualismus ist in jeder der beiden Welten, der geistigen und der körperlichen, vorhanden. Dieser ethische Dualismus bedeutet natürlich eine Kampfsituation, in die der Mensch hineingestellt ist. Er muß sich entscheiden für die numinosen Mächte, die den ethischen Dualismus schufen und repräsentieren, für den guten Gott Ahura Mazda oder für den bösen Geist Ahriman, der mit seiner bösen Schöpfung in die gute Ahura Mazdas eindrang. Das unerhört Neue in dieser Religionswelt Zarathustras liegt darin, daß hier im Unterschied von den naiven Volksreligionen, die die Welt in ihrem Sosein kritiklos hinnehmen, mit dem Tiefblick des religiösen Genius die generelle Situation der Welt darin gesehen wird, daß diese Welt erst auf dem Wege zu ihrer gottgesetzten Bestimmung ist. Der Sinn der Welt liegt in ihrem Ziel, nämlich in der Verwirklichung des Reiches Ahura Mazdas, in dem das Gesetz des Guten, unangefochten durch die besiegten Mächte des Bösen, herrscht.

Wann Zarathustra lebte, ist noch immer nicht mit völliger Eindeutigkeit geklärt. Lommel nimmt in seinem Buche »Die Religion Zarathustras« (1930) an, daß Zarathustra im 8. Jahrhundert v. Chr. gelebt haben müsse. Die neueste Forschung dagegen glaubt 569 v. Chr. als Geburtsjahr errechnen zu können. Unklar ist auch die Heimat Zarathustras. Nach der einen Auffassung muß man sie in der Gegend des heutigen Afghanistan, also im Osten Irans suchen. Andere Forscher sind der Meinung, daß Kindheit und frühe Jugend vom Propheten im Nordwesten Irans verbracht wurden. Der Legende nach soll Zarathustra sowohl durch seine Mutter Dughdhowa wie auch durch seinen Vater Porushaspa dem Geschlecht der Spitama entstammen.

Die Legende beginnt auch hier bei der Mutter des Propheten. Ein von ihr ausgehendes wunderbares Leuchten bezeugt schon früh, daß sie von geheimnisvollen Kräften erfüllt ist. Das wird von vielen Menschen beobachtet. Auch die bösen Mächte beginnen alsbald ihre Versuche, die Menschwerdung des künftigen Propheten zu verhindern. Als Kälte, Pest und Kriege die Heimat Dughdhowas zerstören, schreiben die Landsleute das der mutmaßlichen Zauberkraft des Mädchens zu. Der Vater gibt den Anklagen nach und sendet die Tochter außer Landes. So kommt sie in das Land, in dem der künftige Vater Zarathustras wohnt.

Die Geburt des Propheten ist, wie wir es überall gesehen haben, von einem Kranz mythischer und legendenhafter Erzählungen und Vorstellungen umgeben. Da im Mazdaismus die Anschauung herrscht, daß mehrere Daseinsformen der Wesen zu unterscheiden sind: das geistige Urwesen (daena oder fravashi) und die körperhafte Daseinsform. Nach der Legende soll jenes geistige Urwesen in einem heiligen Zweige auf die Erde gebracht sein, um in einem Vogelnest auf einem Baum zu verweilen, ehe es Dughdhowa, der Mutter Zarathustras, anvertraut wurde. Der Keim der menschlichen Körpergestalt kam nach der Legende auf merkwürdige Weise in den Leib der Mutter: durch Regen, das uralte Fruchtbarkeitssymbol, ging die menschliche Gestaltungskraft in die Pflanzen ein, von den Pflanzen in die Kühe, die Porushaspa auf die Weide getrieben hatte. Zwei von ihnen hatten besonders reichlich Milch und das waren geheimnisvollerweise Kühe, die noch nicht gekalbt hatten. Dughdhowa molk diese Kuh und sammelte die Milch in einem Gefäß. Es wird dann weiter erzählt, daß Porushaspa, der Vater des künftigen Propheten, diese Milch mit dem Saft des heiligen Haoma-Zweiges vermischte, und daß beide Eltern davon tranken. Das bedeutet also, daß nun jenes geistige Urwesen und der körperliche Wirkungskeim verbunden in die Körper der Eltern gekommen waren. Als Porushaspa und Dughdhowa sich nun vereinten, wurde Zarathustra als Menschengestalt gezeugt.[6]

Die Geburt selbst ist in der Legende wie bei allen Religionsstiftern von wunderhaften Ereignissen umrahmt [70]. Helles Licht umstrahlt nach anderen Berichten das Geburtshaus, ein Lichtglanz[7], der alle bösen Anschläge der feindlichen Devs[8] zunichte macht. Nach einem Bericht soll Zarathustra lachend zur Welt gekommen sein. Der Vater erklärt dieses verwunderliche Phänomen so: dank der Tugend der Mutter, und damit wir klar sehen, daß die Herrlichkeit und das Leuchten in die Welt gekommen sind, hat das Kind gelacht (vgl. H. Neumann, Die Mutter des Religionsstifters. 1935 S. 64). Auch die Jugendzeit hat die Legende mit Wundererzählungen ausgestattet, z. B. von der Errettung aus der Macht eines Zauberers, aus dem Feuer, vom Sieg der Lichtkräfte des Kindes über wilde Horden und Wölfe.

Von dem Leben Zarathustras ist wenig Zusammenhängendes bekannt. Wir müssen uns darauf beschränken, einzelne Züge zu kennzeichnen. Jeder Prophet weiß von einem grundlegenden Berufungserlebnis zu berichten, so auch Zarathustra [71]. Bezeichnenderweise ist in dem Text davon die Rede, daß Vohu mano (das gute Denken, einer der »Unsterblichen Heiligen« um Ahura Mazda[9]) zu Zarathustra kam, um ihn zur Entscheidung für den Weisen Herrn aufzufordern. Dieses Moment der Wahlentscheidung spielt in der Religion Zarathustras eine besondere Rolle. Schon von den beiden Geistern des Anfangs heißt es: »Unter diesen beiden Geistern erwählte der Falschgläubige das Schlechteste zu seinem Tun, aber der heilige Geist das Rechte« (Yasna 30,5), und auch die Menschen stehen vor solcher Entscheidung: »Zwischen ihnen (den beiden Geistern) haben die Guthandelnden richtig gewählt, nicht die Schlechthandelnden« (Yasna 30,3). Auch wurde angenommen, daß das geistige Urwesen der einzelnen Menschen (daena) in der Ewigkeit eine Entscheidung trifft zwischen den beiden Möglichkeiten der Existenz.[10] Diese vorirdische Entscheidung ist bestimmend für die spätere irdische Existenz. Offenbar hatte Zarathustra einen tiefen Einblick in das innere Wesen menschlichen Daseins, das in grundlegenden Entscheidungen besteht. So beginnt also auch das öffentliche Wirken des Propheten mit einer existenzbestimmenden Entscheidung für den Gott Ahura Mazda und gegen den bösen Geist. Typisch prophetisch ist auch die Forderung an die von der Botschaft Zarathustras erreichten Menschen, sich zu entscheiden »Mann für Mann«. Es gibt hier keine Neutralität, jeder muß Stellung nehmen.[11]

Dieser Berufung entsprach denn auch das Selbstverständnis des Propheten [72], Seelen für Ahua Mazda zu erwecken. Dieses starke prophetische Selbstbewußtsein, verbunden mit einem exklusiven Absolutheitsanspruch, schließt aber nicht aus, daß dem Propheten von Zeit zu Zeit Zweifel und Anfechtungen auf seinem Wege kamen [73]. Es gehört zum Stil prophetischer Frömmigkeit, daß der Prophet aus solchen Anfechtungen immer wieder zu festem Gottvertrauen sich erhob. So war es auch bei Zarathustra [74].

Der Prophet trat, wie gesagt, mit der Verkündigung des einen erhabenen und sittlich guten Gottes Ahura Mazda[12] auf. Damit trat er in Gegensatz zur altiranischen polytheistischen Volksreligion und wurde damit zum Feinde der angestammten Priesterkaste, die ihrerseits den Propheten bekämpfte und verfolgte. Yasna 46,1 klagt er: »Nach welchem Lande soll ich meine Zuflucht nehmen? Der Familie und dem Gönner entfremden sie mich. Nicht macht es mir der Anhang zu Dank, nicht die falschgläubigen Landesfürsten. Wie soll ich es dir zu Dank machen, Weiser Herr?«

Im Grenzgebiet von Persien und Afghanistan gewann Zarathustra wahrscheinlich einen Stammesfürsten, der seinen Lehren Gehör schenkte und ihn selbst aufnahm. Es handelt sich um Vistaspa, der vermutlich ein noch halbnomadisches Volk regierte. Hier verkündete er sowohl seine Botschaft von Ahura Mazda als auch seine wirtschaftlichen Reformen, die auf eine Seßhaftmachung hinzielen. So wird er der Schützer des Rindes. Yasna 51,14 heißt es: »Den Geboten und Satzungen für die Landwirtschaft wollen sich die Karpan (= Priester der alten Religion) nicht fügen. Für das Weh, das sie dem Rind antun, vollstrecke (an ihnen) ob ihres Tuns und Sprechens den Spruch, der sie am Ende der Dinge ins Haus der Drug[13] (Lüge, dämonische und böse Macht) bringen soll.« Die Bauern, für die er eintritt, und deren Tätigkeit er für gottgefällig erklärt, waren den

Heimsuchungen der beutegierigen Nomaden am meisten ausgesetzt. So betrachtete Zarathustra die Fürsorge für das Rind geradezu als Sinn seiner Mission und die Pflege des Ackerbaus und der Viehzucht als religiöse Pflicht: »Da fragte der Schöpfer des Stieres das asha: Hast du einen Richter für das Rind, auf daß ihr ihm außer Futter auch eifrige Fürsorge verschaffen könnt?«

Der König Vistaspa wurde, wie gesagt, sein Förderer und die Vertrauten des Königs, Frasaustra und Jamaspa, waren seine Freunde. Eine Tochter des Frasaustra heiratet Zarathustra und seine Tochter Porusistra gibt er dem Jamaspa zur Frau.

Es entspricht dem prophetischen Stil der Zarathustra-Religion, daß der Prophet, wie andere Propheten auch, Versuchungen durch Ahriman, den bösen Geist, ausgesetzt ist [75]. Der Text erzählt, daß Zarathustra durch Hersagen des Ahuna Vairya, des Hauptgebetes des Mazdaismus, die böse Macht vertrieb.

Der letzte Text [76] aus späterer Zeit gibt eine zusammenfassende Charakteristik des Werkes und des Wesens Zarathustras.

Vom Tode Zarathustras ist nichts Sicheres bekannt. Verstreute Hinweise lassen vermuten, daß er eines gewaltsamen Todes gestorben ist, was seinem kämpferischen Leben entsprochen hätte.

[70] *Wunderbare Ereignisse bei der Geburt*

Bei dessen Geburt und Heranwachsen Wasser und Kräuter froh wurden, bei dessen Geburt und Heranwachsen Wasser und Kräuter wuchsen, bei dessen Geburt und Heranwachsen sich Glück wünschten alle vom heiligen (Geist) erschaffenen[14] Schöpfungen: »Glück uns, geboren ist der Priester Spitama Zarathustra. Zarathustra wird uns mit Opfergaben, mit gebüscheltem Barsom[15] verehren. Von jetzt ab wird sich die gute Religion der Mazdaanbeter über alle sieben Weltteile ausbreiten.«

Bei dessen Geburt und Heranwachsen der Ahriman[16] fortlief von der ausgedehnten runden fernbegrenzten Erde. Also sprach der Bösewicht Ahriman, der todreiche: Nicht zwangen mich alle Engel wider meinen Willen fort, aber der eine Zarathustra bringt mich wider meinen Willen fort.

[71] *Berufung*

Und als den Heiligen erkannte ich dich, o Weiser Herr, als Vohu manō mir erschien und mich fragte: wer bist du, wem gehörst du? Wie soll ich durch ein Zeichen den Tag für die Unterredung über deine Leute und dich selbst bestimmen? Und ich sagte zu ihm: Erstlich Zarathustra bin ich, ein wahrhafter Feind will ich, so weit ich vermag, dem Falschgläubigen[17], aber dem Rechtgläubigen eine kräftige Stütze sein, auf daß ich nach meinem Wunsch die Anwartschaft auf das Reich[18] bekomme, solang ich dich preise und lobe, o Weiser.

Und als den Heiligen erkannte ich dich, o Weiser Herr, als mir Vohu manō[19] erschien, um mich darnach zu fragen: Für wen willst du dich entscheiden?[20] – Und (als) du selbst zur demütigen Gabe an dein Feuer[21] (erschienst), um mir, soweit ich dazu imstande sein werde, das Asha[22] begreiflich zu machen.

(Der Herr spricht:) »Und du sollst mein Asha sehen, da ich es im Verein mit Ārmaiti[23] rufe, in meine Nähe zu kommen. Und nun frage uns, was deine Fragen an uns sind, denn eine Frage von dir ist wie die der Mächtigen, weil man dich den Mächtigen nach Vermögen zufrieden stellen möchte.«

Und als den Heiligen erkannte ich dich, o Weiser Herr, als mir Vohu manō erschien, als ich zuerst durch eure Worte unterwiesen wurde. Leid brachte mir bei den Menschen das Zutrauen, das zu tun, was ihr mir als das Beste sagtet.[24]

Und als du mir sagtest: Du sollst kommen, um im Gesetz belehrt zu werden, da brauchtest du mich nicht wegen Ungehorsams erst zu ermahnen, mich aufzumachen, bevor mir Sraosha[25] erscheinen wird in Begleitung der schätzereichen Ashi[26], welche die Lose nach den Verdiensten zum Gewinn verteilen wird.

Und als den Heiligen erkannte ich dich, o Weiser Herr, als mir Vohu manō erschien, um die Ziele meines Wunsches zu wissen. »Gewährt mir den nach einem langen Leben, zu dem zu kommen keiner von euch erzwingen kann, nach dem besseren Dasein, das in eurem Reiche sein soll.«

[72] *Das Selbstverständnis*

Der ich mir vorgesetzt habe, die Seele zu erwecken im Einverständnis mit Vohu manō und als einer, der die Belohnungen[27] des Weisen Herrn für die Werke kennt. Solang ich vermag und die Kraft haben werde, solang will ich predigen, daß man nach dem Asha (Gesetz) strebe.

Und ich will reden, nun lauschet, nun höret, ihr, die ihr von Nah und die ihr von Fern verlangend kommt. Nun merket euch alle ihn, denn er ist entlarvt! Nicht soll der Irrlehrer ein zweites Mal das Leben zerstören, die lügnerische Zunge, die sich zum bösen Glauben bekennt.

[73] *Zweifel und Anfechtungen*

Hat der Rechtgläubige oder der Falschgläubige das Höhere erwählt? Der Wissende soll es dem Wissenden sagen, nicht soll der Unwissende irrlehren. Sei uns, o Herr, der Lehrer in der guten Gesinnung!

Das frage ich dich, sage mir der Wahrheit gemäß, o Herr: Wer ist der Rechtgläubige? Die, welchen ich Rede stehe? Oder (wer ist) der Falschgläubige? Bist du selbst der Arge oder ist jener der Arge, der Falschgläubige, der mir deine Vorteile streitig macht? Wie kommt es, daß er nicht selbst als der Arge gilt?

Nach welchem Lande soll ich mich wenden, wohin soll ich meine Zuflucht nehmen? Der Familie und dem Gönner entfremden sie mich. Nicht macht es mir der Anhang zu Dank und der ..., nicht die falschgläubigen Landesfürsten. Wie soll ich es dir zu Dank machen, Weiser Herr?

Ich weiß das, o Weiser, warum ich unzufrieden bin: Mein ist nur wenig Vieh, und weil ich wenige Leute habe. Ich klage dir – hab du ein Einsehen, o Herr – und bitte dich um die Unterstützung, wie sie ein Freund seinem Freunde gewähren soll.

Lehre mich durch Asha nach guter Gesinnung zu streben.

Wann werden, o Weiser, die Morgen der Tage anbrechen, daß die lebende Welt an Asha festhält? (Wann) die rechte Erkenntnis durch die erhabenen Worte der künftigen Heilbringer? Wem zum Beistand wird Vohu manō kommen? Mir eine Zusage zu geben, bitte ich mir von dir aus, o Herr.

[74] *Gottvertrauen*

Welchen anderen Schützer könnte, o Weiser, jemand meiner Person geben, wenn der Falschgläubige mir Gewalt anzutun wagt, außer deinem Feuer und dem (Vohu) manō, durch deren Wirken das Gesetz sich erfüllen wird, o Herr. Dieses Meisterstück versprich meinem Gewissen!

[75] *Versuchung des Propheten*

Von der nördlichen Gegend, von den nördlichen Gegenden kam der todreiche Ahriman angerannt, der Erzdev. Also sprach der Bösewicht Ahriman, der todreiche: »Druj, mach dich auf; stirb, rechtgläubiger Zarathustra!« Die Druj umschlich ihn, der Dev Būiti, das schleichende Verderben, der ... Zarathustra sagte den Ahuna Vairya[28] auf. Er brachte den guten Gewässern der guten Dāityā[29] Verehrung dar; er sprach das Glaubensbekenntnis der Religion der Mazdaanbeter. Die Druj[30] war niedergeschmettert und rannte davon, (ebenso), der Dev Būiti, das schleichende Verderben, der ... Die Druj berichtete ihm:[31] »Du Zerstörer Ahriman, nicht finde ich (ein Mittel zum) Tod des Spitama Zarathustra. Zu herrlich ist der rechtgläubige Zarathustra.« Zarathustra erkannte in seinem Geist: Die falschgläubigen bösen Devs ratschlagen über meinen Tod. Zarathustra erhob sich, Zarathustra ging fürbaß, ungebrochen durch den bösen Geist, durch die Schwierigkeit seiner Vexierfragen, Steine in der Hand haltend – sie sind so groß wie ein Haus – die er vom Schöpfer Ahura Mazda erhalten hatte. »Wohin auf dieser Erde, der ausgedehnten, runden, fernbegrenzten trägst du sie, die befestigt werden sollten auf dem ... des Hauses des Pourushaspa?« Zarathustra klärte den Ahriman auf: Du Bösewicht Ahriman, ich will die von den Devs geschaffene Schöpfung schlagen, ich will das von den Devs geschaffene Leichengespenst schlagen, ich will die Pairika Khnāthaiti schlagen, so lange bis geboren werden wird der künftige Heiland »Sieghaft« aus dem See Kāsava[32] von der östlichen Gegend (von Iran), von den östlichen Gegenden. Ihm antwortete der böse Schöpfer Ahriman: »Vernichte nicht meine Schöpfung, rechtgläubiger Zarathustra! Du bist der Sohn des Pourushaspa. Von Mutterleib an bist du mir bekannt (?). Schwöre ab die gute Religion der Mazdaanbeter. Du sollst ein Glück erlangen, wie es der Fürst Vadhagana[33] erlangte.« Ihm entgegnete

Spitama Zarathustra: »Nicht will ich die gute Religion der Mazdaanbeter abschwören, (solange) nicht Leib, Leben und Bewußtsein sich trennen werden.«[34]

[76] *Wesen und Werk Zarathustras*

(Dem Zarathustra), der zuerst das Gute dachte, der zuerst das Gute redete, der zuerst das Gute tat, dem ersten Priester, dem ersten Krieger, dem ersten Viehzüchter, dem ersten Offenbarer, dem Ersten, der die Offenbarung empfing, dem Ersten, der als Lohn empfing und austeilte die Kuh und (den Lohn des) Asha und das Wort[35] und die Erhörung des Wortes und das Reich (Gottes) und alle mazdaerschaffenen Güter, deren Ursprung der rechte Glaube ist; der der erste Priester, der erste Krieger, der erste Viehzüchter war, der zuerst das Gesicht abwandte von der teuflischen und menschlichen Brut, der als Erster in der körperlichen Welt das Gesetz gelobte, und abschwor ein Dev(anbeter) zu sein und sich als Mazdaanbeter bekannte, als Zoroastrier, als Gegner des Devs, als Anhänger der Ahuralehre. Der als Erster in der körperlichen Welt das Wort wider die Devs, das die Lehre des Ahura enthält, verkündigte; der als Erster in der körperlichen Welt das Wort wider die Devs, das die Lehre des Ahura enthält, predigte; der als Erster in der körperlichen Welt das ganze Devtum als unwürdig der Opfer und Gebete bezeichnete; welcher der starke Spender alles Lebensglückes, der erste Prophet der (iranischen) Länder wurde.[36] Von dem man zuerst das die ganze Offenbarung enthaltende Gesetzeswort allenthalben vernahm, er der Herr und Meister der lebenden Wesen, der Gelober des rechten Glaubens, des größten und besten und schönsten; er der Erfrager der Religion, die unter allen die beste ist.

Welchen alle Unsterblichen, Heiligen mit der Sonne vereint in lautem Bekenntnis und von Herzen überzeugt, aus Zutrauen und innerer Überzeugung zum Meister und Lehrer der lebenden Wesen wünschten, zum Gelober des rechten Glaubens.

Buddha

Wenn wir nach Leben und Legende des Buddha fragen, so meinen wir den historischen Stifter der mystischen Weltreligion des Buddhismus, der etwa 560 v. Chr. geboren wurde und 480 starb. Die Bezeichnung »Buddha« ist ein Würdename und bedeutet der »Erwachte«. Er wird im Buddhismus selbst daher nicht nur auf den historischen Buddha angewandt, sondern auch auf einundzwanzig »Erwachte« früherer Weltperioden, auf die drei Buddhas: Kakusandha, Konāgamana und Kassapa, die angeblich vor dem historischen Buddha in der gegenwärtigen Weltperiode gelebt haben, und auf den sechsundzwanzigsten, künftigen Buddha, Metteyya (skr. Maitreya). Dieser künftige Buddha ist natürlich eine reine Legendengestalt. Ob den anderen Buddhanamen geschichtliche Persönlichkeiten zu Grunde liegen, ist ungeklärt. Wir haben es jedenfalls nur mit dem einzigen für uns als historisch nachweisbaren Buddha aus dem Sakyageschlecht zu tun, der den Rufnamen Siddhārta trug und den Geschlechtsnamen Gautama.

Ehe wir uns dem Lebenslauf des Buddha und seiner legendarischen Ausgestaltung zuwenden, seien einige Ausführungen über den Buddhismus selbst vorausgeschickt.[1] Wir unterscheiden zwischen dem Buddhismus des »kleinen Fahrzeugs« (hīnayāna) und dem des »großen Fahrzeugs« (mahāyāna). Das Hīnayāna wurde von dem historischen Buddha gestiftet. Es war und ist eine reine Mönchsreligion, die keine numinosen Kultobjekte kennt; denn die Götter, die in den Texten auftreten, sind selbst, wie Menschen, Tiere, Geister und Dämonen, erlösungsbedürftige Wesen. Auch ist der Buddha keine Heilandgottheit, die Gegenstand der Verehrung wäre. Der Buddha erscheint als Wegweiser, der die Lehre verkündete, die alle angeblich früheren Buddhas und alle künftigen Buddhas in gleicher Weise verkündet haben und verkünden werden. Buddha hat dieses Selbstverständnis gelegentlich in einem Gleichnis (Samyutta-Nik. 1265,19–21) folgendermaßen zum Ausdruck gebracht: »Den Fall gesetzt, ihr Mönche, ein Mann erblickte auf einer Wanderung im Walde eine alte Straße, einen alten Weg, in früherer Zeit von Menschen begangen. Und er folgte der Straße und erblickte eine alte Stadt, in früherer Zeit von Menschen bewohnt, ausgestattet mit Gärten und Hainen, Teichen und Dämmen, voller Lieblichkeit. Und der Mann nun, Mönche, berichtete das dem König oder einem seiner hohen Beamten ... Und es ließe der König oder der hohe Beamte die Stadt aufbauen, und sie wäre daraufhin blühend, reich bevölkert und gedrängt voll Menschen, voller Wachstum und Gedeihen. Ganz ebenso, Mönche, habe ich eine alte Straße, einen alten Weg erblickt, von den großen Buddhas früherer Zeit begangen.« Die Lehre (dhamma, skr. dharma) also bildet im Hīnayāna zweifellos die Lebensmitte. Der Buddha ist nur einer ihrer Verkünder.

Diese Lehre nun handelt, wie die vier heiligen Wahrheiten bezeugen, vom Leiden, von der Ursache des Leidens, von der Aufhebung der Leidensursache und von dem Wege, der zur Aufhebung der Leidensursache führt. Was aber ist nun dieses Leiden? Ohne die Einzelheiten der buddhistischen Lehre hier darzustellen, beschränken wir uns darauf, festzustellen, daß unter »Leiden« die Unheilssituation der Individuen verstanden wird, die in ihrer individuellen, dem Werden und Vergehen unterworfenen Existenz besteht. Dieses wesenlose Scheindasein erstreckt sich über viele Existenzen; denn der Buddhismus lehrt, wie alle indischen Erlösungslehren, daß die Wesen in einen anfanglosen Geburtenkreislauf verstrickt sind, in dem das Gesetz des Karma (Tat) die jeweilige Existenz bestimmt. Je nach den Taten gestaltet sich die neue individuelle Existenz.[2] Erlösung vom Leiden bedeutet positiv das Eingehen in das gestaltlose, bewußtlose Nirvāna. Der Weg dorthin wird in der Lehre vom achtfachen Pfade gewiesen, der drei wesentliche Stadien hat: ethisch-asketische Zucht (sīla), Versenkung (samādhi) und Erkenntnis (pannā).

Um den Beginn unserer Zeitrechnung entstand aus Motiven, die hier nicht dargelegt werden können[3], ein neuer Zweig des Buddhismus, das Mahāyāna. In ihm erwuchs auf der gleichen Basis der Unheilserkenntnis eine echte Kultreligion, die den Buddha und neben ihm viele andere Buddhas als göttliche Wesen verehrt.

Es ist daher verständlich, daß der historische Buddha in den beiden Zweigen des Buddhismus verschieden gesehen wird, und daß sein Leben verschiedene Darstellungsformen fand.[4] Wir wollen nun in unserer Textsammlung keine Trennung zwischen Hīnayāna und Mahāyāna beachten, sondern die Darstellung des Lebens Buddhas nach Texten aus beiden Buddhismusformen bieten. In den Anmerkungen wird dann auf die charakteristischen Unterschiede zwischen hīnayānistischer und mahāyānistischer Auffassung hingewiesen werden. Auf diese Verfahrensweise werden wir auch aus dem Grunde gewiesen, weil manche Mahāyāna-Texte Vorstellungen enthalten, die bereits im Hīnayāna vorhanden sind. So ist z. B. die für die Legende des Buddhalebens in erster Linie in Betracht kommende Quelle des Lalitavistara dem Mahāyāna zuzurechnen. Seine Legenden aber sind wesentlich älter und gehören dem Hīnayāna an. Es läßt sich also gerade bei den Legenden schwer zwischen Hīnayāna und Mahāyāna unterscheiden.

Der Stammsitz der Familie des Buddha hieß Kapilavatthu (skr. Kapilavastu) und ist wahrscheinlich mit dem heutigen nepalesischen Dorf Paderia identisch; denn hier steht noch heute eine von dem buddhistischen Kaiser Aśoka (273–232 v. Chr.) aufgestellte Säule mit einer Inschrift folgenden Wortlautes: »Der König Devānampiyya piyyadassi (= Asoka) kam 20 Jahre nach seiner Krönung persönlich hierher und bezeugte seine Verehrung, weil der Buddha, der Weise aus dem Stamme der Sakya, hier geboren worden ist. Er ließ eine Säule mit einem Tiersymbol und einem Steinpfeiler errichten, um anzuzeigen, daß der Erhabene hier geboren worden ist. Das Dorf Lumbinī aber befreite er von Abgaben und ließ es teilnehmen an seinem Reichtum.« (Religionsgeschichtl. Lesebuch XI S. 152)

Der Vater des Buddha hieß Suddhodana und war der Fürst eines Kleinstaates. Er gehörte also der zweithöchsten indischen Kaste des Kriegeradels (kśatriya) an. Māyā, Buddhas Mutter, soll eine Woche nach Buddhas Geburt gestorben sein. Die Schwägerin Suddhodanas, Mahāpajāpatī, hat Mutterstelle an dem Knaben vertreten.

Wir wenden uns den Texten zu, die Leben und Legende des historischen Buddha in den wesentlichsten Zügen dokumentieren sollen. Hier ist nun zunächst darauf hinzuweisen, daß auch nach buddhistischer Auffassung Geburt und Leben jedes Buddha in stets der gleichen schematisch festgelegten Weise sich vollziehen. Das Lalitavistara (= »ausführliche Darstellung des Spieles« des Buddha) nennt zwölf typische Phasen des Buddhalebens: 1. Herabstieg von den Göttern, 2. Eingehen in den Mutterschoß, 3. Geburt, 4. Jugend, 5. Vermählung und Leben im Frauengemach, 6. das große Scheiden, 7. die Askese, 8. Eintritt in den Kreis der Erleuchtung, 9. Kampf mit dem Versucher Mārā, 10. Erwachen zur Erleuchtung, 11. erste Verkündigung der Lehre, 12. Eingehen ins Parinirvāna[5]. Diese Phasen bilden denn auch den Rahmen der Lebensbeschreibung des historischen Buddha. Unser erster Text [77] zeichnet die Umstände, die bei der Geburt eines jeden Buddha vorliegen.

Bezüglich des historischen Buddha beginnt daher die Legende mit der Beschreibung des Lebens des Bodhisattvas (= Anwärter der Buddhawürde) in seiner vorletzten Existenz im Himmel der »zufriedenen Götter« [78], wohin der stets auf das Edle gerichtete aeonenlange Wanderweg durch unzählige Geburten[6] den Bodhisattva geführt hatte. Nachdem im Tuschitahimmel beschlossen war, daß der Bodhisattva zu seiner letzten Geburt auf die Erde herabsteigen solle, um im Hause des Fürsten Suddhodana von Māyā geboren zu werden, berichten die legendarischen Texte von der übernatürlichen Empfängnis des Bodhisattva in Gestalt eines weißen Elefanten [79]. Die Geburt selbst, nach beschwerdeloser Schwangerschaft, hat die Legende [80] mit einer Fülle wunderhafter Züge ausgestattet. Kaum aber ist der Bodhisattva geboren, da bezeugt die Natur in allen ihren Erscheinungsformen die wohltuende Wirkung dieses kosmischen Ereignisses. Wir setzen hierher noch einmal den oben schon zitierten Text der Asoka-Säule [82], der den Geburtsort des künftigen Buddha bezeugt und 249 v. Chr., also rund ein Viertel Jahrtausend nach dem historischen Ereignis errichtet wurde.

Wie der Jesusknabe bald nach seiner Geburt von Simeon begrüßt und um seiner künftigen Größe und Bedeutung willen gepriesen wurde, so wurde auch das Buddhakind von dem Seher Asita [83] freudig begrüßt, der ihm die höchste Erleuchtung prophezeit. Asita selbst wird, wie Simeon, das Wirken des von ihm begrüßten Erlösers nicht mehr erleben, da er, wie Simeon, am Ende seines Lebens steht.

Die Legende erzählt eine Fülle von Kindheitsgeschichten [84], die alle darauf hinauslaufen, ähnlich wie die apokryphen Erzählungen aus der Kindheit Jesu, die Größe des künftigen Religionsstifters durch wunderbare Leistungen in der Kindheit und frühen Jugend vorzubereiten und verständlich zu machen.

Der junge Prinz Siddhārta lebte im Glanz und Reichtum eines orientalischen Fürstenhauses. Buddha spricht gelegentlich später von seinem Leben in Luxus und frei von jedem äußeren Leiden [87]. Um so erstaunlicher ist es, daß in diesem leidlosen Leben plötzlich das Verlangen erwacht, für sich selbst und alle anderen Wesen die Erlösung vom Leiden zu suchen. Die Legende hat das Auftauchen der Leidensidee dadurch verständlich zu machen gesucht, daß sie von den vier Ausfahrten [85] erzählt, auf denen dem jungen Fürstensohn die typischen Leidensformen des Alters, der Krankheit und des Todes, aber auch schon die Gestalt eines mit beruhigtem Gemüte einherschreitenden Bettelmönches begegnen.

So erwacht denn in dem Prinzen Siddhārta der Entschluß, die Heimat zu verlassen und in die Heimatlosigkeit zu gehen. Die Legende schmückt auch dieses »große Ereignis«[7] mit wunderhaften Begleiterscheinungen [86]. Das innere Motiv zum Auszug gibt Buddha selbst in einem Ausspruch an [87]: es ist die Erfahrung des Vergänglichkeitscharakters des menschlich-körperlichen Daseins, also dieselbe Erfahrung, die die oben wiedergegebene Geschichte von den vier Ausfahrten von außen an den Prinzen Siddhārta heranbringt. Um den Irrtum auszuschließen, daß man hier eudämonistische Motive vermutet, ist zu bedenken, daß in dem Prinzen echte mystische Sehnsucht nach wahrem, d. h. aller Vergänglichkeit entzogenen, Sein aufwacht. Die mystische Erlösungssehnsucht beginnt allenthalben mit dem Ekel an der Welt und an weltlich-wesenloser, daher vergänglicher Existenz.

Der Asket Gautama beschreitet zunächst, alter indischer Tradition entsprechend, den Weg äußerer Askese. Er wird Schüler des Yogalehrers Ālāra Kālāma, ohne die Erlösung zu erreichen. Dieselbe Erfahrung macht er bei dem Lehrer Uddaka Rāmaputta. Er wendet sich auch von diesem Lehrer ab und versucht, das Heil durch radikale asketische Selbstkasteiung zu erreichen.[8] Auch dieser Weg führt nicht zum Ziele [88].

In diese Zeit asketischen Ringens verlegt die Legende eine erste Versuchung Siddhārtas durch den Teufel Māra [89], der an seine schlechte körperliche Verfassung anknüpft und versucht, ihn dem Leben zu- und damit seinem Lebensziele abzuwenden. Der Versuch des Versuchers scheitert.

Gautama beschließt, nachdem er die Fruchtlosigkeit seiner asketischen Bemühungen eingesehen hat, einen grundsätzlich anderen Weg zu gehen, den der Versenkung, der inneren Betrachtung und Lösung von der Welt [90].

Über die vier Stufen der Versenkung erlangt der Asket Gautama endlich im Schweigen der Nacht die Erleuchtung, in der die Erinnerung an die früheren Geburten, die Erkenntnis des Karmagesetzes und die Schau der vier heiligen Wahrheiten[9] eingeschlossen sind, damit ist aus dem Bodhisattva der Buddha (= der Erleuchtete, Erwachte) geworden.

Für den Mystiker, der Buddha war, ergibt sich nun die Frage, ob er ein konsequenter Mystiker bleiben[10] und die erkannte Heilswahrheit für sich behalten, oder aber den prophetischen Weg der Verkündigung zum Heil der Welt gehen soll [91]. Er entschließt sich um der Wenigen willen, die fähig sind, die Lehre wirklich aufzunehmen, zur Verkündigung.

Die berühmte erste Predigt hält der Buddha im Gazellenhain von Benares [92] vor den fünf Mönchen, die auf seinem Asketenweg ihn begleiteten, aber von ihm sich getrennt hatten, als er, wie sie meinten, asketischer Zucht untreu geworden war und sich dem Wohlleben ergeben hatte.[11] Sie werden seine ersten Jünger.

Im Kreise der allmählich gesammelten Jünger[12] fand sich, wie in Jesu Jüngerkreise, auch ein Verräter. Es war Devadatta, der den Berichten zufolge [93] mehrere Anschläge auf das Leben des Buddha unternimmt, die aber scheitern.

In den alten Pāli-Texten treten Wundergeschichten sehr zurück. Das hängt mit Buddhas grundsätzlicher Einstellung zum Wunder zusammen. Im Dīghanikāya (XI) findet sich ein Gespräch Buddhas mit einem Bürger einer Stadt, der ihn zu Wundertaten veranlassen will, damit mehr Leute an den Buddha glauben. Dieses Ansinnen lehnt der Buddha ab mit der Begründung, daß ein Ungläubiger diese Wunder auf ein geheimes Zauberwissen zurückführen und keineswegs durch sie zum Glauben an den Buddha und an seine Lehre veranlaßt werden würde.[13] Dennoch berichten die Texte gelegentlich einzelne derartige Wundertaten, wie z. B. die Geschichte von dem ausgetrockneten Brunnen [94].

Vierundvierzig Jahre wandert Buddha nun umher in Nordindien, predigt die Lehre und sammelt Jüngerscharen um sich. Der nächste Text [95] enthält eine Beschreibung des täglichen Lebens Buddhas. In dieser Weise vergehen die Jahre, bis sich Buddha im Alter von achtzig Jahren zum Sterben niederlegt.

Die Abschiedsreden, die Buddha vor seinem Tode [96] hielt, beschäftigen sich mit der Errichtung von Denkstätten zur Erinnerung (nicht zum Kultus) an die wichtigsten Ereignisse des Buddhalebens. Der Tod des Meisters geschieht in derselben friedvollen Art wie sein Leben verlaufen war, das keinen Kampf und keine Spannungen, wie das Jesu, kannte. Der Buddha gelangt über die Stufen der Versenkung in das vollkommene Nirvāna. Die Frage, ob der Buddha nach seinem Tode existiere oder nicht, ist ihm oft gestellt worden, wurde aber stets ausweichend von ihm beantwortet, indem er weder die Existenz noch die Nichtexistenz bejahte. Das ist verständlich, wenn man bedenkt, daß das Nirvāna das bewußtlose und überindividuelle Ruhesein ist, in dem individuelle Existenz aufgehoben ist. Die Frage nach Existenz oder Nichtexistenz bezieht sich aber auf solche individuell irdische Existenz und kann folglich mit endlichen Kategorien nicht beantwortet werden, ohne daß damit Existenz überhaupt verneint wäre.

Die Bestattung [97] geschieht durch Verbrennung des Körpers des Erhabenen. Über den Reliquien werden sogenannte Thūpas (skr. Stūpas) errichtet, wasserblasenähnliche Gebäude, aus denen in Ostasien die bekannten mehrstöckigen Pagoden wurden.

Wie oben bereits mitgeteilt, wandelte sich im Mahāyana die Stellung und Bedeutung Buddhas. Er wird zu einer Heilandgottheit, der ein regelrechter Kultus gewidmet wurde und wird. Ein Hymnus [98] auf den Buddha zeigt diese gewandelte Wertung. Vom Mahāyāna aus wird auch der historische Buddha und sein Tod anders beurteilt: der Buddha lehre von Ewigkeit zu Ewigkeit [99], und der hīnayānistische Glaube an das Erlöschen des Buddha im Nirvāna sei nur eine zweckmäßige, in den Menschen erweckte Vorstellung, die sie zur Verehrung der Reliquien veranlasse und dic dadurch der Läuterung der Menschen diene. In Wahrheit aber sei der Buddha nicht in das vollkommene Nirvāna eingegangen, sondern wirke fort und fort zum Heile der Menschen.

In Mahāyāna-Texten, wie z. B. im Saddharmapundarīka[15], stoßen wir auf die Behauptung, daß der Buddha, wie alle Buddhas in Vergangenheit und Zukunft nur ein »Fahrzeug« (yāna) gelehrt habe [100]. Es ist dasselbe, das man später »mahāyāna«, großes Fahrzeug, nannte. Vom Mahāyāna aus erscheint das Hīnayāna nur als eine Form, sogar als eine niedrigerem Verstehen angepaßte Form der einen Wahrheit, die im Mahāyāna ihren vollkommenen Ausdruck gefunden habe.

Wir können hier die Theorien des Mahāyāna über den Buddha und seine verschiedenen »Leiber«[16] nicht erörtern, sondern beschränken uns darauf, nur einen Text [101] vorzulegen, in dem von dem Buddha Amitābha und dem Paradies des Reinen Landes die Rede ist, um damit zu zeigen, daß in dieser Sekte[17] des Mahāyāna der Buddha zu einer echten Heilandgottheit geworden ist, dem sich der Gläubige in vertrauendem Glauben zuwendet, um aus der Unheilssituation des Geburtenkreislaufes durch Buddhas Gnade erlöst zu werden.

In anderen Formen des Mahāyāna ist die historische Gestalt des Buddha noch mehr aufgelöst, indem z. B. im Zen-Buddhismus[18], die Buddha-Natur als die aller Erscheinungswelt zu Grunde liegende eigentliche Wirklichkeit angesehen wird, zu der der Erlöste vorstoßen muß. In einem Zen-Text heißt es daher: »Die Menschen sind in ihrem tiefsten Wesen Buddha, wie Wasser Eis ist. Und wie es kein Eis gibt ohne Wasser, so gibt es ohne Buddha nicht einen Menschen. Weh den Menschen, die in weiter Ferne suchen und was nahe liegt, nicht wissen.« (Chorgesang des Zen-Lehrers Haku-in [1683–1768 n. Chr.] in: Ohasama. Zen, der lebendige Buddhismus in Japan. 1925. S. 62.)

[77] *Wunderbare Geburt eines Buddha*

»Von Angesicht hab' ich es, o Herr, vom Erhabenen gehört, von Angesicht vernommen: ›Klar bewußt, Ānando, schwindet der Erwachsame aus Seliger Gestalt hinweg und kommt in den Leib der Mutter herab.‹ Daß aber, o Herr, der Erwachsame[19] klar bewußt aus Seliger Gestalt hinwegschwindet und in den Leib der Mutter herabkommt, eben das hab' ich mir, o Herr, als erstaunliche, außerordentliche Eigenschaft des Erhabenen gemerkt.

Von Angesicht hab' ich es, o Herr, vom Erhabenen gehört, von Angesicht vernommen: ›Wenn da, Ānando, der Erwachsame aus Seliger Gestalt hinweggeschwunden und in den Leib der Mutter herabgekommen ist, dann erhebt sich in der Welt mit ihren Göttern, mit ihren bösen und heiligen Geistern, mit ihrer Schar von Priestern und Büßern, Göttern und Menschen, ein unermeßlich mächtiger Glanz, überstrahlend sogar der Götter göttliche Pracht. Und auch die Zwischenwelten[20], die traurigen, trostlosen, finsteren, finster umnachteten, wo selbst dieser Mond und diese Sonne, die so mächtigen, so gewaltigen, mit ihrem Scheine nicht hindringen, auch dort erhebt sich ein unermeßlich mächtiger Glanz, überstrahlend sogar der Götter göttliche Pracht. Die aber dort als Wesen weilen, die erschauen in diesem Glanze sich selber und sagen: ›Andere sind es ja noch der Wesen, die hier weilen!‹ Diese zehntausendfache Welt aber wankt und erbebt und erzittert, und es erhebt sich aus ihr ein unermeßlich mächtiger Glanz, überstrahlend sogar der Götter göttliche Pracht. Daß aber, o Herr, wann da der Erwachsame aus Seliger Gestalt hinweggeschwunden und in den Leib der Mutter herabgekommen ist, ein solcher Glanz erscheint, eben das hab' ich mir, o Herr, als erstaunliche, außerordentliche Eigenschaft des Erhabenen gemerkt.

Von Angesicht hab' ich es, o Herr, vom Erhabenen gehört, von Angesicht vernommen: ›Wann da, Ānando, der Erwachsame in den Leib der Mutter herabgekommen ist, dann nahen sich ihm vier Göttersöhne zum Schutze nach den vier Seiten: ›Keiner soll Ihn, den Erwachsamen, oder des Erwachsamen Mutter, versehren, weder Mensch noch Nichtmensch oder irgend wer.‹ ›Daß aber, o Herr, wann der Erwachsame in den Leib der Mutter herabgekommen ist, vier Göttersöhne zum Schutze nach den vier Seiten ihm dann sich nahen, eben das hab' ich mir, o Herr als erstaunliche, außerordentliche Eigenschaft des Erhabenen gemerkt.

Von Angesicht hab' ich es, o Herr, vom Erhabenen gehört, von Angesicht vernommen: ›Wann da, Ānando, der Erwachsame in den Leib der Mutter herabgekommen ist, bleibt des Erwachsamen Mutter ihrer Natur nach tugendhaft und hütet sich, Lebendiges umzubringen, hütet sich, Nichtgegebenes zu nehmen, hütet sich vor Ausschweifung, hütet sich vor

Lüge, hütet sich, berauschende Getränke, betäubende und betörende Mittel zu gebrauchen.‹[21] Daß aber, o Herr, wann da der Erwachsame in den Leib der Mutter herabgekommen ist, des Erwachsamen Mutter ihrer Natur nach tugendhaft bleibt, eben das hab ich mir, o Herr, als erstaunliche, außerordentliche Eigenschaft des Erhabenen gemerkt.

Von Angesicht hab' ich es, o Herr, vom Erhabenen gehört, von Angesicht vernommen: ›Wann da, Ānando, der Erwachsame, in den Leib der Mutter herabgekommen ist, mag des Erwachsamen Mutter nach Männern kein Liebesverlangen mehr anwandeln, und nicht mehr kann des Erwachsamen Mutter von irgend einem Mann in Leidenschaft umfangen werden.‹ Daß aber, o Herr, wann da der Erwachsame in den Leib der Mutter herabgekommen ist, des Erwachsamen Mutter nach Männern kein Liebesverlangen mehr anwandeln mag, und des Erwachsamen Mutter nicht mehr von irgend einem Manne in Leidenschaft umfangen werden kann, eben das hab' ich mir, o Herr, als erstaunliche, außerordentliche Eigenschaft des Erhabenen gemerkt.

Von Angesicht hab' ich es, o Herr, vom Erhabenen gehört, von Angesicht vernommen: ›Wann da, Ānando, der Erwachsame in den Leib der Mutter herabgekommen ist, ist des Erwachsamen Mutter mit den fünf Begehrungen begabt und wird in ihrem Gebrauche gehegt und gepflegt.‹ Daß aber, o Herr, wann da der Erwachsame in den Leib der Mutter herabgekommen ist, des Erwachsamen Mutter mit den fünf Begehrungen begabt ist und in ihrem Gebrauche gehegt und gepflegt wird, eben das hab' ich mir, o Herr, als erstaunliche, außerordentliche Eigenschaft des Erhabenen gemerkt.

Von Angesicht hab' ich es, o Herr, vom Erhabenen gehört, von Angesicht vernommen: ›Wann da, Ānando, der Erwachsame in den Leib der Mutter herabgekommen ist, wird des Erwachsamen Mutter keinerlei Krankheit befallen, wohl befindet sich des Erwachsamen Mutter, ohne körperliche Gebrechen, und erblickt den Erwachsamen in ihrem Leibe liegen, mit allen Gliedern begliedert, sinnenfällig. Gleichwie etwa, Ānando, ein Juwel, ein Edelstein, von reinem Wasser, achteckig, wohlbearbeitet, um den ein Faden geschlungen wäre, ein blauer oder ein gelber, ein roter oder ein weißer oder ein grüner, und ein scharfsehender Mann habe ihn an die Hand gesteckt und betrachtete ihn: ›Das ist ein Juwel, ein Edelstein, von reinem Wasser, achteckig, wohlbearbeitet, und dieser Faden ist herumgeschlungen, der blaue oder der gelbe, der rote oder der weiße oder der grüne‹: ebenso nun auch, Ānando, erblickte des Erwachsamen Mutter den Erwachsamen in ihrem Leibe liegen, mit allen Gliedern begliedert, sinnenfällig.‹ Daß aber, o Herr, wann da der Erwachsame in den Leib der Mutter herabgekommen ist, des Erwachsamen Mutter von keinerlei Krankheit befallen wird, sich wohl befindet, ohne körperliche Gebrechen, und den Erwachsamen in ihrem Leibe liegen sieht, mit allen Gliedern begliedert, sinnenfällig, eben das hab' ich mir, o Herr, als erstaunliche, außerordentliche Eigenschaft des Erhabenen gemerkt.

Von Angesicht hab' ich es, o Herr, vom Erhabenen gehört, von Angesicht vernommen: ›Sieben Tage nach der Geburt, Ānando, des Erwachsamen stirbt des Erwachsamen Mutter und kehrt in Selige Gestalt empor.‹ Daß aber, o Herr, sieben Tage nach der Geburt, Ānando, des Erwachsamen stirbt des Erwachsamen Mutter und kehrt in Selige Gestalt emporgekehrt, eben das hab' ich mir, o Herr, als erstaunliche, außerordentliche Eigenschaft des Erhabenen gemerkt.

Von Angesicht hab' ich es, o Herr, vom Erhabenen gehört, von Angesicht vernommen: ›Wenn auch wohl andere Leiber, Ānando, neun oder zehn Monde die Frucht im Leibe tragen und dann gebären, doch nicht also den Erwachsamen des Erwachsamen Mutter: zehn Monde erst nachdem des Erwachsamen Mutter den Erwachsamen im Leibe getragen, gebiert sie.‹ Daß aber, o Herr, zehn Monde erst nachdem des Erwachsamen Mutter den Erwachsamen im Leibe getragen gebiert, eben das hab' ich mir, o Herr, als erstaunliche, außerordentliche Eigenschaft des Erhabenen gemerkt.

Von Angesicht hab' ich es, o Herr, vom Erhabenen gehört, von Angesicht vernommen: ›Wenn auch wohl andere Weiber, Ānando, sitzend oder liegend gebären, doch nicht also den Erwachsamen des Erwachsamen Mutter: stehend nur gebiert den Erwachsamen des Erwachsamen Mutter.‹ Daß aber, o Herr, den Erwachsamen des Erwachsamen Mutter nur stehend gebiert, eben das hab' ich mir, o Herr, als erstaunliche, außerordentliche Eigenschaft des Erhabenen gemerkt.

Von Angesicht hab' ich es, o Herr, vom Erhabenen gehört, von Angesicht vernommen: ›Wann da, Ānando, der Erwachsame aus dem Leibe der Mutter hervorkehrt, wird er zuerst von Göttern entgegengenommen, hernach von Menschen.‹ Daß aber, o Herr, der Erwachsame, wenn er aus dem Leibe der Mutter hervorkehrt, zuerst von Göttern entgegengenommen wird, hernach von Menschen, eben das hab' ich mir, o Herr, als erstaunliche, außerordentliche Eigenschaft des Erhabenen gemerkt.

Von Angesicht hab' ich es, o Herr, vom Erhabenen gehört, von Angesicht vernommen: ›Wann da, Ānando, der Erwachsame aus dem Leibe der Mutter hervorkehrt, berührt der Erwachsame nicht den Boden, sondern von vier Göttersöhnen empfangen wird er der Mutter dargebracht: Beseligt sei, o Königin, ein hochbegabter Sohn ist dir geboren. Daß aber, o Herr, der Erwachsame, wann er aus dem Leibe der Mutter hervorkehrt, nicht den Boden berührt, sondern von vier Göttersöhnen empfangen der Mutter dargebracht wird, eben das hab' ich mir, o Herr, als erstaunliche, außerordentliche Eigenschaft des Erhabenen gemerkt.

Von Angesicht hab' ich es, o Herr, vom Erhabenen gehört, von Angesicht vernommen: ›Wann da, Ānando, der Erwachsame aus dem Leibe hervorkehrt, kehrt er makellos hervor, unbefleckt von Nässe, unbefleckt vom Schleim, unbefleckt von Blut, unbefleckt von irgend welcher Unsauberkeit, rein und abgeklärt. Gleichwie etwa, Ānando, wenn eine kostbare Perle in ein seidenes Tuch eingehüllt ist, weder die kostbare Perle das seidene Tuch befleckt noch auch das seidene Tuch die kostbare Perle: und warum nicht? weil beide rein sind: ebenso nun auch, Ānando, kehrt der Erwachsame, wann er aus dem Leibe der Mutter hervorkehrt, makellos hervor, unbefleckt von Nässe, unbefleckt von Schleim, unbefleckt von Blut, unbefleckt von irgend welcher Unsauberkeit, rein und abgeklärt.‹ Daß aber, o Herr, der Erwachsame also aus dem Leibe der Mutter hervorkehrt, eben das hab' ich mir, o Herr, als erstaunliche, außerordentliche Eigenschaft des Erhabenen gemerkt.

Von Angesicht hab' ich es, o Herr, vom Erhabenen gehört, von Angesicht vernommen: ›Wann da, Ānando, der Erwachsame aus dem Leibe der Mutter hervorkehrt, ergießen sich zwei Regenströme aus den Wolken herab, einer kühl, einer warm, woraus dem Erwachsamen der Wasserguß gemischt wird und der Mutter.‹ Daß aber, o Herr, wann da der Erwachsame aus dem Leibe der Mutter hervorkehrt, zwei Regenströme sich aus den Wolken herabgießen, eben das hab' ich mir, o Herr, als erstaunliche, außerordentliche Eigenschaft des Erhabenen gemerkt.

Von Angesicht hab' ich es, o Herr, vom Erhabenen gehört, von Angesicht vernommen: ›Alsbald nach der Geburt, Ānando, faßt der Erwachsame mit beiden Füßen zugleich den Boden, wendet das Antlitz gegen Norden und schreitet mit sieben Schritten geradeaus, während ein weißer Schirm über ihm schwebt: und er blickt nach allen Seiten hin und spricht das gewaltige Wort:

Der Höchste bin ich in der Welt,
Der Hehrste bin ich in der Welt,
Der Erste bin ich in der Welt,
Das letzte Leben leb' ich,
Und nicht mehr gibt es Wiedersein.‹

Daß aber, o Herr, der Erwachsame alsbald nach der Geburt also das gewaltige Wort spricht, eben das hab' ich mir, o Herr, als erstaunliche, außerordentliche Eigenschaft des Erhabenen gemerkt.

Von Angesicht hab' ich es, o Herr, vom Erhabenen gehört, von Angesicht vernommen: ›Wann da, Ānando, der Erwachsame aus dem Leibe der Mutter hervorkehrt, erhebt sich wiederum in der Welt mit ihren Göttern, mit ihren bösen und heiligen Geistern, mit ihrer Schar von Priestern und Büßern, Göttern und Menschen, ein unvermeßlich mächtiger Glanz, überstrahlend sogar der Götter göttliche Pracht. Und auch die Zwischenwelten, die traurigen, trostlosen, finsteren, finster umnachteten, wo selbst dieser Mond und diese Sonne, die so mächtigen, so gewaltigen, mit ihrem Scheine nicht hindringen, auch dort erhebt sich ein unermeßlich mächtiger Glanz, überstrahlend sogar der Götter göttliche Pracht. Die aber dort als Wesen weilen, die erschauen in diesem Glanze sich selbst und sagen: ›Andere sind es ja noch der Wesen, die hier weilen!‹

Diese zehntausendfache Welt aber wankt und erhebt und erbebt und erzittert, und es erhebt sich aus ihr ein unermeßlich mächtiger Glanz, überstrahlend sogar der Götter göttliche Pracht.‹ Daß aber, o Herr, wann da der Erwachsame aus dem Leibe der Mutter hervorkehrt, ein solcher Glanz erscheint, eben das hab' ich mir, o Herr, als erstaunliche, außerordentliche Eigenschaft des Erhabenen gemerkt.«

»Wohlan denn, Ānando, so magst du auch diese Eigenschaft des Vollendeten als erstaunlich und außerordentlich dir merken: da steigen, Ānando, Gefühle dem Vollendeten bewußt auf, bewußt halten sie an, bewußt gehn sie unter; steigen Wahrnehmungen bewußt auf, bewußt halten sie an, bewußt gehn sie unter; steigen Gedanken bewußt auf, bewußt halten sie an, bewußt gehn sie unter. Eben das ist, Ānando, eine Eigenschaft des Vollendeten, die du als erstaunlich und außerordentlich dir merken magst.«

»Daß freilich, o Herr, Gefühle dem Erhabenen bewußt aufsteigen, bewußt anhalten, bewußt untergehn; Wahrnehmungen bewußt aufsteigen, bewußt anhalten, bewußt untergehn; Gedanken bewußt aufsteigen, bewußt anhalten, bewußt untergehn; auch das hab' ich mir, o Herr, als erstaunliche, außerordentliche Eigenschaft des Erhabenen gemerkt.«

Also sprach der ehrwürdige Ānando. Zugestimmt hatte der Meister. Zufrieden freuten sich jene Mönche über das Wort des ehrwürdigen Ānando.

[78] *Der Bodhisattva im Himmel der »Zufriedenen Götter«*

Gefeiert unter den Verehrungswürdigen weilte der Bodhisattva im prächtigen Heim des Tuschitahimmels. Die Weihe war ihm zuteil geworden. Hunderttausende von Göttern priesen, lobten, verherrlichten und rühmten ihn. Die Würde war sein; Wunschgelübde hatten ihn hohe Stufen ersteigen lassen; das Verständnis der Lehren aller Buddhas war ihm aufgegangen, und er hatte das weite, reine Auge der Erkenntnis gewonnen. Wohlig saß er in dem großen, auf zweiunddreißigtausend Erden ruhenden Wolkenpalast, der mit Terrassen, Türmen, Toren, Bogenfenstern, Erkern und Söllern reich geschmückt war. Schirme, Fahnen und Standarten ragten dort in die Lüfte; Netze und Girlanden, mit Edelsteinen und Glöckchen besetzt, waren ausgespannt, und eine Streu kleiner und großer Mandarava-Blüten überdeckte den Estrich. Leise erzitterte der Palast, den die schönsten Bäume aller Art zierten, der von güldenen Schleiern umhüllt und mit glückbedeutenden vollen Urnen ausgestattet war, unter dem vereinigten Spiel ungezählter Millionen von himmlischen Musikantinnen. Plan und Anlage des Palastes waren regelmäßig. Als Windzug wehten Blütendüfte darin, und die hingewandten Augen vieler Millionen von Göttern spendeten ihm Licht. Mächtig durchrauschten Gesang und Spiel des Gesetzes seine Räume und brachten jede Begierde, Lust, Erregung und sündiges Verlangen zur Ruhe. Zorn, Streit, Hochmut, Überhebung und Stolz waren vergangen, und Freude, Heiterkeit, Glück und ein geläutertes, umfassendes Verstehen daraus erwachsen.

[79] *Übernatürliche Empfängnis*

Und nach Verlauf der kalten Jahreszeit kam im Gefolge des Gestirns Vischakha der Monat Mai heran. Es war Frühling, die schönste der Jahreszeiten. Die Bäume standen in reichem Blätterschmuck, die herrlichsten Blüten zierten sie in Überfülle. Kälte, Hitze, Dunkelheit und Staub waren vergangen. Junger, weicher Rasen bedeckte den Boden.

Da ließ sich der Herr der drei Welten, der von allen Wesen verehrte Bodhisattva, nach genauer Prüfung, zur richtigen Zeit aus dem Tuschitahimmel herab. Es war am fünfzehnten Tage des Monats, und der Vollmond stand in Konjunktion mit dem Sternbild Puschya. Klar und bei vollem Bewußtsein ging er, als ein junger weißer Elefant mit sechs Stoßzähnen, zur rechten Seite in den Leib seiner Mutter ein, als diese gerade Fasttage hielt. Sein Kopf war purpurfarben, die Reihe der Zähne blitzte wie Gold, und er war mit allen Körperteilen wie Gliedern wohlversehen und von vollkommenen Organen. Im Mutterleibe aber lag er immer auf der rechten und nie auf der linken Seite.

Die Königin Māyā war beseligt auf ihrem Lager eingeschlafen und träumte:

Ein Prachtelefant, strahlend wie Schnee und Silber, ist tänzelnden Schrittes und mit diamantfesten Gelenken in meinen Leib eingegangen. Sechs war die Zahl seiner Stoßzähne, schön waren seine Füße, anmutig der Rüssel und rosig der Kopf. Nie vorher habe ich etwas so Schönes gesehen und gehört, nie ähnliche Wonne empfunden. Es war ein Gefühl körperlichen Glücks und gleichzeitiger Beseligung des Gemüts, daß ich wie in tiefste Versenkung entrückt war.

[80] *Die Geburt des Bodhisattva im Lumbinīhain*

Als nun die Königin Māyā erkannte, daß die Geburtsstunde des Bodhisattva gekommen war, begab sie sich in der ersten Nachtwache zum König Schuddhodana und redete ihn an mit den Strophen: »Vernimm, o Herr, daß ich schon seit langem im Sinn habe, unsern Park aufzusuchen. Wenn es dich nicht erzürnt, dir verhaßt ist oder töricht erscheint, will ich mich sogleich in den Lusthain begeben.

Du selbst bist von der Askese hart mitgenommen und hast deinen Sinn allein auf das Gesetz gerichtet, und ich trage seit langer Zeit ein reines Wesen unter dem Herzen. Nun knospen die schönsten Bäume; die Schalas sind von Blüten überdeckt; darum ist es an der Zeit, o Herr, die Gärten zu besuchen! Wir haben jetzt die schönste der Jahreszeiten. Es ist Frühling, wo die Frauen sich zu schmücken trachten. Die Bienen summen; Kokilas und Pfauen singen ihr Lied; und reiner, glänzender Blütenstaub wirbelt durch die Lüfte. – Bitte, gib Befehl, und laß uns unverzüglich ziehen!«

Als der König diese Worte gehört hatte, freute er sich und sprach froh zu seinem Gefolge: »Macht Pferde, Elefanten, Wagen und Sänften bereit und schmückt den an Vorzügen reichen Lumbinīhain!«

Darauf brach die Königin Māyā auf, und mit ihr zogen achtzigtausend mit Pferden bespannte, schmucküberladene Wagen, achtzigtausend reich gezierte Elefantengefährte und ein Geleit von achtzigtausend Fußsoldaten, sämtlich kühne und starke Helden, schön, wohlgestaltet und mit festgefügten starken Rüstungen gepanzert. Hinter ihr folgten sechzigtausend Schakyamädchen und eine besondere Schutztruppe von vierzigtausend älteren, jüngeren und im besten Alter stehenden Schakyas, nur aus solchen Familien, die dem König Schuddhodana verwandt waren. Zum weiteren Gefolge gehörten sechzigtausend Frauen aus dem Harem des Königs, die Konzert von Gesang und Instrumentalmusik veranstalteten, und angeschlossen hatten sich je achtzigtausend prächtig geschmückte Götterjungfrauen, Schlangenmädchen, himmlische Musikantinnen, und Frauen von Halbgöttern und Dämonen. In mannigfachen Gesängen und Melodien der Königin Ruhm verkündend, gaben ihr alle diese das Geleit.

Der ganze Lumbinīhain aber war mit duftendem Wasser gesprengt und mit himmlischen Blumen überstreut worden, und alle Bäume gaben unzeitgemäß Blätter, Blüten und Früchte.

Im Lumbinīhain angekommen, stieg die Königin von ihrem kostbaren Wagen ab, streifte, umgeben von irdischen und himmlischen Frauen, von Baum zu Baum und wandelte von Gebüsch zu Gebüsch. Baum für Baum sah sie sich an und gelangte schließlich zu einem großen Plakschabaum.

Der war eine Perle unter den Bäumen, mit wohlproportionierten Zweigen und gleichmäßig verteilten Blättern und Blütenknospen. Mannigfache himmlische und irdische Blumen überdeckten ihn, denen der Duft der vortrefflichsten Wohlgerüche entströmte. Von den Zweigen hingen verschiedenfarbige Gewänder herab; und der Baum glänzte in dem bunten Farbenspiel unzähliger ihn zierender Perlen. Wurzeln, Stamm, Zweige und Blätter waren mit edlen Steinen aller Art geschmückt. Die Zweige dehnten sich in prächtigem Wuchs in die Breite, während die Standfläche eben wie ein Handteller war. Über den Boden breitete sich grünes Gras von Pfauenhalsfarbe und so angenehm anzufühlen wie ein weicher Stoff, gleichmäßig aus.

Unter diesem Baum hatten auch die Mütter der früheren Buddhas geweilt, und er war oft in den Liedern der Götter besungen worden.

Rein, fleckenlos und lauter ist er, und Hunderttausend der in ihrem Inneren zur Ruhe gekommenen Götter der reinen Sphäre hatten sich schon verehrend mit den Köpfen vor ihm geneigt, so tief, daß Flechten und Diademe zu Boden hingen.

Und es neigte sich, infolge der Majestät des Bodhisattva, der Plakschabaum und grüßte. Da streckte die Königin Māyā ihren rechten Arm aus, so schnell, daß es schien, als wenn ein Blitz die Luft durchzuckte, ergriff den Plakschazweig und stand, den Blick gen Himmel gerichtet und sich anmutig dehnend, da. In diesem Augenblick näherten sich Hunderttausende von himmlischen Jungfrauen, die von den Göttern der Sinnenreiche her herbeikamen, der Königin Māya, um ihr aufzuwarten. Und als so die zehn Monate voll waren, trat der Bodhisattva, der schon im Mutterleibe mit solchen Fähigkeiten zu Wundern ausgestattet war, zur rechten Seite seiner Mutter heraus. Er war bei vollem Bewußtsein und nicht mit dem Schmutz des Mutterleibes behaftet.

Und in diesem Augenblick standen Schakra, der Götterkönig, und Brahma, der Herr der Geschöpfe, vor der Königin, nahmen den Bodhisattva höchst ehrerbietig und bedacht entgegen und hüllten ihn sorgsam mit allen Gliedern in ein himmlisches Seidengewand.

[81] *Wunderzeichen bei der Geburt*

Wenn aber ein Bodhisattva zum letzten Dasein geboren wird und wenn er zur allerhöchsten Erleuchtung erwacht, dann geschehen durch ihn Wunderzeichen übernatürlicher Macht, wie sie jetzt erschienen:

Alle Wesen erregten sich so, daß sich selbst die Härchen in ihren Poren sträubten. Ein großes Erdbeben erschütterte die Welten, ein schreckliches, angsterregendes. Ohne angeschlagen zu sein, erklangen Musikinstrumente im Himmel und auf Erden. Bäume aller Jahreszeiten und aller

Welten trugen Blüten und Früchte. Aus klarem Himmel ertönte der Donner, und bei wolkenloser Luft rieselte ein feiner Regen. Lieblich duftende Winde wehten einher, die Schauer himmlischer Blumen, Kleidungsstücke, Schmucksachen, Wohlgerüche und Sandelpulver mitbrachten und ungemein angenehm zu empfinden waren. Alle Gegenden des Himmels erglänzten klar, und es gab nirgendwo Dunkelheit, Nebel oder Rauch. Aus dem oberen Luftraum wurden feierlich erhabene Klänge unsichtbarer Herkunft vernehmbar. Ja, die Strahlen von Mond und Sonne, Schakra, Brahma und die der Welthüter waren dahin, denn ein überirdischer Glanz, der ungemein wohltuend war, bei allen Wesen körperliches und seelisches Glücksempfinden hervorrief und in viel tausend Farben gleichzeitig erschien, erfüllte plötzlich alle Welten.

Kaum war der Bodhisattva geboren, da fühlten sich alle Wesen vollkommen wohl. Verschwunden war alle Leidenschaft, Haß, Verblendung, Stolz, Unbehagen, Verzagtheit, Furcht, Habsucht, Eifersucht und Neid. Alle schlechten Handlungen hörten auf. Die Krankheiten aller Leidenden erreichten ein Ende. Der Hungrigen und Durstenden Verlangen wurde gestillt. Die von Branntwein Berauschten wurden nüchtern. Die Irren erhielten ihr Gedächtnis zurück, die Blinden ihre Augen, die Tauben ihr Gehör. Die an einem Glied oder Körperteil Verstümmelten gewannen ihre unversehrten Organe wieder. Die Armen erlangten Reichtum, die in Fesseln Geschlagenen wurden von ihren Banden befreit. Die Quälereien aller Art, die den Verdammten in den Höllen bereitet werden, wurden eingestellt. Das gegenseitige Sichauffressen und die sonstigen Leiden der Tierwelt fanden Ruhe, ebenso wie Hunger, Durst und alle anderen Qualen des Totenreiches.

[82] *Der Ort der Geburt des historischen Buddhakind*

Als der König Piyadasi zwanzig Jahre gesalbt war, kam er selbst und brachte (hier) seine Verehrung dar, weil hier der Buddha Sakyamuni geboren worden ist. Er ließ hier einen Steinsockel machen und eine Steinsäule aufrichten, weil hier der Herr geboren worden ist. Das Dorf Lummini machte er steuerfrei und beteilte es mit Reichtümern.

[83] *Der Seher Asita besucht das Buddha*

In Freud' und Wonne die dreimal zehn Gescharten
Und Sakra Inda, die Götter in lichten Gewändern,
Schwenkend die Kleider, hell jubelnd und frohlockend
Erblickt' Asita der Seher, um Mittag rastend.

Als er so schaute die Götter, die frohen, die hochbeglückten,
Bedacht' er den Anblick, und also sprach er zu ihnen:
»Wie sind die Scharen der Götter so fröhlich zu schauen!
Die Gewänder faßt ihr und schwenkt ihr! Was hat's zu bedeuten?

Selbst als die Götter dereinst die Dämonen bekämpften
Und die Götter siegten, und ihre Feinde erlagen:
Auch damals nicht hat solche Erregung gewaltet!
Welch Wunder haben die Götter geschaut, des sie froh sind?

Ihr Jauchzen und Singen und ihre Musik hört man schallen.
Sie schlagen die Arme zusammen und tanzen den Reigen.
So frag ich euch denn, die auf Merus Gipfel ihr wohnet:
Wollet, ihr Hohen, gar rasch mich vom Zweifel befreien!«

»Der Buddha sein wird, das Kleinod ohnegleichen,
Er ist geboren, den Menschen zu Heil und Freude,
Im Lande der Sakyas, in Lumbinī dem Dorfe.
Des sind wir froh und über die Maßen selig.

»Er alles Seins Gipfel, der Wesen herrlichstes,
Der Stier der Männer, der Kreaturen höchstes Haupt,
Der Lehre Rad rollen wird er im Seherwald,
Dem Löwen gleich brüllend, der Tiere mächt'gem Herrn.«

Als er dies hörte, kam aus der Höh' er schnell herab,
Asita lenkte den Schritt nach Suddhodanas Haus.
Dort setzt' er sich nieder und sprach zu den Sakyas dies Wort:
»Wo ist der Knabe? Auch ich hab zu schaun ihn den Wunsch!«

Den Knaben darauf, der leuchtend erglänzte wie Gold,
Das im Feuer bearbeitet wird von des Künstlers Hand,
Strahlend in Schönheit, in edler Erscheinung Zier
Dem Asita zeigten, dem Seher, die Sakyas den Sohn.

Als er den Knaben erschaute, den feuergleich leuchtenden,
Gleich dem Herrn der Sterne, dem hellen, am Himmelszelt,
Gleich der Sonne, die wolkenbefreit im Herbst erstrahlt,
Da ward er gar froh, und mächtige Wonne erfüllte ihn.

Mit vielen Zweigen und mit tausend Kreisen
Den Schirm im Luftraum hielt die Schar der Götter.

Goldstäb'ge Wedel wehten durch die Lüfte,
Doch sah man nicht des Schirms, der Wedel Träger.

Kanhasiri der Flechtenträger, schauend
Das Kind gleich goldnem Schmuck auf heller Decke
Und über seinem Haupte den Schirm, den weißen,
Nahm es voll hoher Freud' in seine Arme.

Als in den Armen er hielt der Sakyas Höchsten,
Verlangensvoll, der Zeichen und Sprüche Kenner,
Erhob erfreuten Herzens er seine Stimme:
»Dies ist der Höchste des menschlichen Geschlechtes!«

Doch des gedenkend, daß nah sein eigner Hingang,
Vergoß er Tränen trauererfüllten Herzens.
Die Sakyas, sehend des Sehers Tränen, sprachen:
»Es wird den Knaben doch nicht Gefahr bedrohen?«

Der Sakyas Sorg' erkennend, der Seher sagte:
»Nicht denk' ich dran, dem Knaben Unheil zu künden.
Von keiner Seite seh ich Gefahr ihm drohen.
Kein Mensch wie andre ist er! Seid hohen Mutes!

Der Knabe wird einst, höchster Erleuchtung teilhaft,
Der Wahrheit Reich, allkundig jeglicher Reinheit,
Begründen voll Erbarmen mit vielem Volke,
Daß weit und breit in Heiligkeit mag wandeln.

Doch ich muß hingehen, ehe sich das vollendet;
Nur kurzer Rest ist übrig von meinem Leben.
Des höchsten Meisters Lehre werd' ich nicht hören.
Drum bin ich traurig, bekümmert, schmerzbetroffen.«

Als so gar hoch erfreut er die Sakyas hatte,
Verließ der heilige Seher ihre Wohnstatt ...

[84] *Kindheitsgeschichten*

So wuchs der Prinz heran und wurde zu angemessener Zeit unter hunderttausend Zeremonien in die Schule geführt, um schreiben zu lernen. Zehntausend Knaben gaben ihm das Geleit, und zehntausend Wagen, entweder mit wohlschmeckender fester und weicher Speise oder mit Edelmetall und gemünztem Gold beladen, folgten ihm. Überall auf den Wegen, an Kreuzungspunkten, auf Fahrstraßen und in den Basaren der Stadt Kapilavastu wurde davon ausgeteilt und verschenkt, während hunderttausend Musikinstrumente ertönten und ein großer Blumenregen herabfiel. Ungezählte reichgeschmückte junge Mädchen aber standen auf den Terrassen, Balkonen, an den Toren, Guckfenstern, auf den Dächern der Gebäude und den Böden der oberen Stockwerke, um nach dem Bodhisattva auszuschauen, und bewarfen ihn mit Blumen. Und achttausend Himmelsmädchen, mit herabwallendem Schmuck und Geschmeide angetan und Glücksedelsteinen in den Händen, zogen vor dem Bodhisattva her und reinigten den Weg. Götter, Schlangen, Halbgötter, himmlische Musikanten, Dämonen und andere übermenschliche Wesen aber zeigten sich mit halbem Körper und ließen Blumen, Bänder und Gewinde aus der Luft herabhängen. Und sämtliche Schakyas, König Schuddhodana an der Spitze, zogen vor dem Bodhisattva her. Unter solcher Prachtentfaltung geleitete man den Bodhisattva in den Schreibsaal.

Dort wurden zunächst den Ammen und den Scharen der Dienerinnen Aufenthaltsplätze angewiesen, während die übrigen Schakyas unter König Schuddhodana herantraten. Dann nahm der Bodhisattva ein Schreibbrett von himmlischer Farbe, das aus bestem Sandelholz hergestellt, mit Gold verziert und überall mit Perlen eingelegt war, und sprach zu dem Lehrer Vischvamitra: »Welche Schrift, o Meister, willst du mich lehren? Die Brahmi, die Kharoschthi, die Puschkarasari, die Schrift von Anga, Vanga oder Magadha?« Und so zählte der Bodhisattva die verschiedensten Schriften auf und schloß mit den Worten: »Welche von diesen vierundsechzig Schriften also willst du mich lehren, Meister?«

Da staunte Vischvamitra, der Lehrer des Knaben, lächelte und sprach ohne Stolz, Hochmut und Überhebung die Strophen: »Es ist erstaunlich, wie sich das reine Wesen hier auf Erden dem Brauche der Welt anpaßt. Trotzdem es alle Lehrbücher bereits studiert hat, ist es doch in die Schule gekommen! Schriften, deren Namen ich nicht einmal kenne, sind ihm geläufig, und doch ist es in die Schule gekommen!

Ich vermag nicht einmal sein Gesicht und sein Haupt anzusehen, wie sollte ich da den mit der Kenntnis aller Schriften Vertrauten zu unterrichten vermögen?

Er ist der Gott der Götter, der Übergott, der höchste aller Götter, der Herr ohnegleichen, vor allen ausgezeichnet, und niemand in allen Welten kommt ihm nahe!«

Es lernten aber zehntausend Knaben mit dem Bodhisattva schreiben. Und wenn diese Knaben zum Beispiel das Alphabet aufsagten, sprach der Bodhisattva bei jedem Buchstaben eine fromme Sentenz. So sagte er, als sie den Buchstaben A aussprachen: »Alle Formen des Daseins sind unbeständig!« und äußerte sich ähnlich bei den übrigen Buchstaben.

Einst versammelte König Schuddhodana seine Beamten und fragte die Minister um Rat mit den Worten: »Wer weiß, wo es einen Lehrer gibt, der besonders tüchtig ist und so viel von den Heeres- wie von den Waffenkünsten und -methoden versteht, daß er meinen Sohn, den Prinzen Sarvarthasiddha, unterweisen kann?« Da antworteten die Beamten dem König ehrerbietig: »Ew. Majestät möge zur Kenntnis nehmen, daß Kschantideva hier, der Sohn des Schakya Suprabuddha, würdig sein dürfte, den Prinzen in den Regeln des Waffengebrauches zu unterrichten.« Als König Schuddhodana diese Worte hörte, wurde er von Herzen froh und befahl den Beamten, Kschantideva herbeizuholen. Dieser kam, und alsdann sprach der König zu ihm: »Kschantideva, vermagst du den Prinzen Sarvarthasiddha in den Waffenkünsten zu unterweisen?« Da erklärte Kschantideva dem König untertänig, er sei dazu wohl imstande. Und der König sagte weiter: »Wenn du dich darauf verstehst, so belehre meinen Sohn gründlich, auf daß er es zur Meisterschaft bringe!«

Damals ließ König Schuddhodana den Garten »Fleißige Anstrengung« als Spielplatz für den Prinzen anlegen, und der Prinz besuchte den Garten, vergnügte und erfreute sich und ließ sich dort massieren. Einst führte Kschantideva den Prinzen in den Garten, um ihm Unterweisung in den Waffenkünsten zu erteilen. Er nahm die verschiedenen Waffen zur Hand und begann, den Prinzen darin zu unterrichten. Doch der Prinz sah sich die Waffen an, warf sie alle beiseite und sprach zu Kschantideva: »Belehre die Söhne der übrigen Schakyas, ich verstehe mich darauf von selbst und brauche den Gebrauch nicht mehr zu erlernen!« Da unterrichtete Kschantideva die übrigen Schakyas im Umgang mit Waffen. Und nach einem kurzen Studium war jeder von ihnen ausgebildet und wohl vertraut mit den neunundzwanzig Arten von Fertigkeiten, vom Reiten des weißen Elefanten, Wagen- und Pferderennen bis zum Bogenschießen.

Darauf ließ König Schuddhodana in der ganzen Stadt Kapilavastu unter Schellenklang bekanntmachen: »In sieben Tagen zeigt der Prinz seine Fähigkeiten in den verschiedenen Wettkämpfen. Alle, die sich auf diese Künste verstehen, sollen sich dazu versammeln!«

Am festgesetzten Tage zog Prinz Devadatta vor allen andern zur Stadt hinaus. Während er aber das Tor durchschritt, wurde ein großer weißer Elefant, der für den Bodhisattva bestimmt war, in die Stadt hineingebracht. Und Devadatta packte, von Neid beseelt, im Rausche seiner Kraft und seines Schakyatums den Elefanten mit der linken Hand beim Rüssel und tötete ihn mit einem einzigen Schlag seiner flachen Hand.

Bald nach Devadatta zog der junge Sundarananda zur Stadt hinaus, sah den toten Elefanten im Stadttor liegen und fragte: »Wer hat ihn getötet?« Und die Volksmenge antwortete: »Devadatta.« Da sprach Sundarananda: »Das war nicht schön von Devadatta«; nahm den Elefanten beim Schwanz und zog ihn vom Stadttor weg beiseite.

Gleich darauf verließ der Bodhisattva zu Wagen die Stadt, sah den erschlagenen Elefanten und fragte: »Wer hat ihn getötet?« Man antwortete: »Devadatta.« Da sprach der Bodhisattva: »Das war nicht schön von Devadatta! Aber wer hat ihn aus dem Tor weggezogen?« Man antwortete: »Sundarananda!« Da sprach der Bodhisattva: »Das war gut von Sundarananda; doch das Tier hat einen riesigen Körper und wird, wenn es in Verwesung gerät, die ganze Stadt mit üblem Geruch erfüllen.« Damit streckte der Bodhisattva einen Fuß vom Wagen auf die Erde hinunter, packte den Elefanten mit dem großen Zehen am Schwanz und warf ihn über die sieben Mauern und sieben Gräben der Stadt hinaus noch eine Rufweite weit außerhalb fort. Und an dem Ort, an welchem der Elefant niederfiel, entstand ein Loch, das noch heute »Elefantenloch« genannt wird.

So zogen die fünfhundert jungen Schakyas zur Stadt hinaus und begaben sich auf den Platz, wo sie ihre Künste zu zeigen pflegten. Auch König Schuddhodana, die Ältesten der Schakyas und eine große Menge Volks fanden sich dort ein, begierig, das Können des Bodhisattva und der übrigen jungen Schakyas zu sehen.

Und zunächst wollten die jungen Schakyas, die sich auf die Regeln der Schreibkunst verstanden, mit dem Bodhisattva im Schreiben wetteifern, und der Lehrer Vischvamitra wurde von den Versammelten als Preisrichter eingesetzt. Er sollte prüfen, welcher Knabe sich in der Kenntnis des Schreibens auszeichne, sei es durch schöne Schrift, sei es durch die Beherrschung vieler Schriftarten. Vischvamitra aber, der Zeuge von der Schriftkenntnis des Bodhisattva gewesen war, lächelte und sprach die Strophen:

»Wie viele Schriftarten es auch in irgendeiner Welt geben mag, in der Welt der Menschen, Götter, himmlischer Musikanten oder Dämonen, dies reine Wesen hat sie sich alle zu eigen gemacht!

Schriftarten und Buchstaben, deren Namen weder ich noch ihr wißt, kennt dieser Mond unter den Menschen. Ich bin sein Zeuge, daß er siegen würde!«

Da sprachen die Schakyas: »Wenn der Prinz nun auch in der Kenntnis der Schriften so hervorragend bewandert ist, muß er doch seine Kenntnis der Arithmetik noch beweisen und sich darin auszeichnen.« Und ein hoher Rat aus der Schar der Schakyas, namens Ardschuna, der mit der Arithmetik und Rechenkunst vollkommen vertraut war, wurde zum Richter bestellt, um zu prüfen, welcher Knabe sich in der Wissenschaft der Arithmetik auszeichne.

Dann stellt der Bodhisattva eine Aufgabe, und ein junger Schakya rechnete, vermochte sie aber nicht zu lösen. Dann rechnete einer, zwei, drei, vier, fünf, zehn und schließlich alle fünfhundert Schakyaknaben sie gleichzeitig und vermochten nicht die Aufgabe des Bodhisattva zu lösen. Darauf sprach der Bodhisattva: »Stellt ihr jetzt eine Aufgabe, und ich will sie rechnen.« Und dann stellte ein Schakyaknabe dem Bodhisattva eine Aufgabe, die diesem keine Schwierigkeiten machte; dann stellten zwei, drei, fünf, zehn und schließlich alle fünfhundert Schakyaknaben gleichzeitig verschiedene Aufgaben, konnten dem rechnenden Bodhisattva aber keine Schwierigkeiten machen. Da sprach der Bodhisattva: »Genug mit diesem Durcheinander, tut euch nun zusammen und stellt eine gemeinsame Aufgabe! Ich will sie rechnen.« Und dann einigten sich die fünfhundert Schakyaknaben auf ein Beispiel und stellten eine gemeinsame, so schwierig noch niemals gestellte Aufgabe; doch der Bodhisattva löste sie ohne sich irremachen zu lassen. So geschah es, daß alle die Schakyaknaben ihre Aufgabe nicht zu Ende brachten und nur dem Bodhisattva die Lösung gelang.

Da wunderten sich die Versammelten sehr und riefen in höchstem Erstaunen wie aus einem Munde: »Sieg, Sieg für den Prinzen Sarvarthasiddha!« Und alle standen von ihren Sitzen auf, legten ihre Hände ehrerbietig vor der Brust zusammen, verbeugten sich vor dem Bodhisattva und sprachen zu dem König Schuddhodana: »Welch ein Gewinn für dich, o Großkönig, wie bist du zu beglückwünschen, daß dein Sohn so schnell, leicht, hurtig und flink fragt und auch Lösungen findet!«

Und es geschah, daß der Bodhisattva allein auf der einen Seite stand, während die fünfhundert Schakyas vereint zum Kampf antraten. Zweiunddreißig Knaben waren zum Ringkampf bereit. Nanda und Ananda traten zuerst an den Bodhisattva heran, um mit ihm zu ringen. Kaum aber hatte der Bodhisattva sie mit der Hand berührt, da versagte ihre Kraft vor seiner Gewalt und Energie, und sie fielen zu Boden. Sogleich trat nun Prinz Devadatta, eingebildet, hochmütig, auf seine Kraft pochend und von Stolz auf seine Abstammung aufgeblasen, zum Wettstreit mit dem Bodhisattva an, umwandelte feierlich den Kampfplatz und stürzte sich dann, wie wenn er nur mit ihm zu spielen brauchte, auf den Bodhisattva. Dieser aber packte ihn ruhig, ohne Überstürzung oder Anstrengung mit der rechten Hand, schleuderte ihn, um seinen Übermut ein wenig zu dämmen, dreimal in der Luft herum und warf ihn, sorgsam darauf bedacht, ihn nicht zu verletzen, auf den Boden. Devadattas Körper nahm darum keinen Schaden.

Dann sprach der Bodhisattva: »Genug jetzt mit diesem Einzelkampf! Kommt nun alle vereint zum Ringkampf heran!« Da stürzten sie sich alle zusammen fröhlich auf den Bodhisattva. Doch kaum berührte sie dieser, da schwand all ihre Stärke vor der Majestät, Gewalt, Körperkraft und Macht des Bodhisattva, und sie fielen, von ihm nur eben berührt, auf den Boden nieder. Hunderttausende von Göttern und Menschen aber stießen Rufe des Staunens und der Verwunderung aus.

[85] *Die vier Ausfahrten*

...
Doch als nun der Bodhisattva mit dem großen Pomp durch das östliche Stadttor in die Parkanlagen hinausfuhr, führten ihm Gottheiten auf dem Wege voraus einen abgezehrten Greis vor Augen, dessen Glieder von hervortretenden Adern überspannt waren. Seine Zähne zeigten Lücken, Runzeln überdeckten den Körper, und seine Haare waren ergraut. Dazu war er krumm und schief wie ein Dachgestühl, geknickt auf den Stock angewiesen, leidend. Die Kraft der Jugend war von ihm geflohen, und aus seiner Kehle kamen nur noch krächzende Laute. Sein Körper hing nach vorn über; dazu stützte er sich auf einen Stab und zitterte an allen Körperteilen und Gliedern.

Als der Bodhisattva diesen bemerkte, sprach er zu seinem Wagenlenker: »Was ist mit diesem schwachen, kraftlosen Mann, der ganz aus dürrem Fleisch und verdorrtem Blut, aus Haut und Sehnen zusammengesetzt scheint? Der, weißen Haares, voller Lücken in den Zähnen, abgemagert und auf einen Stock gestützt, mühsam und strauchelnd daherkommt?«

Der Wagenlenker antwortete: »Dies ist, o Herr, ein Mann, den das Alter überwältigt hat, dessen Sinnesvermögen nachlassen und dessen Kraft und Stärke hin ist. Verachtet von seinen Verwandten, ohne jemanden, der ihn schützt, körperlich unfähig, ließ man ihn im Walde zurück, wie man ein wertloses Stück Holz fortschleudert.«

Da sprach der Bodhisattva: »Sage mir treulich: sind dies Eigenschaften, die nur in seiner Familie erblich sind, oder ereilt dieser Zustand auch alle anderen Wesen? Sage mir schnell, wie es sich damit verhält! Hören will ich, wie es in Wahrheit darum steht und dann von Grund auf darüber nachdenken!«

Der Wagenlenker antwortete: »O Herr, das Alter ist keine Eigenschaft einer bestimmten Familie oder eines besonderen Landes, nein, es vernichtet die Jugend jeglichen Geschöpfes. Auch deine Eltern, Verwandten und Angehörigen wird es nicht verschonen. Es gibt keinen Ausweg für irgend jemand!«

Und der Bodhisattva sprach: »Oh, wie jämmerlich, Wagenlenker, ist es dann bestellt um die Einsicht der Wesen, der unerleuchteten, törichten, die da, infolge ihrer Jugend von Übermut trunken, das Alter nicht sehen! Wende schnell den Wagen, ich will wieder nach Hause zurückkehren! Was sollen mir Spiele und Liebesvergnügungen, wenn das Alter auch von mir Besitz ergreift!«

Damit wandte der Bodhisattva den Wagen und kehrte in die Stadt zurück.

Ein andermal zog der Bodhisattva mit großem Gepränge durch das südliche Stadttor in die Parkanlagen hinaus. Und er sah auf dem Wege einen Mann, der von Krankheiten befallen war. Gemartert, von Leibschmerzen überwältigt, lag er ohne Hilfe und Schutz da; geschwächten Leibes versank er in seinen eigenen Exkrementen und konnte nur mit Mühe atmen. Als der Bodhisattva ihn sah, fragte er den Wagenlenker: »Was ist, Wagenlenker, mit diesem Mann, der da mit blassen Gliedern, zerrütteten Organen, mühsam atmend, mit vertrockneten Gliedmaßen und aufgetriebenem Leib, von Beschwerden gepeinigt, in seinen eigenen ekelerregenden Exkrementen liegt?«

Der Wagenlenker antwortete: »Dies, o Herr, ist ein Siecher, der dem Tode nahe, unter den Schrecknissen einer Krankheit leidet; der Glanz der Gesundheit ist von ihm gewichen; seine Kraft ist dahin; er findet nirgends Rettung und Schutz und ist ohne einen Freund.«

Da sprach der Bodhisattva: »So ist ja die Gesundheit wesenlos wie ein Traumspiel, und furchtbar erweisen sich die Schrecken der Krankheit! Welcher Wissende könnte, nachdem er den wahren Sachverhalt erkannt hat, noch Freude an Liebesspielen oder Empfindung für Schönheit haben?«

Damit wandte der Bodhisattva den Wagen und kehrte in die Stadt zurück.

Zu wieder einer anderen Zeit zog der Bodhisattva mit großem Pomp zum westlichen Tore der Stadt hinaus, um die Parkanlagen zu besuchen. Und da sah er, wie man einen Toten dahertrug, dessen Leichnam man auf ein Tragbett gelegt und mit einem Gewande überdeckt war. Viele Verwandte gaben ihm das Geleit und alle weinten, schrien und klagten. Mit aufgelösten Haaren, das Haupt mit Staub bedeckt, zogen sie hinterher, schlugen sich die Brust und jammerten. Da fragte der Bodhisattva wiederum den Wagenlenker: »Was ist, Wagenlenker, mit diesem Mann, den man dort auf einem Bette trägt? Und wer sind jene, die ihre Haare raufen, Staub auf ihr Haupt werfen, sich die Brust schlagen und Klagelaute aller Art ausstoßen?«

Der Wagenlenker antwortete: »Diesen Mann, o Herr, hat der Tod von hier abberufen. Er wird seine Eltern, Kinder und Frauen nicht mehr sehen. Sie alle und die Schar der Freunde und Verwandten mußte er verlassen und hat eine andere Welt erreicht. Nie wieder wird er seine Angehörigen sehen!«

Da sprach der Bodhisattva: »O Jammer über eine Jugend, die das Alter ereilt! O Jammer über eine Gesundheit, die Krankheiten aller Art vernichten! Elend ist ein Leben, das nicht ewig währt, für den Weisen! Ein Elend das Hängen an den Lüsten für den Verständigen!

O wenn es doch die aller Körperlichkeit notwendig begleitenden Übel von Alter, Krankheit, Tod und das mächtige Leiden nicht gäbe! Erscheinen denn Alter, Krankheit und Tod[22] auf ewig in unvermeidlicher Folge? Wohlan, ich will umkehren und über die Befreiung davon nachsinnen!«

Damit wandte der Bodhisattva den Wagen und kehrte wieder in die Stadt zurück.

Und zu wieder einer anderen Zeit zog der Bodhisattva durch das nördliche Stadttor hinaus in die Parkanlagen. Da ließen Gottheiten auf dem Wege vor ihm einen Bettelmönch erscheinen. Und der Bodhisattva sah diesen!

Ruhig, bezähmt, selbstbeherrscht, züchtig, ohne die Augen hin und her spielen zu lassen, die Blicke vor sich auf den Boden geheftet, schritt jener sanft und vorsichtig dahin. Würdevoll sah es aus, wenn er sich hin- oder zurückwandte, jemanden anblickte oder sich umschaute. In edler Haltung trug er seinen Mantel, die Bettelschale und die Gewänder. So sah ihn der Bodhisattva auf dem Wege stehen.

Und der Bodhisattva fragte seinen Wagenlenker: »Was ist das für ein Mann, Wagenlenker, der da beruhigten und abgewogenen Gemüts, ohne die Augen aufzuschlagen oder den Blick in die Ferne zu richten, dahingeht? Braunrot ist sein Gewand, wohlberuhigt wandelt er mit der Almoschale in der Hand dahin, er scheint ohne jede Einbildung oder Hochmut zu sein.«

Der Wagenlenker antwortete: »Diesen Mann, o Herr, nennt man einen Bettler. Er hat die Sinnenlüste aufgegeben und führt ein selbstbeherrschtes Leben; in der Heimatlosigkeit sucht er die Ruhe seines Inneren und geht ausgeglichen, frei von Leidenschaft und Haß, seinem Bettelgang nach!«

Da sprach der Bodhisattva: »Gut, das ist ein schönes Wort und gefällt mir! Schon immer haben die Weisen empfohlen, in die Heimatlosigkeit zu ziehen; denn darauf gründet sich das eigene Heil sowohl wie das der anderen Wesen, und die Frucht ist ein seliges Leben in Wonne und Unsterblichkeit.«

Damit wandte der Bodhisattva den Wagen und kehrte wieder in die Stadt zurück.

[86] *Der Auszug aus der Heimat in die Heimatlosigkeit*

Da aber sprach, bald nach Mitternacht, der Bodhisattva zu Tschandaka, seinem Wagenlenker: »Wohlan, Tschandaka, zäume mir Kanthaka prächtig auf und bring ihn mir ohne Umschweife, bring ihn mir schnell, wenn du mir zu Gefallen sein willst!« Und des Bodhisattva Stimme klang würdig, seine Worte waren herzgewinnend und tönten wie der Gesang des Kalavinkavogels.

...

Die ganze Erde aber erzitterte auf sechs Arten, als jener sich von seinem Lager erhob und sein vorzügliches Pferd bestieg, das wie die Scheibe des Vollmonds leuchtete. Und sogleich nahmen die Welthüter die Hufe des edlen Rosses in ihre sauberen, lotusreinen Hände, während Schakra und Brahma vorauszogen und den Weg zeigten.

Und der Glanz, der von dem Bodhisattva ausging, überstrahlte hell die Erde. Alle Wesen in üblen Daseinsumständen erlangten Ruhe und Freude, und die Pein der sündigen Leidenschaften hörte damals auf. Blumen regneten herab, Millionen von Musikinstrumenten ertönten, und Götter und Dämonen sangen Loblieder. Zum Schluß umwandelten alle die hervorragende Stadt feierlich und kehrten von Freude erfüllt heim.

[87] *Buddha über die Motive des Auszugs*

Ich war verwöhnt, sehr verwöhnt. Ich salbte mich nur mit Benares-Sandel und kleidete mich nur in Benares-Tuch. Bei Tag und Nacht wurde ein weißer Sonnenschirm über mich gehalten. Ich hatte einen Palast für den Winter, einen für den Sommer und einen für die Regenzeit. In den vier Monaten der Regenzeit verließ ich den Palast überhaupt nicht und war von weiblichen Musikanten umgeben. Obwohl ich so sehr verwöhnt war, kam mir der Gedanke: »Wenngleich der gewöhnliche, weltlich-denkende Mensch selbst dem Alter, der Krankheit, dem Tode unterworfen ist, fühlt er doch Widerwillen, wenn er einen anderen gealtert, krank oder als Toten sieht. Auch ich bin so, und das ist meiner nicht würdig.« Als ich dies bedachte, schwand mir alle Freude an Jugend, Gesundheit und Leben.

Da dachte ich: »Wie, wenn ich, der ich das Übel von Alter, Krankheit, Tod erkannt habe, nach dem suchen würde, was von ihnen frei ist, nach dem höchsten Frieden, nach dem Nirwāna?« Und ein Jüngling mit schwarzen Haaren, schor ich mir Haar und Bart, obwohl meine Eltern darüber weinten, legte die gelben Gewänder des Asketen an und zog aus der Heimat in die Heimatlosigkeit.

[88] *Vergebliche Askese und neuer Entschluß*

»Ich wanderte nun, Aggivessano, das wahre Gut suchend, nach dem unvergleichlichen höchsten Friedenspfade forschend, im Magadhā-Land von Ort zu Ort und kam in die Nähe der Burg Uruvelā. Dort sah ich einen entzückenden Flecken Erde: einen heiteren Waldesgrund, einen hell strömenden Fluß, zum Baden geeignet, erfreulich, und rings umher Wiesen und Felder. Da kam mir, Aggivessano, der Gedanke: ›Entzückend, wahrlich, ist dieser Fleck Erde! Heiter ist der Waldesgrund, der Fluß strömt hell dahin, zum Baden geeignet, erfreulich, und rings umher liegen Wiesen und Felder. Das genügt wohl einem Askese begehrenden edlen Sohne zur Askese.‹ Und ich setzte mich nun, Aggivessano, dort nieder: ›Das genügt zur Askese.‹

Da leuchten mir, Aggivessano, drei Gleichnisse auf, naturgemäße, nie zuvor gehörte.

Gleichwie, Aggivessano, wenn ein feuchtes, leimiges Holzscheit ins Wasser geworfen würde; da träte ein Mann hinzu, mit einem Reibholz versehen: ›Ich will Feuer erwecken, Licht hervorbringen.‹ Was meinst du nun, Aggivessano: könnte wohl dieser Mann, mit dem Reibholz das feuchte, leimige, ins Wasser geworfene Holzscheit reibend, Feuer erwekken, Licht hervorbringen?«

»Gewiß nicht, o Gotamo!«

»Und warum nicht?«

»Jenes Holzscheit, o Gotami, ist ja feucht, leimig und überdies noch ins Wasser geworfen! Alle Plage und Mühe des Mannes wäre vergeblich.«

»Ebenso nun auch, Aggivessano, steht es mit jenen Asketen oder Priestern, die des Körpers nicht, nicht der Wünsche entwöhnt sind, die, was bei ihren Wünschen Wunscheswille, Wunschesleim, Wunschestaumel, Wunschesdurst, Wunschesfieber ist, die das nicht innerlich ausgetrieben, ausgeglüht haben: wenn da jene lieben Asketen und Priester schmerzliche, brennende, bittere Gefühle erfahren, so sind sie unfähig zum Wissen, zur Klarsicht, zur unvergleichlichen Erwachung; und auch wenn jene lieben Asketen und Priester keine schmerzlichen, brennenden, bitteren Gefühle erfahren, so sind sie auch dann unfähig zum Wissen, zur Klarheit, zur unvergleichlichen Erwachung. Dieses Gleichnis nun, Aggivessano, war das erste mir aufleuchtende, das naturgemäße, nie zuvor gehörte.

Und hierauf, Aggivessano, leuchtete mir nun ein zweites Gleichnis auf, ein naturgemäßes, nie zuvor gehörtes. Gleichwie, Aggivessano, wenn ein feuchtes, leimiges Holzscheit fern vom Wasser ans Land geworfen würde; da träte ein Mann hinzu, mit einem Reibholz versehn: ›Ich will Feuer erwecken, Licht hervorbringen.‹ Was meinst du nun, Aggivessano: könnte wohl dieser Mann, mit dem Reibholz das feuchte, leimige, fern vom Wasser ans Land geworfene Holzscheit reibend, Feuer erwecken, Licht hervorbringen?«

»Gewiß nicht, o Gotamo!«

»Und warum nicht?«

»Jenes Holzscheit, o Gotamo, ist ja feucht, leimig, und wenn es auch außerhalb des Wassers am Lande liegt, alle Plage und Mühe des Mannes wäre vergeblich.«

»Ebenso nun auch, Aggivessano, steht es mit jenen Asketen oder Priestern, die des Körpers, die auch der Wünsche entwöhnt sind, die aber, was bei ihren Wünschen Wunscheswille, Wunschesleim, Wunschestaumel, Wunschesdurst, Wunschesfieber ist, die das nicht innerlich ausgetrieben, ausgeglüht haben: wenn da jene lieben Asketen und Priester schmerzliche, brennende, bittere Gefühle erfahren, so sind sie unfähig zum Wissen, zur Klarsicht, zur unvergleichlichen Erwachung; und auch, wenn jene lieben Asketen und Priester keine schmerzlichen, brennenden, bitteren Gefühle erfahren, so sind sie auch dann unfähig zum Wissen, zur Klarsicht, zur unvergleichlichen Erwachung. Dieses Gleichnis nun, Aggivessano, war das zweite mir aufleuchtende, das naturgemäße, nie zuvor gehörte.

Und hierauf, Aggivessano, leuchtete mir nun ein drittes Gleichnis auf, ein naturgemäßes, nie zuvor gehörtes. Gleichwie, Aggivessano, wenn ein trockenes, ausgedörrtes Holzscheit fern vom Wasser ans Land geworfen würde; da träte ein Mann hinzu, mit einem Reibholz versehen: ›Ich will Feuer erwecken, Licht hervorbringen.‹ Was meinst du nun, Aggivessano: könnte wohl dieser Mann, mit dem Reibholz das trockene, ausgedörrte, fern vom Wasser ans Land geworfene Holzscheit reibend, Feuer erwekken, Licht hervorbringen?«

»Freilich, o Gotamo!«

»Und warum das?«

»Jenes Holzscheit, o Gotamo, ist ja trocken und ausgedörrt und liegt fern vom Wasser am Lande.«

»Ebenso nun auch, Aggivessano, steht es mit jenen Asketen oder Priestern, die des Körpers, die auch der Wünsche entwöhnt sind, die, was bei ihren Wünschen Wunscheswille, Wunschesleim, Wunschestaumel, Wunschesdurst, Wunschesfieber ist, die das innerlich ausgeglüht haben: wenn da jene lieben Asketen und Priester schmerzliche, brennende, bittere Gefühle erfahren, so sind sie fähig zum Wissen, zur Klarsicht, zur unvergleichlichen Erwachung. Wenn da jene lieben Asketen und Priester keine schmerzlichen, brennenden, bitteren Gefühle erfahren, so sind sie auch dann fähig zum Wissen, zur Klarsicht, zur unvergleichlichen Erwachung. Dieses Gleichnis nun, Aggivessano, war das dritte mir aufleuchtende, das naturgemäße, nie zuvor gehörte.

Diese drei Gleichnisse, Aggivessano, leuchteten mir auf, naturgemäße, nie zuvor gehörte.

Da kam mir, Aggivessano, der Gedanke: ›Wie, wenn ich nun mit aufeinandergepreßten Zähnen und an den Gaumen gehefteter Zunge durch den Willen das Gemüt niederzwänge, niederdrückte, niederquälte?‹ Und ich zwang nun, Aggivessano, mit aufeinandergepreßten Zähnen und an den Gaumen gehefteter Zunge durch den Willen das Gemüt nieder, drückte es nieder, quälte es nieder. Und indem ich also, Aggivessano, mit aufeinandergepreßten Zähnen und an den Gaumen gehefteter Zunge durch den Willen das Gemüt niederzwang, niederdrückte, niederquälte, rieselte mir der Schweiß aus den Achselhöhlen. Gleichwie etwa, Aggivessano, wenn ein starker Mann einen schwächeren, beim Kopf oder bei der Schulter ergreifend niederzwingt, niederdrückt, niederquält, ebenso rieselte mir da, Aggivessano, indem ich also mit aufeinandergepreßten Zähnen und an den Gaumen gehefteter Zunge durch den Willen das Gemüt niederzwang, niederdrückte, niederquälte, der Schweiß aus den Achselhöhlen. Gestählt war zwar, Aggivessano, meine Kraft, unbeugsam, gewärtig die Einsicht, unverrückbar, aber regsam war da mein Körper, nicht ruhig geworden durch diese so schmerzliche Askese, die mich antrieb. Und das solcherart mir entstandene Wehgefühl, Aggivessano, konnte mein Gemüt nicht fesseln.

Da kam mir, Aggivessano, der Gedanke: ›Wie, wenn ich mich nun in atemlose Selbstverlierung verlöre?‹ Und ich hielt nun, Aggivessano, die Ein- und Ausatmung von Mund und Nase an. Und indem ich also, Aggivessano, die Ein- und Ausatmungen von Mund und Nase anhielt, wurde mir das überlaute Geräusch der Blutströmungen im Ohre vernehmbar. Gleichwie etwa, Aggivessano, der geblähte Blasebalg einer Schmiede überlautes Geräusch erzeugt, ebenso wurde mir da, Aggivessano, indem ich also die Ein- und Ausatmungen von Mund und Nase anhielt, das überlaute Geräusch der Blutströmungen im Ohr vernehmbar. Gestählt war zwar, Aggivessano, meine Kraft, unbeugsam, gewärtig die Einsicht, unverrückbar, aber regsam war da mein Körper, nicht ruhig geworden durch diese so schmerzliche Askese, die mich antrieb. Und das solcherart mir entstandene Wehgefühl, Aggivessano, konnte mein Gemüt nicht fesseln.

Da kam mir, Aggivessano, der Gedanke: ›Wie, wenn ich mich nun noch weiter in atemloser Selbstverlierung verlöre?‹ Und ich hielt nun, Aggivessano, die Ein- und Ausatmungen von Mund, Nase und Ohr an. Und indem ich also, Aggivessano, die Ein- und Ausatmung von Mund, Nase und Ohr anhielt, schlugen mir überheftige Strömungen auf die Schädeldecke auf. Gleichwie etwa, Aggivessano, wenn ein starker Mann mit scharfer Dolchspitze die Schädeldecke zerhämmerte, ebenso schlugen mir da, Aggivessano, indem ich also die Ein- und Ausatmungen von Mund, Nase und Ohr anhielt, überheftige Strömungen auf die Schädeldecke auf. Gestählt war zwar, Aggivessano, meine Kraft, unbeugsam, gewärtig die Einsicht, unverrückbar, aber regsam war da mein Körper, nicht ruhig geworden durch diese so schmerzliche Askese, die mich antrieb. Und das solcherart mir entstandene Wehgefühl, Aggivessano, konnte mein Gemüt nicht fesseln.

Da kam mir, Aggivessano, der Gedanke: ›Wie, wenn ich mich nun noch weiter in atemlose Selbstverlierung verlöre?‹ Und ich hielt nun, Aggivessano, die Ein- und Ausatmungen von Mund, Nase und Ohr an. Und indem ich also, Aggivessano, die Ein- und Ausatmung von Mund, Nase und Ohr anhielt, hatte ich im Kopfe betäubende Kopfgefühle. Gleichwie etwa, Aggivessano, wenn ein starker Mann feste Riemenstränge auf dem Kopfe peitschend tanzen ließe, ebenso hatte ich da, Aggivessano, indem ich also die Ein- und Ausatmungen von Mund, Nase und Ohr anhielt, im Kopfe betäubende Kopfgefühle. Gestählt war zwar, Aggivessano, meine Kraft, unbeugsam, gewärtig die Einsicht, unverrückbar, aber regsam war da mein Körper, nicht ruhig geworden durch diese so schmerzliche Askese, die mich antrieb. Und das solcherart mir entstandene Wehgefühl, Aggivessano, konnte mein Gemüt nicht fesseln.

Da kam mir, Aggivessano, der Gedanke: ›Wie, wenn ich mich nun noch weiter in atemlose Selbstverlierung verlöre?‹ Und ich hielt nun, Aggivessano, die Ein- und Ausatmungen von Mund, Nase und Ohr an. Und indem ich also, Aggivessano, die Ein- und Ausatmungen von Mund, Nase und Ohr anhielt, schnitten mir überheftige Strömungen durch den Bauch. Gleichwie etwa, Aggivessano, wenn ein geschickter Schlächter oder Schlächtergeselle mit scharfem Schlachtmesser den Bauch durchschlitzte, ebenso schnitten mir da, Aggivessano, indem ich also die Ein- und Ausatmungen von Mund, Nase und Ohr anhielt, überheftige Strömungen durch den Bauch. Gestählt war zwar, Aggivessano, meine Kraft, unbeugsam, gewärtig die Einsicht, unverrückbar, aber regsam war da mein Körper, nicht ruhig geworden durch diese so schmerzliche Askese, die mich antrieb. Und das solcherart mir entstandene Wehgefühl, Aggivessano, konnte mein Gemüt nicht fesseln.

Da kam mir, Aggivessano, der Gedanke: ›Wie, wenn ich mich nun noch weiter in atemlose Selbstverlierung verlöre?‹ Und ich hielt nun, Aggivessano, die Ein- und Ausatmungen von Mund, Nase und Ohr an. Und indem ich also, Aggivessano, die Ein- und Ausatmungen von Mund, Nase und Ohr anhielt, hatte ich im Körper überheftig glühende Qual. Gleichwie etwa, Aggivessano, wenn zwei starke Männer einen schwächeren Mann an beiden Armen ergriffen und in eine Grube voll glühender Kohlen hineinquälten, hineinrollten, ebenso hatte ich da, Aggivessano, indem ich also die Ein- und Ausatmungen von Mund, Nase und Ohr anhielt, im Körper überheftig glühende Qual. Gestählt war zwar, Aggivessano, meine Kraft, unbeugsam, gewärtig die Einsicht, unverrückbar, aber regsam war da mein Körper, nicht ruhig geworden durch diese so schmerzliche Askese, die mich antrieb. Und das solcherart mir entstandene Wehgefühl, Aggivessano, konnte mein Gemüt nicht fesseln.

Da sahen mich nun, Aggivessano, Gottheiten und sagten: ›Gestorben ist der Asket Gotamo‹. Andere Gottheiten sagten: ›Nicht gestorben ist der Asket Gotamo, aber er stirbt.‹ Und andere Gottheiten sagten: ›Nicht gestorben ist der Asket Gotamo und nicht stirbt er, heilig ist der Asket Gotamo, ein Zustand ist es nur des Heiligen, von solcher Art.‹

Da kam mir, Aggivessano, der Gedanke: ›Wie, wenn ich mich nun gänzlich der Nahrung enthielte?‹ Da traten, Aggivessano, Gottheiten zu mir heran und sprachen: ›Wolle nicht, Würdiger, dich gänzlich der Nahrung enthalten! Wenn du dich, Würdiger, gänzlich der Nahrung enthalten willst, so werden wir dir himmlischen Tau durch die Poren einflößen: dadurch wirst du am Leben bleiben.‹ Da kam mir, Aggivessano, der Gedanke: ›Wenn ich nun auch gänzliches Fasten hielte, diese Gottheiten mir aber himmlischen Tau durch die Poren einflößten und ich also gefristet würde, so wär' es bloßer Schein.‹ Und ich wies, Aggivessano, die Gottheiten zurück und sagte: ›Schon gut!‹ »Da kam mir, Aggivessano, der Gedanke: ›Wie, wenn ich nun wenig wenig Nahrung zu mir nähme, eine hohle Hand voll und noch eine, als wie Bohnenbrühe oder Erbsenbrühe oder Linsenbrühe?‹ Und ich nahm, Aggivessano, wenig, wenig Nahrung zu mir, eine hohle Hand voll und noch eine, als wie Bohnenbrühe oder Erbsenbrühe oder Linsenbrühe.

Und indem ich also, Aggivessano, wenig, wenig Nahrung zu mir nahm, eine hohle Hand voll und noch eine, als wie Bohnenbrühe oder Erbsenbrühe oder Linsenbrühe, wurde mein Körper außerordentlich mager. Wie dürres, welkes Rohr wurden da meine Arme und Beine durch diese äußerst geringe Nahrungsaufnahme, wie ein Kamelhuf wurde da mein Gesäß durch diese äußerst geringe Nahrungsaufnahme, wie eine Kugelkette wurde da mein Rückgrat mit den hervor- und zurücktretenden Wirbeln durch diese äußerst geringe Nahrungsaufnahme, wie sich die Dachsparren eines alten Hauses querkantig abheben, hoben sich da meine Rippen querkantig ab durch diese äußerst geringe Nahrungsaufnahme, wie in einem tiefen Brunnen die unten liegenden Wasserspiegel verschwindend klein erscheinen, so erschienen da in meinen Augenhöhlen die tiefliegenden Augensterne verschwindend klein durch diese äußerst geringe Nahrungsaufnahme, wie ein Bitterkürbis, frisch angeschnitten, in heißer Sonne hohl und schrumpf wird, so wurde da meine Kopfhaut hohl und schrumpf durch diese äußerst geringe Nahrungsaufnahme. Und indem ich, Aggivessano, die Bauchdecke befühlen wollte traf ich auf das Rückgrat, und indem ich das Rückgrat befühlen wollte traf ich wieder auf die Bauchdecke. So nahe war mir, Aggivessano, die Bauchdecke ans Rückgrat gekommen durch diese äußerst geringe Nahrungsaufnahme. Und ich wollte, Aggivessano, Kot und Harn entleeren, da fiel ich vornüber hin durch diese äußerst geringe Nahrungsaufnahme. Um nun diesen Körper da zu stärken, Aggivessano, rieb ich mit der Hand die Glieder. Und indem ich also, Aggivessano, mit der Hand die Glieder rieb, fielen die wurzelfaulen Körperhaare aus durch die äußerst geringe Nahrungsaufnahme.

Da sahen mich nun, Aggivessano, Menschen und sagten: ›Blau ist der Asket Gotamo!‹ Andere Menschen sagten: ›Nicht blau ist der Asket Gotamo, braun ist der Asket Gotamo!‹ Und andere Menschen sagten: ›Nicht blau ist der Asket Gotamo und nicht braun ist der Asket Gotamo, gelbhäutig ist der Asket Gotamo!‹

So sehr war nun, Aggivessano, meine helle, reine Hautfarbe angegriffen worden durch diese äußerst geringe Nahrungsaufnahme.

Da kam mir, Aggivessano, der Gedanke: ›Was Asketen oder Priester auch je in der Vergangenheit an schmerzlichen, bitteren, brennenden Gefühlen erfahren haben: das ist das höchste, weiter geht es nicht. Was Asketen oder Priester auch je in der Zukunft an schmerzlichen, brennenden, bitteren Gefühlen erfahren werden: das ist das höchste, weiter geht es nicht. Was Asketen oder Priester auch jetzt in der Gegenwart an schmerzlichen, brennenden, bitteren Gefühlen erfahren: das ist das höchste, weiter geht es nicht.[23] Und doch erreiche ich durch diese bittere Schmerzensaskese kein überirdisches, reiches Heiltum der Wissensklarheit! Es gibt wohl einen anderen Weg zum Erwachen.‹

Da kam mir, Aggivessano, der Gedanke:

›Ich erinnere mich, einst, während der Feldarbeiten bei meinem Vater Sakko, im kühlen Schatten eines Rosenapfelbaumes sitzend, den Wünschen erstorben, dem Unheil entronnen, in sinnend gedenkender, ruhegeborener seliger Heiterkeit die Weihe des ersten Schauens errungen zu haben: das mag wohl der Weg sein zum Erwachen.‹

Da kam mir, Aggivessano, das einsichtgemäße Bewußtsein: ›Das ist der Weg zum Erwachen.‹

Da kam mir, Aggivessano, der Gedanke: ›Wie, sollt' ich etwa jenes Glück fürchten, jenes Glück jenseits der Wünsche, jenseits des Schlechten?‹

Da kam mir, Aggivessano, der Gedanke: ›Nein, ich fürchte jenes Glück nicht, jenes Glück jenseits der Wünsche, jenseits des Schlechten?‹

Da kam mir, Aggivessano, der Gedanke: ›Nicht leicht kann wohl jenes Glück erreicht werden mit so außerordentlich entkräftetem Körper; wie, wenn ich nun feste Nahrung zu mir nähme, gekochten Reisbrei?‹

Und ich nahm, Aggivessano, feste Nahrung zu mir, gekochten Reisbrei.«[24]

[89] *Erste Versuchung*

Buddha spricht:
»Wie dem Ringen ich mich hingab
Am Ufer der Neranjarā
Und Versenkung mit Macht übte,
Nach Frieden trachtend und nach Heil,

Trat, sanftes Wort im Munde führend,
An meine Seite Namuci[25]:
›Mager, elend zu schaun bist du,
Der Tod, er ist dir nicht mehr fern.

Des Todes sind tausend Teile,
Ein Teil dem Leben nur gehört.
Lebe nur, besser ist's leben.
Lebst du, so magst du Gutes tun.

Wenn du in Heiligkeit wandelst,
Wenn dem Feuer du Opfer bringst,
Wird reichen Lohn dein Tun finden.
All dein Ringen, was soll es dir?

Des Ringens Pfad ist schwer gangbar,
Führt schwer zum Ziel, ist mühereich!‹
Solch versuchendes Wort redend,
Māra[26] an Buddhas Seite stand.

Und wie so zu ihm sprach Māra,
Der Erhabne erwiderte:
›Leichtsinniger Gesell, Böser!
Du verfolgst deinen eignen Zweck!

Zu gewinnen ich nicht trachte
Selbst kleinsten guten Werkes Lohn.
Wer dem Lohn guten Werks nachstrebt,
Zu dem, Māra, du reden magst!

Mein ist Glauben, und Kraft mein ist;
Weisheit bei mir gefunden wird.
Der dem Ringen ich mich weihe,
Was fragst du nach dem Leben mich?

Hat ja doch selbst des Stroms Wasser
Auszutrocknen der Wind Gewalt.
Wenn ich ringend mich anspanne,
Wie sollte trocknen nicht mein Blut?

Wenn all mein Blut mir austrocknet,
Galle vertrocknet samt dem Schleim,
Wenn mir das Fleisch hinwegschwindet,
Immer heller die Seele wird,
Immer fester des Geists Wachsein,
Und Weisheit und Versenkung steht.
…

Dein Heer, dem nicht im Kampf standhält
Der Weltkreis samt der Götterschar,
Nieder durch Weisheitskraft schlag ich's,
Wie Stein das Tongefäß zerschlägt.

Alle Gedanken fest sammelnd,
Über mein Wollen herrschend stark,
Werd' ich von Land zu Land wandern
Und leiten große Jüngerschar.

Die werden unentwegt strebend,
Erfüllen die Gebote mein,
Den Gang, den du verwehrst, gehen
Dorthin, wo sie von Leid erlöst.‹«

Māra spricht:
»Dem Erhabnen gefolgt bin ich
Sieben Jahre auf Schritt und Tritt
Nicht konnte Zugang ich finden
Zum Buddha, dem Allwachsamen.

Um den Stein, der wie Fett aussah,
Flog die Krähe voll Gier herum:
Hier werd' ich leckern Fraß finden,
Ein guter Bissen winkt mir hier!

Den leckern Bissen nicht findend
Flog die Krähe hinweg von dort.
Wie die Krähe vom Stein abließ,
Wend' ich mich ab von Gotama.«

Sein Sinn überkam Kummer.
Die Laute seinem Arm entsank,
Und hinweg hob sich mißmutig
Von jenem Ort der böse Geist.

[90] *Die Erleuchtung*

Da trat ich, Brahmane, von Lüsten mich abscheidend, von allen unreinen Wesenheiten mich abscheidend, in die mit Überlegung und Erwägung verbundene, aus Abgeschiedenheit geborene, von Befriedigung und Freude erfüllte erste Versenkung[27] ein und verharrte in ihr.

Nach dem Zurruhekommen von Überlegung und Erwägung trat ich in die durch inneren Frieden und Einheitlichkeit des Geistes bezeichnete, von Überlegen und Erwägen freie, aus Sammlung geborene, von Befriedigung und Freude erfüllte zweite Versenkung ein und verharrte in ihr.

Nach dem Hinscheiden des Befriedigungsgefühls verharrte ich gleichmütig, in Wachsein und Bewußtheit, und empfand in meinem Körper ein Gefühl der Freude, was die Edlen nennen: ›der Gleichmütige, Wachsame, in Freude Weilende‹; so trat ich in die dritte Versenkung ein und verharrte in ihr.

Nach dem Verlassen von Freude und nach dem Verlassen von Schmerz, nach dem Untergang alles früheren Wohlgefühls und Leidensgefühls trat ich in die durch schmerzlose und freudlose Läuterung des Gleichmuts und Wachseins bezeichnete vierte Versenkung ein und verharrte in ihr.[28]

Mit also gesammeltem Geist, mit geläutertem, reinheitsreichem, der von Flecken frei war, aller Schäden entledigt, geschmeidig, der Arbeit sich fügend, feststehend und unentwegt, wandte ich meinen Geist hin auf die Erinnerung und Erkenntnis meines früheren Daseins. So erinnerte ich mich an mannigfaltiges früheres Dasein: an eine Existenz, an zwei Existenzen, an drei ... vier ... fünf ... zehn ... zwanzig ... dreißig ... vierzig ... fünfzig ... hundert ... tausend ... hunderttausend Existenzen, an viele

Weltalter der Zerstörung, an viele Weltalter der Erneuerung, an viele Weltalter der Zerstörung und Erneuerung: dort war ich mit dem und dem Namen, von dem und dem Geschlecht, von der und der Erscheinung, von der und der Nahrung lebend, das und das Glück und Leid erfahrend, von so und so langer Lebensdauer. Von da an schied ich und wurde dort wiedergeboren: und auch dort war ich mit dem und dem Namen ...; von da schied ich und bin hier wiedergeboren: so erinnerte ich mich an mannigfaltiges früheres Dasein mit seiner Besonderheit und mit der Bestimmtheit seines Wesens.

Dies, o Brahmane, ist die erste Wissenschaft, die ich in der ersten Nachtwache erlangt habe. Das Nichtwissen ist vernichtet, Wissen entstanden. Die Finsternis ist vernichtet, Helligkeit entstanden, wie es sich gebührt für den, der unentwegt, in heißem Eifer, sein Selbst dem Streben weihend, verharrt. Dies, o Brahmane, war mein erstes Anslichtkommen, wie eines Küchleins aus der Eierschale.

Mit also gesammeltem Geist, mit geläutertem, reinheitsreichem, der von Flecken frei war, aller Schäden entledigt, geschmeidig, der Arbeit sich fügend, feststehend und unentwegt, wandte ich meinen Geist hin auf die Kenntnis vom Abscheiden und Wiederkommen der Wesen. Da sah ich mit meinem göttlichen Auge, dem reinen, über Menschliches erhabenen, die Wesen, wie sie abschieden und wiederkamen, niedere und hohe, von schöner Erscheinung und von schlechter Erscheinung, wohlwandelnde und übelwandelnde; die Wesen, wie sie nach ihren Taten ihre Stätte fanden, erkannte ich: da sind diese Wesen, behaftet mit übeln Gedanken, Worten und Werken, die die Heiligen geschmäht haben, falschem Glauben anhängend und falschen Glaubens Werke auf sich nehmend – die gehen, wenn ihr Leib zerbricht, jenseits des Todes den Unglücksweg, den bösen Gang, zur Verdammnis, zur Hölle. Jene andern Wesen aber, begabt mit guten Gedanken, Worten und Werken, die die Heiligen nicht geschmäht haben, rechtem Glauben anhängend und rechten Glaubens Werke auf sich nehmend – die gehen, wenn ihr Leib zerbricht, jenseits des Todes den Heilsweg und kommen in den Himmel. So sah ich mit meinem göttlichen Auge, dem reinen, über Menschliches erhabenen, die Wesen, wie sie abschieden und wiederkamen, niedere und hohe, von schöner Erscheinung und von schlechter Erscheinung, wohlwandelnde und übelwandelnde; die Wesen, wie sie nach ihren Taten ihre Stätte fanden, erkannte ich.

Dies, o Brahmane, ist die zweite Wissenschaft, die ich in der mittleren Nachtwache erlangt habe. Das Nichtwissen ist vernichtet, Wissen entstanden. Die Finsternis ist vernichtet, Helligkeit entstanden, wie es sich gebührt für den, der unentwegt, in heißem Eifer, sein Selbst dem Streben weihend, verharrt. Dies, o Brahmane, war mein zweites Anslichtkommen, wie eines Küchleins aus der Eierschale.

Mit also gesammeltem Geist, mit geläutertem, reinheitsreichem, der von Flecken frei war, aller Schäden entledigt, geschmeidig, der Arbeit sich fügend, feststehend und unentwegt wandte ich meinen Geist hin auf die Kenntnis des Untergangs der Verderbnisse. ›Dies ist das Leiden‹: also erkannte ich in Wahrheit. ›Dies ist die Entstehung des Leidens‹: also erkannte ich in Wahrheit. ›Dies ist die Aufhebung des Leidens‹: also erkannte ich in Wahrheit. ›Dies ist der Weg zur Aufhebung des Leidens‹: also erkannte ich in Wahrheit. ›Dies sind die Verderbnisse‹... ›Dies ist die Entstehung der Verderbnisse‹... ›Dies ist die Aufhebung der Verderbnisse‹... ›Dies ist der Weg zur Aufhebung der Verderbnisse‹: also erkannte ich in Wahrheit. Indem ich also erkannte und also schaute, wurde meine Seele erlöst vom Verderbnis der Lust, und meine Seele wurde erlöst vom Verderbnis des Werdens, und meine Seele wurde erlöst vom Verderbnis des Irrglaubens, und meine Seele wurde erlöst vom Verderbnis des Nichtwissens. Im Erlösten entstand die Erkenntnis: Ich bin erlöst. Vernichtet ist die Geburt, vollendet der heilige Wandel, erfüllt die Pflicht; keine Rückkehr gibt es mehr zu dieser Welt: also erkannte ich.

Dies, o Brahmane, ist die dritte Wissenschaft, die ich in der letzten Nachtwache erlangt habe. Das Nichtwissen ist vernichtet, Wissen entstanden. Die Finsternis ist vernichtet, Helligkeit entstanden, wie es sich gebührt für den, der unentwegt, in heißem Eifer, sein Selbst dem Streben weihend verharrt. Dies, o Brahmane, war mein drittes Anslichtkommen, wie eines Küchleins aus der Eierschale.«

Derart gelangte der Bodhisattva in der letzten Wache der Nacht, zu der Zeit, als die Morgenröte sich zeigte und die Nacht dem Schlafe am günstigsten war, zur allerhöchsten vollkommenen Erleuchtung und erreichte das dreifache Wissen: die Erinnerung an die früheren Geburten, die Einsicht in die Zukunft und den Einblick in die Entstehung und Vernichtung des Leidens.

Da sprachen die Götter: »Streut Blumen herab, Verehrte, der Erhabene ist zur Erleuchtung erwacht!«

Einige der Göttersöhne, die dort zusammengekommen waren, aber hatten die früheren Buddhas gesehen und sprachen: »Streut keine Blumen, Verehrte, bis der Erhabene ein Zeichen seiner Macht an den Tag legt. Die früheren vollkommen Erleuchteten haben auch durch ein besonderes Zeichen ihre übernatürliche Macht bewiesen.«

Als nun der Pfadvollender erkannte, daß die Göttersöhne unschlüssig waren, erhob er sich bis auf die Höhe von sieben Palmen in die Luft und tat dort oben folgenden begeisterten Ausspruch: »Abgeschnitten ist der Weg! Gelegt hat sich der Staub! Ausgetrocknet fließen die Ströme der Sünde nicht mehr! Und, da ich ihm den Weg abgeschnitten habe, ist das Ende des Leidens[29] da!«

[91] *Entschluß zur Verkündigung*

Als nun der Erhabene sich in Verborgenheit und Einsamkeit zurückgezogen hatte, erhob sich in seinem Geist dieser Gedanke: »Erkannt habe ich diese Lehre, die tiefe, schwer zu schauende, schwer zu verstehende, die friedvolle, herrliche, bloßem Nachdenken unerfaßbare, feine, nur dem Weisen zugängliche. In Weltlust aber verweilt die Menschheit; in Weltlust ist sie heimisch; an Weltlust freut sie sich. So ist denn der Menschheit, der in Weltlust verweilenden, in Weltlust heimischen, an Weltlust sich freuenden dies schwer erschaubar: die Verknüpfung von Ursachen und Wirkungen, die Entstehung eines jeglichen aus seiner Ursache. Und auch dies ist gar schwer erschaubar: Das Zurruhekommen aller Gestaltungen, das Fahrenlassen aller irdischen Bestimmtheit, der Untergang des Durstes, das Freisein von Verlangen, das Aufhören, das Nirvāna. Wenn ich die Lehre predigte, und die andern sie nicht verständen: das wäre für mich Ermüdung, das wäre für mich Qual.« Und wie wenn ihm etwas Alltägliches widerführe, wurden dem Erhabenen diese Sprüche offenbar, die niemand zuvor vernommen hatte:

»Mit schwerer Müh' erreicht hab' ich's:
Genug, ich künd' es andern nicht.
Die in Lieben, in Haß leben,
Ihnen verbirgt die Lehre sich.

Was fein, tief, schwer zu schauen, zart ist,
Was dem Ird'schen zuwiderläuft,
Nicht werden's die Begierblinden,
Die Finsternisumhüllten sehn!«

Wie der Erhabene also dachte, neigte sich sein Geist dazu, in Ruhe zu verharren und die Lehre nicht zu predigen.

Da erkannte Brahma Sahampati in seinem Geist die Gedanken, die durch den Geist des Erhabenen gingen. Und er sprach zu sich: »Vergehen, ach, wird diese Welt, zugrunde gehen, ach, wird diese Welt, wenn des Vollendeten, des Heiligen, des höchsten Buddha Geist sich dazu neigt, in Ruhe zu verharren und die Lehre nicht zu predigen.« Und schnell wie ein starker Mann den gekrümmten Arm ausstreckt oder den ausgestreckten Arm krümmt: so verschwand Brahma Sahampati aus der Brahmawelt und trat vor dem Erhabenen in die Erscheinung. Und Brahma Sahampati entblößte die eine Schulter vom Obergewand, senkte sein rechtes Knie zur Erde, neigte die zusammengelegten Hände gegen den Erhabenen und sprach zum Erhabenen also: »Es möge, Herr, der Erhabene die Lehre predigen; es möge der Wohlwandelnde die Lehre predigen. Es sind Wesen, denen nur wenig Unreinheit anhaftet, aber wenn sie die Lehre nicht hören, gehen sie verloren: die werden Erkenner der Lehre sein.«

...

Da blickte der Erhabene, das Zureden Brahmas vernehmend und der Wesen sich erbarmend, mit seinem Buddhaauge über die Welten hin. Und wie der Erhabene mit seinem Buddhaauge über die Welten hinblickte, sah er Wesen, denen wenig Unreinheit und denen viel Unreinheit anhaftete, von scharfen Sinnen und von stumpfen Sinnen, von guter Art und von böser Art, leicht zu unterweisen und schwer zu unterweisen, manche, die für die Gefahren des Jenseits und der Sünde ein Auge hatten. Wie in einem Teiche voll Wasserrosen, blauem Lotus, weißem Lotus, die einen Wasserrosen, blauen Lotusblumen, weißen Lotusblumen, im Wasser geboren, im Wasser erwachsen, aus dem Wasser nicht hervorragen und in der Tiefe blühen – andre Wasserrosen, blaue Lotusblumen, weiße Lotusblumen, im Wasser geboren, im Wasser erwachsen bis zum Wasserspiegel reichen – wieder andre Wasserrosen, blaue Lotusblumen, weiße Lotusblumen, im Wasser geboren, im Wasser erwachsen über das Wasser sich erheben, vom Wasser unbenetzt: also sah der Erhabene, mit einem Buddhaauge über die Welten hinblickend, Wesen, denen wenig Unreinheit und denen viel Unreinheit anhaftete, von scharfen Sinnen und von stumpfen Sinnen, von guter Art und von böser Art, leicht zu unterweisen und schwer zu unterweisen, manche, die für die Gefahren des Jenseits und der Sünde ein Auge hatten. Als er solches sah, sprach er zu Brahma Sahampati den Spruch:

»Der Ewigkeit Tor, es sei jedem aufgetan,
Der Ohren hat. Mag sich denn Glaube regen!
Vergebliche Mühe zu meiden, hab' ich
Das edle Wort noch nicht der Welt verkündet.«

[92] *Die Predigt im Gazellenhain von Benares. Erste Jünger*

Der Erhabene aber wanderte weiter von Ort zu Ort und kam nach Benares, zum Gazellenhain Isipatana, wo die Schar der fünf Mönche war. Da erblickten die fünf Mönche den Erhabenen, wie er von fern einherkam. Ihn erblickend, verabredeten sie miteinander: »Da kommt der Asket Gotama, meine Freunde, der im Überfluß lebt, dem geistlichen Streben untreu geworden ist, sich dem Überfluß zugewandt hat.[30] Den darf man nicht ehrfurchtsvoll begrüßen oder vor ihm aufstehen oder ihm Almosenschale und Obergewand abnehmen. Doch mag man ihm einen Sitz hinstellen; wenn er will, mag er sich setzen.« Je näher aber der Erhabene zu den fünf Mönchen herankam, um so viel weniger vermochten die fünf Mönche bei ihrer Abrede zu bleiben.[31] Sie gingen dem Erhabenen entgegen, und der eine nahm dem Erhabenen Almosenschale und Obergewand ab, der andere bereitete ihm einen Sitz, wieder ein anderer brachte ihm Fußwasser, Fußbank, Fußschemel (?). Und der Erhabene setzte sich auf den Sitz, der ihm bereitet war, nieder; dort sitzend wusch der Erhabene seine Füße. Sie aber sprachen den Erhabenen mit seinem Namen an und redeten ihn an »mein Freund«. Als sie so redeten, sprach der Erhabene zu den fünf Mönchen also: »Sprecht nicht, ihr Mönche, den Vollendeten mit seinem Namen an und redet ihn nicht an ›mein Freund‹. Der Vollendete, ihr Mönche, ist der heilige, höchste Buddha. Tut euer Ohr auf, ihr Mönche: die Erlösung vom Tode ist gefunden. Ich unterweise euch; ich predige euch die Lehre. Wenn ihr nach meiner Unterweisung wandelt, so werdet ihr über ein Kleines das, um dessen willen edle Jünglinge ganz und gar von der Heimat lassen und in die Heimatlosigkeit gehen, diese höchste Vollendung heiligen Wandels unter Erschauen der Lehre selbst erkennen, sie von Angesicht zu Angesicht sehen und darin verweilen.«

Als er so redete, sprachen die fünf Mönche zu dem Erhabenen also: »Durch jenen Wandel, lieber Gotama, durch jene Übungen, durch jene Kasteiungen hast du nicht die übermenschliche Vollkommenheit, die volle Herrlichkeit edlen Wissens und Schauens erreichen können. Wie willst du denn jetzt, wo du im Überfluß lebst, dem geistlichen Streben untreu geworden bist, dem Überfluß dich zugewandt hast, die übermenschliche Vollkommenheit erreichen, die volle Herrlichkeit edlen Wissens und Schauens?«

Als sie so redeten, sprach der Erhabene zu den fünf Mönchen also: »Der Vollendete, ihr Mönche, lebt nicht im Überfluß, ist nicht dem geistlichen Streben untreu geworden, hat sich nicht dem Überfluß zugewandt. Der Vollendete, ihr Mönche, ist der heilige, höchste Buddha. Tut euer Ohr auf ... (wie oben, bis ›und darin verweilen‹.)«

Und zum zweitenmal sprachen die fünf Mönche ... (ihre Reden und des Buddha Antwort wie oben). Und zum drittenmal sprachen die fünf Mönche ... (ihre Rede wie oben). Als sie so redeten, sprach der Erhabene zu den fünf Mönchen also: »Gebt ihr mir zu, ihr Mönche, daß ich nie zuvor also zu euch geredet habe?«

»Das hast du nicht, Herr.«

»Der Vollendete, ihr Mönche, ist der heilige, höchste Buddha. Tut euer Ohr auf ... (wie oben, bis ›und darin verweilen‹.)« Der Erhabene aber vermochte die fünf Mönche zu überzeugen. Und die fünf Mönche hörten von neuem auf den Erhabenen; sie taten ihr Ohr auf und richteten ihre Gedanken auf die Erkenntnis. Da redete der Erhabene zu den fünf Mönchen also: »Zwei Enden gibt es, ihr Mönche, denen muß, wer dem Weltleben entsagt hat, fern bleiben. Welche zwei sind das? Hier das Leben in Lüsten, der Lust und dem Genuß ergeben: das ist niedrig, gemein, ungeistlich, unedel, nicht zum Ziele führend. Dort Übung der Selbstquälerei: die ist leidenreich, unedel, nicht zum Ziele führend. Von diesen beiden Enden, ihr Mönche, sich fernhaltend, hat der Vollendete den Weg, der in der Mitte liegt, entdeckt, der Blick schafft und Erkenntnis schafft, der zum Frieden, zum Erkennen, zur Erleuchtung, zum Nirvāna führt.

Und was, ihr Mönche, ist dieser vom Vollendeten entdeckte Weg, der in der Mitte liegt, der Blick schafft und Erkenntnis schafft, der zum Frieden, zum Erkennen, zur Erleuchtung, zum Nirvāna führt?

Es ist dieser edle achtteilige Pfad, der da heißt: rechtes Glauben, rechtes Entschließen, rechtes Wort, rechte Tat, rechtes Leben, rechtes Streben, rechtes Gedenken, rechtes Sichversenken. Dies, ihr Mönche, ist der vom Vollendeten entdeckte Weg, der in der Mitte liegt, der Blick schafft und Erkenntnis schafft, der zum Frieden, zum Erkennen, zur Erleuchtung, zum Nirvāna führt. Dies, ihr Mönche, ist die edle Wahrheit vom Leiden. Geburt ist Leiden, Alter ist Leiden, Krankheit ist Leiden, Tod ist Leiden, mit Unlieben vereint sein ist Leiden: von Lieben getrennt sein ist Leiden, nicht erlangen, was man begehrt, ist Leiden: kurz die fünferlei Objekte des Ergreifens sind Leiden.

Dies, ihr Mönche, ist die edle Wahrheit von der Entstehung des Leidens: es ist der Durst, der zur Wiedergeburt führt, samt Freude und Begier, hier und dort seine Freude findend: der Lüstedurst, der Werdedurst, der Vergänglichkeitsdurst.

Dies, ihr Mönche, ist die edle Wahrheit von der Aufhebung des Leidens: die Aufhebung dieses Durstes durch restlose Vernichtung des Begehrens, ihn fahren lassen, sich seiner entäußern, sich von ihm lösen, ihm keine Stätte gewähren.

Dies, ihr Mönche, ist die edle Wahrheit vom Wege zur Aufhebung des Leidens: es ist dieser edle achtteilige Pfad, der da heißt: rechtes Glauben, rechtes Entschließen, rechtes Wort, rechte Tat, rechtes Leben, rechtes Streben, rechtes Gedenken, rechtes Sichversenken.«

...

So sprach der Erhabene. Mit Freude begrüßten die fünf Mönche des Erhabenen Rede. Und als diese Lehrrede vorgetragen wurde, ging dem ehrwürdigen Kondanna der Wahrheitsblick[32] frei von Dunst und Unreinheit auf: was immer dem Gesetz des Entstehens untertan ist, alles das ist auch dem Gesetz des Vergehens untertan.

[93] *Der Anschlag Devadattas auf Buddhas Leben*

Zu der Zeit war in Rājagaha ein Elefant mit Namen Nālāgiri, der war wild, ein Töter von Menschen. Da ging Devadatta nach Rājagaha hinein, ging zum Elefantenstall und sprach zu den Elefantenwächtern: »Hört, ihr Männer, wir sind gut Freund mit dem König und können machen, daß jemand von niederer Stellung zu hoher Stellung befördert, seine Verpflegung gebessert, sein Lohn vermehrt wird. Also hört! Wenn der Asket Gotama diese Straße betritt, dann laßt diesen Elefanten Nālāgiri los und laßt ihn durch diese Straße laufen!«

»Ja, Herr« – so nahmen die Elefantenwärter den Befehl des Devadatta entgegen. Der Erhabene aber kleidete sich des Morgens an, nahm Almosenschale und Obergewand und ging mit vielen Mönchen nach Rājagaha hinein, Almosen zu sammeln. Da betrat der Erhabene jene Straße. Die Elefantenwärter aber sahen, daß der Erhabene jene Straße betrat; da ließen sie den Elefanten Nālāgiri los und ließen ihn durch jene Straße laufen. Da sah der Elefant den Erhabenen, wie er von fern herankam. Wie er ihn sah, erhob er seinen Rüssel, richtete Ohren und Schwanz in die Höhe und lief gegen den Erhabenen an. Und die Mönche sahen den Elefanten Nālāgiri, wie er von fern herankam. Wie sie ihn sahen, sprachen sie zum Erhabenen: »Da läuft, Herr, der wilde Elefant Nālāgiri, der menschentötende, durch die Straße. Möge, Herr, der Erhabene umkehren, möge der Wohlwandelnde umkehren!«

»Kommt, ihr Mönche, fürchtet euch nicht. Das ist unmöglich, ihr Mönche, es ist ausgeschlossen, daß fremde Gewalt den Vollendeten ums Leben brächte. Unberührt von Gewalt, ihr Mönche, gehen die Vollendeten in das Nirvāna ein.« (Und zum zweitenmal ... und zum drittenmal ... dieselben Worte der Mönche und dieselbe Antwort des Buddha.)

Zu der Zeit waren die Menschen in die Obergeschosse der Paläste und der Häuser und auf die Dächer gestiegen. Und die ungläubigen, unbekehrten, unerleuchteten Menschen sagten: »Der schöne große Asket wird durch den Elefanten zu Schaden kommen.« Die gläubigen, bekehrten, klugen, erleuchteten Menschen aber sagten: »Da kann man lange warten, ihr Guten, bis der Elefant mit dem Elefanten kämpfen wird.« Der Erhabene aber entsandte gegen den Elefanten Nālāgiri die Kraft seines freundlichen Denkens. Da senkte der Elefant Nālāgiri, vom Erhabenen mit der Kraft freundlichen Denkens[33] getroffen, seinen Rüssel, ging zum Erhabenen und stellte sich vor ihn hin. Der Erhabene aber berührte mit der rechten Hand die Erhöhung auf der Stirn des Elefanten Nālāgiri und sprach zum Elefanten Nālāgiri die Sprüche:

»Den Elefanten greife nicht an, mein Elefant,
Denn anzugreifen, mein Elefant, den Elefanten bringet Leid.
Denn wer jenen schlägt, mein Elefant,
Kein Heil für ihn es im Jenseits gibt.

Vor wilder Brunst, vor Lässigkeit sei auf der Hut:
Kein Heil erwartet den, der sich in Lässigkeit verliert.
Doch deine Taten werden solche sein,
Daß du den Weg des Heiles gehen wirst.«

Da erhob der Elefant Nālāgiri mit seinem Rüssel den Staub von den Füßen des Erhabenen auf, streute ihn sich über das Haupt und ging zurück, rückwärts gebeugt, solange er den Erhabenen sah. Und der Elefant Nālāgiri ging zum Elefantenstall und stellte sich dort an seinen Platz, und fortan war der Elefant Nālāgiri zahm. Zu der Zeit sangen die Menschen den Spruch:

»Die Einen mit dem Stab bänd'gen,
Mit Haken und mit Peitschenhieb,
Ohn Staub und Wehr vom Hochweisen
Der Elefant gebändigt ist.«

[94] *Buddha tut ein Wunder*

Also habe ich gehört.

Einstmals wanderte der Erhabene im Lande der Mallas, mit einer großen Mönchsschar und kam nach Thūna, einem Brahmanendorf der Mallas. Da hörten die Brahmanen und Bauern von Thuna: »Der Asket Gotama, der vom Sakyahause kommend die Welt verlassen hat, wandert im Lande der Mallas mit einer großen Mönchsschar und ist nach Thūna gekommen.« Und sie füllten den Brunnen bis zum Rande mit Gras und Spreu und sagten zueinander: »Dies kahlköpfige Mönchspack soll nicht zu trinken finden.«

Der Erhabene aber verließ den Weg und ging zu eines Baumes Fuß. Dort ließ er sich auf den Sitz nieder, der für ihn bereitet war. Wie er nun da saß, sprach der Erhabene zum ehrwürdigen Ānanda: »Ich bitte dich, Ānanda, hole mir aus jenem Brunnen Wasser zum Trinken.« Auf dieses Wort erwiderte der ehrwürdige Ānanda dem Erhabenen: »Eben, Herr, haben die Brahmanen und Bauern von Thūna diesen Brunnen bis zum Rande mit Gras und Spreu gefüllt und haben zueinander gesagt: ›Dies kahlköpfige Mönchspack soll nichts zu trinken finden‹.« (Zum zweitenmal derselbe Befehl des Buddha, dieselbe Antwort. Dann der Befehl zum drittenmal.) »Ja, Herr«, so nahm Ānanda den Befehl des Erhabenen entgegen, ergriff die Schale und ging zum Brunnen. Der Brunnen aber, wie der ehrwürdige Ānanda herzukam, spie alles Gras und alle Spreu aus seiner Öffnung aus und stand da voll bis zum Rand von reinem, ungetrübtem, klarem Wasser – überfließend, hätte man meinen sollen. Da dachte der ehrwürdige Ānanda: »Wunderbar fürwahr, staunenswert fürwahr ist es, wie wundermächtig und hochgewaltig der Erhabene ist: hat doch dieser Brunnen, wie ich hinzukam, alles Gras ...« Und er schöpfte mit seiner Schale Wasser, ging zum Erhabenen und sprach zu ihm: »Wunderbar fürwahr ... Möge der Erhabene das Wasser trinken; möge der Wohlwandelnde das Wasser trinken.« Solches sehend, tat der Erhabene zu der Zeit den Ausruf:

»Fände ich überall Wasser,
Wozu täte der Brunnen not?
Hat man vertilgt des Dursts[34] Wurzel,
Was ist's, das noch zu suchen bleibt?«

[95] *Das tägliche Leben Buddhas*

Die Beschäftigung vor dem Mahl nun ist die folgende.

Der Erhabene steht in der Frühe auf, besorgt aus Rücksicht für seinen Aufwärter und um seines körperlichen Wohlbefindens willen die körperlichen Verrichtungen, wie das Reinigen seines Mundes, und bringt dann die Zeit, bis die Stunde für den Almosengang gekommen ist, in der Einsamkeit sitzend hin. Ist die Zeit des Almosenganges da, kleidet er sich an, bindet sich den Gürtel um, legt das Obergewand um, nimmt die Almoschale, und bald allein, bald von einer Mönchsschar umgeben, geht er in das Dorf oder in den Flecken und sammelt dort Almosen, bald in alltäglicher Weise, bald unter mannigfachen Wundern wie den folgenden.

Wenn der Herr der Welt, Almosen sammelnd, zum Ort hineingeht, wehen sanfte Winde vor ihm her und reinigen den Boden. Wolken träufeln Wasser nieder, befreien seinen Weg von Staub und werden zu einem Baldachin, der über ihm sich erhebt. Andere Winde führen Blumen herbei und streuen sie auf seinen Pfad. Gesenkter Boden hebt sich; Erhöhungen des Bodens senken sich. Wenn er den Fuß niedersetzt, wird der Boden eben und ist angenehm zu berühren, oder Lotusblumen empfangen seinen Fuß ... Hat der Erhabene sein Mahl eingenommen, betrachtet er den Zustand ihres Innern und predigt die Lehre entsprechend so, daß die Einen dazu gelangen, ihre Zuflucht bei ihm zu nehmen, Andre zur Ablegung der fünf Gelübde, wieder andre zur Erreichung der Bahn, die zur Heiligkeit führt, noch Andre zur Frucht der Einmalwiederkehrenden oder der Nichtwiederkehrenden, daß Andre endlich der Welt entsagen und die höchste Frucht der Heiligkeit erlangen. Nachdem er den großen Menschenmassen solche Gnade erwiesen hat, steht er von seinem Sitz auf und geht in das Klosterhaus hinein. Dort setzt er sich in der runden Halle auf den herrlichen Buddhasitz nieder, der für ihn bereitet ist, und wartet, bis die Mönche ihr Mahl beendet haben. Ist dann das Mahl der Mönche beendet, meldet der Aufwärter es dem Erhabenen. Dann geht der Erhabene in »das Gemach der Düfte« ein.

So weit seine Beschäftigung vor dem Mahl.

Wenn nun der Erhabene so ein Werk, das vor dem Mahl ihm obliegt, vollendet hat, läßt er sich in dem Gemach der Düfte auf dem Sitz nieder, den sein Aufwärter ihm bereitet hat, und wäscht sich die Füße. Darauf tritt er auf die mit Juwelen geschmückte Treppenstufe des Gemaches der Düfte und ermahnt die Gemeinde der Mönche: »Ihr Mönche, strebet unablässig. Es geschieht selten, daß in der Welt ein Buddha erscheint. Es ist schwer, als Mensch wiedergeboren zu werden. Es ist schwer, den rechten Augenblick zu erlangen. Es ist schwer, zur Weltentsagung durchzudringen. Es ist schwer, des Hörens der wahren Lehre teilhaftig zu werden.« Dann bitten Einige den Erhabenen um einen Gegenstand der geistlichen Übung. Der Erhabene gibt ihnen einen solchen Gegenstand je nach ihrem Wandel. Dann drücken alle dem Erhabenen ihre Ehrfurcht aus und gehen fort an die Orte, wo ein jeder die Nacht oder den Tag zubringen will, die Einen in die Wildnis, Andre zum Fuß eines Baumes, noch Andre ins Gebirge oder an ähnliche Orte, Manche in den Cātumma-hārājika-Himmel ... (folgen die übereinandergelagerten Himmel). Manche in den Vasavatti-Himmel.

Dann geht der Erhabene in das Gemach der Düfte ein und, wenn es ihm gefällt, legt er sich mit wachem Bewußtsein eine Weile auf der rechten Seite nieder, wie der Löwe sich lagert. Hat er so seinen Leib erfrischt, steht er auf und blickt im zweiten Teil der Zeit über die Welt hin. Im dritten Teil kommen aus dem Dorf oder Flecken, bei dem er sich aufhält, die Leute, die vor dem Mahl ihm ihre Gaben gegeben haben, nach dem Mahl in schönen Unter- und Obergewändern, mit Wohlgerüchen, Blumen u. dgl., zum Klosterhause. Dann geht der Erhabene mit dem Gefolge, das sich um ihn gesammelt hat, unter angemessenen Wundern zum Predigtsaal, läßt sich auf dem dort bereiteten herrlichen Buddhasitz nieder und predigt die Lehre, wie es der Zeit und Gelegenheit angemessen ist. Wenn er es dann an der Zeit hält, entläßt er die Versammlung. Die Leute zeigen dem Buddha ihre Ehrfurcht und gehen fort. Dies ist seine Beschäftigung nach dem Mahle.

Hat er so vollbracht, was ihm nach dem Mahle zu tun obliegt, steht er, wenn er sich die Glieder mit Wasser zu netzen wünscht, von dem Buddhasitz auf, geht zum Badehaus und erfrischt sich dort mit dem vom Aufwärter bereiteten Wasser. Der Aufwärter holt den Buddhasitz herbei und stellt ihn in der Zelle des Gemachs der Düfte bereit. Dann legt der Erhabene ein Untergewand aus doppeltem rotem Stoff an, bindet sich den Gürtel um, legt das Obergewand so an, daß es seine Schulter frei läßt, geht dorthin und setzt sich nieder; so verharrt er eine Weile allein in Zurückgezogenheit. Dann kommen von allen Seiten die Mönche herbei, dem Erhabenen aufzuwarten. Die Einen stellen ihm Fragen; Andre erbitten von ihm einen Gegenstand der geistlichen Übung, noch Andre Predigt der Lehre. Der Erhabene erfüllt ihr Begehren und bringt so die erste Nachtwache hin. Dies ist seine Beschäftigung in der ersten Nachtwache.

Hat er so seine Obliegenheiten der ersten Nachtwache vollbracht, und sind die Mönche mit ehrfurchtsvollem Gruß fortgegangen, erhalten die Gottheiten des ganzen zehntausendfachen Weltsystems Zutritt. Sie kommen zum Erhabenen und stellen ihm Fragen, wie sie sich die zurechtgelegt haben, bis herab zu solchen von nur vier Silben. Der Erhabene beantwortet die Fragen dieser Gottheiten und bringt so die mittlere Nachtwache hin. Dies ist seine Beschäftigung in der mittleren Nachtwache.

Die Beschäftigung in der letzten Nachtwache aber zerfällt in drei Teile. Um seinen Leib, der vom Vormittag an durch vieles Sitzen ermüdet ist, von der Mattigkeit zu befreien, verbringt er den einen Teil der Zeit mit Auf- und Abgehen. Im zweiten Teil geht er in das Gemach der Düfte und ruht mit wachem Bewußtsein auf der rechten Seite, wie der Löwe sich lagert. Im dritten Teil endlich steht er auf, setzt sich und schaut mit dem Buddhaauge über die Welt hin, um die Wesen zu erblicken, denen es gegeben war, vermöge ihrer Freigebigkeit, ihres tugendhaften Wandels und ähnlicher Vorzüge, vor dem Antlitz früherer Buddhas den Entschluß (des Erwerbs der Heiligkeit oder Buddhaschaft) zu fassen. Dies ist seine Beschäftigung in der letzten Nachtwache.[35]

[96] *Abschiedsreden und Tod Buddhas*

»Ānanda, folgende vier auf das Gemüt wirkende Stätten muß ein ordentlicher Mensch, der gläubig ist, sehen; die Stätte, wo der Tathāgata geboren ist; die, wo er zur höchsten vollkommenen Buddhaschaft durchgedrungen ist; die, wo er das herrliche Rad der Lehre in Bewegung gesetzt hat[36]; und die, wo er ins Nibbāna restloser Erlösung eingegangen ist. Das, Ānanda, sind die vier auf das Gemüt wirkenden Stätten, die ein ordentlicher Mensch, der gläubig ist, sehen muß. Ānanda, es werden gläubige Bhikkhus und Laienfreunde beiderlei Geschlechts kommen an die Stätte, wo der Tathāgata geboren ist, wo er zur höchsten vollkommenen Buddhaschaft durchgedrungen ist, wo er das herrliche Rad der Lehre in Bewegung gesetzt hat und wo er ins Nibbāna restloser Erlösung eingegangen ist. Denn, Ānanda, alle, die auf der Wallfahrt zu einer solchen Denkstätte gläubigen Sinnes sterben, werden nach ihrem körperlichen Ende, dem Tode, ins freudenvolle Himmelreich eingehen.«[37]

...

»Herr, wie sollen wir uns gegen das Frauenvolk verhalten?« »Nicht ansehen, Ānanda!« »Wenn wir sie aber doch angeblickt haben, Erhabener, wie sollen wir uns dann verhalten?« »Nicht anreden, Ānanda!« »Wer aber doch ins Gespräch gerät, wie soll er sich dann verhalten, Herr?« »Der möge sich mit ernster Besonnenheit rüsten!«[38]

...

»Herr, was sollen wir mit dem Leichnam des Tathāgata machen?« »Ānanda, laßt die Ehrungen für den Leichnam des Tathāgata nicht eure Sorge sein! Ānanda, ringet, bitte, nach dem Heile! Widmet euch der Sorge um euer Heil! Strebt mit Ernst, Eifer und mit Anspannung eures ganzen Ichs nach eurem Heile! Es gibt ja kluge Leute genug unter den adligen Brahmanen und den gewöhnlichen Bürgern, die an den Tathāgata glauben; die werden die Ehrungen für den Leichnam des Tathāgata schon besorgen.« »Was soll denn aber mit dem Leichnam des Tathāgata geschehen?« »Ānanda, man soll mit des Tathāgata Leichnam geradeso verfahren wie mit dem Leichnam eines Cakkavattī-Herrschers[39]!« »Herr, wie verfährt man denn aber mit dem Leichnam eines solchen?« »Ananda, den Leichnam eines Cakkavattī hüllt man zunächst in ein neues Stück Linnen, dann in gekrämpelte Baumwolle, dann wieder in neues Linnen (und so fort in abwechselnder Reihenfolge). Nachdem man auf diese Weise den Leichnam des Cakkavattī fünfhundert Mal in solche Doppel-Hülle eingewickelt hat, legt man ihn in einen metallenen Trog mit Öl und deckt diesen mit einem darüber gestülpten anderen metallenen Troge zu, schichtet aus allen wohlriechenden Stoffen, die es gibt, einen Scheiterhaufen und verbrennt darauf den Leichnam des Cakkavattī. Danach errichtet man dem Cakkavattī auf einem Platze, auf den vier Straßen münden, einen Thūpa. Ānanda, so verfährt man mit dem Leichnam eines Cakkavattī. Und wie mit dem Leichnam eines Cakkavattī, so Ānanda, soll auch mit des Tathāgata Leichnam verfahren werden. Auch ein Thūpa ist für den Tathāgata zu errichten auf einem Platze, auf den vier Straßen münden. Und denen, die bei einem solchen Thūpa einen Kranz oder etwas Wohlriechendes oder Buntes niederlegen oder (auch nur) ehrfurchtsvoll sich verneigen oder gläubigen Herzens werden, denen wird das auf lange zu Heil und Glück gereichen.

Viererlei Persönlichkeiten, Ānanda, sind eines Thūpa würdig. Welche? Ein Tathāgata, ein vollendeter vollkommener universaler Buddha; ein Privat-Buddha[40]; ein Tathāgata-Jünger; und ein Cakkavattī.

Und weswegen, Ānanda, verdient ein Tathāgata, ein vollendeter vollkommener universaler Buddha, einen Thūpa? Bei dem Gedanken ›Das ist der Thūpa des Erhabenen, des vollendeten vollkommenen universalen Buddha‹ öffnen viele dem Glauben ihre Herzen, und wer im Glauben stirbt, der wird nach seinem körperlichen Ende in das freudenvolle Himmelreich eingehen.[41] Dessentwegen, Ānanda, soll man einem Tathāgata, einem vollendeten vollkommenen universalen Buddha einen Thūpa errichten.«

...

Da ging der ehrwürdige Ānanda in das Unterkunftshaus hinein, blieb an den Schließbalken der Türe gelehnt stehen und weinte und klagte: »Ich habe noch (so viel) zu lernen und (an mir) zu arbeiten, und schon steht das Parinibbāna des Meisters nahe bevor, der für mein Wohl besorgt war.«

Der Erhabene fragte die Bhikkhus: »Bhikkhus, wo ist denn Ānanda hin?« »Herr, der ehrwürdige Ānanda steht im Vihāra (Kloster) an den Schließbalken der Türe gelehnt und weint und klagt: ›Ich habe ...‹.« Da forderte der Erhabene einen Bhikkhu auf: »Geh, Bhikkhu, und bestell' in meinem Namen dem Ānanda: ›Lieber Freund Ānanda, der Meister läßt dich rufen‹.« »Ja, Herr!« erwiderte der Bhikkhu gehorsam dem Erhabenen, ging zu Ānanda und sagte zu ihm: »Lieber Freund Ānanda, der Meister läßt dich rufen.« »Ja, Freund«, antwortete willfährig Ānanda dem Bhikkhu, ging zum Erhabenen, verneigte sich ehrfurchtsvoll vor ihm und setzte sich etwas abseits von ihm nieder. Darauf sprach der Meister zum ehrwürdigen Ānanda: »Laß gut sein, Ānanda, härme dich nicht, klage nicht! Habe ich dir nicht früher schon gesagt, daß wir von allem Lieben und Angenehmen uns einmal trennen und Abschied nehmen müssen, daß es damit nicht ewig so bleiben kann? Wie wäre es wohl möglich, daß das, was entstanden, geworden, Erscheinung und seinem Wesen nach dem Zerfall geweiht ist, nicht zerfiele? Das ist ein Unding. Ānanda, lange bist du dem Tathāgata sorgend nahe und in immer gleich bleibender Treue mit grenzenloser Liebe in Werken, Worten und Gedanken nur auf sein Wohl und sein Behagen bedacht gewesen. Du hast Verdienstliches getan; sei nun auf ernstes Heils-Streben bedacht, und du wirst bald von weltlichen Schwächen frei sein.«

Dann richtete der Erhabene an den ehrwürdigen Ānanda die Worte: »Ānanda, es könnte euch vielleicht der Gedanke kommen: ›Der Lehrer (der uns) das Wort (verkündete) ist dahingegangen, wir (können uns nun auf) keinen Lehrer mehr (berufen)‹. Aber so dürft ihr die Sache nicht ansehen,

Ānanda. Die Lehre und die Regel, die ich euch gepredigt und vorgezeichnet habe, die sind euer Lehrer nach meinem Ende.«[44]

...

Dann sprach der Erhabene noch zu den Bhikkhus: »Wohlan, Bhikkhus, (höret) jetzt, (was) ich euch (noch) zu sagen habe: Die Seinserscheinungen sind ihrem Wesen nach vergänglich. Rüstet euch aus mit Wachsamkeit!« Das war des Tathāgata letztes Wort.

Der Erhabene gelangte zur ersten Stufe der ekstatischen Versenkung, von dieser dann zur zweiten, von der zweiten zur dritten, von der dritten zur vierten. Von der vierten stieg er auf zum Zustande, der besteht in (der Idee) der Raumunendlichkeit, von diesem zu dem Zustande, der besteht in (der Idee) der Wahrnehmungsunendlichkeit, von diesem dann zu dem Zustande, der besteht in (der Idee) des Nichtvorhandenseins von irgend etwas, von diesem zu dem Zustande von Weder-Bewußtheit-noch-auch-Nichtbewußtheit, von diesem zum Aufhören von Bewußtsein und Gefühl.

Da sprach der ehrwürdige Ānanda zum ehrwürdigen Anuruddha: »Herr Anuruddha, der Erhabene hat das Parinibbāna erreicht.« »Nein, Freund Ānanda, der Erhabene hat das Parinibbāna noch nicht erreicht, er ist nur zum Aufhören von Bewußtsein und Gefühl aufgestiegen.«

Der Erhabene stieg dann von der schon erreichten Höhe des Aufhörens von Bewußtsein und Gefühl wieder hinab zum Zustande von Weder-Bewußtheit-noch-Nichtbewußtheit, von diesem zu dem Zustande, der besteht in (der Idee) des Nichtvorhandenseins von irgend etwas, von diesem zu dem Zustande, der besteht in (der Idee) der Wahrnehmungsunendlichkeit, von diesem zu dem Zustande, der besteht in (der Idee) der Raumunendlichkeit, von diesem zur vierten Stufe der ekstatischen Versenkung, von dieser zur dritten, von dieser zur zweiten, von dieser zur ersten. Von dieser stieg er dann wieder auf zur zweiten, von dieser zur dritten, von dieser zur vierten. Unmittelbar von da aus erreichte der Erhabene dann das Parinibbāna.

Als der Erhabene verschied, im selben Augenblicke erbebte die Erde mit so schrecklicher Gewalt, daß ein Schauder die Menschen überlief, und vom Himmel krachte der Donner.

Im Augenblick, als der Erhabene verschied, sprach Brahma Sahampati diese Strophe:

»Es werfen ab die Lieblichkeit
Die Wesen alle mit der Zeit,
Wie's dieser Meister, Buddha, tat,
Der nirgends seinesgleichen hat,
Tathāgata, an Kräften groß,
Der einging in Nibbāna's Schoß.«

Und der Götter-König Sakka sprach in demselben Augenblicke die Strophe:

»Was nur Erscheinung ist, vergeht,
Es schwindet hin, wie es entsteht,
Und kaum entstanden, hat's ein End,
Des Schein-Seins Ende Glück man nennt.«

Der ehrwürdige Anuruddha sprach in diesem Augenblicke folgende Strophe:

»Es fand kein Atemzug mehr statt
Des geistes-steten Arahat,
Als wunschbefreit der Weise starb,
Der das Nibbāna sich erwarb.
An nichts mehr haftete sein Herz,
Er trug gefaßt den Todesschmerz,
Sein Geist war frei von jedem Band,
Wie auslischt eines Lichtes Brand.«

Der ehrwürdige Ānanda sprach in diesem Augenblicke die Strophe:

»Ein Schauer überlief uns da,
Denn (manches) Schreckliche geschah[44],
Als Buddha dieses Sein verließ,
Der alles Edeln Träger hieß.«

Als der Erhabene verschieden war, da weinten von den Bhikkhus, die von Leidenschaften noch nicht frei waren, manche laut, indem sie die Arme ausstreckten, stürzten jähen Sturzes (?) zur Erde nieder, wälzten sich hin und her und klagten: »Zu früh hat der Erhabene, der Pfadvollender, das Zeitliche gesegnet, zu früh ist das Auge der Welt erloschen.« Die aber, die schon von Leidenschaft frei waren, nahmen alles besonnen und mit klar urteilendem Geiste hin, weil sie sich sagten: »Vergänglich ist alles Erscheinende, wie wäre es anders wohl möglich?«

[97] *Die Bestattung*

Da gelangte der ehrwürdige Mahā-Kassapa[44] beim Scheiterhaufen des Erhabenen im Kusinārā-Makuta-band-hanam genannten Heiligtum der Malla an, und er nahm sein Obergewand über die eine (linke) Schulter und ging, seine gefalteten Hände vorstreckend, dreimal nach rechts um den Scheiterhaufen herum, öffnete (die Umhüllungen des Leichnams) am Fußende und neigte sein Haupt zu den Füßen des Erhabenen. Auch (seine) fünfhundert Bhikkhus taten alles genau so wie er.

Und als der ehrwürdige Mahā-Kassapa und die fünfhundert Bhikkhus dem Leichnam ihre Reverenz erwiesen hatten, flammte der Scheiterhaufen des Erhabenen von selber auf.

Von dem verbrannten Leichnam des Erhabenen aber war kein Aschen- oder Kohlenrest dessen, was ehedem »äußere« oder »innere Haut«, »Fleisch«, »Sehnen« und »flüssige Bestandteile« hieß, mehr zu spüren, nur Knochenreste blieben übrig. Wie von verbrannter Butter oder verbranntem Öle weder Asche noch Kohle mehr zu spüren ist, ebenso war von dem verbrannten Leichnam des Erhabenen weder Aschen- noch Kohlenrest dessen wahrzunehmen, was ehedem »äußere« oder »innere Haut«, »Fleisch«, »Sehnen« und »flüssige Bestandteile« hieß, nur Knochenreste blieben übrig.

Von den fünfhundert Doppelhüllen verbrannten aber nur zwei, die innerste und die äußerste.

Als der Leichnam des Erhabenen verbrannt war, kam aus der Luft ein Wasserstrahl und löschte des Erhabenen Scheiterhaufen aus; auch von einem Wasser-Sāla-Baume her erhob sich einer und löschte den Scheiterhaufen aus. Auch die Malla von Kusinārā halfen mit allen möglichen wohlriechenden Wassern ihn auslöschen. Darauf richteten die Malla von Kusinārā um die Knochenreliquien des Erhabenen ein Gitter aus Speeren und einen Wall aus Bögen auf und ehrten und umgaben sie sieben Tage lang mit Tänzen, Gesängen, Instrumentalmusik, Blumen und Wohlgerüchen.

[98] *Hymnus auf den Buddha*

Klammert euch an den Weisen, den Löwen aus dem Sākyageschlecht, den durch Erkenntnis Leuchtenden, den Lichtbringer, der die Finsternis vernichtet hat, den Herrlichstrahlenden, hell und rein Glänzenden, dessen Körper beruhigt, dessen Geist klar und ruhig ist.

Verlasset euch auf den Herrn der Weisen, den Ozean der Erkenntnis, den Herrn der Lehre (Dharma), den Allwissenden, den Gott über allen Göttern, der von Menschen und Göttern zu verehren ist, den über die Lehre Gebietenden, den Selbstentstandenen, der den schwer bezähmbaren Sinn in seine Gewalt gebracht hat, der seinen Geist von den Schlingen des Māra freigemacht hat, dessen Auge und Ohr nicht an diese Welt zu fesseln sind, der dem Leiden ein Ende gemacht hat, der Frieden und Befreiung völlig erreicht hat.

Nahet ihm alle mit Verehrung[45] (bhakti), dem Buddha von unermeßlicher Einsicht (buddhi), der zum Licht geworden, dessen Lehre unvergleichbar ist, der das Dunkel verscheucht, der sich auf gute Führung versteht, dessen Taten zur Ruhe gekommen sind.

Er ist der König der Ärzte, der die Medizin Unsterblichkeit spendet, er ist der Held unter den Streitrednern, der die Ketzer arg bedrängt, er ist der Freund der Lehre, der die höchste Wahrheit kennt, er ist der Führer, der den Weg zum Allerhöchsten weist.

[99] *Buddha lehrt von Ewigkeit zu Ewigkeit*

Unausdenkbare tausend Millionen von Weltzeitaltern, deren Maß nie ergründet werden kann, ist es her, daß ich zuerst die Erleuchtung erlangt habe und seitdem ich stets die Lehre predige ...

Zahlreiche Bodhisattvas versammle ich und befestige sie in der Buddha-Erkenntnis. Unzählige Myriaden von Lebewesen bringe ich während Millionen von Weltzeitaltern zur Reife.

Und ich spiegle den Wesen die Stätte des Nirvāna vor.[46] Ich spreche davon zum Zweck ihrer Erziehung. Aber in Wirklichkeit gehe ich zu der Zeit (wo ich davon spreche) nicht ins Nirvāna ein, sondern offenbare hier die Lehre.

Und auch dort beherrsche ich mich selbst, und ebenso beherrsche ich alle Wesen. Menschen mit verkehrtem Verstand, betört, sehen mich nicht dort stehen.

Indem sie glauben, daß meine Persönlichkeit völlig erloschen ist, erweisen sie den Reliquien mannigfache Verehrung. Und da sie mich nicht sehen, fühlen sie Verlangen (nach mir) und dann entsteht (durch die Reliquienverehrung) ein gerader Sinn in ihnen.

Und wenn die Wesen aufrichtig, milde und sanftmütig sind und ihre Begierden aufgegeben haben, dann veranstalte ich eine Versammlung der Jünger und zeige mich auf dem Geierspitzberg. Und dann rede ich also zu ihnen: »Ich habe damals hier nicht aufgehört zu sein; es war nur ein geschickter Plan von mir, ihr Mönche, ich bin immer und immer wieder in dieser Welt.«

Von anderen Wesen geehrt, offenbare ich ihnen meine vorzügliche Erleuchtung. Ihr aber höret nicht auf mein Wort, (indem ihr denkt): »Anderswo ist der Herr der Welt, völlig erloschen ist er.«

Ich sehe, wie die Wesen sich abquälen, aber ich zeige ihnen nicht meine Persönlichkeit.[47] Mögen sie nur nach meinem Anblick sich sehnen; wenn sie darnach lechzen, werde ich ihnen die wahre Religion offenbaren.

Immerdar ist dies meine so beschaffene Residenz durch unausdenkbare tausend Millionen von Weltzeitaltern. Und ich verlasse diesen Geierspitzberg hier nicht gegen andere Millionen von Wohnstätten.

Und wenn auch die Wesen diesen Weltteil betrachten und ihn für brennend halten, auch dann ist dieses mein Buddhaland mit Göttern und Menschen angefüllt.

Da gibt es mannigfache Spiele und Freuden, Millionen von Gärten, Palästen und himmlischen Wagen, geschmückt ist es mit Perlen aus Juwelen und mit Bäumen, die gleichzeitig mit Blüten und Früchten versehen sind.

Und oben schlagen die Götter ihre himmlischen Pauken und lassen einen Regen von himmlischen Blumen herabfallen über mich und meine

Jünger und alle anderen Verständigen, die zur Erleuchtung hierher gekommen sind.

So ist dieses mein Land stets beschaffen und andere glauben, daß es brenne. Sie sehen nur die ganze furchtbare, bedrängte und von Hunderten von Sorgen erfüllte Welt.

Und durch viele Millionen von Weltzeitaltern hören sie niemals meinen Namen, den Namen der Tathāgatas oder der Religion (Dharma) oder meiner Gemeinde. So beschaffen ist die Frucht der bösen Tat.

Wenn aber sanfte und milde Wesen in der Menschenwelt hier entstehen, dann sehen sie mich, kaum daß sie entstanden sind, infolge ihrer guten Tat, wie ich die Lehre offenbare.

Ich spreche niemals zu ihnen von dieser meiner Tätigkeit als einer solchen, die unendlich ist; darum sehen sie mich lange Zeit und ich sage ihnen dann doch: »Schwer zu erlangen sind die Überwinder.«

Derart ist diese strahlende Kraft meiner Erkenntnis, von der es kein Ende gibt, und mein Leben ist so lange wie ein endloses Weltzeitalter; ich habe es erworben dadurch, daß ich früher einen guten Lebenswandel geführt habe.

Heget keinen Zweifel daran, ihr Weisen, und gebet auf jedwedes Bedenken. Ich spreche nur wahre Rede; nie gibt es von mir eine falsche Rede.

Wie jener in Kunstgriffen geschickte Arzt um seiner Söhne willen, die verkehrte Ansichten hatten, sich für tot ausgab, obgleich er noch lebte, und kein Verständiger jenen Arzt einen Lügner schelten würde;

so gebe auch ich, der Vater der Welt, der Selbstentstandene, der Arzt, der Hüter aller Geschöpfe, mich als dahingegangen aus, ohne daß ich dahingeschieden bin, da ich weiß, daß meine Kinder verkehrten Sinnes und töricht sind.

Welchen Grund habe ich, mich fortwährend zu zeigen? (Die Menschen) sind ungläubig, ohne Wissen, sorglos den Lüsten ergeben und aus Achtlosigkeit streben sie dem Unheil zu. Da ich weiß, daß dies stets der Lauf der Welt ist, rede ich zu den Wesen als Tathāgata und (überlege), wie ich sie zur Erleuchtung bringen und wie ich sie der Buddha-Religion teilhaftig machen kann.

[100] *Die Botschaft aller Buddhas ist das Mahāyāna*

Der Herr sprach zu Sāriputra:

»Nur hie und da einmal, o Sāriputra, hält der Tathāgata[48] eine solche Predigt über die Lehre. So wie nämlich, o Sāriputra, die Udumbarablüte nur hie und da gesehen wird, so Sāriputra, hält auch der Tathāgata nur hie und da eine solche Predigt über die Lehre. Glaube mir, o Sāriputra, ich spreche, was wirklich ist, nur so spreche ich, nicht anders spreche ich. Schwer zu verstehen, o Sāriputra, ist die nur in Andeutungen gesprochene Rede des Tathāgata. Und warum das? Weil, o Sāriputra, die Lehre von mir durch mannigfache Erklärungen, Hinweise, Besprechungen und Darlegungen, durch hunderttausend verschiedene Mittel und Kunstgriffe offenbart wird. Die gute Lehre, o Sāriputra, ist nicht durch Überlegung zu erkennen, sie fällt nicht in das Bereich der Überlegung, sondern sie muß von dem Tathāgata gelernt werden. Und warum das? Weil, o Sāriputra, der Tathāgata, der Heilige, der Vollkommenerleuchtete, nur mit einer Aufgabe, nur zu einem Zweck in der Welt erscheint, mit einer großen Aufgabe, zu einem großen Zweck. Und welches, o Sāriputra, ist diese eine Aufgabe, dieser eine Zweck, die große Aufgabe, der große Zweck, um dessentwillen der Tathāgata, der Heilige, der Vollkommenerleuchtete, in der Welt erscheint? Um die Wesen zum Verständnis des Tathāgata-Wissens anzuregen, erscheint der Tathāgata, der Vollkommenerleuchtete in der Welt. Um den Wesen das Verständnis des Tathāgata-Wissens beizubringen, erscheint ... in der Welt. Um in den Wesen das Verständnis des Tathāgata-Wissens zu erwecken, erscheint ... in der Welt. Um die Wesen auf den Weg zum Verständnis des Tathāgata-Wissens zu führen, erscheint ... in der Welt. Das, Sāriputra, ist die einzige Aufgabe, der einzige Zweck, die große Aufgabe, der große Zweck, die einzige Absicht des Tathāgata für sein Erscheinen in der Welt. Und das, Sāriputra, was also die eine Aufgabe, der eine Zweck, die große Aufgabe, der große Zweck ist, das vollzieht der Tathāgata auch. Und warum das? Ich bin ja, Sāriputra, der Anreger des Verständnisses des Tathāgata-Wissens, ich bin es, der den Wesen das Verständnis des Tathāgata-Wissens zeigt, ich bin es, der den Wesen das Verständnis des Tathāgata-Wissens beibringt, ich bin es auch, der in ihnen das Verständnis des Tathāgata-Wissens erweckt, o Sāriputra, ich bin es auch, der sie auf den Weg zum Verständnis des Tathāgata-Wissens führt. Nur vermittels eines Fahrzeuges predige ich den Wesen die Lehre, nämlich des Buddha-Fahrzeuges. Es gibt, o Sāriputra, weder ein zweites noch ein drittes Fahrzeug. Das, o Sāriputra, ist in der ganzen Welt in allen Weltgegenden das wahre Wesen der Lehre. Warum das? Alle die Tathāgatas, die Heiligen, Vollkommenerleuchteten, o Sāriputra, die in der Vergangenheit in den zehn Weltgegenden in den unermeßlichen unzähligen Welten zum Heil vieler Menschen, zum Glück vieler Menschen, aus Mitleid mit der Welt, zum Nutzen, zum Heil und zum Glück einer großen Masse von Leuten erschienen sind, und die in Kenntnis der Anlagen der nach Neigung und Anlagen so verschiedenartigen Wesen den Göttern und Menschen mit verschiedenen Auslegungen und Hinweisen, mit mannigfachen klugen Mitteln der Erklärung auf Grund der Anführung von Beweisen und Gründen, die Lehre gepredigt haben, – alle diese erhabenen Buddhas, o Sāriputra, haben den Wesen, nur auf ein Fahrzeug gestützt, die Lehre gepredigt, nämlich das Buddha-Fahrzeug, das schließlich zur Allwissenheit führt, d. h. sie haben den Wesen die Lehre gepredigt als Anregung zum Verständnis des Tathāgata-Wissens, als Hinweis auf das Verständnis des Tathāgata-Wissen, als Mittel zur Herbeiführung des Verständnisses des Tathāgata-Wissens für die Wesen. Und alle die Wesen, o Sāriputra, von denen die gute Lehre von seiten der vergangenen Tathāgatas, der Heiligen, der Vollkommenerleuchteten gehört wurde, die alle wurden der allerhöchsten vollkommenen Erleuchtung teilhaftig.[49]

[101] *Das Reine Land des Buddha Amitābha*

»Nun denn, Ānanda, die Welt Sukhāvatī dieses erhabenen Amitābha ist reich und blühend, behaglich, reichlich mit Nahrung versehen, lieblich und von zahlreichen Göttern und Menschen erfüllt. In dieser Welt, Ānanda, gibt es keine Höllen, keine Tiergeburt, kein Gespensterreich, keine Dämonenleiber und überhaupt keine unwillkommenen Daseinsformen. Und die Edelsteine, die es in der Welt Sukhāvatī[50] gibt, kommen in dieser Welt nicht zum Vorschein.

Und wahrlich, Ānanda, diese Welt Sukhāvatī ist von allerlei wohlriechenden Düften durchweht, reich an allerlei Blumen und Früchten, geschmückt mit Edelsteinbäumen und bewohnt von Scharen lieblich singender Vögel, die der Tathāgata durch seine Wunderkraft hervorgebracht hat. Und diese Edelsteinbäume, o Ānanda, sind von mannigfachen Farben, von vielen Farben, von vielen hunderttausend Farben. Es gibt dort goldfarbene, goldene Edelsteinbäume, es gibt silberne von Silberfarbe ... Mit solchen aus den sieben Edelsteinen gemachten Bäumen überdeckt ist dieses Buddhaland, und von allen Seiten ist es umgeben von Massen von Bananen aus den sieben Edelsteinen und von Reihen von Edelsteinpalmen und von allen Seiten ist es mit goldenen Netzen bedeckt und ringsum voll von Lotusblumen aus allen Edelsteinen. Es gibt dort Lotosblumen von einer halben Meile im Umfang, und es gibt solche von einer Meile, von zwei, drei, vier, fünf bis zu zehn Meilen im Umfang. Von jedem Edelsteinlotus gehen sechsunddreißigtausend Millionen von Strahlen aus. Und aus der Spitze eines jeden Edelsteinlotus gehen sechsunddreißighunderttausend Millionen von Buddhas hervor, mit goldenen, goldfarbenen Leibern, mit den zweiunddreißig Merkmalen eines Großen Mannes, die in unermeßliche, unzählige Weltteile im Osten hinausgehen und den Wesen die Lehre predigen. Ebenso gehen sie im Süden, Westen und Norden, unten und oben, entlang und in den Zwischengegenden in unermeßliche, unzählige Weltteile hinaus und predigen in der ganzen von Hindernissen freien Welt den Wesen die Lehre.

In diesem Buddhaland, Ānanda, gibt es nirgendwo schwarze Berge, nirgends Edelsteinberge, nirgends Sumerus, die Könige der Berge, nirgends Cakravāla- und Mahācakravāla-Gebirge, die Könige der Gebirge, sondern dieses Buddhaland ist nach allen Seiten eben, lieblich wie die Fläche einer Hand, und die Erde ist in allen Teilen mit verschiedenartigen Edelsteinen und Kleinodien besät.«

Auf diese Worte hin sprach der ehrwürdige Ānanda zum Herrn also: »Wo haben denn aber dann, o Herr, die zur Gruppe der vier großen Könige gehörigen Götter, die an den Abhängen des Sumeru[51] wohnen, und die dreiunddreißig Götter, die auf dem Gipfel des Sumeru wohnen, ihren Aufenthaltsort?«

Der Herr sprach: »Nun, was meinst du, Ānanda, wo haben denn alle die Götter, die hier oberhalb des Sumeru, des Königs der Berge, wohnen, die Yama-Götter oder die Tushita-Götter oder die Nirmānaratis oder Paranirmitavasavartins oder die Brahmakāyikas oder die Brahmapurohitas oder die Mahābrahmans bis hinab zu den Akanistha-Göttern[52], wo haben die ihren Aufenthaltsort?«

Ānanda sprach: »Unausdenkbar, o Herr, ist das Reifen der Taten (karman), die Auswirkung der Taten (in künftigen Geburten).«

Der Herr sprach: »Du hast es begriffen, Ānanda, daß das Reifen der Taten, die Auswirkung der Taten unausdenkbar ist. Für die erhabenen Buddhas ist die hohe Stellung eines Buddha nicht unausdenkbar, aber für dich ist die glückliche Entfaltung der Wesen, die fromme Werke vollbracht und die Wurzel des Guten gepflanzt haben, unausdenkbar.«

Ānanda sprach: »Ich habe, o Herr, darüber keinen Zweifel, keine Meinungsverschiedenheit und kein Bedenken; sondern ich befrage vielmehr den Tathāgata über diese Sache nur, um die Zweifel, Meinungsverschiedenheiten und Bedenken künftiger Wesen zu zerstören.«

Der Herr sprach: »Gut, Ānanda, gut! So sollst du es halten.« »Und wahrlich, Ānanda, in diesem Weltteil Sukhāvatī fließen verschiedenartige Flüsse. Da gibt es große Flüsse, eine Meile in der Breite, es gibt solche bis zu zwanzig, dreißig, vierzig, fünfzig Meilen in der Breite und bis zu zwölf Meilen in der Tiefe (?), und alle diese Flüsse fließen ruhig dahin, ihr Wasser duftet von allerlei angenehmen Wohlgerüchen, sie sind bedeckt mit einer Menge von Blumen, untermengt mit verschiedenen Edelsteinen und sie erklingen von allerlei lieblichen Tönen.«...

»Und wenn er diese Klänge gehört hat, erlangt er die edle Freude und Wonne, die mit Abgeschiedenheit verbunden ist, mit Leidenschaftslosigkeit, mit Ruhe, mit der Unterdrückung des Leidens, mit der Lehre verbunden ist und die mit der aus der Erlangung der Erleuchtung entspringenden Wurzel des Guten verbunden ist. Und nirgends, Ānanda, hört man in der Welt Sukhāvatī etwas von Bösem, nirgends etwas von Hindernissen, nirgends etwas von schlechten Daseinsformen, nirgends etwas von Leiden. Nicht einmal hört man, Ānanda, dort etwas von den Gefühlen der Leidlosigkeit und Freudlosigkeit, geschweige denn etwas vom Leiden. Das ist der Grund, Ānanda, weshalb dieser Weltteil kurz »das gesegnete Land« (Sukhāvatī) genannt wird. Freilich ist es damit nicht ausführlich beschrieben. Wohl könnte ein Weltzeitalter, Ānanda, zu Ende gehen, während die Ursachen zur Freude in der Welt Sukhāvatī rühmend aufgezählt werden, und es wäre doch nicht möglich, bis zum Ende (der Aufzählung) aller dieser Ursachen zur Freude zu gelangen.

...

»Ferner aber, Ānanda, wenn in dieser Welt Sukhāvatī die Zeit des Vormittags heranbricht, so wehen von allen Seiten stark bewegte Winde nach den vier Weltgegenden. Und sie schütteln und rütteln die vielen bunten, schönen, verschiedenartigen, von verschiedenen angenehmen, himmlischen Gerüchen durchdufteten Blütenstengel jener Edelsteinbäume und setzen sie so heftig in Bewegung, daß viele Hunderte von lieblich duftenden und schönen Blüten auf diese große, aus Edelsteinen bestehende Erde herabfallen. Und dieses Buddhaland erscheint ringsumher sieben Manneslängen tief mit diesen Blumen geschmückt. So wie nämlich ein geschickter Mann ein Blumenlager auf der Erde ausbreitet und es mit beiden Händen gleich macht, bunt und schön, genau so ist dieses Buddhaland mit diesen Blüten von verschiedenen Gerüchen und Farben ringsherum sieben Manneslängen tief dicht bedeckt. Und diese Mengen von Blüten sind weich und angenehm anzufühlen wie Kācilindika, so daß sie, wenn ein Fuß niedergesetzt wird, sich vier Zoll tief niederdrücken, und wenn der Fuß aufgehoben wird, sich wieder vier Zoll hoch erheben. Wenn aber die Zeit des Vormittags vergangen ist, so verschwinden diese Blumen spurlos, und dieses Buddhaland ist rein, lieblich, schön, ohne daß die alten Blumen verwelkt wären. Dann aber wehen wieder von allen Seiten die Winde wie früher nach den vier Weltgegenden und streuen frische Blüten aus. Wie am Vormittag, so ist es zur Mittagszeit, in der Dämmerung, in der ersten Wache, in der mittleren Wache und in der letzten Wache der Nacht. Die Wesen, die von diesen mit verschiedenen Wohlgerüchen durchdufteten Winden berührt werden, fühlen sich wohl, wie ein Mönch, der die Unterdrückung des Leidens erlangt hat.«

»Ferner, Ānanda, sind alle die Wesen, die in diesem Buddhaland entstanden sind, entstehen und entstehen werden, in der Vollkommenheit befestigt bis zum Nirvāna. Und warum das? Es gibt ja dort kein Verbleiben und keine Kunde von den zwei anderen Gruppen, nämlich solchen, die nicht befestigt sind, und solchen, die in falschen Lehren befestigt sind. Das, Ānanda, ist auch der Grund, warum diese Welt kurz »das gesegnete Land« genannt wird. Freilich ist es damit nicht ausführlich beschrieben.

Wohl könnte ein Weltzeitalter, Ānanda, zu Ende gehen, während die Ursachen der Freude in der Welt Sukhāvatī rühmend aufgezählt werden, und es wäre doch nicht möglich, bis zum Ende (der Aufzählung aller) dieser Ursachen zur Freude zu gelangen.

...

»Und was immer für Wesen, Ānanda, wiederum des Tathāgata mit Verehrung gedenken werden, reichliche unermeßliche Wurzeln des Guten pflanzen werden, nachdem sie ihre Gedanken auf die Erleuchtung gerichtet haben, und um die Erlangung von Geburten in dieser Welt Sukhāvāti beten werden – vor allen diesen wird, wenn ihre Todesstunde naht, der Tathāgata, der Heilige, der Vollkommenerleuchtete, Amitābha erscheinen, von zahlreichen Scharen von Mönchen umgeben. Dann werden diese Wesen, nachdem sie den Herrn gesehen und frommen Herzens dahingeschieden sind, ebendort in der Welt Sukhāvatī wiedererscheinen. Und welcher Sohn oder welche Tochter aus edler Familie, Ānanda, den Wunsch hegen sollte: ›Möchte ich doch noch im gegenwärtigen Leben diesen Tathāgata Amitābha schauen!‹, der soll seine Gedanken auf die allerhöchste vollkommene Erleuchtung richten, mit außerordentlicher Hinneigung und mit Beharrlichkeit sein Denken auf dieses Buddhaland hinlenken, und damit er dort geboren werde, die Wurzeln des Guten zur Entwicklung bringen.«

...

»Ferner aber, Ānanda, sind alle jene Bodhisattvas, die dort wiedererschienen sind, wiedererscheinen oder in Zukunft wiedererscheinen sollten, nur mehr an die e i n e Wiedergeburt gebunden und werden von dort aus die allerhöchste vollkommene Erleuchtung erlangen[53], ausgenommen jene Bodhisattvas, die kraft ihres Gelübdes ihr Löwengebrüll erschallen lassen (d. h. predigen), mit dem edlen Rüstzeug ausgerüstet und eifrig bemüht sind, alle Wesen zum vollkommenen Nirvāna zu führen.«

Konfuzius

Ob Meister Kung (= Kung-tse) oder, wie er in der latinisierten Form zumeist genannt wird, Konfuzius[1], unter die Religionsstifter zu rechnen ist, diese Frage wird man im Hinblick darauf, daß aus dem, was Konfuzius lehrte, eine Religion entstand, der Konfuzianismus, der späterhin sogar die Staatsreligion Chinas wurde, nicht verneinen können. Dabei lassen wir das Problem ganz außer Betracht, ob der spätere Konfuzianismus als eine kontinuierliche Entfaltung der Lehre Kungs angesehen werden kann.[2] Aber auch abgesehen davon, daß die Wirksamkeit des Konfuzius zumindest das Entstehen des Konfuzianismus bedingt hat, darf man m. E. Kungtse den Charakter einer religiösen Stifterpersönlichkeit nicht absprechen, obgleich fraglos der Nachdruck bei ihm auf dem moralischen Verhalten liegt.

Zum Verständnis dessen, was der Meister wollte, hat man sich daran zu erinnern, daß die Zeit, in der er lebte, eine Zeit des politischen Niedergangs seines Volkes war. Die Ordnungen des Lebens waren zerbrochen.[3] Konfuzius wollte die Gesellschaft neu gestalten, indem er die Menschen rechtes Verhalten lehrte. Nun ist aber zu bedenken, daß langst vor Konfuzius im religiösen Bewußtsein Chinas der Gedanke lebte, daß die gesamte Welt, aus dem Spiel polarer Kräfte (yin, dem weiblichen und yang, dem männlichen Prinzip) hervorgegangen, nach ewigem Gesetz (= tao »Weg«) ihre Lebensvorgänge vollzieht. Himmel und Erde sind die polaren Mächte, an denen der Mensch als dritte Potenz in dieser altchinesischen Trinität Anteil hat. In dem vorkonfuzianischen Li-ki, dem Buch von Li, den Sitten, heißt es: »Der Mensch vereint in sich die Geisteskräfte von Himmel und Erde, in ihm gleichen sich die Prinzipien des Lichten und Schattigen aus, in ihm treffen sich die Geister und Götter, in ihm finden sich die feinsten Kräfte der fünf Wandelzustände (Elemente). Darum ist der Mensch das Herz von Himmel und Erde und der Keim der fünf Wandelzustände. Wenn man Himmel und Erde zur Grundlage nimmt, so kann man alle Dinge erreichen.« (Li-Gi, übers. v. R. Wilhelm. S. 38). Von hier aus versteht man, daß die moralischen Gebote, die Konfuzius lehrte, ihren Sinn nicht in ihrem ethischen Wertgehalt haben, sondern Mittel sind, um sich der ewigen Weltordnung heilsam einzufügen und so dem Tao gemäß zu leben. Wenn sich Konfuzius also bemüht, aus dem Studium der Vergangenheit die Normen des Handelns, nach denen seiner Ansicht nach die großen Könige der Vorzeit ihr taogemäßes Leben führten, zu erkennen und sie als Ideale seinen Zeitgenossen vor Augen zu stellen, so liegt darin durchaus eine religiöse Grundhaltung, denn es geht hier um ein Kontaktgewinnen mit dem Absoluten.

In diesem Zusammenhange muß man das Wirken Meister Kungs sehen. Zugleich aber wird bei dieser Haltung und Tätigkeit des Konfuzius verständlich, daß er und sein Leben weit weniger zum Gegenstand der religiösen Legende wurden als die anderen Meister der Religionsgeschichte. Man wird ja im allgemeinen sagen dürfen, daß die religiöse Legende eine Form des Widerhalls ist, den die religiöse Persönlichkeit auf Grund dessen bei den Menschen hervorruft, daß sie in ihrer Erscheinung und in ihrer Wirksamkeit das Heilige selbst zur Anschauung bringt. Das aber ist bei Konfuzius weit weniger der Fall als bei den anderen hier dargestellten Meistern. Konfuzius trat nicht mit einer durch Offenbarung vermittelten Heilslehre auf, sondern mit einem durch Studium selbst erworbenen Wissen. Er sagt (Lun yü VII,19) selbst von sich: »Ich bin nicht geboren mit der Kenntnis – ich liebe das Altertum und bin ernst im Streben.« Er war also mehr ein Weiser, der nicht das Heilige selbst offenbarte, sondern den Weg (= tao) aufzeigte, den der Mensch und die Menschengemeinschaft gehen muß, um ein in Harmonie mit dem Ewigen sich vollziehendes Leben zu führen. Das Ewige und Heilige hat Konfuzius nicht geleugnet, es steht, wie wir auf Grund der Texte sehen werden, deutlich im Hintergrunde seines Wirkens, aber er hat darüber keine Lehren mitgeteilt. Als ihn z. B. ein Schüler, Gi Lu, nach dem Dienst der Geister fragte, antwortete der Meister: »Wenn man noch nicht den Menschen dienen kann, wie sollte man den Geistern dienen können!« Und als der Schüler weiter nach dem Wesen des Todes fragte, erhielt er die Antwort: »Wenn man noch nicht das Leben kennt, wie sollte man den Tod kennen!« (Lun yü XI,11). Metaphysische Fragen sind also, ähnlich wie bei Buddha, kein Gegenstand der Lehre des Konfuzius.

Kung wurde 552 v. Chr. in K'üo Li bei der Stadt Tsou im Staate Lu geboren. Seine Familie leitete ihr Herkommen von dem Yin-Königsgeschlecht ab. Der Vater Schu-Liang Ho hatte aus seiner ersten Ehe nur einen verkrüppelten Sohn, der zum Ahnenopfer nicht befugt war. Mit 70 Jahren heiratete er deshalb, nachdem er sich von der ersten Frau hatte scheiden lassen, eine zweite Frau, die ihm einen Sohn gebar, dessen später bezeugter Name Kung war. Es wird aus seiner Jugend berichtet, daß er sich früh mit dem Ordnen von Opfergefäßen und mit dem Einstudieren von religiösen Zeremonien beschäftigte, womit angedeutet wird, daß die im späteren Leben bewiesene Wertschätzung der Riten (Li), also des rechten Verhaltens, als Weg zum Heiligen, schon in früher Jugend hervortrat.

Mit 19 Jahren heiratete Kung und nahm, da seine Familie arm war, verschiedene untergeordnete Stellungen an. Mong-tse[4] berichtet darüber:

»Kung-tse war eine Zeitlang Aufseher der Scheunen. Da sprach er: Ich frage nur danach, daß meine Rechnungen stimmen. Wieder einmal war er Aufseher der Herden. Da sprach er: Ich frage nur danach, daß meine Rinder und Schafe fett und stark sind und wachsen.« (Bei R. Wilhelm, Kungtse. S. 2.)

Als Kungs Mutter gestorben war, bestattete er sie genau den Riten der Vergangenheit entsprechend, womit er nicht nur seine gründliche Kenntnis der Bräuche des Altertums, sondern auch feinen Takt in ihrer Anwendung bewies. Es wird berichtet, daß Konfuzius nach Abschluß der 27 Monate währenden Trauerzeit und dem Schlußopfer seine Zither hervornahm und spielte. (R. Wilhelm. a.a.O. S. 2.) Damit wird ein neues Motiv auch des späteren Lebens sichtbar: die Wertschätzung der Musik, die ihm als Ordnungs- und Ausdrucksmittel der Gefühle zeitlebens wichtig blieb.

Vermutlich 518 v. Chr. unternahm Kung-tse eine Reise nach Lo, der Hauptstadt des alten Tschou-Reiches, wo er viele Anregungen empfing. Die Reise steigerte sein sich allmählich bildendes Ansehen und bewirkte, daß viele Schüler ihm zuströmten. Damit lernen wir den Rahmen der eigentlichen Wirksamkeit Kungs kennen. Es ist der Schülerkreis, der sich um ihn sammelt, eine Art Akademie, in der sich praktische Übungen und theoretische Belehrung abwechselten. Es waren also Schüler, nicht eigentlich Jünger im religiösen Sinne des Wortes, die sich um den Meister scharten. Ihr Interesse war daher wesentlich, wie im Lehrer-Schüler-Verhältnis üblich, auf den Erwerb von Kenntnissen gerichtet, weniger auf eine heilvolle Lebensgemeinschaft.

Unruhen im Heimatstaate Lu, die Kung-tses Landesherrn in den Nachbarstaat Tsi vertrieben, ließen auch den Meister ihm dorthin folgen. Obwohl der Fürst von Tsi Konfuzius mehrfach um Rat fragte, hatten seine Ratschläge keinen praktischen Erfolg. Schon hier zeigt sich, was später immer wieder Kung-tses Schicksal sein sollte, daß sein Einfluß am Hofe durch Intrigen aufgehoben wurde. Kung kehrte nach Lu zurück und erhielt hier zum ersten Male in seinem Leben ein öffentliches Amt. Er wurde 500 Stadtgouverneur einer größeren Stadt, wo er sich erfolgreich um geordnete Verhältnisse bemühte. 498 wurde Kung auf Grund diplomatischer Erfolge, die er inzwischen errungen hatte, Justizminister in Lu. Aber wieder wurde sein Wirken vorzeitig beendet durch die Mißgunst der Nachbarstaaten. Intrigen trennten ihn von seinem Fürsten. Nur vier Jahre hatte er in öffentlichen Ämtern die Möglichkeit, von einflußreicher Stelle aus seine Lehren in die Praxis umzusetzen.

Kung-tse beginnt nun ein heimatloses Wandern, das ihn gerade in seinem entscheidenden Anliegen hinderte. Auch Buddha und Jesus waren heimatlose Wanderer. Aber bei beiden war das ein selbstgewählter Lebensstil, der ihnen half, ihre Aufgabe zu erfüllen. Kung-tse aber hinderte dieses ihm gegen seinen Willen aufgezwungene Wanderschicksal an der Verwirklichung seiner Lebensaufgabe, die Welt, seine chinesische Welt, wieder in Ordnung zu bringen.

Wir brauchen hier die weiteren Wanderungen des Meisters nicht zu verfolgen. Zwei Jahre ist er noch einmal in Lu, dann greift er wieder zum Wanderstabe, besucht Fürsten und berät sie, wird bisweilen freundlich, oft auch feindlich behandelt. Schließlich kehrt er endgültig nach Lu zurück, wo er sich mit der Redaktion der alten Schriften befaßt, die nur in seiner Redaktionsform der Nachwelt überliefert sind.

Im Jahre 479 v. Chr. starb Meister Kung und wurde auf dem Friedhof seiner Familie in Küfou begraben. Das große Ansehen, das Kung schon zu Lebzeiten genoß, steigerte sich nach seinem Tode allmählich zu kultischer Verehrung. Im Jahre 57 n. Chr. wurde Kung-tse zu einem der Götter des Staates erhoben. Konfuziustempel gibt es seither in allen größeren Städten des Landes. Die höchste posthume Würde erreichte Konfuzius, als er 906 durch kaiserliche Verordnung den beiden höchsten Gottheiten, dem Himmel und der Erde, gleichgestellt wurde.

Die Textauswahl beginnen wir mit zwei kurzen legendarischen Berichten über die wunderhaften Umstände bei der Geburt des Konfuzius [102], die, wie bei allen anderen bisher betrachteten Persönlichkeiten, die ungewöhnliche Bedeutung des Meisters unterstreichen. Wir fügen einen weiteren Legendentext [103] gewissermaßen als Einleitung hinzu, in dem der Scharfblick und der Kenntnisreichtum zur Kennzeichnung der ungewöhnlichen Erscheinung Kungs zur Anschauung gebracht werden.

Wir haben nun im Folgenden den Lun-yü, einer von Schülern Kungs zusammengestellten Sammlung der Gespräche des Meisters, diejenigen Abschnitte entnommen, die zur Charakteristik Kungs und seines Wirkens geeignet sind. Ein erster kurzer Ausspruch [104] gibt die Entwicklungsstufen Kungs, wie sie sich ihm selbst im Rückblick auf sein Leben darstellen.

Wenn wir oben sagten, daß Konfuzius eine religiöse Persönlichkeit war, so wenig er auch von numinosen Dingen spricht, so zeigt der Text [105], daß er beim traditionellen Ahnenopfer, das er selbst auch vollzog, seiner Grundhaltung nach darauf bedacht war, seinen lebendigen Sinn zu erfüllen. Dieser Sinn liegt im Bewußtsein der numinosen Gegenwart der heiligen Mächte, dem daher auch die persönliche Anwesenheit des Opfernden zu entsprechen hat, so daß man sich dabei nicht von anderen vertreten lassen kann. Sein gewissenhaftes Bemühen um alle Einzelheiten der kultischen Verrichtungen, in denen Verständnislose Mangel an Wissen vermuteten, sieht Kung geradezu als zum Wesen der Religion gehörig an [106].

Wir haben bei der Lebensbeschreibung des Meisters erwähnt, daß er erfolglos bemüht war, eine amtliche Stellung zu gewinnen. Das geschah nicht aus Ehrgeiz, sondern weil nach seiner Ansicht die Verwirklichung seines ethisch-religiösen und sozialen Anliegens nur von einem Herrscher, der die Begabung dazu hat, vollzogen werden kann. So spricht aus dem Meister [107] eine tiefe Resignation, da er sich darauf beschränkt sieht, nur zu beschreiben ohne selbst etwas zu schaffen. In der treuen Liebe zum Altertum wagt er sich mit einer (nicht näher bekannten) Gestalt der Vorzeit zu vergleichen. So vernehmen wir immer wieder [108] den sehnsüchtigen Wunsch, im öffentlichen Dienst Verwendung zu finden, um die Ordnung im Staate wiederherzustellen. Nach den oben dargelegten Grundanschauungen Kungs ist es verständlich, daß Lieder, Geschichte und Riten die Hauptthemen seiner Lehre waren [109].

Selten spricht Kung von Gott und seiner Beziehung zu ihm. Nur gelegentlich [110] stoßen wir auf ein Wort, das, wie das vorliegende, von einem deutlichen und für den Meister in äußeren Anfechtungen tröstlichen Berufungsbewußtseins zeugt. Ähnlich äußert er sich auch in gefährlichen Situationen [112].

Der Charakter Kungs spiegelt sich in der Erinnerung der Schüler in charakteristisch polaren Begriffen, die doch nicht als Widersprüche, sondern als Einheit empfunden werden [111]: er war milde und würdevoll, Ehrfurcht gebietend und doch nicht heftig, ehrerbietig und selbstbewußt. Offenbar war Kung von großer Schlichtheit, und zwar deshalb, weil er von großer Ehrlichkeit war, die jeden falschen Schein ausschließt [113].

Verkennung [114] und Verleumdung [115] begegneten dem Meister häufig auf seinem Wege. Und wieder tröstet ihn in beiden Fällen der Gedanke an Gott und seinen Willen, dessen Pläne und dessen Schutz Menschen nicht hindern können.

Die Anschauungen Kungs von der Unordnung des Reiches, die er so gerne beseitigt hätte, zeigt ein Wort [116], das das Ideal der Ordnung in der Herrschaft des Kaisers, des Himmelssohnes, sieht. Die zu seiner Zeit üblich gewordene Herrschaft anderer Mächte hat den Niedergang verursacht und ist wider die gottgesetzte Ordnung.

Kung hat in seiner Ethik, die wir hier nicht im einzelnen darstellen können[6], in zahlreichen Worten das Ideal des Edlen gezeichnet, den er der Masse, dem Gemeinen, gegenüberstellt, weil er der Meinung war, daß nur der Edle als echter Führer wirken und die Ordnung wiederherstellen könne. Die Grundhaltung des Edlen [117] ist dreifache Ehrfurcht: vor dem Willen Gottes, vor großen Männern und vor den Worten der Heiligen.

Das nächste Wort [118] zeigt, wovon oben die Rede war, daß die Fürsten von Tsi und von Lu Kung aus seiner Vertrauensstellung an ihren Höfen aus sehr minderwertigen Gründen entfernten und damit wieder auf die Wanderschaft schickten.

Es ist vermutlich eine Legende, daß Kung-tse den Laotse besuchte [119]. Aber die Erzählung ist insofern interessant, als sich in ihr der Gegensatz spiegelt, den die Schüler zwischen beiden Meistern sahen, und der auch wirklich bestand.

Angesichts der Fülle der Einzelkenntnisse und -erkenntnisse könnte man meinen, wie es auch der Schüler Si tut [120], daß der Meister vieles Unzusammenhängende wisse. Dem gegenüber betont der Meister, daß das Geheimnis seines Lebens tiefer liege, nämlich im Besitz einer Grundeinsicht[7], die wie ein roter Faden sich durch alle Einzelmeinungen zieht und alle verbindet zu einer großen Einheit. Dieser Besitz ermöglicht dem Edlen, auch in der Not fest und unerschüttert zu bleiben.

Die folgende Textgruppe [121] enthält ausgewählte Abschnitte, die das Privatleben Kungs durch eine Fülle von Einzelzügen beleuchten, ohne daß wir sie hier im einzelnen zu interpretieren brauchen.

Ein letztes Wort aus dem Lun-yü [122] faßt die Summe der Lehre zusammen, und noch einmal begegnet uns der Hinweis auf den Willen Gottes und die Sitten, mit welch letzteren sich der Meister vorzugsweise beschäftigt hat, jedoch – wie dies Wort zeigt – nicht, ohne an den numinosen Hintergrund allen Tuns zu denken.

Wir umrahmen diese auf Leben und Wirken Meister Kungs bezüglichen Texte mit Legenden, indem wir, wie am Anfang Legenden um die Geburt, so hier Legenden um Tod und Grab des Meisters wiedergeben [123].

[102] *Legenden um die Geburt Kung-tses*

Als Konfuzius geboren ward, kam ein Kilin[8] und spuckte einen Nephritstein aus, darauf stand geschrieben: »Sohn des Wasserkristalls, du wirst einst ein ungekrönter König werden!« Konfuzius wuchs heran und wurde neun Fuß hoch. Er war schwarz und häßlich im Gesicht. Seine Augen standen hervor, seine Nase war aufgestülpt. Die Lippen bedeckten die Zähne nicht, und die Ohren hatten große Öffnungen. Er lernte fleißig und war in allen Dingen bewandert. So ward er zum Heiligen.

Am Abend, als Kungtse geboren ward, stiegen zwei Seraphim vom Himmel und schwebten um das Geburtshaus, und die fünf Alten nahten sich der Halle. Als das Kind geboren ward, hörte man im Gemach seiner Mutter himmlische Musik in den Lüften ertönen. Das Kind aber hatte an seinem Leibe neunundvierzig Malzeichen, die es als Ordner der Welt bekundeten.

[103] *Legenden über Scharfblick und Kenntnisreichtum des Meisters*

Eines Tages stieg er mit seinem Lieblingsjünger Yän Hui auf die höchste Spitze des Großen Berges. Er sah bis nach dem Yangtsekiang im Süden. »Siehst du«, sprach er zu Yän Hui, »was das für ein Ding ist, das vor dem Stadttor von Wu schimmert?« Yän Hui sah genau hin und strengte seine Augen an; dann sagte er: »Das ist ein Stück weißes Tuch.« »Nein«, sprach Konfuzius, »das ist ein weißes Pferd.« Und als man nachsah, war es wirklich so. Der Große Berg ist von der Hauptstadt Wu wohl tausend Meilen weit entfernt, und daß Konfuzius auf diese Entfernung ein weißes Pferd erkennen konnte, zeigt seinen Scharfblick. Yän Hui kam ihm ja nicht ganz gleich; doch sah er wenigstens noch etwas Weißes. Darum nennt man ihn den zweiten Heiligen.

Ein andermal grub man in seiner Heimat einen Brunnen. Da stieß man auf ein Tier, das sah aus wie ein Schaf, hatte aber nur ein Bein. Niemand wußte, was es war. Da fragte man den Konfuzius. Der sprach: »Das ist ein Springschaf; wenn es erscheint, dann kommt ein großer Regen.« Und wirklich fiel bald ein großer Regen.

Ein andermal war im Yangtsekiang ein Ding ans Land geschwemmt, das war grün und rund und so groß wie eine Melone. Der König von Tschu sandte hin und ließ den Konfuzius fragen, was es sei. Der sprach: »Die grüne Entengrütze im Yangtsekiang trägt alle tausend Jahre einmal Frucht. Wer diese Frucht erlangt, dem fällt die Herrschaft über die Welt zu.«

Ein andermal gruben sie in der Heimat des Konfuzius einen Riesenknochen aus. Den luden sie auf einen Wagen und fuhren ihn zu Konfuzius, um ihn darüber zu befragen. Der sprach: »Vor alten Zeiten hat der große Yü die Reichsfürsten um sich versammelt. Windhalter allein war nicht erschienen. Yü ließ ihn töten und an diesem Ort begraben. Windhalter – so sagt man – war ein Riese. Das ist ein Knochen von ihm.«

[104] *Entwicklungsstufen im Leben Kung-tses*

Der Meister sprach: »Ich war fünfzehn, und mein Wille stand aufs Lernen, mit dreißig stand ich fest, mit vierzig hatte ich keine Zweifel mehr, mit fünfzig war mir das Gesetz des Himmels kund, mit sechzig war mein Ohr aufgetan, mit siebzig konnte ich meines Herzens Wünschen folgen, ohne das Maß zu übertreten.«

[105] *Kung opfert gewissenhaft den Ahnen*

Er opferte (den Ahnen) als in ihrer Gegenwart. Er opferte den Göttern als in ihrer Gegenwart. Der Meister sprach: »Wenn ich bei der Darbringung meines Opfers nicht anwesend bin, so ist es, als habe ich gar nicht geopfert.«[9]

[106] *Gewissenhaftigkeit Kungs in Sachen der Religion*

Als der Meister das königliche Heiligtum betrat, erkundigte er sich nach jeder einzelnen Verrichtung. Da sprach jemand: »Wer will behaupten, daß der Sohn des Mannes von Dsou die Religion kennt, da er sich beim Betreten des großen Tempels erst nach jeder einzelnen Verrichtung erkundigt?« Der Meister hörte es und sprach: »Das eben ist Religion.«

[107] *Resignation*

Der Meister sprach: »Beschreiben und nicht machen, treu sein und das Altertum lieben; darin wage ich mich mit unserem alten Pong zu vergleichen.«

[108] *Selbstbeurteilung*

Der Meister sprach: »Wenn nur jemand wäre, der mich verwendete! Nach Ablauf von zwölf Monden sollte es schon angehen, und nach drei Jahren sollte alles in Ordnung sein.«

[109] *Themen der Lehre Kungs*

Was der Meister mit besonderer Sorgfalt besprach, waren die Lieder, die Geschichte, das Halten der Riten. Das alles besprach er mit Sorgfalt.

[110] *Berufungsbewußtsein*

Der Meister sprach: »Gott hat den Geist in mir gezeugt, was kann Huan Tui mir tun?«

[111] *Kungs Charakter*

Der Meister war in seinem Wesen mild und doch würdevoll. Er war Ehrfurcht gebietend und doch nicht heftig. Er war ehrerbietig und doch selbstbewußt.

[112] *Kungs Gottvertrauen*

Als der Meister in Kuang gefährdet war, sprach er: »Da König Wen nicht mehr ist, ist doch die Kultur mir anvertraut? Wenn der Himmel[10] diese Kultur vernichten wollte, so hätte ein spätgeborener Sterblicher sie nicht überkommen. Wenn aber der Himmel diese Kultur nicht vernichten will: was können dann die Leute von Kuang mir anhaben?«

[113] *Der Meister ist erhaben über äußeren Pomp*

Der Meister war auf den Tod krank. Dsi Lu traf Veranstaltungen, daß die Jünger (beim Todesfall und beim Begräbnis) als Minister funktionieren sollten. Als die Krankheit etwas nachließ, sprach (der Meister): »Immer macht der Yu unaufrichtige Geschichten! Keine Minister zu haben, und tun, als hätte ich welche: wen wollen wir denn damit betrügen? Wollen wir etwa den Himmel betrügen? Und (meint ihr denn, ich möchte) in den Händen von Ministern sterben und nicht vielmehr in den Armen meiner getreuen Jünger? Und wenn ich auch kein fürstliches Begräbnis bekomme, so sterbe ich ja doch auch nicht auf der Landstraße.«

[114] *Verkennung durch die Menschen*

Der Meister sprach: »Es gibt keinen, der mich kennt!« Dsi Gung sprach: »Was heißt das, daß niemand den Meister kenne?« Der Meister sprach: »Ich murre nicht wider Gott und grolle nicht den Menschen. Ich forsche hier unten, aber ich dringe durch nach oben. Wer mich kennt, das ist Gott.«

[115] *Verleumdung*

Gung Be Liau hatte Dsi Lu bei dem Freiherrn Gi verleumdet. Der Graf Dsi-Fu Ging zeigte es (dem Meister) an und sprach: »Unser Herr ist allerdings in seiner Meinung irre geleitet worden, aber was den Gung Be Liau anlangt, so reicht meine Macht aus, es dahin zu bringen, daß (sein Leichnam) bei Hofe oder auf dem Markt ausgestellt wird.« Der Meister sprach: »Wenn die Wahrheit sich ausbreiten soll, so ist das (Gottes) Wille; wenn die Wahrheit untergehen soll, so ist das Gottes Wille. Was kann der Gung Be Liau gegen den Willen Gottes?«[11]

[116] *Niedergang des Reiches*

Meister Kung sprach: »Wenn der Erdkreis in Ordnung ist, so gehen Kultur und Kunst, Kriege und Strafzüge vom Himmelssohne aus. Ist der Erdkreis nicht in Ordnung, so gehen Kultur und Kunst, Kriege und Strafzüge von den Lehnsfürsten aus. Wenn sie von den Lehnsfürsten ausgehen, so dauert es selten länger als zehn Geschlechter, ehe sie (die Macht) verloren haben. Wenn sie von den Adelsgeschlechtern ausgehen, so dauert es selten länger als fünf Geschlechter, ehe sie (die Macht) verloren haben. Wenn die Dienstmannen die Herrschaft im Reich an sich reißen, so dauert es selten länger als drei Generationen, ehe sie sie verloren haben.

Wenn der Erdkreis in Ordnung ist, so ist die Leitung nicht in den Händen der Adelsgeschlechter. Wenn der Erdkreis in Ordnung ist, so gibt es unter den Massen des Volks kein Gerede.«

[117] *Grundhaltung: Ehrfurcht*

Meister Kung sprach: »Der Edle hat eine (heilige) Scheu vor dreierlei: Er steht in Scheu vor dem Willen Gottes, er steht in Scheu vor großen Männern, er steht in Scheu vor den Worten der Heiligen (der Vorzeit). Der Gemeine kennt den Willen Gottes nicht und scheut sich nicht vor ihm, er ist frech gegen große Männer und verspottet die Worte der Heiligen.«

[118] *Mißerfolge*

Der Fürst Ging von Tsi (überlegte) die Behandlungsweise des Meisters Kung und sprach: »Ihn so behandeln wie das Haupt des Geschlechtes Gi kann ich nicht. Ich will ihm eine Stellung geben zwischen der des Hauptes der Gi und der des Hauptes der Mongfamilie.« Später aber sprach er: »Ich bin zu alt, ich kann mich seiner nicht mehr bedienen.« Meister Kung ging.

Die Leute von Tsi sandten (dem Fürsten von Lu als Geschenk eine Truppe von) weiblichen Musikanten. Freiherr Gi Huan nahm sie an. Drei Tage wurde kein Hof gehalten. Meister Kung ging.

[119] *Begegnung Kungtses mit Laotse*

Kung Dsi ging nach Dschou, um Lao Dsi nach den Bräuchen zu fragen. Lao Dsi sprach: »Wovon der Herr spricht, diese Männer samt all ihren Gebeinen sind längst vermodert; nur ihre Worte sind in den Ohren. Wenn der Weise seine Zeit findet, dann steigt er[12]; findet er nicht seine Zeit, dann läßt er das Unkraut sich häufen und geht. Ich habe gehört, ein kluger Kaufmann verberge seine Vorräte wie nicht vorhanden; der Weise von vollendeter Tugend erscheine äußerlich wie unwissend. – Weg mit des Herrn Hochmut und vielen Begierden, auswendigem Schein und ausschweifenden Plänen! Das alles nützt dem Herrn nichts.[13] Das ist es, was ich dem Herrn zu sagen habe, und damit gut.« – Kung Dsi ging fort, redete mit seinen Schülern und sprach: »Vögel, ich weiß, die können fliegen; Fische, ich weiß, die können schwimmen; Tiere, ich weiß, die können laufen. Die laufenden können umgarnt werden, die schwimmenden können geangelt werden, die fliegenden können geschossen werden. Komm ich zum Drachen, so weiß ich nicht, wie er sich erhebt auf Wind und Wolken und aufsteigt zum Himmel. Heute sah ich Lao Dsi: ist er nicht wie der Drache?«

[120] *Der Edle in Not*

Der Meister sprach: »Si, du hältst mich wohl für einen, der vieles gelernt hat und es auswendig kann?« Er erwiderte und sprach: »Ja, ist es nicht so?« (Der Meister) sprach: »Es ist nicht so; ich habe Eines, um (alles) zu durchdringen!«

In Tschen gingen die Lebensmittel aus. Die Nachfolger wurden so schwach, daß sie nicht aufstehen konnten. Dsi Lu erschien murrend (bei dem Meister) und sprach: »Gibt es für den Edlen auch (Zeiten der) Not?« Der Meister sprach: »Der Edle bleibt fest in der Not. Wenn der Gemeine in Not kommt, so wird er trotzig.«

[121] *Das Privatleben Kungs*

Meister Kung war in seinem Heimatorte in seinem Wesen voll anspruchsloser Einfachheit, als könnte er nicht reden. Im Tempel und bei Hofe dagegen sprach er fließend, aber mit Überlegung.

Bei Hofe sprach er mit den (ihm gleichgeordneten) Ministern zweiten Rangs frei und ungezwungen, mit den Ministern ersten Grades präzis und sachlich. Wenn der Fürst eintrat, war er in seinem Benehmen ehrfurchtsvoll, doch gefaßt.

Wenn ihn der Fürst zum Empfang eines Gastes befahl, so wurde seine Miene ernst, und seine Schritte waren geschwind. Bei den Verbeugungen vor den nebenstehenden Beamten wandte er die zum Gruß erhobene Hand nach links und rechts. Seine Kleidung blieb dabei vorn und hinten in Ordnung. (Beim Geleiten der Gäste) eilte er voran und (seine Arme waren) in leichter Schwingung. Nachdem der Gast sich zurückgezogen, machte er stets die Meldung: »Der Gast sieht sich nicht mehr um«.

Wenn er durch das Palasttor trat, so beugte er sich, gleich als ob er kaum hindurch käme. Beim Stehen vermied er den Platz gegenüber von der Mitte des Tors, beim Durchschreiten (des Tors) trat er nicht auf die Schwelle. Wenn er am (leeren, äußeren) Thron vorbeikam, so wurde seine Miene ernst, und seine Schritte waren geschwind, er redete im Flüsterton. Er hielt sorgfältig den Saum seines Kleides empor, wenn er zur Audienzhalle hinaufstieg. Er beugte sich und hielt den Atem an, gleich als wagte er nicht Luft zu schöpfen. Wenn er (von der Audienzhalle wieder herauskam und) die erste Stufe herabgestiegen war, so löste sich die Spannung in seinen Zügen, und er hatte einen heiteren Ausdruck. Unten an den Stufen angekommen, eilte er vorwärts (und seine Arme waren) in leichter Schwingung. So kehrte er an seinen Platz zurück mit ehrfurchtsvollem Gesichtsausdruck.

Wenn er das Zepter (seines Fürsten) zu tragen hatte, so beugte er sich, gleich als sei er nicht fähig (es zu tragen). Er hob es nicht höher, als man die Hand zum Gruß erhebt (in Augenhöhe), und senkte es nicht tiefer, als man die Hand beim Überreichen einer Gabe ausstreckt (in Brusthöhe). Seine Miene war ernst und devot, seine Schritte waren langsam und gemessen. Beim Überreichen der Geschenke hatte er ein mildes Wesen. Bei der Privataudienz war er freundlich und heiter.

Der Edle nahm kein Blaurot oder Schwarzrot zum Kleiderausputz. Gelbrot und violett nahm er nicht (einmal) für seine Hauskleider. In der heißen Zeit trug er ungefütterte, gazeartige linnene Gewebe, aber beim Ausgehen zog er immer noch ein Kleidungsstück darüber an. Dunkelbraune Kleidung trug er zusammen mit schwarzem Lammpelz, ungefärbte Kleidung mit Rehpelz, gelbe Kleidung mit Fuchspelz. Zu Hause trug er lange Pelzkleider, woran der rechte Ärmel kurz war. Er trug immer Nachthemden, die anderthalb Körperlängen hatten. Beim Aufenthalt zu Hause gebrauchte er dicke Fuchs- oder Dachspelze. Außer bei Trauerfällen trug er sämtliche Nephritschmuckstücke. Außer bei den ungenähten Opfergewändern hatte er immer nach der Figur genähte Kleider. Schwarzen Lammpelz und dunkle Kopfbedeckung trug er nicht, wenn er Trauerbesuche machte. Zum Monatsanfang zog er Galakleidung an und stellte sich bei Hofe vor.

Beim Fasten hatte er immer reine Kleider von Linnen. Beim Fasten änderte er immer die Speise und verließ seinen (gewöhnlichen) Aufenthaltsplatz.

Beim Essen verschmähte er es nicht, auf Reinigung (des Reises zu halten), beim Hackfleisch verschmähte er es nicht, auf Feinheit (zu halten). Reis, der verdorben war und schlecht, Fisch, der alt, und Fleisch, das nicht mehr frisch war, aß er nicht. Was eine schlechte Farbe hatte, aß er nicht. Was einen schlechten Geruch hatte, aß er nicht. Was nicht richtig gekocht war, aß er nicht. Was nicht der Zeit entsprach, aß er nicht. Was nicht richtig geschlachtet war oder nicht die richtige Sauce hatte, aß er nicht. Wenn das Fleisch auch viel war, ließ er es nicht den Geschmack des Reises verdecken. Nur im Weintrinken legte er sich keine Beschränkung auf, doch ließ er sich nicht von ihm verwirren. Gekauften Wein und Dörrfleisch vom Markt genoß er nicht. Er hatte stets Ingwer beim Essen. Er aß nicht viel. Wenn er beim fürstlichen Opfer anwesend war, behielt er (den ihm zugewiesenen Anteil an) Fleisch nicht über Nacht. Opferfleisch ließ er nicht länger als drei Tage liegen. Was über drei Tage alt war, das wurde nicht gegessen. Beim Essen diskutierte er nicht. Im Bette redete er nicht. Wenn er auch nur einfachen Reis und Gemüsesuppe und Gurken hatte, so brachte er doch ehrfurchtsvoll ein Speiseopfer dar.

War die Matte nicht gerade, so setzte er sich nicht.

Wenn die Dorfgenossen zusammen tranken und die Alten aufbrachen, so brach er auf.

Wenn die Dorfgenossen den Reinigungsumzug hielten, so kleidete er sich in Hoftracht und stellte sich auf die östliche Treppe seines Hauses.

Wenn er jemand mit Grüßen in einen Nachbarstaat sandte, so verneigte er sich zweimal vor ihm und geleitete ihn.

Freiherr Kang sandte ihm Medizin. Er empfing sie mit einer Verbeugung und sprach: »Ich kenne ihre Wirkung nicht, deshalb wage ich nicht, sie zu kosten.«

Einst brannte ein Stall. Der Meister kam vom Hofe zurück und fragte: »Ist auch nicht etwa ein Mensch verletzt?« Er fragte nicht nach (dem Verlust an) Pferden.

Wenn der Fürst ihm eine Speise sandte, so rückte er die Matte gerade und kostete sie zuerst. Wenn der Fürst ungekochtes Fleisch sandte, so ließ er es kochen und brachte es (seinen Ahnen) dar. Wenn der Fürst ein lebendes Tier sandte, so hielt er es lebend. Wenn er vom Fürsten zum Essen befohlen war und der Fürst die Dankspende dargebracht hatte, kostete er alle Speisen zuerst. Wenn er krank war und der Fürst ihn besuchte, so legte er sich mit dem Kopf nach Osten, legte die Hofkleidung über sich und zog den Gürtel darüber. Wenn ihn der Fürst (zu Hof) befahl, so wartete er nicht, bis angespannt war, sondern ging zu Fuß voran.

Wenn er das königliche Heiligtum betrat, erkundigte er sich nach jeder einzelnen Verrichtung.

Wenn ein Freund gestorben war, der keine Angehörigen hatte, so sprach er: »Überlaßt es mir, ihn zu begraben.«

Wenn ein Freund ihm etwas schenkte, und waren es selbst Pferde und Wagen: wenn es nicht Opferfleisch war, so machte er keine Verbeugung.

Im Bett lag er nicht (steif wie) ein Leichnam. Im täglichen Leben war er nicht formell. Wenn er jemand in Trauer sah, so änderte er (seinen Gesichtsausdruck), auch wenn er ein guter Bekannter war. Wenn er einen in Hofkopfbedeckung oder einen Blinden sah, so benahm er sich höflich, auch wenn er ihnen oft begegnete.

Einen Leichenzug grüßte er (wenn er selbst im Wagen fuhr), durch (Verbeugung bis zur) Querstütze. Ebenso begrüßte er die (Leute, welche die) Volkszählungslisten trugen.

Wenn er bei einem reichen Mahl (zu Gaste) war, so änderte er seinen Ausdruck und erhob sich.

Bei einem plötzlichen Donnerschlag oder einem heftigen Sturm änderte er stets (seinen Gesichtsausdruck).

Wenn er den Wagen bestieg, stand er gerade und hielt das Handseil. Im Wagen sah er nicht nach innen, sprach nicht hastig und deutete nicht mit dem Finger.

[122] *Summe der Lehre*

Der Meister sprach: »Wer nicht den Willen Gottes kennt, der kann kein Edler sein. Wer die Formen der Sitten nicht kennt, der kann nicht gefestigt sein. Wer die Rede nicht kennt, der kann nicht die Menschen kennen.«

[123] *Legenden um Tod und Grab des Konfuzius*

Als der Tod des Konfuzius herannahte, fing der Fürst von Lu auf der Jagd ein Kilin und man tötete es. Dem Kilin, das bei des Konfuzius Geburt erschienen war, hatte seine Mutter einen roten Faden um das Horn gebunden. Das tote Kilin hatte diesen Faden noch immer am Horn. Als Konfuzius davon hörte, brach er in Tränen aus: »Meine Lehre hat keinen Erfolg! Was tust du da? Ich werde sterben müssen!« Denn das Kilin zeigt sich nur, wenn ein großer Mann auf Erden ist.

Um jene Zeit schrieb Konfuzius gerade an seinem Buche »Von Blüte und Untergang der Staaten«. Mit diesem Ereignis legte er die Feder weg und schrieb nicht weiter. Auch träumte ihm, er sitze in seinem Tempel zwischen zwei Mittelpfeilern. Da sagte er zu seinen Jüngern: »Ich werde sterben müssen.« Dann dichtete er ein Lied:

Es stürzt der Große Berg,
es bricht des Daches First;
der Weise fährt dahin.

Danach legte er sich zu Bett, ward krank und starb.

So wußte er nicht nur, was während seines Lebens vor sich ging, sondern auch, was nach seinem Tode kam. Der Traum, daß er sich selbst neben den beiden Hauptpfeilern im Tempel sitzen sah, war eine Weissagung der Verehrung, die ihm in späteren Jahrhunderten zuteil ward. Aber auch nach seinem Tode gab er noch Beweise seiner Allwissenheit.

Als einst der böse Kaiser Tsin Schi Huang alle anderen Staaten unterjocht hatte und das ganze Reich durchzog, kam er auch nach der Heimat des Konfuzius. Da kam er an sein Grab. Er wollte es öffnen lassen und sehen, was darin sei. Alle seine Beamten rieten ihm ab, aber er hörte nicht auf sie. So wurde denn ein Gang hineingegraben, und man traf in der Hauptkammer auf den Sarg. Das Holz schien noch ganz neu zu sein. Wenn man daran klopfte, klang es wie Erz.

Links vom Sarg war eine Tür, die führte in ein inneres Gemach. Darin stand ein Bett, ein Tisch mit Büchern und Kleidern, alles wie für einen lebenden Menschen gehalten. Tsin Schi Huang setzte sich auf das Bett und blickte auf den Boden. Da standen zwei Schuhe aus roter Seide, die an der Spitze ein gesticktes Wolkenmuster trugen. Sie waren neu und rein und ohne Staub. An der Wand stand ein Bambusstab. Zum Scherze zog der Kaiser die Schuhe an, nahm den Stab und ging hinaus.

Da erschien plötzlich eine Tafel, darauf standen folgende Verse geschrieben:

Tsin Schi Huang hat sechs Reiche überrannt,
öffnete mein Grab, und mein Bett er fand,
stiehlt meine Schuh', nimmt den Stock in die Hand;
kommt er nach Schakiu – sein Ende er fand.

Tsin Schi Huang erschrak sehr und ließ das Grab sofort wieder schließen. Als er aber nach Schakiu kam, traf ihn eine hitzige Krankheit, an der er starb.

Als später zur Han-Zeit Dschung Li I als Fürst von Lu eingesetzt war, nahm er von seinem eigenen Gelde zehntausend Lot und gab sie dem Tempelbewahrer, um den Tempel des Konfuzius auszubessern. Da traf man auf den Wagen des Konfuzius und fand seinen Tisch, seine Matte, sein Schwert und seine Schuhe. Ein Tempelarbeiter namens Dschuang Be, der vor der großen Halle Gras jätete, fand in der Erde sieben Nephritzepter. Er steckte eines zu sich und brachte die anderen dem Dschung Li I. Der ließ sie auf dem Tisch des Konfuzius aufstellen.

Dieser Tisch stand in der früheren Lehrhalle des Konfuzius. An der Wand dieser Halle stand auch ein Bett. Oben über dem Bett hing eine große Tonne. Dschung Li I fragte den Tempelbewahrer, was das sei. Der erwiderte: »Es ist eine Hinterlassenschaft des Konfuzius. Eine Inschrift mit roten Zeichen steht darauf, darum habe ich nicht gewagt, sie zu öffnen.« Dschung Li I sprach: »Der Meister war ein Heiliger. Vielleicht enthält die Tonne Lehren, die er der Nachwelt zu geben hat.«

So wurde die Tonne geöffnet. Man fand in ihr einen Zettel, darauf stand geschrieben: »In späterer Zeit wird ein Gelehrter kommen, der meine Bücher ordnet. Er wird meinen Wagen finden und meine Schuhe und meinen Bücherkasten. Dschung Li I bekommt sieben Zepter, aber Dschuang Be versteckt eines davon.« Als Dschung Li I diese Schrift gelesen hatte, rief er den Dschuang Be und sprach zu ihm: »Es waren sieben Zepter da, warum hast du eines davon versteckt?« Da fiel jener vor ihm nieder und gab das gestohlene Zepter heraus. Konfuzius hatte einst zu einem Jünger gesagt: »Die Ereignisse von hundert Geschlechtern kann man vorher wissen.« Diese Geschichte beweist es.

Laotse

Von Laotse sagt ein Biograph[1]: »Laotse war ein Weiser, der die Verborgenheit liebte.« Von den äußeren Ereignissen seines Lebens ist daher so gut wie nichts bekannt. Dennoch wirkte er aus der Verborgenheit in die Weite und lieferte so selbst ein anschauliches Beispiel des Lebensideals, das er in seinem einzigen kleinen Buche »Tao-te-king« vertreten hat. Denn die Quintessenz der Gedanken Laotses, aus denen die Religion des Taoismus entstand, läuft darauf hinaus, daß der Mensch aus dem in innerster verborgener Seelentiefe zu vollziehenden Kontakt mit dem Absoluten, dem Tao, wirken soll, ohne etwas von außen gewaltsam machen zu wollen. Mit chinesischem Ausdruck wird diese Lebenshaltung »wu-wei« (Nichttun) genannt. Sie entspricht ganz der Idee des Meisters Eckhart, der vom »Wirken aus dem Grunde und ohne Warum« sprach. Laotse war also ein Mystiker, der die alte Tao-Idee nicht im Sinne des gangbaren und zu begehenden »Weges« verstand, sondern als numinoses Urwesen interpretierte. Daher trägt die Religionsform, die legitimerweise sich auf Laotse zurückführt und heute noch in einsamen Bergklöstern lebt, die Bezeichung Taoismus.[2] Auch der populäre Taoismus Chinas leitet sich von Laotse ab, ist jedoch nichts als eine magische Entartungsform der sublimen Mystik des großen Meisters.

Die Gedanken Laotses, die hier nicht mit Texten belegt werden sollen, werden wir nur mit wenigen Worten andeuten. Das Ausgangserlebnis ist die Erkenntnis des Tao als eines neutralen, unaussagbaren Absoluten.[3] Aus ihm sind die Wesen hervorgegangen. »Man kann es als die Mutter aller Welt bezeichnen« (Tao-te-king 25). So ist das Tao als Erscheinungswelt ausgebreitet. Die Wesen dieser Erscheinungswelt werden vom Tao getragen und haben in sich das Tao als Kraft ihres Lebens. Im normalen d. h. im ursprünglichen Zustand werden somit die Wesen vom Tao gelebt: »Das Tao erzeugt sie, die zehntausend Wesen, seine Kraft ernährt sie, sein Wesen gestaltet sie und sein Wirken vollendet sie. Darum gibt es unter den zehntausend Wesen keins, das nicht das Tao verehrte und seine Kraft hochschätzte. Das Verehren des Tao und das Hochschätzen seiner Kraft geschieht auf niemandes Befehl sondern geschieht ewiglich von selbst.« (Tao-te-king 51) Das ist die ursprüngliche und ideale Lebenssituation aller Wesen einschließlich des Menschen.

Nun aber geschah irgendwann und irgendwie eine entscheidende Wendung[4] in der Menschenwelt, die die existenzielle Situation grundlegend wandelte: der ichhafte Mensch wandte sich von Tao ab. So geriet das Tao in Verfall, und es entstand die Unheilssituation, in der sich der Mensch vorfindet. Man erkennt das nach Laotse daran, daß ideale Verhaltensweisen nicht mehr von selbst entstehen, sondern als ethische Forderungen von außen vor den Menschen hintreten: »Gerät das große Tao in Verfall, so gibt es Menschenliebe und Gerechtigkeit«[5] (Tao-te-king 18).

Was Laotse daher als ideale Existenzform darstellt, ist der wiedergewonnene Wesenskontakt mit dem Tao.[6] Negativ predigt er daher die Abwendung von der bewußten Moral, von allem zweckgerichteten Tun: »Darum spricht der Heilige: Ich tue nichts und das Volk wandelt sich von selbst.« (Tao-te-king 57)[7] Der Weise, der aus der Isolierung zu neuem Lebenskontakt[8] mit dem Heiligen und Ewigen gekommen ist, wirkt daher durch »Nichttun«: »Ohne Wortunterweisung, durch Nichttun wirken. Wenige in der Welt es so weit bringen«. (Tao-te-king 43)

Der Taoismus ist, wie das letzte Wort Laotses bezeugt, eine Religion der Wenigen, der geistig-religiösen Elite. Tatsächlich fand Laotse unter seinen Zeitgenossen wenig Anklang mit seinen tiefen Gedanken. Zur Massenreligion eignete sich der echte Taoismus nicht. Dazu mußten die hohen Ideen des Meisters in praktisch brauchbare, massiv magische Praktiken umgewandelt werden. Das geschah, wie gesagt, in dem späteren Taoismus, der als praktische Lehre der Zauberei, der Lebensverlängerung etc. in China weite Verbreitung fand.

Die Legende erzählt [124], daß Laotse auf übernatürliche, vaterlose Weise empfangen und geboren sei, und daß auch in seinem späteren Leben ihm wunderbare Kenntnisse und Kräfte zu Gebote standen. Die Legende berichtet weiter [125], Laotse sei Archivbeamter gewesen, habe dann diese Stellung aufgegeben und sei zur Grenze gegangen, wo ihn ein Grenzbeamter aufgefordert habe, seine Gedanken aufzuschreiben. So sei das Tao-te-king entstanden.

Zwei Texte des Tao-te-king lassen in ergreifender Weise erkennen, daß der Meister in tiefer Einsamkeit [126] inmitten der Alltagsmenschen lebte, unverstanden in seinem letzten Anliegen vor der Masse [127].

Was aus dieser sublimen Mystik später wurde, zeigt der nächste Text [128].

Als Laotse gestorben war, bezeugte ein Jünger nur mit wenigen Klagelauten sein Beileid [129], was einen anderen Jünger befremdete. Zur Erklärung seines Verhaltens weist der erste Jünger darauf hin, daß in des Meisters Leben Zeitloses war und wirkte, das vom Tode nicht berührt werde, so daß auch keine Trauer über das Ende des Vergänglichen an Laotse angebracht sei.

Einer der größten Schüler Laotses war Tschuang-tse (um 330 v. Chr.). In seinen Werken finden sich Szenen, in denen Laotse und Konfuzius auftreten. Natürlich sind diese Gespräche unhistorisch und von Tschuang-tse erfunden, aber sie sind nicht uninteressant als Zeugnisse des Verständnisses der Persönlichkeit und Lehre Laotses. In dem ersten dieser drei Texte Tschuang-tses, mit denen wir diese Sammlung beschließen [130], finden wir eine Kritik des Konfuzius bzw. seiner Ethik als einer Summe von willentlich erstrebten Idealen. In dem zweiten Text [131] wird Konfuzius von Laotse über den Sinn d. h. über das Tao belehrt als die eigentliche numinose Wirklichkeit, von der aus allein alles Handeln sinnvoll wird. Im letzten dieser drei Texte [132] wird Konfuzius, den seine Schüler der äußeren Erfolglosigkeit des Meisters wegen immer mehr verlassen, von einem Jünger Laotses belehrt und zur Lebensauffassung Laotses bekehrt, was natürlich ebenfalls unhistorisch ist, aber der polemischen Haltung des Taoismus gegenüber dem Konfuzianismus entspricht.

[124] *Legenden von Laotses Geburt und Leben*

Laotse ist eigentlich älter als Himmel und Erde.[9] Er ist der gelbe Alte, der mit den anderen vier die Welt geschaffen hat. Zu verschiedenen Zeiten aber hat er sich auf der Erde unter verschiedenen Namen gezeigt. Seine berühmteste Menschwerdung ist jedoch die als »altes Kind«, Laotse, mit dem Namen Li, »Pflaume«. Das ging so zu: Seine Mutter empfing ihn auf übernatürliche Weise und trug ihn zweiundsiebzig Jahre lang. Als er geboren wurde, kam er aus der linken Achselhöhle seiner Mutter hervor. Er hatte gleich von Anfang an weißes Haar, darum nannte man ihn altes Kind. Auch konnte er schon sprechen. Da er keinen menschlichen Vater hatte, deutete er auf den Pflaumenbaum, unter dem er zur Welt gekommen war, und sprach: »Dies soll mein Name sein!« Er erlangte große Zauberkünste, durch die er sein Leben verlängerte. Einst dingte er einen Knecht zu seinem Dienst. Mit dem ward er eins, daß er ihm täglich hundert Kupferstücke geben wollte; doch bezahlte er ihn nicht aus und war ihm schließlich sieben Millionen zweihunderttausend Kupferstücke schuldig. Da bestieg er einen schwarzen Stier und ritt nach Westen. Er wollte seinen Knecht mitnehmen. Als sie aber an den Han-Gu-Paß kamen, weigerte sich der Knecht und verlangte seine Bezahlung. Doch Laotse gab ihm nichts.

Als sie sich dem Hause des Paßwächters näherten, zeigten sich am Himmel rote Wolken. Der Paßwächter verstand das Zeichen und wußte, daß ein Heiliger nahe. So ging er ihm entgegen und nahm ihn in seinem Hause auf. Er fragte ihn nach geheimer Weisheit, Laotse aber streckte die Zunge weit heraus und sagte nichts. Dennoch beherbergte ihn der Paßwächter aufs Ehrerbietigste in seiner Wohnung.

Laotses Knecht erzählte dem Diener des Paßwächters, daß sein Herr ihm noch viel Geld schuldig sei, und bat, ein gutes Wort für ihn einzulegen. Als der Diener von der großen Summe hörte, lockte es ihn, einen so reichen Mann zum Schwiegersohn zu haben, und er gab ihm seine Tochter zur Frau. Schließlich hörte der Paßwächter von der Sache und trat mit dem Knecht zusammen vor Laotse.

Da sprach Laotse zu seinem Knecht: »Du Schalksknecht! Du wärest eigentlich schon lange tot. Ich habe dich gedingt, und da ich arm war und dir kein Geld geben konnte, habe ich dir einen Zauber des Lebens zu essen gegeben. Darum bist du noch heute am Leben. Ich sagte dir: ›Wenn du mir nach Westen ins Reich der seligen Ruhe nachfolgst, dann will ich dir deinen Lohn in gelbem Golde auszahlen.‹ Du aber hast nicht gewollt.« Damit klopfte er dem Knecht auf den Nacken. Da öffnete der den Mund und spie den Zauber des Lebens auf die Erde. Noch sah man darauf die Zeichen mit Zinnober geschrieben, wohlerhalten – wie neu. Der Knecht aber brach plötzlich zusammen und verwandelte sich in einen Haufen trockenen Gebeins.

Der Paßwächter warf sich zur Erde und legte Fürbitte für ihn ein. Er versprach, für Laotse den Knecht zu bezahlen und bat, er solle ihn wieder lebendig machen. Da tat Laotse den Zauber unter die Knochen, und augenblicklich war der Knecht wieder zum Leben erweckt. Der Paßwächter entlohnte nun den Knecht und ließ ihn gehen. Dann verehrte er den Laotse als seinen Meister, und Laotse teilte ihm die Kunst des ewigen Lebens mit und hinterließ ihm seine Lehre in fünftausend Worten, die der Paßwächter niederschrieb. Das Buch, das so entstand, ist das Buch »Vom Sinn und Leben«. Laotse verschwand darauf den Blicken der Menschen. Der Paßwächter aber hat seine Lehre befolgt und wurde unter die Unsterblichen versetzt.

[125] *Laotses Leben in Verborgenheit*

Laotse war geboren in dem Dorfe Khio-sjin, Bezirk Lai, Kreis Khou im Königreich Tschou. Sein Familienname war Li, sein Eigenname Erl, sein Ehrenname Pe-Yang, sein Name nach dem Tod Tan. Er war Geschichtsschreiber der Archive der Tscheou ...

Laotse lebte dem Geist und der Tugend; sein Streben war, sich selbst zu verbergen und namenlos zu bleiben. Er lebte lange in Tschou, als er den Verfall der Tschou sah, gab er sein Amt auf und zog nach dem Grenzpaß Han-Gu. Der Grenzwächter Yin-Hi sprach zu ihm: »Der Herr will sich zurückziehen, darf ich den Herrn bitten, mir ein Buch zu schreiben.« Darauf schrieb Laotse ein Buch in zwei Teilen über den Geist und die Tugend, das fünftausend und mehr Worte enthielt[10], worauf er sich entfernte. Niemand weiß, wo er geendet. Laotse war ein Weiser, der die Verborgenheit liebte.

Laotse hatte einen Sohn namens Tsong. Tsong war ein General im Reich der Wei und erhielt ein Lehen in Tonan-Kan. Der Sohn von Tsong hieß Tschou; der Sohn von Tschou hieß Kong; der Enkel von Kong hieß Hia. Hia erhielt ein Amt unter dem Kaiser Hiao Wen Ti aus der Han-Dynastie. Kaia, der Sohn des Hia, wurde Minister bei Khiang, dem König von Kiaosi, und auf Grund dieser Tatsache ließ er sich mit seiner Familie im Reich von Tsi nieder.

Die der Lehre Laotses anhängen, verachten die Schriftgelehrten; die Schriftgelehrten wiederum verachten Laotse; denn wie sollen sich verstehen, die in den Grundsätzen verschieden sind. Nach Laotse wird das Volk durch Nicht-Tun bekehrt und durch Reinheit und Ruhe von selbst zum Guten gebracht.

[126] *Die Einsamkeit des Meisters*

Gib auf die Gelehrsamkeit und du hast Frieden.
Der Unterschied zwischen Ja und Jawohl, wie bedeutungslos,
doch der zwischen Gut und Böse, wie unendlich groß.
Was aber alle Welt in Ehrfurcht hält,
wie dürfte man das nicht mitverehren?
O Verblendung, die keine Grenzen kennt!
Alle Menschen strahlen,
strahlen als feierten sie ein großes Fest.
Sie sind wie Menschen, die einen Turm besteigen zur Frühlingszeit.
Ich allein liege still, wie einer der noch kein Zeichen empfangen hat,
dem Kindlein gleich, das noch nicht lächeln kann.
Verlassen wie einer, der keine Heimat hat.
Alle Menschen haben im Überfluß. Ich allein scheine leer.
Ach, mein Herz ist ein Narr.
Verwirrt bin ich, ach verwirrt.
Klar sieht die Menge, so klar, ich allein geh in Dunkel.
Froh ist die Menge, so froh, ich allein bin traurig.
Trostlos, ach, wie das Meer.
Losgerissen, ach, wie einer, der nirgends zu Haus.
Alle Menschen sind voller Nützlichkeit,
ich allein bin ungeschickt und ein Bauer dazu.
Ich allein bin anders als alle Menschen,
doch ich ehre die große Mutter, die mich erhält.

[127] *Der Meister von der Masse nicht verstanden*

Meine Worte sind sehr leicht zu verstehen,
sehr leicht zu befolgen.
Doch keiner in der Welt kann sie verstehen,
keiner kann sie befolgen.
Meine Worte haben einen Vater.
Meine Werke haben einen Herrn.
Weil er nicht verstanden wird,
darum werde auch ich nicht verstanden.
Wenige sind es, die mich verstehen.
Das ist eine Ehre für mich.
Darum trägt der Heilige ein hären Gewand
und verbirgt seinen Schatz im Innern.

[128] *Die Entartung der Lehre Laotses*

Das Tao des Lao tse beruhte auf der Reinheit (der Natur) und dem wu wei. Wu wei hieß die Form, und das »Nichttun tut alles« war die Anwendung ... Von der Zeit der früheren Han-Dynastie her, als Wên ti Kaiser und Ts'ao Ts'an Minister war, verwandte man dies (System des) tao, um zu regieren, und das Volk blieb ruhig und eins dabei. So konnte man mit Hilfe dieses tao (-Systems) in der Tat die Regierung und das Weltreich stützen. Dann aber verwandelte sich diese Wissenschaft in eine Kunst der Genien und Zaubermittel, und weiter in eine Lehre vom Reiszauber und der Weinspende (der »Reiszauber« besteht in dem Ausstreuen von Reiskörnern, die sich dann in Edelsteine verwandeln. Worin die »Weinspende« beruht, ist nicht klar). Diese Dinge breiteten sich aus und wurden zur Ketzerei. Die Kunst der Genien und Zaubermittel teilte sich in zwei Teile, in das Bereiten des Unsterblichkeitstrankes und die Regelung der Speise (der Erkenntnis. Die Terminologie ist noch nicht völlig erklärt). Diese beiden bilden heute die Lehre von der vollkommenen Wahrhaftigkeit. Die Lehre vom Reiszauber und der Weinspende teilte sich ebenfalls in zwei Teile, die Talismane und die geheimen Schriftzeichen (?). Diese beiden bilden heute die Lehre von der rechten Einheit.[12]

[129] *Laotses Tod*

Lau Dan (Laotse) war gestorben. Tsin Schi ging hin, um sein Beileid zu bezeugen. Er stieß drei Klagelaute aus und kam wieder heraus.

Ein Jünger fragte ihn: »Wart Ihr nicht unseres Herrn Freund?«

Er sagte: »Wohl.«

»Ist es Euch dann genug, auf diese Weise Euer Beileid zu bezeugen?«

Er sprach: »Ja! Anfangs hielt ich dafür, daß er unser Mann sei, und nun ist es doch nicht so. Als ich vorhin hineinging, um zu klagen, da beweinten ihn die Alten, als weinten sie um einen Sohn, und die Jungen weinten, als trauerten sie um eine Mutter. Um sie so fest an sich zu binden, muß er Worte gesprochen haben, die er nicht hätte sprechen sollen, und Tränen geweint haben, die er nicht hätte weinen sollen. Das ist aber ein Abweichen von der himmlischen Natur, das nur die menschlichen Gefühlserregungen vermehrt, so daß man die anvertrauten Gaben (Gottes) vergißt. Diesen Zustand nannten die Alten: die Strafe für das Verlassen der himmlischen Natur.

Der Meister kam in diese Welt, als seine Zeit da war. Der Meister ging aus dieser Welt, als seine Zeit erfüllt war. Wer auf seine Zeit wartet und der

Erfüllung harrt, über den haben Freude und Trauer keine Macht mehr. Diesen Zustand nannten die Alten: die Lösung der Bande durch Gott.«

Was wir ein Ende nehmen sehen, ist nur das Brennholz. Das Feuer brennt weiter. Wir erkennen nicht, daß es aufhört.

[130] *Kritik an Konfuzius*

Kung Dsï ging nach Westen, um Schriften niederzulegen in der kaiserlichen Bibliothek.

Da gab ihm Dsï Lu einen Rat und sprach: »Soviel ich weiß, ist da ein gewisser Lau Dan, der früher kaiserlicher Bibliothekar war, sich aber nun zurückgezogen hat und in seiner Heimat lebt. Wenn ihr Schriften niederlegen wollt, Meister, so macht doch einmal den Versuch, zu ihm zu gehen, damit er euch behilflich sei.«

Kung Dsï sprach: »Trefflich!«

Und er ging hin, den Lau Dan zu besuchen. Aber Lau Dan war nicht dafür zu haben. Darauf gab er ihm eine Beschreibung der zwölf klassischen Schriften, um ihn zu überzeugen.

Lau Dan unterbrach ihn mitten in seiner Rede und sprach: »Das ist zu ausführlich. Ich möchte die Hauptpunkte hören.«

Kung Dsï sprach: »Der Hauptpunkt ist Liebe und Pflicht.«[13]

Lau Dan sprach: »Darf ich fragen: gehören Liebe und Pflicht eigentlich zum Wesen des Menschen?«

Kung Dsï sprach: »Gewiß. Die Tugend ist ohne Liebe nicht vollkommen und kann ohne Pflicht nicht entstehen. Liebe und Pflicht gehören zum Wesen des wahren Menschen. Was will er ohne sie anfangen?«

Lau Dan sprach: »Was bedeutet eigentlich Liebe und Pflicht?«

Kung Dsï sprach: »Im innersten Herzen alle Wesen gern haben, alle lieben ohne Selbstsucht; das ist die Art von Liebe und Pflicht.«

Lau Dan sprach: »Ei, das scheinen mir recht minderwertige Reden zu sein. Alle zu lieben, ist das nicht übertrieben? Selbstlosigkeit als seine Pflicht ansehen, das beweist ja gerade, daß man selbstsüchtig ist. Wenn Ihr, Meister, den Wunsch habt, daß die Welt nicht ohne Hirten sei, so wißt Ihr ja, daß Himmel und Erde ihre ewigen Ordnungen in sich selbst haben, daß Sonne und Mond ihr Licht in sich selbst haben, daß Sterne und Sternbilder ihre Ordnung in sich selbst haben, daß die Tiere ihren Herdentrieb in sich selbst haben, daß die Pflanzen ihren Standort in sich selbst haben. Wenn Ihr, Meister, in Euren Handlungen diesem Leben nachahmt und mit Euren Schriften diesem Sinne folgt, so seid Ihr ja schon am Ziel. Was braucht Ihr da noch krampfhaft Liebe und Pflicht predigen, wie wenn man die Pauke schlagen wollte, um einen verlorenen Sohn zu suchen? Ei, Meister, Ihr verwirret der Menschen Wesen!«

[131] *Laotse belehrt den Konfuzius über den Sinn*

Kung Dsï war einundfünfzig Jahre lang auf Erden gewandelt und hatte noch nicht den (wahren) Sinn) der Welt vernommen.[14] Da ging er südwärts nach Pe und besuchte den Lau Dan.

Lau Dan sprach: »So? Seid Ihr da? Ich höre, daß Ihr ein weiser Mann im Norden seid. Habt Ihr auch den Sinn erlangt?«

Kung Dsï sprach: »Noch nicht.«

Lau Dsï sprach: »Wie habt Ihr ihn gesucht?«

Er sprach: »Ich habe ihn gesucht in Maß und Zahl fünf Jahre lang und habe ihn nicht erlangt.«

Lau Dsï sprach: »Und wie habt Ihr ihn dann gesucht?«

Er sprach: »Ich habe ihn gesucht in den Urkräften des Weltalls zwölf Jahre lang und habe ihn nicht erlangt.«

Lau Dsï sprach: »Selbstverständlich! Wenn der Sinn etwas wäre, das sich darbieten ließe, so würde ihn jedermann seinem Herrscher darbieten. Wenn der Sinn etwas wäre, das sich überreichen ließe, so würde ihn jedermann seinen Eltern überreichen. Wenn der Sinn etwas wäre, das sich andern schenken ließe, so würde jedermann ihn seinen Söhnen und Enkeln schenken.[15] Daß das aber nicht möglich ist, hat keinen andern Grund als den: Wo im Innern kein Herr ist, da verweilt er nicht; wo im Äußeren nicht die rechte Art ist, da kommt er nicht. Wenn er, aus dem Inneren hervorgebracht, keine Aufnahme fände bei denen draußen, so holt ihn der Berufene nicht hervor (aus seinem Inneren, um ihn andern mitzuteilen). Wenn er von außen eindringend, keinen Herrn fände im Inneren, so vertraut der Berufene ihn nicht an. Begriffe sind allgemeine Werkzeuge; man darf nicht zuviel darauf geben. Liebe und Pflicht sind Nothütten der alten Könige. Man kann darin eine Nacht verweilen, aber nicht dauernd darin wohnen, sonst stellen die, die uns zusehen, zu große Ansprüche an uns. Die höchsten Menschen der alten Zeiten benützten die Liebe als Pfad und die Pflicht als Herberge, um zu wandern im Raum freier Muße. Sie nährten sich vom Feld der Wunschlosigkeit und standen im Garten der Bedürfnislosigkeit. Wandern in Muße ist Nicht-Handeln. Wunschlosigkeit ist leicht zu ernähren, und Bedürfnislosigkeit braucht keinen Aufwand. Die Alten nannten das: Wanderschaft, bei der man die Wahrheit pflückt. Die aber Reichtum für ihr Leben halten, sind nicht imstande, anderen ihr Einkommen zu gönnen. Die Berühmtheit für ihr Leben halten, sind nicht imstande, anderen ihren Namen zu gönnen. Die der Macht zugetan sind,

sind nicht imstande, andern Einfluß zu gewähren. Haben sie diese Güter in der Hand, so zittern sie, und wenn sie sie hergeben müssen, so kommen sie in Trauer, und das Eine findet keinen Raum, wo es sich spiegeln könnte. Wenn man ihre ewige Rastlosigkeit betrachtet, so muß man sagen, daß das die Leute sind, die der Himmel zur Sklaverei verdammt hat.[16]

Mißgunst und Gunst, Nehmen und Geben, Lernen und Lehren, Zeugen und Töten: diese acht Dinge sind Werkzeuge des Vollkommenen. Aber nur der, der dem großen Wechsel zu folgen imstande ist und nirgends haftet, vermag sie sich zunutze zu machen. Darum heißt es: Wer andere recht macht, muß selber recht sein. Wer das im Herzen nicht erfahren hat, dem öffnen sich nicht die Tore des Himmels.«

[132] *Bekehrung des Konfuzius*

Kung Dsï fragte den Meister Sang Hu und sprach: »Ich wurde zweimal aus Lu vertrieben. In Sung wurde ein Baum über mir gefällt, (um mich zu töten). Ich mußte den Staub von meinen Füßen schütteln in We. Ich hatte Mißerfolg in Schang und Dschou. Ich ward von Feinden umringt zwischen Tschen und Tasi. All diese Leiden trafen mich, und meine Bekannten wenden sich immer mehr von mir ab; meine Schüler und Freunde zerstreuen sich immer mehr. Woher kommt das?«

Meister Sang Hu sprach: »Habt Ihr noch nicht gehört von der Flucht der Leute von Gia? Darunter war einer namens Lin Hui. Der ließ sein Szepter, das tausend Lot Goldes wert war, im Stich, nahm einen Säugling auf den Rücken und eilte davon. Jemand sprach zu ihm: Warum wirfst du dein goldenes Szepter weg und eilst mit diesem Säugling auf dem Rücken davon? Tust du es, weil das Kind dir wertvoll scheint? Aber der Wert des Säuglings ist nur gering. Tust du es um der Bürde willen, die das Szepter dir gemacht? Aber die Bürde, die dieser Säugling dir machen wird, ist noch größer. Da sprach Lin Hui: An das Szepter bindet mich nur Gewinn; an dieses Kind aber himmlische Bande. Was durch Gewinn vereinigt ist, läßt einander im Stich, wenn Bedrängnis, Mißerfolg, Unglück, Leid und Schaden drohen. Was durch himmlische Bande verbunden ist, wird einander erst recht zu eigen, wenn Bedrängnis, Mißerfolg, Unglück, Leid und Schaden drohen. Ein anderes ist's, einander zu eigen werden, ein anderes, einander verlassen. Der Edle ist für die andern schmacklos wie das Wasser; der Gemeine ist für die andern süß wie Most. Aber des Edlen Schmacklosigkeit führt zur Liebe; des Gemeinen Süßigkeit führt zum Überdruß. Jene, die ohne Grund sich zusammentun, trennen sich auch wieder ohne Grund.«

Kung Dsï sprach: »Mit Ehrfurcht habe ich Eure Belehrung vernommen.«

Darauf ging er langsamen Schritts und leichten Herzens nach Hause. Er gab das Lernen auf und entsagte den Büchern. Seine Schüler bezeugten ihm nicht mehr äußere Ehrerbietung, aber ihre Liebe ward um so größer.

Leben und Legende der Religionsstifter

Ein Vergleich

Zum Abschluß unserer Textsammlung und der darauf gegründeten und bezogenen Darstellungen und Erklärungen versuchen wir auf Grund des Vergleiches dessen, was sie über Leben und Legende der Religionsstifter enthalten, eine Reihe von grundsätzlichen Erkenntnissen zu gewinnen.

Was zunächst die Berichte über das geschichtliche Leben der Meister betrifft, so fällt auf, daß manche ganz außerordentlich dürftig sind, während andere die geschichtliche Wirklichkeit in aller Breite entfalten. Bei Laotse und Buddha z. B. hören wir verhältnismäßig viel weniger von ihrem geschichtlichen Leben als etwa bei Moses, Jesus, Mohammed. Ist das zufällig? Ich glaube, daß dieser Unterschied mit der Strukturform der von den Meistern gestifteten Religionen zusammenhängt. Laotse und Buddha waren, wie die Texte bezeugten, Mystiker. Die Mystik aber ist ausgesprochen ungeschichtlich eingestellt. Wie die Welt der Erscheinungen für den mystischen Blick ihres Wirklichkeitscharakters entkleidet und zu bloßem Schein wird, so sieht der Mystiker auch das in dieser Welt sich ereignende geschichtliche Leben als unwirklich und daher als unwesentlich an. Aus diesem Grunde tritt auch das Leben der Meister mystischer Frömmigkeit hinter der zeitlosen Wahrheit, die sie verkünden oder die durch sie in der Welt und hinter ihr erfahren wird, zurück. Andererseits beobachten wir aber, daß an die Stelle der Geschichte in der Mystik vielfach die phantastische Legende tritt, die in größter Freiheit Ungeschichtliches, ja geschichtlich Unmögliches darstellt. Wir sahen das in besonderer Deutlichkeit in der Buddhalegende. Aber auch der Sufismus, die Mystik des Islam, ist im Unterschied zu dem orthodoxen, prophetischen Islam der Mutterboden üppiger Legendenbildung. Für die Mystik ist eben zwischen geschehener Geschichte und ungeschehener, der frommen Phantasie entstammender Geschichtserzählung kein Unterschied. Die mystische Phantasie erzählt »Geschichten«, die keine Geschichte sind, und die dennoch von der einzigen Wirklichkeit künden, die in wirklicher und erdichteter Geschichte das eigentlich Wesentliche ist.

Das ist im Bereich der prophetischen Frömmigkeit grundsätzlich anders. Moses z. B. ist der Stifter einer Religion, die in ganz besonderem Maße an der wirklichen Geschichte des Volkes Israel orientiert ist. Jahve ist geradezu Gott der Geschichte. In ihr waltet er und durch sie offenbart er sich seinem Volke. Die Propheten sind die Interpreten der Volksgeschichte und ihrer schicksalhaften Wendungen. Im Christentum ist zwar die volksreligiöse Basis dem universalreligiösen Ausgangspunkt, der Unheilssituation des Einzelnen, gewichen, aber auch das Christentum ist eine geschichtliche Religion, und die Geschichte Jesu Christi in Raum und Zeit ist der Bereich der Offenbarung des Heilswillens Gottes. So liegt hier also auf der geschehenen Geschichte ein ganz anderer Nachdruck als in den mystischen Religionen. Dasselbe gilt mutatis mutandis vom Islam, der selber von den Tagen des Propheten an in hohem Maße Weltgeschichte gemacht hat. Es ist also verständlich, daß in den prophetischen Religionen das geschichtliche bzw. das vermeintlich geschichtliche Leben der Stifter mit besonderem Interesse dargestellt und als Grundlage des Glaubens angesehen wird. Während nun die Mystik durch den Hinweis auf die erwiesene Ungeschichtlichkeit mancher ihrer Berichte in keiner Weise erschüttert wird, konstatieren wir im Bereich der prophetischen Religion eine große Empfindlichkeit gegenüber etwaiger rationaler bzw. historischer Kritik an dem, was hier als geschehene Geschichte überliefert wird. Da es dem Mystiker entscheidend auf die unio mystica mit der in aller sogenannten Erfahrungswirklichkeit geahnten eigentlichen Wirklichkeit ankommt, macht es für ihn nichts aus, ob berichtete Ereignisse innerhalb dieser Welt sich wirklich ereignet haben oder nicht. Die Mystik sieht daher auch in fremden Religionsvorstellungen die gleiche letzte göttliche Wirklichkeit angedeutet und betrachtet die in prophetischen Offenbarungsreligionen im Mittelpunkt stehenden geschichtlichen Ereignisse nicht in der exklusiven Weise, wie die Offenbarungsreligionen, als Erscheinungen, die den Glauben ausschließlich im Sinne dieser Religionen erzwingen. Für den Mystiker stehen Buddha und Jesus neben den ungeschichtlichen Glaubensvorstellungen eines Vishnu oder Shiva, wie es z. B. im Hinduismus der Fall ist. Innerhalb der prophetischen Frömmigkeit aber liegt der Nachdruck gerade auf der geschehenen Geschichte, die daher in allen ihren von der religiösen Tradition vermittelten Begebenheiten wichtig ist und in ihrer geschichtlichen Realität verteidigt wird. So verstehen wir, daß einerseits das legendarische Moment in den prophetischen Religionen auch hinsichtlich des geschichtlichen Lebens ihrer Stifter zurücktritt gegenüber dem wirklich Geschehenen, daß aber andererseits sich die prophetische Religion bzw. ihre berufenen bzw. berufsmäßigen Vertreter gegen jede historische Kritik an den auch im prophetischen Traditionsgut auftretenden legendarischen Erzählungen wehrt, weil sie glaubt, daß ihr dadurch der für sie wichtige Boden entzogen würde.

Wir kommen zu einem zweiten Moment, das uns an den Lebensberichten durch Vergleich auffällt: das sind die parallelen Züge. Ohne zunächst auf die tiefen Verschiedenheiten in der Lebensmitte der Religionsstifter und ihrer Religionen einzugehen, stellen wir folgende gemeinsame Züge in den Lebensberichten fest:

Zunächst einmal beobachten wir allenthalben (mit Ausnahme von Laotse, dessen Leben uns gänzlich unbekannt ist), daß die Meister durch entscheidende, ihr Leben in seiner Tiefe umwandelnde Erlebnisse zu ihrer Wirksamkeit bestimmt wurden. Es handelt sich um numinose Grunderfahrungen, die bei den Mystikern als Erleuchtungen, bei den prophetischen Persönlichkeiten als Berufungen durch eine persönliche Gottheit erscheinen. Während die Erleuchtung ein Hellwerden hintergründiger heiliger Wirklichkeit ist, mit der geeint zu sein als Heil empfunden wird, ist die Berufung das Erlebnis eines Anrufes durch eine persönliche Willensgottheit. Von diesen beiden Ausgangssituationen aus ist nun verständlich, daß in der Erleuchtung nicht notwendig der Antrieb zur öffentlichen Verkündigung des Erfahrenen gelegen ist. Wir sahen bei Buddha, daß er zu Beginn seiner öffentlichen Tätigkeit im Zweifel war, ob er das Glück der Erlösung nicht für sich behalten solle. Er entschloß sich dann, seine Lehre zu verkündigen, nicht, weil er dazu von einer Gottheit sich berufen fühlte, sondern aus Mitleid mit den Mitmenschen. Das ist bei der prophetischen Stifterpersönlichkeit anders. Hier liegt das Motiv zur Verkündigung in dem Berufungserlebnis selbst. Die Gottheit ruft Erwählte zu ihrem Dienst. »Stehe auf und warne!« hieß es in der Berufungsvision Mohammeds. Auch Moses wird von Jahve zu Pharao gesandt und zur Führung des auserwählten Volkes berufen. Und Jesus weiß sich ebenfalls von seinem Vater im Himmel zu den »verlorenen Schafen vom Hause Israel« gesandt.

Parallel ist weiterhin die subjektive Absicht der Meister. Wir nennen sie »Religionsstifter«, ohne dabei zu bedenken, daß dieser Begriff vom Effekt ihres Wirkens aus gebildet ist, daß es aber in keines der Meister ursprünglicher Absicht lag, eine neue Religion zu stiften. Wenn wir das behaupten, so bleiben wir auf dem Boden geschichtlicher Forschung, die es natürlich durchaus offen läßt, das tatsächliche Geschehen, nämlich die Entstehung einer neuen Religion aus dem Wirken der Meister, theologisch zu interpretieren. Geschichtliche Forschung kann nur sagen, was sich aus den Texten ergibt, und das ist fraglos die Erkenntnis, daß z. B. Moses nicht mit der Absicht auftrat, eine neue israelitische Religion zu stiften. Er wollte die verschiedenen Stämme unter die Königsherrschaft Jahves stellen, dessen Dienst er bei den Erzvätern voraussetzt. Er wollte also nur erneuern, nicht neu stiften. Von Buddha zitieren wir oben (S. 157 f.) ein Wort, in dem Buddha von dem alten Wege spricht zu einer vergessenen Stadt, den er wieder entdeckt habe. Auch Jesus wollte das Gesetz der Väterreligion nicht auflösen, sondern erfüllen. Konfuzius stellte seinem Volke die Idealgestalten der mythischen Vorzeitkönige vor die Seele, und Zarathustra verkündete eine Religion, die nach seiner Auffassung bereits Yima in grauer Vorzeit geoffenbart worden sei. Auch Mohammed glaubte, uralten Glauben zu erneuern.

Parallel ist ferner die Gegnerschaft, die die Religionsstifter gefunden haben. Es ist stets die organisierte Religionsgemeinschaft bzw. ihre Vertreterschaft, das beamtete Priestertum. Da beim Auftreten des Moses eine organisierte Religion noch nicht vorhanden war, begegnet uns diese Art von Gegnerschaft in Moses Leben nicht. Hier ist es wesentlich das Volk, das immer wieder in Opposition zu Moses tritt. Aber in Jesu Leben ist die Spannung zwischen ihm und den geistlichen Würdenträgern seiner angestammten Kirche ausgesprochen zentral und führt, geschichtlich gesehen, zu Jesu Hinrichtung. Eine ähnliche Feindschaft fand Zarathustra, denn auch hier war es das Priestertum der vorzarathustrischen Religion, das den Propheten bedrängte und verfolgte. Bei Mohammed waren es zwar weniger die Priester, die ihn befehdeten und zur Flucht nach Medina zwangen, als die Stammesführer, die aber, wie anderswo die Priester, Hüter der sakralen Tradition waren. Und eben der Bruch der religiösen Tradition ist es, der stets dem Religionsstifter vorgeworfen wird. In der mystischen Religion Buddhas spielt der Gegensatz zur Kulttradition keine entscheidende Rolle, vorhanden ist er aber auch; denn wir hören häufig, daß Buddha die Brahmanen und ihre äußerlichen Kultbräuche, insbesondere ihre Reinigungsriten und ihren dogmatischen Absolutheitsanspruch verspottet.

Eine interessante weitere Parallele liegt in dem Wanderschicksal der Religionsstifter. Es ist überall anders geartet, motiviert und gedeutet, aber es ist überall vorhanden. Bei Buddha erscheint das Leben des Wanderasketen als selbstgewählte Lebensform und die »Hauslosigkeit« geradezu als ein für alle Erlösungsuchenden erstrebenswertes Ideal. Von Laotse hörten wir, daß er gegen Ende seines Lebens sich aufmacht und über die Grenze geht, ohne Spuren zu hinterlassen. Niemand weiß, wo er endete. Auch dieses Schicksal liegt in der Linie dessen, was der Meister lehrte. Zarathustra starb, so heißt es, eines gewaltsamen Todes, nachdem auch er in seinem Leben durch Feindschaft viel hin und her getrieben war. Hier ist also das Wanderschicksal kein erstrebenswertes Ideal, sondern ein aufgezwungenes Schicksal, wie bei Konfuzius auch, der bekanntlich durch die Intrigen an den Fürstenhöfen immer wieder gezwungen wurde, den Wanderstab zu ergreifen. Moses ist mit den Nomadenstämmen, die unter seiner Leitung zu einem Volk Jahves zusammenwuchsen, wie es heißt, vierzig Jahre in der Wüste umhergezogen. Hier war es wiederum ein Lebensstil, der diese Wanderungen veranlaßte, nämlich die Lebensweise der Nomaden. Jesus sagte von sich, daß er im Unterschied zu Vögeln und Füchsen nichts hätte, da er sein Haupt hinlegen könne. Auch er ein heimatloser Wanderer, den sein göttlicher Auftrag, das Reich Gottes und seine Nähe zu verkünden, auf die Straßen Galiläas und Judäas trieb. Mohammed endlich war wieder aus anderem Grunde zu mancherlei Wanderungen gezwungen. Die Feindschaft seiner Stammesgenossen zwang ihn zur Flucht nach Medina. Aber auch hier ruhte er nicht aus, sondern verbrachte die letzten zehn Jahre seines Lebens, von der Hidschra bis zu seinem Tode (632), mit ständigen Kriegs- und Beutezügen innerhalb Arabiens. Auch dies ein bewegtes Wanderleben, das unmittelbar aus seiner Berufung und Berufsauffassung erwuchs.

Endlich darf man noch darauf hinweisen, daß zumeist der Tod der Religionsstifter der Art ihres Wirkens entsprach. Friedvoll, wie er gelebt und gelehrt hatte, starb Gotama Buddha inmitten seiner Jünger, in hohem Alter. Das Lebensende der prophetischen Stifter ist entweder ein gewaltsamer Tod, der, menschlich gesehen, eine Niederlage bedeutet, jedenfalls in den Augen der Gegner. Das war bei Jesus der Fall und wohl auch bei Zarathustra. Oder das Lebensende zeigt den prophetischen Kämpfer als Sieger. Als Mohammed starb, war er Herr von Arabien. Das Lebensende des Moses liegt seiner Art nach gewissermaßen zwischen den beiden Extremen: es war kein gewaltsames Ende, Moses starb in hohem Alter, wie berichtet wird. Auch kann von keiner Niederlage die Rede sein, denn Moses hatte sein Volk bis an die Grenzen des »gelobten Landes« geführt und dieses Volk zu einem Jahve geheiligten Volke umgeschaffen. Dennoch war es ein tragisches Ende; denn Moses selbst durfte die Einnahme des verheißenen Landes nicht mehr erleben.

Die aufgezeigten Parallelen im Leben der Religionsstifter dürfen nun aber nicht darüber hinwegtäuschen, daß zwischen ihnen tiefgreifende Unterschiede bestehen, die wir in Kürze wenigstens andeuten wollen.

Moses tritt uns entgegen als der von Jahve inspirierte Gesetzgeber und theokratische Volksführer. Die ungeheure Bedeutung des Moses ist in der Geschichte der israelitischen Religion immer erhalten geblieben. Gleichwohl ist ihm nie kultische Verehrung erwiesen. In einem unserer Texte [18] ist davon die Rede, daß das Angesicht des Moses nach einer Begegnung mit Jahve glänzend geworden war und die Israeliten sich fürchteten, ihm nahe zu kommen. Moses selbst besaß also keine numinose Qualität. Er strahlt nur die Heiligkeit und Herrlichkeit Jahves wieder. Vor einer kultischen Verehrung bewahrte die Israeliten auch der strenge Monotheismus, der nicht zuläßt, daß neben Jahve noch andere Wesen verehrt werden.

Jesus ist Moses gegenüber eine Heilandgestalt, die einzige geschichtliche Persönlichkeit, von der seine Jünger sagen konnten: »Wir sahen seine Herrlichkeit, eine Herrlichkeit als des eingeborenen Sohnes vom Vater voller Gnade und Wahrheit« (Joh. 1,14). In Jesus sah die christliche Gemeinde in allen Jahrhunderten die suchende Gottesliebe und die Kräfte des Gottesreiches personhaft gegenwärtig. Die kultische Verehrung, die

Jesus zuteil wurde, ist die Antwort auf das begegnende Heilige in seiner Person.

Zarathustra war der prophetische Reformator Irans, der keine kultische Verehrung genoß. Das Gleiche gilt von Mohammed, dem Gesandten Allahs.

Konfuzius war der Lehrer einer auf Harmonie mit dem Unendlichen zielenden Ethik. Er war ein Weiser. Aber da Weisheit in der Welt des Ostens als numinose Qualität gewürdigt wird, wurde Konfuzius, wie auch der Mystiker Laotse, zu göttlicher Würde erhoben.

Die Gestalt Buddhas erscheint in den beiden Formen des Buddhismus in verschiedener Würdigung. Im Hīnayāna ist Buddha, wie wir sahen, der Wegweiser zum Nirvāna, dem kein Kultus gewidmet ist. Im Mahāyāna dagegen entstand eine gläubig verehrte Buddhawelt mit heilstiftenden Buddhagestalten.

Zu diesen Unterschieden in der Bewertung kämen nun natürlich die tiefen Verschiedenheiten dessen, was diese Meister lehrten. Darauf brauchen wir in unserem Zusammenhange, bei dem der Nachdruck auf dem Leben der Religionsstifter liegt, nicht einzugehen.

Wenden wir uns nun der Legende zu, so zeigt ein Vergleich auch hier allerlei charakteristische und typische Phänomene.

Zunächst wird bei der Lektüre der legendarischen Texte aufgefallen sein, daß allenthalben ganz ähnliche Ansatzpunkte für die Legendenbildung erscheinen. Im vitalen Lebensablauf sind es vorzugsweise Geburt und Tod, die legendarisch ausgestaltet werden. Das ist verständlich; denn das Außergewöhnliche der Erscheinung des Meisters wird von der mythenbildenden Phantasie am eindruckskräftigsten dadurch betont, daß der Eintritt dieser Persönlichkeiten in das irdische Leben und der Austritt aus ihm in außergewöhnlicher Weise dargestellt wird. Im geistigen Lebensverlauf hat die Legende vorzugsweise die vorbereitenden Ereignisse wie Berufung, Erleuchtung, Versuchung mit ihrem Schleier verklärt. Endlich ist an die legendarische Ausgestaltung der Taten zum Zwecke der Bestätigung der Sendung bzw. der Würde des Religionsstifters zu erinnern.

Es sind nun immer typische Motive, die uns in diesen Legendenbildungen begegnen. Im wesentlichen sind drei Gruppen zu unterscheiden: einerseits handelt es sich um Erscheinungen, die zwar auf den Meister bezogen, aber nicht an ihm oder durch ihn sich ereignen. Hierher gehören ungewöhnliche Naturerscheinungen, d. h. ein auf die Lebensereignisse des Meisters bezogenes Naturgeschehen, das nach unserer heutigen Naturerkenntnis unmöglich ist, wie z. B., daß bei Buddhas Geburt die Flüsse bergauf fließen und dergl. Bisweilen ist das begleitende Naturgeschehen durchaus nicht unmöglich, wie z. B. Erdbeben bei Buddhas Tod, verbunden mit Blitz und Donner. Jedenfalls aber handelt es sich darum, daß die kosmische Bedeutung des Ereignisses des Meisterlebens durch die Anteilnahme der Natur unterstrichen wird. Solche außerhalb der Person des Religionsstifters sich ereignenden Vorgänge geschehen nicht an sich, sondern stets in Beziehung zu einem numinos bedeutsamen Faktum, z. B. der Geburt oder des Todes des Meisters.

Eine zweite Gruppe von Legendenmotiven liegt dann in der naiven Ausgestaltung des direkten Eingreifens der Gottheit vor, wie z. B. bei Mohammeds Berufung. Hier handelt es sich dann um wunderhaftes Geschehen an den numinosen Personen selbst, die dabei nicht Subjekt, sondern Objekt des Wundervorgangs sind. In diesen Zusammenhang gehören z. B. Stigmatisationen, Lichterscheinungen, die von den Religionsstiftern oder ihren Müttern ausgehen, Levitationen und dergleichen.

Bei diesen ersten beiden Motivgruppen ist der Meister gewissermaßen passiv. Zu dieser zweiten Gruppe müssen auch die Motive gezeichnet werden, die wider den normalen Naturverlauf am vitalen Leben des Meisters selbst sich vollziehen, wie z. B. die vaterlose Geburt, Himmelfahrt usw.

Als dritte Gruppe nennen wir die legendarisch ausgestalteten Taten des Meisters, bei denen er also aktiv mitwirkt. Damit stehen wir am Ende unserer Aufgabe, Leben und Legende der großen Religionsstifter durch Textdokumente anschaulich zu machen und auf Grund dieser Texte und ihrer Erklärung eine geschlossene Darstellung der Gestalten der Meister, wie sie im Glauben ihrer Gemeinden leben, zu bieten. Von diesen edelsten Geistern der Menschheitsgeschichte sind ungeheure Wirkungen ausgegangen, und Ströme heiligen Lebens gehen weiterhin von ihnen aus. Das aber konnte geschehen und geschieht, weil, wie unsere Darstellung sich zu zeigen bemühte, diese in geheimnisvoller Weise und jeder wieder auf besondere Art mit dem Heiligen verbunden waren. Das meint Laotse, wenn er sagt:

»Die da Meister waren in der Vergangenheit, die waren im Verborgenen eins mit den unsichtbaren Mächten.«

Quellennachweise

Allgemeine Literatur

Bertholet, Alfred, Wörterbuch der Religionen. 3. Aufl. von Kurt Goldammer. Stuttgart 1976

Cancik, Hubert, Burkhard/Gladigow, Matthias/Laubscher (Hg.), Handbuch religionswissenschaftlicher Grundbegriffe. Band I. Stuttgart–Berlin–Köln–Mainz 1988

Die Religion in Geschichte und Gegenwart. 5 Bde. Tübingen. 3. Aufl., 1957–1965

Eliade, Mirceas (Hg.), The Encyclopedia of Religion. New York 1986 ff.

Goldammer, Kurt, Formenwelt des Religiösen. Grundriß der systematischen Religionswissenschaft. Stuttgart 1960

Heiler, Friedrich, Erscheinungsformen und Wesen der Religion. (Die Religionen der Menschheit, Band 1, hrsg. von Christel Matthias Schröder). 2. Aufl., 1979

König, Franz, Waldenfels, Hans (Hg.), Lexikon der Religionen. Phänomene – Geschichte – Ideen. Freiburg – Basel – Wien 1987

Lanczkowski, Günter, Die neuen Religionen. Frankfurt 1974

Lanczkowski, Günter, Einführung in die Religionsgeschichte. Darmstadt 1983

Lanczkowski, Günter, Einführung in die Religionsphänomenologie. Darmstadt 1978

Lanczkowski, Günter, Einführung in die Religionswissenschaft. Darmstadt 1980

Leeuw, Gerardus van der, Phänomenologie der Religion. Tübingen. 2. Aufl., 1956

Mensching, Gustav, Buddha und Christus – ein Vergleich. Stuttgart 1978

Mensching, Gustav, Der offene Tempel. Die Weltreligionen im Gespräch miteinander. Stuttgart 1974

Mensching, Gustav, Die Religion. Erscheinungsformen, Strukturtypen und Lebensgesetze. Stuttgart 1959

Mensching, Gustav, Die Söhne Gottes. Aus den heiligen Schriften der Menschheit. Auswahl und Einleitungen von Gustav Mensching. Wiesbaden o. J.

Mensching, Gustav, Die Weltreligionen. (Illustrierte Lizenz-Ausgabe) Wiesbaden o. J.

Mensching, Gustav, Soziologie der großen Religionen. Bonn 1966

Mensching, Gustav, Soziologie der Religion. 2. überarbeitete und erweiterte Auflage. Bonn 1968

Otto, Rudolf, Das Heilige. Über das Irrationale in der Idee des Göttlichen und sein Verhältnis zum Rationalen. München 1963 (36.–40. Tausend 1971)

Schlette, Heinz Robert, Einführung in das Studium der Religionen. Konstanz 1971

Schoeps, Hans-Joachim, Die großen Religionsstifter und ihre Lehren. 2. Aufl., 1954

Schoeps, Hans-Joachim, Religionen. Wesen und Geschichte. Gütersloh 1961, 1964

Waardenburg, Jacques, Religionen und Religion. Systematische Einführung in die Religionswissenschaft. Berlin – New York 1986
Wach, Joachim, Vergleichende Religionsforschung. Mit einer Einführung von Joseph M. Kitagawa. Stuttgart 1962

Moses

Auerbach, E., Moses. 1953
Buber, M., Moses. 1952²
Greßmann, H., Mose und seine Zeit. 1913
Schmid, H., Moses. Überlieferung und Geschichte. 1968
Schmid, H., Die Gestalt des Mose. 1986
Schmid, W. H., Exodus, Sinai und Mose. 1983
Schoeps, H. J., Jüdisch-christliches Religionsgespräch in 19 Jahrhunderten. 1949²
Schoeps, H. J., Die großen Religionsstifter und ihre Lehren. 1954²
Sellin, E. S., Mose und seine Bedeutung für die israelitisch-jüdische Religionsgeschichte. 1922
Smend, R., Das Mosesbild von Ewald bis Noth. 1959
Volz, P., Mose und sein Werk. 1932²
Weimar, P., Die Berufung des Mose. 1980

Übersetzung aus der »Textbibel des Alten und Neuen Testaments« von Kautzsch-Weizsäcker

[1] 2. Mos 1,8–14,22
[2] 2. Mos 2,1–10
[3] 2. Mos 2,11–22
[4] 2. Mos 2,23–4,22
[5] 2. Mos 5,1–6,1
[6] 2. Mos 6,2–13
[7] 2. Mos 6,28–7,13
[8] 2. Mos 11,1–8; 12,1.3.6–8.11–14.26–38; 13,21.22
[9] 2. Mos 14,5–7.9–18.21–31; 15,20.21
[10] 2. Mos 16,1–15
[11] 2. Mos 17,8–13
[12] 2. Mos 18,5–27
[13] 2. Mos 19,1–21
[14] 2. Mos 20,1–21
[15] 2. Mos 24,1–15
[16] 2. Mos 32,1–12.14.15.19–35
[17] 2. Mos 33,7–23
[18] 2. Mos 34,1–30
[19] 4. Mos 10.11.12.33–36
[20] 4. Mos 13,1–3.17.18.20.22.23.25–33
[21] 4. Mos 14,1–45
[22] 4. Mos 16,1–7.20–22.26.28–32
[23] 4. Mos 25,1–5
[24] 5. Mos 31,1–8.14–18; 34,1.4–10

Jesus

Bornkamm, G., Jesus von Nazareth. 1956
Gnilka, J., Jesus Christus nach den frühen Zeugnissen des Glaubens. 1970
Grillmeier, A., Jesus der Christus im Glauben der Kirche I. 1979; II/1. 1985
Holtz, T., Jesus von Nazareth. 1981
Kasper, W., Jesus der Christus. 1984[9]
Kertelge, K. (Hg.), Rückfrage nach Jesus. 1974
Schierse, F. J. (Hg.), Jesus von Nazareth. 1972
Schillebeeck, E., Christus und die Christen. 1977
Schweitzer, A., Geschichte der Leben-Jesu-Forschung. 1951[6]
Vögtle, A., Das öffentliche Wirken Jesus auf dem Hintergrund der Qumranbewegung. 1958
Zimmermann, H., Jesus Christus. 1973

Übersetzung aus der »Textbibel des Alten und Neuen Testaments« von Kautzsch-Weizsäcker
und Neutestamentliche Apokryphen, hrsg. von Hennecke.

[25] Lk 1,26–38
[26] Lk 2,1–19
[27] Lk 2.22.23–33
[28] Matth 2,1–16.19–23
[29] Protevangelium des Jakobus 5.7.8 (a.a.O. S. 87 ff.)
[30] Protevangelium des Jakobus 8.9. (a.a.O. S. 88 f.)
[31] Protevangelium des Jakobus 13–16 (a.a.O. S. 90 f.)
[32] Kindheitserzählung des Thomas 1–2.4.5.9–10 (a.a.O. S. 96 f. u. 99)
[33] Lk 2,41–52
[34] Lk 3,1–3; Matth 3,4–10; Lk 3,10–18; Mk 1,9–11
[35] Matth 4,1–12
[36] Mk 1,14–15; Lk 4,31.32; 5,1–11; Matth 4,23–25
[37] Matth 5,1–12; Lk 12,32; Matth 5,13–16; Lk 12,35; Matth 5.7.20–24.27–30.33–48; 6,1–21.24–26.28–34; 7,1–5.12,7–11.13–17.19.24–29
[38] Matth 8,1–13; 15,21–28; 9,1–8; Lk 7,18–23; Mk 9,14–27
[39] Matth 11,25–30
[40] Lk 9,57–62; Matth 9,9–15; Mk 2,23–28; 3,1–6.20–22; Matth 23,1–27
[41] Mk 11,1–10; Lk 19,39–44; Matth 21,10–13; Mk 11.27–33
[42] Textzusammenstellung entnommen: »Das ewige Wort« 1941. S. 355 ff. Mk 14,1–9; Matth 26,14–16; Lk 22,7–13; Joh 13,2–15; Lk 22.27–30; Mk 14,18–21; Matth 26,26–54; Mk 14,48–52; Joh 18,12.13.15.16; Mk 14,54; Joh 18,19–24; Mk 14,55–70; Matth 26,73–75; Joh 18,28–31.33–38; Mk 15,6–14; Matth 27,24–31; Mk 15,21–23.25.27; Joh 19,19–24; Lk 23,34–48
[43] Matth 27,57–60; Mk 16,1–8; Lk 24,13–21.25–35; Joh 20,19–29; Matth 28,16–20
[44] Apostelgeschichte 1,1–12
[45] Phil 2,5–11

Mohammed

Ahrens, K., Muhammed als Religionsstifter. 1935
Andrae, T., Die Person Mohammeds im Leben und Glauben seiner Gemeinde. 1918
– Mohammed. Sein Leben und sein Glaube. 1932
Buhl, F., Das Leben Muhammeds. 1961[3]
Gabrieli, F., Die Macht des Propheten. Muhammed und die arabische Welt. 1968
Lüling, G., Die Wiederentdeckung des Propheten Muhammed. 1981
Paret, R., Mohammed und der Koran. 1980[5]
Rodinson, M., Mohammed. 1975
Schimmel, A., Und Muhammad ist sein Prophet. 1981
Watt, M., Muhammad at Mecca. 1953
– Muhammad at Medina. 1956
– Muhammad, Prophet and Statesman. 1961

[46] Ibn 'Abbās. Bei Tor Andrae, Die Person Muhammeds. S. 16 f.
[47] Ibn Sa'd. Sprenger, Das Leben Āmina und die Lehre des Mohammad. 1869. I. S. 142 f.
[48] Ibn 'Abbās. Bei Tor Andrae. a.a.O. S. 62 f.
[49] Ibn al-Gauzī (gest. 597). Bei Tor Andrae. a.a.O. S. 64
[50] Ibn Sa'd. Sprenger I. S. 166 f. a.a.O.
[51] Ibn Ishāk. Sprenger a.a.O. I. S. 183
[52] Ibn Sa'd. Sprenger a.a.O. I. S. 330
Ibn Ischāk († 768). Bei Tor Andrae, Mohammed, sein Leben und sein Glaube. 1932. S. 35
Aus der Traditionssammlung des Al-Buhārī († 870). Religionsgeschichtliches Lesebuch XVI. S. 1 f.
[53] Sure 53 T. Andrae a.a.O. S. 37
[54] Al-Zuhri († 713) T. Andrae a.a.O. S. 95
[55] Sure 2,186 Tor Andrae. a.a.O. S. 97,1–6
[56] Sure 43,3–5; 56,76–82; 13,37; 20,114
[57] Ibn Sa'd. Bei Tor Andrae, Die Person Muhammeds. S. 46 f.
[58] Aus der Traditionssammlung des Al-Buhārī. Rel. gesch. Lesebuch XVI. S. 5–7
[59] Bajhaki. Bei Tor Andrae, Mohammed. S. 102 f.
[60] Sure 53,1-7.11.12; 81,24–30
[61] Tabery. Sprenger. a.a.O. I. S. 167
[62] Ibn Ishāk. Sprenger. a.a.O. I. S. 337 ff.
[63] Sure 17,43–45; 21,22.23.25–30; 39,46; 17,40; 17,111.112; 19,89–94; 25,3–5; 38,5–9; 43,20–23
[64] Sure 41,5.7.8; 6,51.52; 28,86–89; 10,16.17
[65] Wāhidy. Sprenger. a.a.O. II. S. 415 und 416 f.
[66] Sure 25,8–9; 15,7–12; 37,35–39; 69,39–44; 21,6–8; 52,30–35; 17,90–100; 20,134–136
[67] Sure 56,47–57; 36,79–80; 17,50–53; 37,16–19; 45,25–27; 23,34–39
[68] Sure 10,97–101; 32,14; 74,32; 76,30–32
[69] Sure 2,191–194; 8,13–18

Übersetzung der Suren, wo nicht anders vermerkt, aus: Der heilige Qur-ān, hrsg. von der Ahmadiyya-Mission des Islams. 1954

Zarathustra

Bartholomae, C., Zarathustras Leben und Lehre. 1924
Duchesne-Guillemin, J., Zoroastre. 1948
Gnoli, G., Zoroaster's Time and Homeland: A Study on the Origins of Mazdaism and Related Problems. 1980
Hennig, W. B., Zoroaster. 1951
Herzfeld, E. E., Zoroaster and his World, 1–2. 1947
Hinz, W., Zarathustra. 1961
Humbach, H., Die Gathas des Zarathustra 1–2. 1959
Klima, O., Zarathustra. 1964
König, F., Zarathustras Jenseitsvorstellungen und das AT. 1964
Lehmann, E., Zarathustra. 1899/1902
Schlerath, B. (Hg.), Zarathustra. 1970
Zölzer, F., Leben und Lehre Zarathustras nach den Gathas. 1979

[70] Yasht 13,93.94 und 17.19; Übersetzung von K. Geldner, Die Zoroastrische Religion. Religionsgeschichtliches Lesebuch I. S. 32
[71] Ysana 43,7–13 a.a.O. S. 11 f.
[72] Yasna 28,4; 45,1 a.a.O. S. 4
[73] Yasna 31,17; 44,12; 46,1.2.3 a.a.O. S. 4
[74] Yasna 46,7 a.a.O. S. 5
[75] Vendidad 19,1–7 a.a.O. S. 33
[76] Yasht 13,88–92 a.a.O. S. 31 f.

Buddha

Bareau, A., Recherches sur la biographie du Buddha. 2 Bde. 1963, 1971
Dutoit, J., Das Leben des Buddha. 1921[3]
Hillebrandt, A., Die Legende vom Leben des Buddha. 1929
Mensching, G., Buddha und Christus. 1978
Oldenburg, H., Buddha. (Neudruck) 1961
Pischel, R., Leben und Lehre des Buddha. 1926[4]
Schmidt, K., Buddha und seine Jünger. 1955
Schumann, H. W., Der historische Buddha. 1921[3]
Snellgrove, D. L. (Ed.), The Image of the Buddha. 1978
Thomas, E. J., The Life of Buddha as Legend and History. 1960[6]
Waldschmidt, E., Die Legende vom Leben des Buddha. 1929

[77] Majjhima-Nikāya 123 K. E. Neumann, Die Reden Gotamo Buddhos aus der mittleren Sammlung. 2. A. 1921. III. S. 304–314
[78] Lalitavistara (ed. Lefmann S. 7 f.) Übersetzung von C. Waldschmidt, Die Legende vom Leben des Buddha. Berlin. S. 19
[79] Lalitavistara (ed. Lefmann S. 54 f.). Waldschmidt. a.a.O. S. 33 f.
[80] Lalitavistara (ed. Lefmann S. 78. 81. 82 f.) Waldschmidt. a.a.O. S. 40 ff.
[81] Lalitavistara (ed. Lefmann S. 85 f.) Waldschmidt a.a.O. S. 44 f.
[82] Inschrift auf der sogenannten Aśoka-Säule. Religionsgeschichtliches Lesebuch VI. S. 152

[83] Sutta Nipāta 679 ff. H. Oldenberg, Reden des Buddha. 1922. S. 3 ff.
[84] Lalitavistara (ed. Lefmann S. 123 ff.; 152 f.) Waldschmidt. a.a.O. S. 62 f.; 67 f.
[85] Lalitavistara (ed. Lefmann S. 186 ff.) Waldschmidt. a.a.O. S. 85 ff.
[86] Lalitavistara (ed. Lefmann S. 220 ff.) Waldschmidt. a.a.O. S. 108 ff.
[87] Anguttara Nikāya 3,38; Majjhima Nikāya 26; H. v. Glasenapp, Gedanken von Buddha. 1942. S. 5
[88] Majjhima Nikāya 36; K. E. Neumann. a.a.O. Bd. I. S. 561 ff.
[89] Suttanipāta 425 ff.; H. Oldenberg. a.a.O. S. 23–25
[90] Vinaya Pitaka III, 3 f.; H. Oldenberg. a.a.O. S. 26 ff. Lalitavistara (ed. Lefmann S. 350 f.). Waldschmidt a.a.O. S. 172 f.
[91] Mahāvagga I, 5; H. Oldenberg. a.a.O. S. 38 ff.
[92] Mahāvagga I, 6; H. Oldenberg. a.a.O. S. 43 ff.
[93] Cullavagga VII; H. Oldenberg. a.a.O. S. 65 ff.
[94] Udāna 9; H. Oldenberg. a.a.O. S. 86 f.
[95] Buddhaghosa; H. Oldenberg. a.a.O. S. 467 ff.
[96] Dīgha-Nikāya XVI (Mahā-Parinibbāna-Sutta); XVI, 5,8.9–12.13.14; 6,1.7.8.9.10; R. O. Franke, Dighaninkāya. 1913. S. 232 ff., 242, 244
[97] Dīgha-Nikāya XVI, 6,22.23; O. Franke. a.a.O. S. 250 ff.
[98] Lalitavistara I. Religionsgeschichtliches Lesebuch XV. S. 5
[99] Saddharmapundarīka XV; Religionsgesch. Lesebuch XV. S. 14 f.
[100] Saddharmapundarīka II; Religionsgesch. Lesebuch XV. S. 16 f.
[101] Sukhāvatīvyūha; Religionsgesch. Lesebuch XV. S. 23,15–18.21.24.27.33

Konfuzius

Bornemann, W., Konfuzius. 1916²
Ching, J., Art. Confucius: Encyclopedia of religion. hrsg. von M. Eliade. 1987. Bd. IV. S. 38–42
Creel, H. G., Confucius, the man and the myth. 1951
Dvorák, R., Confuzius und seine Lehre. 1895
Franke, O., Der geschichtliche Konfuzius. (Zeitschrift der Deutschen Morgenländischen Gesellschaft Bd. 79). 1925
Liu Wu-Chi, Confucius, His Life and Time. 1955
Opitz, P. J., (Hg.) Chinesisches Altertum und konfuzianische Klassik. 1968
Schmitt, E., Konfuzius. Sein Leben und seine Lehre. 1926
Stübe, R., Das Zeitalter des Confucius. 1913
Wilhelm, R., Kung-Tse. Leben und Werk. 2. A. 1950
Wilhelm, R., Kungfutse, Gespräche – Lun Yü. Übers. und hrsg. 1955
[102] Götter und Dämonen, hrsg. von R. Jockel. 1953. S. 225 f. Kungtse von Richard Wilhelm. 2. A. 1950 S. 189
[103] Götter und Dämonen, hrsg. von R. Jockel. 1953. S. 225 f.
[104] Lun-yü II, 4; übersetzt von Richard Wilhelm
[105] Lun-yü III, 12; übersetzt von Richard Wilhelm
[106] Lun-yü III, 15; übersetzt von Richard Wilhelm
[107] Lun-yü VII, 1; übersetzt von Richard Wilhelm
[108] Lun-yü XIII, 10; übersetzt von Richard Wilhelm
[109] Lun-yü VII, 17; übersetzt von Richard Wilhelm

[110] Lun-yü VII, 22; übersetzt von Richard Wilhelm
[111] Lun-yü VII, 37; übersetzt von Richard Wilhelm
[112] Lun-yü IX, 5; übersetzt von Richard Wilhelm
[113] Lun-yü IX, 11; übersetzt von Richard Wilhelm
[114] Lun-yü XIV, 37; übersetzt von Richard Wilhelm
[115] Lun-yü XIV, 38; übersetzt von Richard Wilhelm
[116] Lun-yü XVI, 2; übersetzt von Richard Wilhelm
[117] Lun-yü XVI, 8; übersetzt von Richard Wilhelm
[118] Lun-yü XVIII, 3.4; übersetzt von Richard Wilhelm
[119] Lun-yü; übersetzt von Richard Wilhelm. S. 203
[120] Lun-yü XV, 2.1; übersetzt von Richard Wilhelm
[121] Lun-yü X, 1 ff.; übersetzt von Richard Wilhelm
[122] Lun-yü XX, 3; übersetzt von Richard Wilhelm
[123] Götter und Dämonen, hrsg. von Rudolf Jockel. 1953. S. 226 ff.

Laotse

Bauer, W., China und die Hoffnung auf Glück. 1974
Boltz, J. M., Art. Laotse: Encyclopedia of religion. hrsg. von M. Eliade, 1987, Bd. VIII. S. 454–459
Dvorak, R., Lao-tse und seine Lehre. 1903
Opitz, P.J., Lao-tzu. 1968
Rousselle, E., Lau-Dse, Führung und Kraft aus der Ewigkeit, Dau-Dö-Ging. 1950
Stübe, R., Lao-tse, seine Person und Lehre. 1912
Wilhelm, R., Laotse. Taoteking. 1921
Wilhelm, R., Lao-Tse und der Taoismus. 1925

[128] Ts'ing yen ts'ung lu (14. Jahrh.) bei Chantepie de la Saussaye I. S. 223
[129] Dschuang Dsi, III, 4; übersetzt von R. Wilhelm. Dschuang Dsi. Das wahre Buch vom Südlichen Blütenland. S. 24
[130] Dschuang Dsi, XIII, 7; übersetzt von Richard Wilhelm. a.a.O. S. 100
[131] Dschuang Dsi, XIV, 5; übersetzt von Richard Wilhelm. a.a.O. S. 110
[132] Dschuang Dsi, XX, 5; übersetzt von Richard Wilhelm. a.a.O. S. 151

Anmerkungen

Moses

[1] E. Meyer, Israeliten und ihre Nachbarstämme. 1906. S. 72 ff. – G. Hölscher, Geschichte der israelitischen und jüdischen Religion. 1922. S. 86

[2] H. J. Schoeps erörtert in seinem Buche Gottheit und Menschheit, Die großen Religionsstifter und ihre Lehren 1950. S. 25 f. unter welche der üblichen Kategorien Moses einzureihen sei. Er sei weder König, noch Heerführer, noch Staatsmann, Priester, Seher oder Medizinmann. Von allen diesen Typen hat er etwas, ohne doch einen einzelnen Typus ganz zu erfüllen. Schoeps meint, man könne Moses am ehesten vom Prophetischen her verstehen. Aber auch das erschöpft die Eigenart des Moses nicht.

[3] Die typologische Unterscheidung zwischen gewachsenen und gestifteten Religionen gilt nur graduell; denn auch die gewachsenen Religionen sind »Stiftungen«, jedoch anonymer Stifter entsprungen. Das bedeutet, daß in den gewachsenen Religionen gewissermaßen viele anonyme Stiftungen von geringer Dauer und von unzähligen religiösen Persönlichkeiten organisch zusammengewachsen sind. In den gestifteten Religionen wird einerseits stets Glaubensgut aus der gewachsenen Volksreligion übernommen, aber andererseits wird die gestiftete Religion entscheidend durch die historisch bekannte Stifterpersönlichkeit und ihre religiöse Intuition bestimmt.

[4] Vgl. Ri 16,6.16–19; Ex 12,21 ff.; Lev 17,11 f.; Num 5,17.23.27; 2 Kö 2,8; Jo 8,18.16 und vielfach sonst.

[5] Vgl. Gen 32,25 ff.; Ex 4,24 ff.; Deut 32,17; 1 Sam 16,14 ff.;

[6] Gen 35,19 f.; Ps 106,28; 1 Sam 28,5 ff.

[7] Deut 14,7 f. 10.12–19; 1 Kö 1,5.9.24 f.; 2. Kö 18,4.

[8] Gen 28,11 ff.;

[9] Hos 4,12; 2 Sam 5,23 f.

[10] Gen 14,7; 1 Kö 1,38 f.

[11] Am 8,5; Ri 5,20

[12] Vgl. dazu die ausführliche Begründung bei G. Mensching, Volksreligion und Weltreligion. 1938

[13] J. Wellhausen, Die Komposition des Hexateuch 1899; M. Noth, Überlieferungsgeschichte des Pentateuch. 1949

[14] H. Gunkel, Märchen im Alten Testament.

[15] Der Bericht über die beiderseitigen Zauberhandlungen zeigt, daß die Fähigkeit, derartige Wunder zu tun, nicht auf die israelitischen Gottesmänner beschränkt ist, so daß auch hier – wie später in Jesu Wirken – das objektive Wunderereignis keine zwingende Überzeugungskraft hat. Der Verfasser des Textes führt die Weigerung des Pharao auf die durch Jahve gewollte und bewirkte »Verstockung« zurück.

[16] Geschichtlich betrachtet ist das Passah-Fest wahrscheinlich ein vormosaisches Hirtenfest, das mit einem Mondgott in Beziehung stand. Das Wachsen des Mondes hatte nach uraltem Glauben auf das Wachstum der Herden Einfluß. Erst nachträglich ist das Fest historisch mit dem Auszug aus Ägypten in Zusammenhang gebracht worden (Vgl. Bertholet, Wörterbuch der Religionen. 1952. S. 364 f.) – An dem Bericht von den Plagen, die über Ägypten kommen, läßt sich

gut die Struktur religiöser Erfahrung erkennen. Es handelt sich selbstverständlich um natürliche Vorgänge, um nationale Katastrophen der verschiedensten Art, die von prophetisch-religiöser Sicht aus auf Jahves Wirken zurückgeführt werden. Die Divination des Heiligen vollzieht sich stets an Phänomenen, die als solche natürlich sind und eine natürliche Ursache haben. Für den religiösen Menschen haben sie aber einen numinosen Hintergrund, den der Areligiöse nicht sieht. Deshalb hat die prophetische Interpretation der ägyptischen Plagen für den Pharao keine Beweiskraft.

17 Die Stiftung des Moses kann unmöglich die Ideale enthalten haben, die mit der Kultur eines seßhaften Volkes zusammenhängen. Das gottgesetzte Ideal ist vielmehr zu Moses Zeit und auch späterhin noch nomadisch, wie die Kritik mancher Propheten (Amos 2,11 f.) und das Vorhandensein der Rechabiten beweist, die die in Kanaan üblich gewordenen Kulturformen (Acker- und Weinbau) als Abfall ansahen und bekämpften.

18 Der Name ist ägyptisch = »das Kind« und kommt in ägyptischen Königsnamen wie Thut-moses, Ramses usw. vor.

19 Die Bedeutung des Namens Jahve ist umstritten. Bertholet gibt im »Wörterbuch der Religionen« S. 204 folgende mögliche Deutung an: der Haucher, der (als Meteorstein) Niederfahrende, der Zerstörende, der Seiende, der ins Dasein Rufende. An unserer Stelle (Ex 3,14) wird eine typisch volksetymologische Deutung gegeben: »ich werde sein, der ich sein werde«, was soviel heißt wie »wer ich bin, wird sich zeigen«. Damit würde dann der volksreligiös weit verbreiteten Anschauung Rechnung getragen, daß der Gottesname geheim gehalten werden muß, da der Name mit Wesen und Wirklichkeit des betreffenden Gottes engstens verbunden ist. Vgl. Gen 32,30.

20 Abraham, Isaak und Jakob sind die sagenhaften Stammväter der späteren Stämme Israels. Es handelt sich bei der in diesem und vielen anderen Texten sich findenden Berufung auf den Bund Jahves mit den Stammvätern um eine theologische Konstruktion, d. h. um eine historische Begründung des späteren Sinaibundes in einer sagenhaften Urzeit, wo gewissermaßen die Voraussetzung des späteren Bundes gestiftet wurde, womit zugleich ein legitimer Anspruch des Gottes Jahve auf die erst unter Moses zum Volk zusammengeschlossenen Nomadenstämme begründet wird.

21 Hier zeigt sich, daß zu dieser Zeit, d. h. auf dieser Religionsstufe, die ethischen Verpflichtungen nur für die Volks- und Stammeszugehörigen Geltung hatten. Betrug, der hier von Jahve selbst geboten wird, ist an den außerhalb der Religionsgemeinschaft Stehenden erlaubt.

22 Der Stab, den Moses in der Hand hält, ist, wie z. B. später bei der Amalekiterschlacht [11] sichtbar wird, ein Zauberstab, in dem numinose Macht inkarniert ist. Hier werden typische Bestätigungswunder (vgl. G. Mensching, Das Wunder im Völkerglauben. 1942) vollbracht.

23 Dieser Wunsch erklärt sich daraus, daß Nomaden nur auf heiligem Boden, d. h. in der Wüste, Kultfeiern veranstalten konnten.

24 In dieser Textstelle wird das tatsächlich erreichte Ziel, die Eroberung Kanaans, von dem aus späterer Glaubensperspektive schreibenden Verfasser in der in der Vorzeit Israels gefaßten Absicht und Verheißung Jahves verankert.

25 Blut ist Machtträger in der ganzen frühen Religionswelt (vgl. H. Strack, Das Blut im Glauben und Aberglauben der Menschheit. 1900). In unserem Text liegt bei der Anordnung, Blut an die Türpfosten zu streichen, die Vorstellung von der

apotropäischen Bedeutung zu Grunde. Das Blut wehrt das Unheil der Tötung der Erstgeburt ab.

[26] »Manna« heißt »Was ist das?«, so erklärt die Volksetymologie den Namen dieses »Brotes« der Wüste. Es handelt sich um den durch Insektenstich bewirkten Ausfluß der Manna-Tamariske.

[27] Das Heben des Armes, von dem hier die Rede ist, hat offenbar den Sinn, daß Moses in seiner Hand seinen Stab, den »Stab Gottes«, wie er in einem früheren Text [4] genannt wird, hält und so hoch erhebt, daß die Israeliten dieses Machtsymbol und Unterpfand göttlicher Gegenwart, sehen konnten.

[28] Die heilige Mahlzeit (vgl. F. Bammel, Das heilige Mahl im Glauben der Völker. 1950) ist allenthalben in der Religionsgeschichte bezeugt. Sie beruht auf der Vorstellung, daß Speise und Trank als machtgeladene Substanzen wiederum bei denen, die sie gemeinsam genießen, mit geheimnisvoller Kraft erfüllte Gemeinschaft stiften.

[29] Der Sinai ist die Wohnstätte Jahves, der ursprünglich ein Vulkangott war. Deut. 33,2 heißt es »Jahve kam vom Sinai«, und Elia sucht (1 Kö 19,8) Jahve auf dem Gottesberge Horeb (Sinai, wie der Jahvist im Unterschiede zum Elohisten den heiligen Berg nennt). Daß es sich um einen Vulkanausbruch handelt, in dem die Theophanie Jahves erlebt wird, zeigt der vorliegende Bericht in aller Deutlichkeit. Ex 27,17 heißt es: »anzusehen war Jahves Herrlichkeit wie verzehrend Feuer auf dem Gipfel des Berges vor den Augen der Israeliten«.

[30] Das »Du« dieser auf Moses zurückgeführten Gesetze ist das Volk, nicht in erster Linie der Einzelne, der in den Zeiten der reinen Volksreligion nur innerhalb des Volkes und für das Volk von Wert und Bedeutung ist. Es handelt sich um Volksgesetze, in denen der Bund des Volkes mit Jahve gewissermaßen seine Verfassung hat.

[31] Mit diesem Hinweis auf das geschichtliche Ereignis des Auszuges aus Ägypten wird ein für die Lebensmitte der israelitischen Religion entscheidend bleibendes Moment ausgesprochen, nämlich die Beziehung Jahves zur Geschichte, in der er sich wirkend offenbart. Jahve ist der Gott der Geschichte.

[32] Die Moses-Religion ist eine henotheistische Volksreligion. Jahve ist Israels Gott, Israel Jahves Volk. Fremde Götter werden in diesem geschichtlichen Stadium als Götter anderer Völker noch keineswegs geleugnet, aber Israel soll sich in exklusiver Bindung an seinen Gott halten.

[33] Hier wird die Abbildung jegliches Sichtbaren und seine Vergottung verboten. Die Bildlosigkeit der Gottesverehrung ist ursprünglich nicht, wie oft behauptet wird, ein Zeichen vergeistigter Gottesauffassung, wozu sie später werden kann, sondern ein typisches Phänomen in der Nomadenreligion. Auch der Islam verbietet bekanntlich jede Abbildung Gottes wie der von Gott geschaffenen Gebilde.

[34] Der Strafvollzug für Verschuldung der Eltern an – nach unserer Auffassung – unschuldigen Kindern und Enkeln setzt die typisch volksreligiöse Auffassung von der Kollektivverbundenheit der Sippen voraus. Das eigentliche Leben der Sippe ist auf Generationen hinaus durch Väterschuld verdorben und muß daher gereinigt werden.

[35] Dieses Gebot setzt den durch die ganze Religionsgeschichte bezeugten sogenannten Namenglauben voraus, der besagt, daß der Name Machtträger ist. Wer den Namen eines Wesens kennt und ausspricht, hat es in seiner Gewalt. Im Alten Testament ist das Aussprechen des Gottesnamens – nicht nur bei magischen Ma-

nipulationen – verboten. Aus diesem Grunde wurde, wo in heiligen Texten Jahve stand, eine Umschreibung ausgesprochen. Dabei muß noch darauf geachtet werden, daß das Aussprechen selbst einen magischen Zwang ausübt nach allgemeinem frühreligiösen Glauben. (Vgl. das Aussprechen von Zaubersprüchen und Glückwünschen, die sich durch das Ausgesprochenwerden realisieren). F. Giesebrecht, Die alttestamentliche Schätzung des Gottesnamens. 1901; W. Heitmüller, Im Namen Jesu. 1903; W. Schmidt, Die Bedeutung des Namens in Kult und Aberglaube. 1912

[36] Die Bestimmung über die Heiligkeit des Sabbat im Alten Testament ist eine Uminterpretation vermutlich eines alten Vollmondtages. Die Arbeitsenthaltung hatte ursprünglich magische Bedeutung unter Voraussetzung des weit verbreiteten Glaubens an glückliche und unglückliche Tage. In unserm Text wird die Sabbat-Heiligung als Nachahmung der Ruhe Jahves nach der Weltschöpfung am 7. Tage begründet.

[37] An diesem Gebote wird besonders deutlich, daß es sich um Volksgesetze handelt; denn die Verheißung langer Lebensdauer als Folge der Heilighaltung der Familienbande ist ganz eindeutig auf das Volk und seine Dauer bezogen, nicht aber – wie es Eph. 6,2 aufgefaßt wird – auf den Einzelnen, der ein langes Leben zu erwarten hatte, wenn er seine Eltern in Ehren hält.

[38] Zu beachten ist, daß das Morden, nicht, wie zumeist angenommen wird, das Töten überhaupt verboten wird.

[39] »Gebote und Rechtssatzungen« = Religion und Recht stehen im alten Israel in naher Beziehung zueinander, was verständlich ist von Jahves Grundcharakter als heiliger Wille aus; denn dieser Wille richtet sich auf alle Lebensbezirke, um sie zu bestimmen. Es gibt daher kultische, ethische und juristische Gebote, die alle auf Jahve zurückgeführt werden.

[40] Das hebräische Wort »berith« bedeutet nach A. Bertholet (Die Religion des Alten Testamentes. Religionsgeschichtliches Lesebuch 17. S. 37) »die feierliche Verpflichtung, die der Überlegene seinem Partner auferlegt«. Hier wird durch Opfer, Blutbesprengung und heilige Mahlzeit eine echte Theokratie begründet.

[41] Eine ganz ähnliche Scene wird Ri 8,24 ff. vom Richter Gideon erzählt.

[42] Ex 32 wird von der alttestamentlichen Wissenschaft als Polemik gegen den in Dan und Bethel von den Nordisraeliten geübten Stierkult angesehen.

[43] Im Alten Testament werden verschiedene stellvertretende Erscheinungsformen Jahves genannt: Angesicht (panim) z. B. Ex 33,14; Engel und Name z. B. Ex 23,21; Herrlichkeit Ex 33,18 [17].

[44] Die prophetische Religion Israels ist intolerant und kann daher im gleichen Lande keinen fremden Gottesglauben und dessen Symbole dulden. Wegen der Gefahr des Abfalls Israels zu fremden Göttern, der Israel oft erlegen ist, wird die Zerstörung der Kulte der Einheimischen befohlen.

[45] Die sogenannte Bundeslade, in der nach 1. Kö 8,9 die Gesetzestafeln aufbewahrt wurden, war ursprünglich ein kriegerisches Nomadenheiligtum. In unserem Text wird sie geradezu mit dem Namen Jahves angeredet.

[46] Diese Stelle zeigt, daß der Verfasser die weitere Geschichte der israelitischen Prophetie kennt und für den größten unter den Propheten Moses hält, der also auch aus diesem Grunde nicht der Verfasser der Mosesbücher sein kann.

Jesus

[1] Diese Stelle des Philipperbriefes macht den Eindruck, als liege hier ein dem Apostel Paulus bereits in fester Form überliefertes frühes Glaubensbekenntnis vor. Jedenfalls handelt es sich hier bereits um eine glaubensmäßige Gesamtdeutung der Erscheinung Jesu, die dem ihr zu Grunde liegenden Schema nach den gnostischen Erlösungsvorstellungen parallel ist: Herabkunft eines Erlösers aus der Lichtwelt des Himmels, irdischer Wandel mit erlösender Wirksamkeit, Rückkehr in die Himmelswelt. Vgl. R. Bultmann, Das Urchristentum im Rahmen der antiken Religionen. 1950

[2] Vgl. die Begründung dieser Einstellung in G. Mensching, Volksreligion und Weltreligion. 1938

[3] Siehe F. Gogarten, Entmytholisierung und Kirche. 1953. S. 51: »Eines ist ihr (der Theologie) nicht mehr möglich, nämlich auf das geschichtliche Verstehen zu verzichten«.

[4] R. Bultmann, Die Geschichte der synoptischen Tradition. 2. A. 1931. – R. Knopf, Einführung in das Neue Testament. 4. A. 1934. Feine-Behm, Einleitung in das Neue Testament. 9. A. 1950

[5] Vgl. A. Schweitzer, Geschichte der Leben-Jesu-Forschung. 6. A. 1951

[6] Diese Taufe war an die Persönlichkeit des Johannes selbst gebunden, sie konnte also nur von ihm und von keinem anderen vollzogen werden.

[7] Vgl. die geistreiche Interpretation der Versuchung in der »Legende vom Großinquisitor« von Dostojewskij.

[8] Wir stoßen hier auf die in der Urgemeinde sich allmählich durchsetzende Vorstellung von der übernatürlichen Empfängnis und Geburt Jesu durch die Jungfrau Maria. Religionsgeschichtlich muß diese Idee als typisches Ausdrucksmittel angesehen werden, das Geheimnis solcher Persönlichkeiten anzudeuten, in denen und durch die das Heilige in besonderer Weise den Menschen nahe kam. Wir können hier das religionsgeschichtliche Belegmaterial nicht ausbreiten, sondern verweisen auf die einschlägige Literatur zu diesem Thema: E. Petersen, Die wunderbare Geburt des Heilandes. 1909; A. Steinmann, Die Jungfrauengeburt und die vergleichende Religionsgeschichte. 1919; E. Norden, Die Geburt des Kindes. 1924

Abgesehen von diesen religionsgeschichtlichen Parallelen, die für den Religionshistoriker jedenfalls die Herkunft dieser Vorstellung aus der religiösen Umwelt sicherstellen, zumal die besondere, an unserer Textstelle ausgesprochene, Idee der Empfängnis durch das göttliche Pneuma, wie Norden (a.a.O. S. 76 ff.) gezeigt hat, ein im ersten nachchristlichen Jahrhundert verbreitetes hellenistisch-ägyptisches Theologumenon war (vgl. Plutarch, Numa 4, Philo de Cherubi, 12 ff.), zeigen die Texte des Neuen Testamentes selbst, daß diese Vorstellung keineswegs allgemein in der frühen Urgemeinde verbreitet war. Die den synoptischen Evangelien zu Grunde liegenden wichtigsten Quellen (Markus und die Redenquelle) wissen offensichtlich nichts von einer übernatürlichen Geburt Jesu. Die Stelle Mk 3,20 f. (in unserer Sammlung Nr. 40) beweist, daß Jesu Verwandte nichts von einer übernatürlichen Geburt wußten. Zudem werden Jesu Gottessohnschaft (Mk 1,11 und Lk 3,22) aus der Adoption durch Gott im Taufakt erklärt. Im Johannesevangelium 1,45 und 6,42 wird Jesus als Sohn Josephs und Marias bezeichnet. Nur an 2 Stellen (Lk 1,34 f. und Matth 1,18 ff.) ist von der Jungfrauengeburt die Rede. Die palästinensische Urgemeinde sah Jesus als

Sohn Marias und Josephs an, eine Anschauung, die auch Paulus (Rö 1,2) teilte. Anstoß zu diesen Vorstellungen bzw. zur Übertragung dieser Vorstellungen auf Jesus hat vermutlich der auf Jesus angewandte messianische Würdename »Sohn Gottes«, den man auf außerjüdischem Boden nicht in seinem eigentlichen Sinne verstand und daher durch Vorstellungen, interpretierte, die in der hellenistischen Welt üblich waren. Vgl. K. L. Schmidt, Jesus Christus (»Religion in Geschichte und Gegenwart« Bd. III. Sp. 118 f.)

[9] Dieser Zensus ist sicher unhistorisch, da der erste nach Josephus im Jahre 6/7 n. Chr. stattfand.

[10] Die Berichte über die Heimat Jesu sind widersprechend: nach dem hier wiedergegebenen Lukastext ist Nazaret der Wohnort der Eltern Jesu, von dem sie nach Bethlehem zu einem vorübergehenden Aufenthalt ziehen. Nach Matth 2,23 wohnten Joseph und Maria in Bethlehem und zogen später nach ihrer Rückkehr aus Ägypten auf göttliche Anweisung nach Nazaret.

[11] Die Abstammung Jesu von David suchen die beiden Matth 1 und Lk 3 sich findenden Stammbäume, die auf Joseph als Vater Jesu führen, nachzuweisen. Auch diese miteinander übrigens nicht übereinstimmenden Stammbäume sprechen gegen die Jungfrauengeburt.

[12] Simeon war nach diesem Text ein frommer Israelit, der auf den seit den Tagen der Propheten erwarteten Messias (= der Gesalbte, griech. Christos), den Heilskönig der Zukunft (vgl. Jes 9,1–6; 11,1–11; Hes 17,22 ff.; Mich 5,1 ff. etc.) wartete.

Die messianische Erwartung war also zur Zeit Jesu außerordentlich lebendig.

[13] Das Wort Magier ist ursprünglich die Bezeichnung der Priester der iranischen Religion, wird dann in der Bedeutung von Astrologe, Traumdeuter, Weiser verwendet. Es waren also keine Könige, die nach dieser Legende das Jesuskind besuchten. Auch ist keine Zahl genannt.

[14] Diese Prophetenstelle (Micha 5,1), in der die Geburt des Messias in Bethlehem erwartet wird, dürfte der Grund sein, weshalb der evangelische Bericht die Geburt Jesu nach Bethlehem verlegt.

[15] Hier wird von einem Gottesurteil (Ordal) berichtet, durch das, da mit menschlichen juristischen Mitteln die Schuld nicht feststellbar ist, Gott selbst als Richter angerufen wird. Es beruht auf magischer Vorstellung, daß nämlich der Unschuldige die Kraft hat, sonst tödliche Kräfte, die man gegen ihn anwendet, wie hier das »Prüfungswasser«, ohne Schaden zu nehmen,überwindet.

[16] Die von Selma Lagerlöf verfaßten »Christus-Legenden« entstammen diesen Erzählungen.

[17] Auch dieser Satz zeigt, daß von einer besonderen Beziehung Jesu zu seinem Vater im Himmel den Eltern Jesu unbekannt ist, sonst hätten sie seine Worte verstanden.

[18] Die äußere Erscheinung des Täufers Johannes glich der des Propheten Elia und stellte als solche bereits einen Protest gegen das zivilisierte Leben und die hellenistische Kultur dar. Vgl. M. Dibelius, Jesus. 1947. S. 47

[19] Diese Worte entsprechen der in jener Zeit üblichen Adoptionsformel.

[20] Der Sinn des Wirkens Jesu ist die Verkündigung des anbrechenden Reiches Gottes in Wort und Tat und die Menschen zugleich dadurch und durch seine eigene Persönlichkeit die Kräfte des Reiches fühlen zu lassen. Jesus ruft also eine eschatologisch-messianische Bewegung hervor.

[21] Der griechische Ausdruck »metanoeite« bedeutet wörtlich: »wendet euren

Sinn« und weist damit auf die existenzielle Bedeutung der neuen Haltung, die erwartet wird.

[22] Vollmacht (exousia) ist nicht eine rituell verliehene Amtsbefugnis, sondern, was hier seitens der Hörer erlebt wurde, war die Autorität des unmittelbar Berufenen.

[23] Dieses spontane Bekenntnis der eigenen sündhaften Existenz erfolgte nicht nach einer Bußpredigt Jesu, sondern war der spontane Ausdruck der Begegnung mit dem Heiligen in der Erscheinung Jesu.

[24] Hier und sonst wird unterschieden zwischen »lehren« (didaskein) und »verkünden« (keryssein). Das Lehren bezieht sich auf Interpretation der heiligen Schriften, das Verkündigen aber stets auf die eigentliche Heilsbotschaft vom Reich Gottes, das Evangelium. Vgl. Kittel, Theologisches Wörterbuch. I. S. 57

[25] Die Gebote der Bergpredigt sollen nicht das Kommen des Gottesreiches zur Folge haben, sondern sie werden ausgesprochen, weil das Gottesreich im Kommen ist. Sie sollen die Haltung des Menschen angesichts der Nähe des Reiches in Beispielen andeuten. Vgl. M. Dibelius, Jesus. S. 95

[26] Worauf es ankommt, ist der neue Mittelpunkt alles Trachtens, alle irdischen Bedürfnisse werden sich dann von selbst erfüllen. Das neue Sein vor Gott ist der Sinn aller beispielhaften Forderungen und Antithesen zu den israelitischen Gesetzesbestimmungen.

[27] Menschliche Existenz ist immer gebundene Existenz. Gott oder Mammon sind die beiden Möglichkeiten der menschlichen Gebundenheit.

[28] Die Sorglosigkeit, die nicht Sorgenlosigkeit ist, bezeichnet eine weitere inhaltliche Bestimmtheit der neuen Existenz vor Gott, dem sorgenden Vater. Es ist das Leben aus Vertrauen.

[29] Die Heilungen Jesu, die ihn als eine charismatische Persönlichkeit zeigen, setzen stets den Glauben der Geheilten voraus. Darum heißt es Mk 6,5 »er konnte daselbst (nämlich in seiner Vaterstadt) keine einzige Krafttat (dynamis ist das neutestamentliche Wort für ›Wunder‹) tun« wegen des Unglaubens dort. Aber auch bei dem Täter des Wunders ist Glaube die Voraussetzung. Vgl. Mk 9,23.

[30] Die Reaktion der Augenzeugen dieser Heilung ist charakteristisch und zeigt, daß das Wesen des »Wunders« in der inneren Begegnung mit dem Heiligen liegt, die durch ein wie immer zu erklärendes »ungewöhnliches« Ereignis vermittelt wird. In unserer Textstelle wird das in aller Klarheit ausgesprochen: zunächst das numinose Erschrecken, dann die In-Beziehung-Setzung des Ereignisses mit Gott, dessen einem Menschen verliehene Vollmacht in der Tat gewittert wird. Bei Mk heißt es von den Zuschauern (2,12): »Wir haben solches noch nie gesehen«, d. h. was da geschah, war ungewöhnlich, es fiel aus dem Rahmen des Gewohnten, aber daß es einem Naturgesetz widersprach und den Kausalzusammenhang durchbrach, wird nicht behauptet. Bei Lukas (5,26) stehen die Worte: »Wir haben heute seltsame Dinge (paradoxa) gesehen.«

[31] Jesus antwortet auf die Frage des Johannes mit dem Hinweis auf seine Wirksamkeit, in der sich nach Jesu Selbstverständnis die Kräfte des kommenden Reiches regen. Die Heilungen bedeuten nach dem Verständnis der Zeit Vertreibungen dämonischer Mächte.

[32] Die kritische Bibelforschung hat sich sehr eingehend mit der Frage nach dem Wesen und Sinn des Abendmahles beschäftigt. Wir verweisen auf einige einschlägige Schriften: A. Schweitzer, Das Abendmahl auf Grund der wissenschaftlichen Erforschung des 19. Jahrhunderts und der historischen Berichte. 1901; W. Heit-

müller, Taufe und Abendmahl bei Paulus. 1903; H. Lietzmann, Messe und Herrenmahl. 1926; E. Lohmeyer, Vom urchristlichen Abendmahl. 1937. – Textkritisch scheint festzustehen, daß die uns vorliegenden Evangelienberichte und der Bericht bei Paulus (1. Kor 11,23 ff.) nicht historische Berichte in dem Sinne sind, daß in ihnen das erste Abendmahl Jesu und seiner Jünger wiedergegeben ist. Vielmehr sind die uns vorliegenden Texte bereits liturgische Stücke des Kultbrauches der Urgemeinde. Eine Einigung über den historischen Sinn ist nicht erreicht worden. Bei Paulus ist das Abendmahl fraglos eine reale Vereinigung mit Christus und der Teilnahme untereinander. Vgl. über die textkritischen Probleme K. L. Schmidt: »Abendmahl« Religion in Geschichte und Gegenwart Bd. I. Sp. 6 ff. –

[33] In diesen Worten wird die israelitisch-nationale Messiaserwartung sichtbar, die Jesus nicht erfüllt hat.

Mohammed

[1] Über den Strukturunterschied von prophetischer und mystischer Frömmigkeit vergleiche F. Heiler, Das Gebet. 1923. S. 248 ff.

[2] Arabien zu Mohammeds Zeit schildert Tor Andrae in seinem Buche »Mohammed, sein Leben und sein Glaube«. 1932. S. 10 ff.

[3] Sure 4,135 ist der Inhalt der Verkündigung Mohammeds in folgender Weise zusammengefaßt: »O ihr Gläubige, glaubet an Gott und seinen Gesandten, und an die Schrift, die er früher schon geoffenbart hat. Wer aber nicht glaubt an Gott und seine Engel, an seine Schrift und seinen Gesandten und an den Jüngsten Tag, der ist einem großen Irrtum verfallen.«

[4] Vgl. z. B. die Geschichte vom Traum Jakobs auf einem Stein. Gen 28. Hernach wird dieser Stein als Kultobjekt aufgerichtet.

[5] Jeder der drei Weltreligionsstifter durchlebte vor seinem öffentlichen Auftreten eine Zeit der einsamen Zurückgezogenheit: Buddha gab sich einsamer Meditation hin, ehe er die Erleuchtung gewann, und Jesus war in der Wüste »bei den Tieren«.

[6] Buchreligion ist in diesem ausdrücklichen Sinne nicht jede Religion, die in heiligen Büchern bezeugt ist, sondern nur die Religionen kann man Buchreligionen nennen, in denen das heilige Buch der heilbringende Mittelpunkt der betreffenden Religion ist, wie es im Islam der Fall ist.

[7] Vgl. dazu T. Andrae, Die Person Mohammeds in Lehre und Glauben seiner Gemeinde. 1918. S. 46 ff.

[8] Die wichtigsten kultischen Verpflichtungen des Mohammedaners sind die sogenannten »fünf Pfeiler«: 1) das Glaubensbekenntnis: »Es gibt keinen Gott außer Allah, und Mohammed ist der Gesandte Allahs«; 2) das rituelle Gebet (salāt); 3) das Fasten; 4) die Steuer, die in der Form des Almosens erfolgt; 5) die Pilgerfahrt nach Mekka, die jeder Gläubige einmal in seinem Leben machen soll. Die Pflichtgebete, von denen im Text die Rede ist, und die genauestens geregelt sind, sollen fünfmal vollzogen werden, nämlich mittags, wenn die Sonne den höchsten Punkt erreicht, nachmittags, bei Sonnenuntergang, in der Nacht und am Morgen vom Beginn der Morgenröte bis zum Sonnenaufgang.

[9] Auch die islamische Mystik, der Sufismus, hat eine ähnliche Stellung zum Wunder eingenommen. So weist z. B. Abu Bakr al-Wasiti (gest. 942) auf die Schöp-

fung als Beglaubigung Allahs hin, wenn er sagt: »Wenn du, um Gottes inne zu werden, auf die Wunderzeichen (der Schöpfung) blickst ..., kannst du die Lichter seiner Schönheit in den Blättern der Rose, der Narzisse und des Jasmin und den Gesichtern der schönen (Menschen) sehen und die Stimmen der Vereinigung (mit ihm) in den Gesängen der Vögel und Nachtigallen und den Stimmen der Winde, Wolken, Menschen und Saiten. Das besagt der Ausspruch des Propheten: Die rote Rose gehört zur Herrlichkeit Allahs; wer die Herrlichkeit Allahs schauen will, der schaue auf die rote Rose.« (Religionsgeschichtliches Lesebuch XVI. S. 180)

[10] Buddha führte den Unglauben auf Unreife der im Geburtenkreislauf noch befindlichen und noch mit vielen Fesseln an die Welt gebundenen Menschen zurück. Jesus sprach hinsichtlich des ihm vielfach begegnenden Unglaubens von der Verstockung durch Gott.

[11] Abu Bekr, der spätere erste Kalif und Aisha, die Tochter Abu Bekrs und des Propheten Lieblingsfrau, waren seine ersten Anhänger, die auch in den kommenden Konflikten treu zu ihm hielten.

[12] Hier muß bemerkt werden, daß es unrichtig ist, wie oft behauptet wird, zu sagen, der islamische Glaube sei durch Feuer und Schwert ausgebreitet worden. Nicht der Verbreitung des Glaubens dient der heilige Krieg, sondern der Errichtung islamischer Staaten und islamischer Herrschaftsformen. Innerhalb islamischer Staaten konnten grundsätzlich auch Andersgläubige leben, sofern sie Kopfsteuer zahlten.

[13] Ursprünglich war Jerusalem der Ort, nach dem hin sich der Betende zu wenden hatte.

[14] Im Glauben der späteren Gemeinde wurde trotz des strengen Monotheismus des Islam Mohammed zu einem Himmelswesen erhoben, das man um Fürbitte bei Allah anrufen darf.

[15] Z. B. Voltaire in seiner Tragödie »Mahomet« (1742). Aber schon Carlyle bezeichnete in seinen Vorlesungen über »Helden und Heldenverehrung« (1840) die Ansicht, Mohammed sei ein Betrüger und seine Religion ein Gewebe von Scharlatanerie und Dummheit, als eine den so urteilenden entehrende Auffassung.

[16] Imām heißt Führer.

[17] Hūris sind himmlische Jungfrauen, die im Paradiese den Erlösten dienen.

[18] Wir geben hier einen zweiten Bericht von der Berufung des Propheten, der einige neue Züge enthält.

[19] Verwandtschaftsbande sind in jeder Volksreligion ein grundlegender Faktor, denn die Volksreligion ist, wie der Name schon sagt, kollektiv bestimmt. Bei den arabischen Stämmen war dieses Gefühl der verwandtschaftlichen Zusammengehörigkeit besonders stark ausgeprägt.

[20] Mit diesem Hinweis auf eine Vision will Mohammed den Verdacht, er sei von einem Dschinn, einem Geist besessen, abweisen.

[21] Nicht Mohammed bekämpfte den Polytheismus, sondern Allah durch den Propheten. Der Text ist natürlich vom Standpunkt des islamischen Gläubigen geschrieben. Die Gegner sahen diesen Angriff auf ihre Götter nicht als den Allahs an.

[22] Hier klingt das Motiv an, daß Mohammed, wie er meint, in Allahs Sinne bestrebt ist, die Religionsübung nicht zu einer schweren Last der Gläubigen werden zu lassen.

[23] Das religiöse Gefühl als Motiv zu einem gottgefälligen Lebenswandel ist selten

(Sure 76,8; 3,29) die Liebe zu Gott, sondern weit häufiger die Dankbarkeit gegen Allah, der den Menschen wunderbar im Leibe seiner Mutter geschaffen hat, der Regen spendet und dadurch der Erde Leben, daß sie Gras und Saat hervorbringt, der alle Gaben dem Menschen verleiht, die er zum Leben nötig hat.

[24] Die Nacht der göttlichen Macht ist die heilige Nacht des Islam.

[25] Die sogenannte »Beigesellung«, nämlich von anderen Wesen und Mächten zu Allah, wird im Islam mit besonderem Nachdruck bekämpft.

[26] Der Koran wurde herabgesandt, er ist also ein praeexistentes himmlisches Buch, das zu Mohammed in arabischer Sprache kam, wie es zu anderen »Schriftbesitzern« (Christen, Juden, Zoroastriern etc.) in anderen Sprachen kam. Wie oben schon ausgeführt wurde, glaubte Mohammed an die Einheit der Offenbarung bei allen Völkern. Sure 2,130 heißt es: »Sprecht: Wir glauben an Gott, an das, was uns geoffenbart worden ist, was Moses und Jesus gegeben worden ist und was die Propheten von ihrem Herrn empfangen haben, wir unterscheiden unter niemand von ihnen.«

[27] Hier haben wir also eine parallele Erzählung zu den Speisewundern Jesu.

[28] Vgl. Anmerkung 22.

[29] Dieser Text, der an sich die gleiche Begebenheit zum Gegenstand hat wie die unter Nr. 52 abgedruckten Texte, wurde hier aufgenommen, weil in ihm der Zweifel des Propheten an der Echtheit seiner Offenbarung besonders klar zum Ausdruck kommt.

[30] Kritik der christlichen Auffassung Jesu als Gottessohn. Er wird nur als »geehrter Diener« Allahs anerkannt.

[31] Hier stoßen wir wieder auf die Polemik gegen jede »Beigesellung« wie oben in Anmerkung 25.

[32] Hier begegnet uns die Ablehnung des von Mohammed verkündeten Monotheismus durch die »Großen« des Stammes.

[33] nämlich die weiblichen Gottheiten.

[34] Der hier und an allen ähnlichen früheren und späteren Stellen »sprich« sagt, ist Allah, von dem Mohammed aufgefordert wird, die Offenbarung mitzuteilen.

[35] denn alle objektiven Wunder sind für den Ungläubigen kein Motiv zum Glauben, wie es auch Jesus meinte.

[36] Die Ungläubigen nehmen Anstoß an der irdischen Erscheinungsweise des Gesandten Allahs.

[37] Auch das Irregehen der Ungläubigen ist Allahs Wille. Gleichwohl – und ohne daß dieser Widerspruch logisch auflösbar wäre – werden die Ungläubigen in die Hölle kommen.

[38] Allah ist totaler Willkürwille, der Glauben und Unglauben bestimmt wie alles sonst in der Welt auch.

[39] Diese Textabschnitte zeigen den exklusiven und intoleranten Absolutheitsanspruch des Islam, der die Welt einteilt in das Gebiet des Islam und das des heiligen Krieges.

Zarathustra

[1] Die Bezeichnung Mazdaismus leitet sich ab von dem Namen des einzigen von Zarathustra verkündeten Gottes »Ahura Mazda« = »Weiser Herr«.

[2] Avesta heißt »Wissen«. Das vollständige Buch wurde unter dem Sasaniden-

König Shapur II. (309–379 n. Chr.) kodifiziert. Dieser Sammlung von 21 Büchern ging eine noch umfänglichere vorher, die angeblich bei dem Einbruch Alexanders des Großen in Persien verloren ging. Der größte Teil der parsistischen Schriften kam in den Araber- und Tartarenstürmen abhanden. Das heutige Avesta, das etwa ein Viertel des unter Shapur II. kodifizierten Buches enthält, zerfällt in folgende Teile: 1) den Yasna, ein liturgisches Textbuch zur Begleitung der Opferhandlungen. In ihm finden sich die Gathas (= Lieder), die seinen ältesten Teil bilden und wohl auf Zarathustra selbst zurückgehen; 2) den Vispered (= »Alle Herren«), eine litaneiartige Liturgie; 3) den Vendidad (= »gegen die Teufel gegeben«), ein priesterliches Gesetzbuch mit minutiösen Reinigungsvorschriften; 4) die Yashts, Opferlieder an die Volksgötter (Yazatas) vorzarathustrischen Ursprungs; 5) das Khorda Avesta (= »Kleine Avesta«), ein Gebetbuch. Vgl. K. F. Geldner, Die zoroastrische Religion. Religionsgeschichtliches Lesebuch. I. H. Lommel, Die Yashts. 1927. F. Wolff, Awesta. Die heiligen Bücher der Parsen. 1924

3 Zu dieser Literatur gehören u. a.: Bundehesh (= »die ursprüngliche Schöpfung«), eine spekulativ-mythologisierte Schrift des 9. oder 10. nachchristlichen Jahrhunderts (nur fragmentarisch erhalten); Denkard (in der Sammlung Sacred Books of the East Bd. XLVII, 1–130; Shalast-la Shayast (= »es ziemt sich nicht«), eine Pflichtenlehre.

4 Carl Clemen hat diese Texte in seiner Schrift »Fontes historiae religionis persiae« 1920 zusammengestellt.

5 Vgl. H. Lommel, Die Religion Zarathustras. 1930

6 Vgl. H. Neumann, Die Mutter des Religionsstifters. 1935. S. 59 ff.

7 »Hvarenah« ist eine strahlende Lichtkraft, die der Machtträger besitzt, z. B. der König. Yasht 19,89 heißt es von dem künftigen Erlöser (dem Saoshyant); (»der Glücksglanz), der sich zugesellen wird dem siegreichen Helfer und den anderen, (seinen) Freunden, wenn er das Dasein wunderbar machen wird«. Man wird an den Heiligenschein denken dürfen, der in der buddhistischen Kunst sich findet und wohl aus Persien stammt.

8 Devs (mit der Sanskritbezeichnung deva für Gott verwandt) sind in der Religion Zarathustras die degradierten Götter der alten Volksreligion, die zu bösen Mächten geworden sind. Ein Dev-Anhänger ist ein von Zarathustra besonders bekämpfter Ungläubiger. (Yasna 32,3–5).

9 Die Amesha Spenta (= »unsterbliche Heilige«) sind die Ahura Mazda umgebenden Mächte. Sie sind Personifikationen numinoser Eigenschaften Ahura Mazdas selbst und numinoser Zustände. Sie heißen: Vohu mano (= »gute Gesinnung«), Asha vahista (= »die beste Gerechtigkeit« oder »beste Wahrheit«), Kshathra vairiya (= »das erwünschte Reich«), Spenta Armaiti (= »die heilige Frömmigkeit« oder »Ergebung«), Haurvatāt (= »die Vollkommenheit«), Ameretāt (= »die Unsterblichkeit«), Sraosha (= »der Gehorsam«). Nach späterer Lehre stehen den Amesha Spenta genau entsprechende negative Mächte gegenüber. Vgl. dazu: H. Lommel, Die Religion Zarathustras. 1938. S. 30 ff.

10 Vgl. Lommel, a.a.O. S. 149

11 Yasna 30,2 heißt es: »Höret mit den Ohren euer Bestes, prüfet mit klarem Geist die Bekenntnisse der Entscheidung, Mann für Mann für seine Person noch vor dem großen Gerichtsakt aufmerksam machend, um ihm zu raten.« Yasna 1,23: »Als Mazdayasnier, als Zarathustrier will ich mich entscheiden, den Teufeln feind, der Lehre des Herrn zugetan.«

[12] Vgl. Yasna 44,3–4: »Das frage ich Dich, sage mir der Wahrheit gemäß, o Herr: Wer war der erste Erzeuger und Vater des Asha (Gesetzes)? Wer machte der Sonne und den Sternen ihre Bahn? Wer, daß der Mond zunimmt und bald abnimmt? Alles das, o Weiser, wünsche ich (zu wissen) und anderes. Das frage ich dich, sage mir der Wahrheit gemäß, o Herr: Wer befestigte die Erde unten und die Wolken, auf daß sie nicht herabfallen, wer schuf Wasser und Pflanzen? Wer schirrte dem Wind und den Wolken die beiden Renner? Wer ist, o Weiser, der Schöpfer des Vohu mano (der guten Gesinnung)?«

[13] Drug (gespr. drudsch), mit »trügen« etymologisch zusammenhängend, ist die Bezeichnung der teuflischen Macht.

[14] Nach Auffassung Zarathustras gab es eine zweite, vom heiligen Geist (spenta manyu) und eine vom bösen Geist (angra manyu) geschaffene geistige (= erstes, d. h. zuerst geschaffenes Dasein) und körperliche (= zweites Dasein) Welt.

[15] Ein Bündel Baumzweige, das der Priester während der Liturgie trug.

[16] Ahriman ist die gräzisierte Form des Angra manyu, des obersten der Teufel.

[17] Der Falschgläubige ist der Anhänger der vorzarathustrischen polytheistischen Religion.

[18] Die Eschatologie des Mazdaismus erwartete das Kommen des Reiches auf dieser Erde in Gestalt der »Wunderbarmachung« der Welt. Über die Zusammenhänge dieser Reichsidee mit der christlichen Reich-Gottes-Vorstellung vgl. R. Otto, Reich Gottes und Menschensohn. 1934

[19] Vohu mano gehört zu den Amesha Spenta vgl. Anmerkung 9.

[20] Über die Idee der Entscheidung vgl. Anmerkung 11 und die zugehörigen Ausführungen S. 148

[21] Yasna 34,4 heißt das Feuer »kraftvoll durch Wahrsein«, Yasna 34,4 »wahrheitskräftig«. Diese Bezeichnungen weisen hin auf die Beteiligung des Feuers beim Endgericht (Feuerordal). Das Feuer ist ein gottgeschaffenes Element und spielt namentlich im späteren Parsismus als Kultobjekt eine Rolle (Feuerverehrung). Vgl. dazu K. Erdmann, Das iranische Feuerheiligtum. 1941

[22] Asha ist Gesetz und Wahrheit. Vgl. Anmerkung 9.

[23] Armaiti = Frömmigkeit oder Ergebung. Vgl. Anmerkung 9.

[24] Der Prophet kennzeichnet hier das typische Prophetenschicksal, wegen der religiösen Verkündigung von der traditionsgebundenen Masse verfolgt zu werden.

[25] Sraosha = Gehorsam. Vgl. Anmerkung 9.

[26] Ashi ist die Genie des irdischen Lohnes der Rechtgläubigen.

[27] Vergeltung durch Lohn und Strafe spielt als Verheißung für diesseitiges und jenseitiges Leben im Mazdaismus eine wichtige Rolle.

[28] Ahuna Vairya, die heiligste Gebetsformel in Gestalt eines Bekenntnisses zu Zarathustra, der von Ahura Mazda als Hirt und als Bereiter des kommenden Reiches eingesetzt ist. Die Formel lautet (Yasna 27,13): »Wie er (Zarathustra) als der Herr zu wählen ist, so auch als der Meister von Gesetzes wegen, der die Werke guter Gesinnung (des Vohu mano) in (diesem) Leben für Mazda und für Ahura das (künftige) Reich, den (= Zarathustra) er (Ahura Mazda) den Bedürftigen als Hirten eingesetzt hat.« (Übersetzt von K. Geldner, Die zoroastrische Religion. Religionsgeschichtliches Lesebuch 1. S. 7).

[29] Vermutlich der Fluß Araxes.

[30] Siehe Anmerkung 13.

[31] dem Ahriman

[32] der Hamunsee, aus dem nach Auffassung des jüngeren Avesta im letzten Millennium der künftige Heiland auferstehen wird.
[33] ein iranischer Usurpator.
[34] also bis zum Tode.
[35] die Gabe des rechten Wortes.
[36] Der Mazdaismus ist also eine Volksreligion, aber mit universalem Gehalt.

Buddha

[1] Für die textliche Grundlage verweisen wir auf G. Mensching, Buddhistische Geisteswelt. 1955
[2] Insofern also ist die vorgefundene Lebenssituation determiniert durch die Quintessenz der im vergangenen Leben zur Entfaltung gekommenen Kräfte. Es ist aber buddhistische Anschauung, daß jedes Individuum die Freiheit hat, das überkommene Erbe nach eigenem Willen und Erkennen neu zu gestalten, so daß die nächste Existenz sich verbessert oder gar – wenn die Voraussetzungen gegeben sind – unmöglich gemacht wird.
[3] Vgl. dazu H. v. Glasenapp, Der Buddhismus. 1936. S. 58 ff.
[4] Bezeichnenderweise ist Buddha Hinayāna künstlerisch nicht dargestellt worden, da er nach seinem Tode als in das Nirvāna eingegangen betrachtet wurde. Vgl. G. Mensching, Buddhistische Symbolik. 1929
[5] Das Parinirvāna ist das vollkommene Nirvāna, in das der Erlöste nach seinem Tode, d. h. wenn die Substrate der Körperlichkeit abgefallen sind, eingeht. Schon im irdischen Dasein ist das »diesseitige Nirvāna« (dittha-dhamma-nibbāna) erreichbar.
[6] Die angeblichen früheren Geburten des Bodhisattva sind in der Textsammlung Jatakam erzählt. Vgl. Buddhistische Märchen, übers. v. E. Lüders. 1921
[7] Man unterscheidet drei »große Ereignisse« (Empfang, Geburt und großer Auszug) und drei »große Wunder« (Erleuchtung, erste Predigt und das Eingehen ins Nirvāna).
[8] Die buddhistische Kunst stellt Gotama oft in diesem Stadium seines Heilsbemühens als bis auf die Knochen abgemagerten Asketen dar.
[9] Es handelt sich um das »dreifache Wissen« (te vijjā), das die Erlösung und damit die Nichtwiederkehr begründet.
[10] Die Mystiker pflegen über ihre ihnen persönlich widerfahrene Offenbarung nicht öffentlich und in missionarischer Absicht zu sprechen, sondern ihre Erfahrungen für sich zu behalten. Dem prophetischen Erlebnis dagegen entspringt der Drang zur Verkündigung, wie es Apg 4,20 heißt: »Wir können es nicht unterlassen, zu reden von dem, was wir gesehen und gehört haben.« Vgl. G. Mensching, Das heilige Schweigen. 1926. S. 154 ff. Ders. Das heilige Wort. 1937. S. 54 ff. und S. 127 ff.
[11] Es handelt sich dabei um das typische Verhalten der traditionsgebundenen Frommen, die kein Organ haben für die innere Freiheit des schöpferischen und dabei selbständigen Einzelnen, der die Tradition um höherer Bedingung willen durchbricht.
[12] In der buddhistischen Tradition ist von 16 oder 18 Jüngern (analog den 12 Jüngern Jesu) die Rede. Wie bei dem Jüngerkreise Jesu handelt es sich genauer um konzentrische Kreise. Ānanda, der Lieblingsjünger Buddhas, Sariputta und Moggalāna bilden, wie bei Jesus Johannes, Petrus und Jakobus den engeren

Kreis innerhalb des Kreises der 16 oder 18 Jünger. Darüber hinaus ist von 500 Jüngern die Rede. Vgl. Näheres über die Buddhajünger bei J. Wach, Meister und Jünger o. J.; K. Schmidt, Buddhistische Heilige. 1947, und über das soziologische Verhältnis von Meister und Jünger bei G. Mensching, Soziologie der Religion. 1947. S. 167 ff.

[13] Vgl. G. Mensching, Das Wunder im Völkerglauben. 1942

[14] Majjhima Nikāya 72 heißt es: »Seine (des Buddha) Gestalt, die man eventuell im Auge haben könnte, wenn man von ihm spricht, ist abgetan, von Grund aus annulliert ... jenseits jeder Möglichkeit, in Zukunft je wieder erstehen zu können, und der Tathāgata (= Buddha) ist (nach seinem Tode) erhaben über alle Begreifbarkeit mittels der Auffassungsform, die wir Gestalt nennen. Er ist undefinierbar, unbestimmbar, unergründbar wie der große Ozean. Es wäre falsch zu sagen: ›Er ist‹, es wäre ebenso falsch zu sagen: ›Er ist nicht‹.«

[15] Vgl. G. Schulemann, Die Botschaft vom Lotos des guten Gesetzes. 1937

[16] Man unterscheidet: die irdischen Erscheinungen (nirmana-kāya), den Körper der Lehre (dharma-kāya) und den »Körper des Genusses« (sambhoya-kāya) in dem der Buddha Herr eines Paradieses ist und seine Seligkeit genießt. Alle diese verschiedenen Buddhas sind nur Ausstrahlungen des Urbuddha.

[17] Es handelt sich um die sogenannte Schin-Sekte, die in Japan von Shinran Shonin (geb. 1173 n. Chr.) gestiftet wurde. Vgl. H. Haas, Amida Buddha unsere Zuflucht. 1910

[18] Vgl. Suzuki, Die große Befreiung. Einführung in den Zen-Buddhismus. 1939. – Ohasama-Faust, Zen, Der lebendige Buddhismus in Japan. 1925

[19] K. E. Neumann übersetzt mit diesem Worte den Begriff des Bodhisattva, also des Wesens (sattva), dessen Bestimmung das Erwachen (bodhi) ist.

[20] Nach buddhistischer Auffassung gibt es drei Welten: die Sinnenwelt (kamaloka), in der einbegriffen sind das Tier-, Gespenster- und Dämonenreich, die Menschenwelt und das sechsstufige niedere Himmelreich, die Welt der Formen (rūpa-loka), die die Bezirke der Himmelswelt umfaßt, in denen die mit Körperformen ausgestatteten höheren Götter leben, und die Welt des Gestaltlosen (arūpa-loka), worunter der Bereich des Immateriellen, in dem die höchsten, gestaltlosen Götter wohnen, zu verstehen ist. Alle diese Welten sind unheilvoll und erlösungsbedürftig.

[21] Als Tugenden der Mutter Buddhas werden hier die 5 Sila-Gebote genannt.

[22] Alter, Krankheit und Tod erscheinen immer wieder in den Texten als Symptome leidvoller Vergänglichkeit und Wesenlosigkeit.

[23] Askese vermag also nur den Bereich der Körperlichkeit zu berühren, sie vermag aber keinen die Unheilssituation aufhebenden Existenzwandel zu bewirken. Die Wurzel des existenziellen Unheils sitzt tiefer.

[24] Der neue Entschluß besteht darin, daß der Bodhisattva den Weg der Askese im äußerlichen Sinne verläßt und den der Versenkung betritt.

[25] Namuci ist eine andere Bezeichnung Māras. Es ist der Name eines im Rigveda genannten bösen Dämons.

[26] Māra ist die Verkörperung weniger des sittlich Bösen als der unheilvollen Mächte des Todes und der Gier, die als Wurzel der Unheilsexistenz angesehen wird. – Vgl. E. Windisch, Māra und Buddha. 1895

[27] Im folgenden Text werden zu Anfang die vier Versenkungsstufen (jhāna) in ihren psychologischen Differenzierungen beschrieben. Man vergleiche dazu F. Heiler, Buddhistische Versenkung. 2. A. 1922

[28] Der in der vierten Versenkungsstufe erreichte Zustand ist die sancta indifferentia der lateinischen, die apatheia der griechischen Mystiker. Der Gleichmut (upekkhā) ist die Voraussetzung für das Entstehen der drei erlösenden Erkenntnisse (te-vijjā): Erinnerung an die früheren eigenen Geburten, Erkenntnis des Karmagesetzes und Erkenntnis der vier heiligen Wahrheiten.
[29] »Ende des Leidens« ist keine bloße Negation des Leidens sondern zugleich positiv der Gewinn des Heils, des diesseitigen Nirvāna.
[30] Gotama hatte sich nach Ansicht der traditionsgebundenen Asketen durch Aufgeben der äußeren Askese dem Überfluß zugewandt.
[31] Ein schönes Zeugnis für die persönliche Würde Buddhas, die auch vorgefaßte Meinungen und feindliche Absichten ohne weiteres überwindet.
[32] »Der Wahrheitsblick« ist ein erstes intuitives Erschauen des Leidenscharakters der weltlichen Erscheinungen. Dieses Ausgangserlebnis ist, wie dieser Text zeigt, keine rationale Einsicht, sondern ein geheimnisvolles inneres Geschehen.
[33] Hier stoßen wir auf die in Indien heimische Anschauung, daß »freundliches Denken« eine wirkungsvolle Kraft ist. Ähnlich dachte z. B. Gandhi und bewies, daß diese Anschauung ihre Berechtigung hat, durch die Wirkungen, die seine Haltung in der Welt hatte.
[34] »Durst« (tanhā) ist die unheilvolle Grundkraft individueller Existenz.
[35] Dieser Text ist eine charakteristische Mischung von sachlichem Bericht und Mythos.
[36] d. h. wo er die erste Predigt hielt, im Gazellenhain bei Benares.
[37] die in einem Wallfahrer zur Entstehung gekommenen Kräfte bewirken eine Wiedergeburt in der Himmelswelt, aber keine Erlösung.
[38] Diese ablehnende Haltung zu den Frauen entspringt der Asketeneinstellung, die in der Frau in erster Linie den Lebenswillen verkörpert sieht. Nach einem Textwort sind es die Frauen, die am Gewebe des Samsāra (des Geburtenkreislaufes) spinnen.
[39] Ein Cakkavatti-Herrscher ist ein Weltherrscher.
[40] Ein Privat-Buddha (Pacceka-Buddha) ist ein solcher Erleuchteter, der seine Erkenntnis nicht anderen mitzuteilen vermag.
[41] Der Bau eines Thūpa geschieht also nicht um des Buddha willen, sondern um der erlösungsbedürftigen Menschen willen.
[42] Dieses Abschiedswort des Meisters unterscheidet sich in charakteristischer Weise von dem Jesu (Matth 28,20): »Ich bin bei euch alle Tage bis an der Welt Ende«. Buddha weist seine verwaiste Jüngergemeinde auf die Lehre, Jesus verheißt seine eigene Gegenwart. Die verschiedene Lebensmitte beider Religionen wird in diesen beiden Abschiedsworten sichtbar.
[43] Vgl. den Bericht über die Ereignisse in der Sterbestunde Jesu (Matth 27,51 ff.).
[44] Dieser Jünger Kassapa ist nach einem der angeblich früher gelebt habenden Buddhas genannt.
[45] Hier begegnet uns die aus der hinduistischen Bhaktimystik bekannte Haltung liebevoller Hingabe (bhakti), die in das Mahāyāna eingedrungen ist. Der historische Buddha hat diese Verehrung nie für sich beansprucht.
[46] Die mahāyānistische Interpretation des im Hinayāna geglaubten Eingehens Buddhas ins Nirvāna sieht dieses Eingehen nur als scheinbares zum Zwecke der Erziehung vorgespieltes Ereignis an.
[47] Der Buddha, der hier spricht, ist eine geheimnisvoll gegenwärtige numinose Persönlichkeit. Er wohnt in einem Paradiese voller Seligkeiten.

48 »Tathāgata« bedeutet »der so Gegangene«, eine Bezeichnung des Buddha, deren Sinn nicht ganz klar ist.
49 Nach der Anschauung des Mahāyāna gibt es fünf geistige Buddhas der Meditation (Dhyāni-Buddhas) und fünf ihnen durch Emanation hervorgegangene Dhyāni-Bodhisattvas. Jedem historischen Buddha entspricht nach dieser Lehre ein göttliches Urbild, ein Dhyāni-Buddha nebst seinem Dhyāni-Bodhisattva. Der Dhyāni-Buddha des historischen Gotama Buddha ist der Buddha Amitābha, der in diesem Text zu Ānanda spricht. Diese Lehrrede wird also dem historischen Buddha in den Mund gelegt.
50 Sukhāvati (= »glückliches Land«) ist die Bezeichnung des Paradieses, in dem Buddha Amitābha wohnt, und wohin diejenigen Frommen geboren werden, die seinen Namen in gläubigem Vertrauen anrufen. Der Text »Sukhāvativyūha« schildert in überschwenglicher Farbenpracht dieses »Reine Land im Westen«. Der vorliegende Text ist dieser Schrift entnommen.
51 Sumeru oder Meru ist der mythische Götterberg inmitten der Welt.
52 Hier sind verschiedene Götterklassen aufgezählt.
53 Auch im Sukhāvati-Buddhismus steht über der Seligkeit der Paradiesesexistenz die vollkommene Erleuchtung, die im Paradiese gewonnen wird und durch die man in das impersonale Nirvāna eingeht. Für die Volksfrömmigkeit aber steht fraglos die Seligkeit des Paradieses im Vordergrunde.

Konfuzius

1 Die latinisierte Form setzt die chinesische Form »Kung-fu-tse« = »erhabener Meister Kung« voraus.
2 O. Franke schreibt zu dieser Frage (Chantepie de la Saussaye, Lehrbuch der Religionsgeschichte, 1925. Bd. 1. S. 213): »Generationen von Gelehrten schufen das ethisch-politische System, das kaum zu Recht den Namen des Konfuzius trägt; es wurde zur kaiserlichen Staatsreligion im eigentlichen Sinne des Wortes, in den staatlichen Prüfungen war es der alleinige Maßstab alles Wissens, und alle Dynastien haben in seiner Forderung und Ehrung gewetteifert, weil es die beste Stütze für die kaiserliche Macht und das beamtete Gelehrtentum war. Konfuzius aber wurde die Versinnbildlichung dieses Systems.«
3 Vgl. Text Nr. 116.
4 Mong-tse, latinisiert Mencius (372–289) ist ein späterer Schüler des Konfuzius, der die Lehre des Meisters verbreitete, verteidigte und dialektisch weiterbildete. Vgl. R. Wilhelm, Mong Dsi. 1916
5 Die »Gespräche« (Lun-yü) stammen in ihrer heutigen Gestalt von Dschong Huan (127–200 n. Chr.). Aber in diesem Werke sind ältere Quellen verarbeitet, die ihrerseits eine späte schriftliche Fixierung mündlich überlieferter Aussprüche des Meisters sind.
6 Vgl. dazu G. Mensching, Gut und Böse im Glauben der Völker. 2. A. 1950. S. 31 ff.
7 Worauf es Konfuzius in erster Linie ankommt, ist die Erfassung des Grundprinzips, das allen Einzelerscheinungen zu Grunde liegt. Vgl. Näheres bei R. Wilhelm, Kungtse. Leben und Werk. 2. A. 1950. S. 89 ff.
8 Kihu ist ein heiliges Tier Altchinas.
9 Jeden äußerlichen Ritualismus ohne innere Beteiligung lehnt Konfuzius ab. So

heißt es z. B. Lun-yü III,26: »Hervorragende Stellung ohne Großartigkeit, Religionsübung ohne Ehrfurcht, Erledigung der Beerdigungsbräuche ohne Herzenstrauer: solche Zustände kann ich nicht mit ansehen.«

[10] In der vorkonfuzianischen Religion ist der Himmel (tien) neben der Erde oberste numinose Macht. Bekanntlich galt der Kaiser als Sohn des Himmels.

[11] Das Wort erinnert an Apg 5,39, wo der Pharisäer Gamaliel eine ganz ähnliche Einstellung gegenüber der jungen Christengemeinde bekundet.

[12] Der Weise findet Anerkennung und Einfluß nur, wenn er in der rechten, ihm gemäßen Zeit auftritt.

[13] In dieser Legende wird der Gegensatz von Konfuzius und Laotse andeutungsweise sichtbar: Laotse lehnt alles Machen und bewußte Planen von außen ab, was Konfuzius betrieb.

Laotse

[1] Sse Ma Tsien (163–85 v. Chr.)

[2] Vgl. E. Erkes, Die Anfänge des taoistischen Mönchtums. Zeitschrift »Sinica« 1936. H. Hackmann, Die dreitausend Mönchsgebote des chinesischen Taoismus. 1931.

[3] Das Tao-te-king beginnt mit folgendem Satz: »Das Tao, kann es benannt werden, ist nicht das ewige Tao. Sein Name, kann er genannt werden, ist nicht der ewige Name. Das Namenlose ist der Anfang von Himmel und Erde.« (Kap. 1)

[4] Was hier vorausgesetzt wird, ist eine Art »Sündenfall« und hat große Ähnlichkeit mit dem, was Gen 3 als urzeitliches Ereignis beschrieben wird: das Heraustreten des selbstsüchtigen und selbstbewußten Individuums aus elementarer und naiver Bindung in der vorgefundenen Ordnung. Genau wie Gen 3 dem egoistischen Täter verheißen wird, er werde »wissen, was gut und böse ist«, heißt es im Tao-te-king (Kap. 2): »Erst wenn die Menschen auf Erden das Gute als Gutes erkennen, ist das Böse da.« Das bedeutet, daß der unheilvollen Dualität von Gut und Böse ein idealer Zustand (dem des alttestamentlichen Paradieses analog) vorherging, in dem es weder Gut noch Böse bzw. die Erkenntnis beider gab. Erst durch das Heraustreten aus der natürlichen Ordnung entsteht die Spannung zwischen Sollen und Sein. Was das Alte Testament als »Sündenfall« bezeichnet, ist der existenziellen Bedeutung nach analog dem, was Laotse mit dem »In-Verfall-Geraten des Tao« meint.

[5] Dieses Wort bedeutet natürlich nicht, daß Menschenliebe und Gerechtigkeit vorhanden sind, wenn das Tao in Verfall gerät, sondern, daß beide Idealwerte dann als Forderungen vor den menschlichen Willen treten, um von ihm ergriffen und realisiert zu werden.

[6] Hierfür verwendet Laotse den zweiten Begriff im Titel seines Büchleins, »te«. Das Wort ist ebenso schwer übersetzbar, wie das Wort »Tao«. Häufig wird »te« in den Übersetzungen durch »Tugend« wiedergegeben. Aber eine solche Übersetzung, wie jede andere auch (R. Wilhelm sagt »Leben« für te), bedarf wieder der Interpretation. Und diese muß lauten: te ist der individuelle Anteil am Tao, das Gelebtwerden des Individuums durch das Absolute und vor allem das Sich-Leben-Lassen vom Tao. Wer im Nichttun (wu-wei) im Sinne Laotses verharrt, hat »te«.

[7] Die in diesem Wort sichtbare Beziehung zum staatlichen Leben ist für Laotse

überhaupt charakteristisch, denn er war durchaus der Meinung, daß die heilvolle Einheit mit dem Tao ihre Auswirkungen nicht nur im täglichen Leben des Einzelnen hätte, sondern auch im Staatsleben, das er, ebenso wie Konfuzius nur auf andere Weise als dieser, in Ordnung bringen wollte. Der Tao-Verbundene ist der wahre Führer. Ein späterer taoistischer Schriftsteller, Kuan-tse, sagt in diesem Sinne: »Das Volk folgt demjenigen, der das Tao besitzt ... Wer daher das Tao besitzt, zu dem nimmt das Volk seine Zuflucht, wer aber ohne Tao ist, den läßt das Volk im Stich.« Aus dieser Einstellung heraus ist auch verständlich, daß Laotse gegen Gewaltanwendung und daher gegen die besonders ungeistige Form der Gewaltanwendung, gegen den Krieg, sich gewandt hat: »Wo Heere sich lagern, wachsen Distel und Dorn. Auf große Kriege folgen Hungerjahre.« (Tao-te-king 30). Aber diese negativen Kriegsfolgen sind nicht der eigentliche Grund der Ablehnung des Krieges. Im 68. Kapitel des Tao-te-king lesen wir: »Ein rechter Führer ist nicht kriegerisch. Ein rechter Kämpfer ist nicht zornmütig. Ein rechter Sieger siegt ohne Gewalt. Ein rechter Herrscher herrscht durch Hingabe. Das heißt die Tugend (te) des Nichtstreitens: Das heißt die Gabe Menschenrecht zu gebrauchen. Das heißt in Einklang mit dem Himmel sein: das Höchste von altersher.«

[8] Der neue Lebenskontakt ist natürlich der ursprüngliche, aber verloren gegangene. Deshalb spricht Laotse oft von der Rückkehr als Bewegung des Tao (z. B. Kap. 40). Auch tritt das Bild des Kindes gelegentlich auf (z. B. Kap. 28).

[9] Hier begegnen wir bereits einer Mythenbildung hinsichtlich Laotses, der später neben Buddha und Konfuzius als Gottheit dargestellt wird.

[10] Das Tao-te-king ist in seiner heutigen Fassung in 81 kurze aphoristische Kapitel eingeteilt.

[11] Die große Mutter ist das Tao.

[12] Dieser Text ist einem religionswissenschaftlichen Werke des 14. Jahrhunderts n. Chr. entnommen.

[13] Liebe und Pflicht sind zentrale Werte der konfuzianischen Ethik.

[14] So sagt kritisch der spätere Taoismus von Konfuzius.

[15] Das Tao (= Sinn) ist keine Größe, über die Menschen verfügen können.

[16] In den vorangehenden Haltungen liegt eine grundlegend falsche Orientierung vor. Besitz, Macht, Ruhm sind Gegenstände, die man hat, die aber keine Beziehung zum Sein haben, auf das es allein ankommt.